多様社会カナダの「国語」教育

高度国際化社会の経験から
日本への示唆

関口礼子・浪田克之介 編著

Official Languages Education in Diverse Canada
Implications for Japan from Experiences of an Advanced "Internationalized" Country

東信堂

まえがき

　言語は可視的な文化である。「可視的」というのは、必ずしも「視」にこだわっているわけではない。比較的「客観的に把握可能な」という意味である。文化を構成する諸要素、思想や思考の様式の体系（精神文化）、慣習や法律を含む行動の様式の体系(行動文化)、物や技術の体系(物質文化)は、個別の現象は把握できても、総体として把握することは容易ではない。その点、言語は把握可能である。さらに、言語はコミュニケーションの道具であり、他の諸文化を維持・改良・創造してゆくときのキーになる道具でもある。

　本研究は、言語のなかでも「公用語 (official language)」に焦点を当てている。「公用語」とは、その国で公式のものであるとして認められた言語である。ここには、国という文化圏や政治組織の存在が暗黙の了解としてある。実質的に単一言語国家である日本で「国語」という表現も同じで、本書のタイトルでは「国語」という語が用いてある。

　カナダで「公用語」というとき、住民が、その言語を用いて、教育を受ける権利、裁判を受ける権利、連邦政府の行うサービスを受ける権利が保証されている言語という意味である。また、公式の記録はこの言語で残される。公式には二つの言語が公用語として規定されているので、住民は、それら二つの公用語のうちのいずれかでそれらの権利を行使することができる。政府機関は、住民がいずれの言語でアプローチしてきても、それを保障しなければならない。と同時に、住民の側は、そのいずれかの言語を習得する義務を負うことになる。言うは簡単であるが、現実

の個別の事例になると一筋縄ではいかない。

　本書ではカナダという国の事例を取り上げるが、カナダは、言語に関して、そして文化に関しても、歴史的にも、政治的にも、多様な経験をしており、巨大な実験を行っている国であると考えることができる。人間に関することや国家に関することには、試験管のなかで行うような人為的な実験は不可能である。世界のなかで、過去において、現在において、すでに経験されたあるいは経験されつつある事例から、結果を推測するよりしかたがない。カナダは「国際化」という日本がこれから対処しなければならない社会変動の傾向を大きく先取りしており、その経験・実験の多様性から、日本の現在、将来のあり方を考えるときの参考になる最適な条件を備えている。

　人類文化という大きな世界文化圏のなかで、日本語文化圏は弱小な一群を構成するにすぎない。この運命と採りうる方法を考えるとき、例えば、カナダという大きな全体の文化圏のなかでフランス語文化圏や先住民文化圏、移民のもつ文化の経験は参考になるであろう。内部に多様性を増した国が自分たちの主流文化をどのように維持・変容させていっているか、また、多様な個別の文化に対してどのような対応を行っているかをみることも、いろいろと示唆を与えてくれる。日本が抱えている、あるいはこれから抱えることになるであろう様々な問題を考えながら、該当の事例として読んで、考え、研究していただけたらと考える。

　本書をまとめるに至った最近のきっかけは、2001年に、外国人受け入れ施策および外国人に対する言語教育施策についてカナダの状況を報告してほしいと、文化庁からの依頼を関口が受けたことによる。依頼の内容は多岐にわたり、また期間もひじょうに短かったので、それぞれの項目をカナダ教育研究会のメンバーを中心とするそれぞれの領域の専門家に分担してまとめてもらって凌いだ。このときの報告は、『諸外国における外国人受入れ施策及び外国人に対する言語教育施策に関する調査研究報告書』(文化庁文化部国語課、平成15年3月)の「カナダにおける外国人受入

れ施策及び外国人に対する言語教育施策」として、印刷されている。

　しかし、本研究にはそれをはるかに遡る長い歴史と蓄積がある。今回編者になっている関口と浪田は、1988年、『カナダの多文化主義教育に関する学際的研究』(東洋館出版社)という共同研究を出版している。これは、それに先立つ３年間に文部省科学研究費を受けて行われた総合研究、さらにその前の文部省科学研究費による関口の「カナダ多文化主義教育に関する研究」の成果であった。これも印刷されている。まだ、日本国内では単一文化が当たり前のように考えられていた時代に、いや、多文化という現実があるのだ、そして、それをイズム(Multiculturalism)として、価値的に評価をしている国もあるということを提示したものであった。

　そのメンバーは、あるいは定年になり、あるいは関心を別の方向にずらしていったが、この時の問題提起の流れは、やはりそのときのメンバーでもあった小林順子氏の献身的努力によって1999年に結成されたカナダ教育研究会の流れにつながっている。このメンバーを中心とするカナダの教育全般についての研究は、2003年、『21世紀にはばたくカナダの教育』(東京：東信堂)という形で、世に問われている。

　このたび、本書を刊行するに当たっては、カナダ政府から、カナダ首相出版賞として助成金を受けた。内容の現代における重要性を認めてくれたカナダ政府に感謝したい。助成の申請にあたっては、小浪充、小林順子両氏に推薦をいただいた。

　なお、原稿の取りまとめについては、品田実花、下村智子両氏の労力的援助を受けている。「カナダ関係の学術書は売りにくいんだよ」と言いつつも、このテーマの日本社会に対する重要性を理解して、快く出版を引き受けてくれた東信堂の下田勝司社長にも深く感謝申し上げたい。

関口礼子　浪田克之介

多様社会カナダの「国語」教育：高度国際化社会の経験から日本への示唆／目次

まえがき …………………………………… 関口礼子　浪田克之介… i

第1部　多様社会を形成した要因 …………………………… 3

第1章　多様社会を構成するに至った移民政策 …… 品田　実花 … 5
　　Ⅰ　多言語社会における公用語の存在と移民政策 ……… 6
　　Ⅱ　移民受入に関する連邦政府政策の歴史的流れ ……… 7
　　Ⅲ　「移民・難民保護法」と政策の現状 …………………… 15
　　Ⅳ　移民政策に関する連邦政府と州政府の協力関係 …… 17
　　Ⅴ　将来への指針 ……………………………………………… 19
　　引用文献一覧(19)

第2章　統計データから見た外国人の到着状況 … 京極　依子 … 21
　　Ⅰ　カナダ在住の日本人数 ………………………………… 22
　　Ⅱ　新規移民(移民第一世代) ……………………………… 22
　　Ⅲ　永住権・市民権 ………………………………………… 27
　　Ⅳ　難民数・労働者数・留学生数 ………………………… 29
　　Ⅴ　最近50年の動き ………………………………………… 33
　　引用文献一覧(33)

第3章　外国人の法的地位とシティズンシップ
　　　　教育 …………………………………………… 児玉　奈々 … 35
　　Ⅰ　変化するシティズンシップ …………………………… 36
　　Ⅱ　外国人の法的地位 ……………………………………… 38
　　Ⅲ　市民権にかかわる概念の成り立ちと変遷 …………… 40

Ⅳ　外国人向けのシティズンシップ教育……………………43

　　　Ⅴ　市民権テスト(citizenship test)……………………… 47

　　　Ⅵ　シティズンシップ教育のこれから……………………50

　　引用文献一覧(51)

第4章　移民者の生活：インタビュー調査より………**京極　依子**… 53

　　　Ⅰ　移民省配布の生活ガイドブック…………………………54

　　　Ⅱ　移民許可までの動機・手続き・経過：
　　　　　新規移民者へのインタビュー………………………………54

　　　Ⅲ　移民の就職・就業と言語能力……………………………63

　　　Ⅳ　インタビュー対象者のその後……………………………68

　　引用文献一覧(69)

第5章　統計データから見た言語状況……………**矢頭　典枝**… 71

　　　Ⅰ　対照的な言語状況：日本とカナダ………………………72

　　　Ⅱ　民族的出自………………………………………………73

　　　Ⅲ　母語別人口と家庭言語別人口……………………………76

　　　Ⅳ　「公用語の知識」別人口…………………………………80

　　　Ⅴ　社会の多様化と日本………………………………………84

　　引用文献一覧(85)

第2部　国語教育の諸様相……………………………87

第6章　公用語政策の背景と現状………………**矢頭　典枝**… 89

　　　Ⅰ　国語と公用語……………………………………………90

　　　Ⅱ　公用語政策の歴史的変遷と法的根拠……………………91

　　　Ⅲ　現行の諸規定：新公用語法(1988年公用語法)………… 96

Ⅳ　国民と公用語政策との関わり ……………………100

　　Ⅴ　多言語社会と言語政策 ……………………………105

　引用文献一覧(106)

第7章　言語教育をめぐる政策 ………………**品田　実花**…109

　　Ⅰ　カナダにおける言語教育の意義 …………………110

　　Ⅱ　公用語話者に対する言語教育 ……………………111

　　Ⅲ　非公用語話者に対する公用語訓練・教育 ………116

　　Ⅳ　移民やその子孫に対する、母語維持を目的とした
　　　　非公用語教育 ………………………………………121

　　Ⅴ　言語教育の指針と現状 ……………………………127

　引用文献一覧(128)

第8章　学校のなかでの公用語教育 …………**関口　礼子**…131

　　Ⅰ　国民統合の手段としての「国語」教育 …………132

　　Ⅱ　英語教育の管轄とカリキュラムのなかでの重い比重 …134

　　Ⅲ　英語学習の内容と絶対評価による学習のルート ……139

　　Ⅳ　ニューカマーの組織的な学校への受け入れ ……147

　　Ⅴ　公用語習得に対するカナダの考え方：
　　　　公用語教育重視とその意味するもの………………153

　引用文献一覧(155)

第9章　外国育ちの生徒の悩み：
　　　　ハイスクール女生徒へのインタビューから ………**関口　礼子**…157

　　Ⅰ　垂直的モザイクと除去的バイリンガル …………158

　　Ⅱ　被インタビュー者の概略と学校への受け入れ …159

　　Ⅲ　生徒から読める指導の方針と進級ルート ………162

　　Ⅳ　生徒の期待と学校の期待 …………………………170

V　ラベリング理論とヒドン・カリキュラムからの説明……176

　引用文献一覧(181)

第10章　フランス語を公用語とするケベック州の
　　　　言語状況：学校教育を中心に　………………時田　朋子…183

　　I　言語状況の変遷と現状 ……………………………………184

　　II　フランス語化を目指す言語政策と公的
　　　　バイリンガリズムの展開 ……………………………………187

　　III　学校におけるフランス語・英語教育 ……………………189

　　IV　アロフォンや移民とフランス語・英語：
　　　　教授言語選択の観点から………………………………………194

　　V　フランス語を共通語とする多言語社会へ ………………197

　引用文献一覧(200)

第11章　第二公用語としてのフランス語教育……浪田克之介…203

　　I　第二公用語教育 …………………………………………204

　　II　フランス語教育 …………………………………………205

　　III　「公用語推進行動計画」……………………………………209

　　IV　PISA2000とイマージョン・プログラム ………………210

　　V　第二公用語教育の今後 …………………………………213

　引用文献一覧(215)

第12章　地域社会における移民向け公用語教育…児玉　奈々…217

　　I　公用語習得のニーズ………………………………………218

　　II　移民の定住支援策としてのLINC ………………………219

　　III　LINCの現状と課題 ………………………………………222

　　IV　州政府・地方自治体の独自の公用語教育プログラム …230

　　V　地域社会における公用語教育プログラムの
　　　　発展に向けて…………………………………………………232

引用文献一覧(233)

第13章　政府とNPOを中心とした成人識字教育
　　　　の連携 ………………………………………成島　美弥…235
　Ⅰ　カナダの識字率につのる危機感 ……………………236
　Ⅱ　成人識字教育の内容と連携構造 ……………………237
　Ⅲ　連邦政府、全国型NPO、州政府と地域型
　　　NPOの役割分担……………………………………239
　Ⅳ　パートナーシップに見られる変化と今後の課題 ……251
　Ⅴ　日本への示唆…………………………………………255
引用文献一覧(256)

第14章　先住民に対する公用語教育
　　　　………………………広瀬健一郎・岸上伸啓・下村智子…259
　Ⅰ　先住民言語の継承状況 ………………………………260
　Ⅱ　先住民に対する公用語教育政策史の概要 …………262
　Ⅲ　ケベック州先住民の公用語教育 ……………………268
　Ⅳ　ヌナブト準州における公用語教育 …………………273
　Ⅴ　先住民に対する公用語教育の特色 …………………278
引用文献一覧(280)

第3部　国語教育を担う教員と理論 ……………283

第15章　英語教員の養成と研修 ………………栗原　和子…285
　Ⅰ　PISA世界第1位アルバータ州における
　　　教科を超えた英語教育 ………………………………286
　Ⅱ　初等および中等学校教員の養成 ……………………291
　Ⅲ　教員資格と英語教育の担当者 ………………………299

Ⅳ　全教科で取り組む英語教育 …………………………303
　引用文献一覧(307)

第16章　外国人に対し「国語」教育を行う
　　　　教員の役割と養成 …………………………栗原　和子…309
　Ⅰ　カナダ経済とESL教育 ……………………………………310
　Ⅱ　ESL教育の目的と公立学校のESL教師の役割 ………313
　Ⅲ　ESL教師の資格とその免許の種類 ………………………317
　Ⅳ　TESL Canadaと連邦政府の公用語教育支援政策 ……322
　引用文献一覧(324)

第17章　カナダの生んだ言語教育の理論…………坂本　光代…327
　Ⅰ　応用言語学研究が示唆する日本の言語教育 ……………328
　Ⅱ　ジム・カミンズの言語習得論 ……………………………328
　Ⅲ　メリル・スウェインとコミュニケーション理論 ………333
　Ⅳ　フレッド・ジェネシーとイマージョン・プログラム研究…338
　Ⅴ　ロバート・ガードナーと言語習得における
　　　社会・教育的モデル ………………………………………339
　Ⅵ　言語教育に対するカナダの大きな貢献 …………………341
　引用文献一覧(342)

第18章　カナダの言語政策が公用語および非公用語の
　　　　保持と喪失に及ぼした影響：カナダ人による
　　　　40年の総括　………………ジョーゼフ・F・ケス、浪田克之介訳…345
　Ⅰ　言語計画とカナダの二言語主義の起源 …………………346
　Ⅱ　2001年のカナダの国勢調査と言語使用の変化 ………351
　Ⅲ　カナダにおける多文化主義政策の歴史 …………………358
　Ⅳ　40年後の2004年における我々の位置 …………………366

V　多言語主義を伴わない多文化主義と二文化主義を
　　伴わない二言語主義……………………………………375
引用文献一覧(377)
英文要約 ……………………………………………………383
執筆者紹介 …………………………………………………402
事項索引 ……………………………………………………407
人名索引 ……………………………………………………416

多様社会カナダの「国語」教育:
高度国際化社会の経験から日本への示唆

第1部　多様社会を形成した要因

第1章
多様社会を構成するに至った移民政策

品田　実花

トロント市内のコミュニティーセンター。新しい移民のための英語教育、生活情報提供、援助を行っており、保育園も併設

I 多言語社会における公用語の存在と移民政策

　カナダの公用語教育に関する研究では、主に二公用語政策（「オフィシャル・バイリンガリズム」。その歴史的背景、詳細は本書第6章参照）から生じた英語話者、ならびにフランス語話者を対象とする言語教育について、多くの優れた業績が残されてきた。一方、他国からカナダへ移住してきた、公用語を母語としない話者への公用語教育（政策）に関する研究はこれまで比較的少なかったと言える。しかし公用語とは、多様な言語を話す人々によって構成される社会で、コミュニケーションのかけ橋として使用される言語である。カナダの人口構成を考えると、様々な出身地域から移住してきた人々に対する第二言語としての英語、フランス語教育のあり方もまた、公用語教育の重要な一側面として同様に広く議論されるべき研究議題ではないだろうか。カナダの言語教育政策を長年研究しているバーナビー（Barbara Burnaby）は、カナダでは英語話者とフランス語話者を対象とした公用語法（Official Languages Act）が政治的議題に多大な影響を及ぼしているために、非公用語話者のニーズに対する人々の関心がそらされてきたことを指摘している（Burnaby, 1998, p. 246）。

　ただし現実として非公用語話者、特に移民に対する公用語（英語、フランス語）教育への対策が皆無だったというわけではなく、連邦政府や州政府、NGOグループなどによる支援が行われてきた実績があることを指摘しておかなければならない。多様性に富んだ社会における、公私にわたる公用語教育への取組みを明らかにするに先立ち、第1章では多様社会を形成する要因となった、カナダの移民受入政策の歴史的推移について解説しておきたい。

　カナダは多民族によって構成される移民国家であるというイメージが、日本でも定着してきた感がある。しかし歴史的にみるならば、カナダへ入国する移民は必ずしも当初から民族的多様性に富んでいたわけではない。多くの移民がカナダへ到着した19世紀後半以降から1960年代初頭に

至るまで、カナダの移民政策は、受け入れ移民をイギリス・アメリカ合衆国からの白人を中心とした意図的な"White Canada Immigration policy"をとってきた (Hawkins, 1991, p. 3)。望ましい移民とは、イギリス系が中心となっていた当時のカナダ社会に短期間で同化させることができるような、言語的・文化的にも近い（と思われた）白人であった。次節では、それが時代のなかでどのような転換点を迎え、それに伴ってどのような移民受入政策が講じられたかを、時期を追ってみていく。

II 移民受入に関する連邦政府政策の歴史的流れ

1867年以降の移民政策を受け入れ人数からみると、第一次、第二次世界大戦前後に急激な増加が起こっていることがわかる。その後は波型の増減を繰り返しながら、1990年代後半にピークを迎えている。Liはこの推移を、その時々の政府がどのような移民を望ましいとしていたかという観点から、1867年以降4つに区分できるとしている (Li, 2003, p. 17)。

その区分によると、第一期に当たるのが1867年から1895年までである（図表1-1参照）。なお、カナダ初の移民法は1869年に制定されている。第一期の目的は、ヨーロッパからの移民に対して広く門戸を開くというものであったが、現実的にはイギリスそしてアメリカ合衆国からの移民がそのほとんどを占めていたとされ、アジアからを含む非白人の移民は、数を制限するための措置がとられていた[1]。当時の首相マクドナルド (John A. Macdonald) ら政府は、カナダに大量の移民を誘致することを目指したが、北米やヨーロッパの経済停滞 (1873-1896) も重なり、期待通りの成果は上げられなかったようである (Knowles, 2000, Chapter 2)。西部地域

---

1 中国からの労働者は、1880年から1884年のカナダ大陸横断鉄道建設に大きな貢献をした。しかし鉄道建設終了後の1885年には、中国人（男性）労働者の入国に人頭税 (head tax) を課し、人数を規制するChinese Immigration Actが制定された。中国人女性や子どもは、入国すらも認められなかった。この方針は彼らの定住を妨げ、「外人（"alien"）」人口の増加を妨げる意図があったとされる (Abu-Laban and Gabriel, 2002, p. 38)。

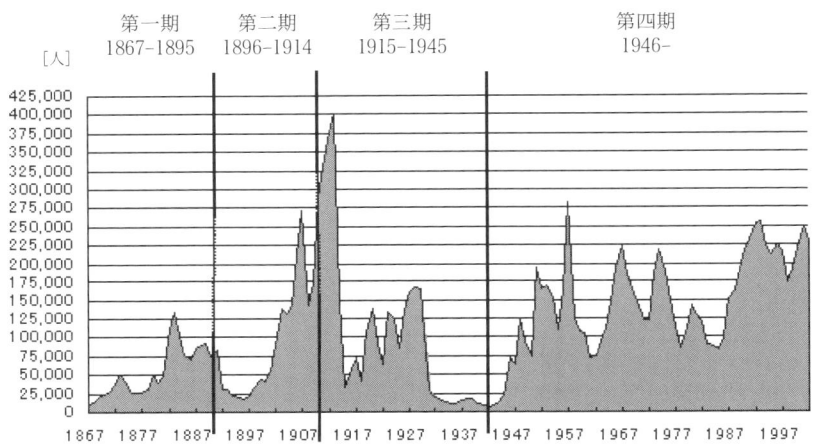

図表1-1　カナダの移民・難民受け入れ数の歴史的概観（1867-2002）

出典：Citizenship and Immigration Canada, 2003, p. 4により筆者作成。またLi, 2003, p. 17をもとに、区分線挿入。なお受け入れ数には、難民も合算されている。

の農地開拓を目指した大量移民受け入れが始まるのは、第二期の1896年以降のことであった。

　第二期は1896年から1914年までに区分されるが、当時の労働市場と農業生産の拡大と相まって、受け入れ移民数は急激な上昇を記録している。またこの時期は、受け入れ移民に関する方針が大きく揺れ動いた時期でもある。当時、移民政策を担当した連邦政府の中心人物の一人が、内務省大臣のシフトン（Clifford Sifton）であった。彼の任期はローリエ内閣時代の1896年～1905年であるが、その間西部平原州への農業従事者誘致に積極的に取り組んだ。当時カナダにとって望ましい移民像が、シフトンのコメントに反映されている。それは「羊皮のコートを着た屈強な農夫であり」、「大地で生まれ、10世代にもわたって農民であり、半ダースの子どもを産む丈夫な妻をもつ」人々であった（Knowles, 2000, Chapter 2）。このような移民が、政府の目指す西部平原州の農地開拓に適しているとして、積極的に誘致されたのである。

さらにシフトンは、隣国アメリカ合衆国、特に中西部に住む経験のある裕福な農民層をカナダ西部に定住させることを目的として、積極的な宣伝を行った[2]。1901年から1914年の間には、アメリカ合衆国から75万人の移民が入国し、その多くはアメリカから帰国してきたカナダ人であったが、3分の1はアメリカ西部に定住していたヨーロッパ出身（ドイツ系、ハンガリー系、ノルウェー系、スウェーデン系、アイスランド系）の人々であった。彼らは北米の生活習慣にも通じており、また農業の経験がある入植者であったため、カナダ平原地域にもよく適応できた。このことから、アメリカ合衆国からの移民が歓迎されるようになった（Knowles, 2000, Chapter 2）。シフトン自身は、平原地域での農業に適した移民であれば、その出身地がイギリスであるかどうかということを重要視していないと語っており、それゆえイギリスや西ヨーロッパ地域出身の移民の入国が国内の需要を下回ると、東ヨーロッパ、そして南ヨーロッパ地域へと誘致活動は拡充された（Li, 2003, p. 18）（Abu-Laban and Gabriel, 2002, p. 39）。しかしアメリカからの黒人の入国は望まれず、排斥する法律こそ制定されなかったものの、移民申請の手続き段階で却下されるようになっていたとされる（Hawkins, 1991, pp. 6-7）。

　国内においては、移民受入の拡充策が遂行されるなかで新移民に対する反発も見られるようになっていた。その対象となったのが、中央・南ヨーロッパ出身の移民と、平原地域で人口の増加していたウクライナ系移民である。彼らは農業従事者としての優秀さにもかかわらず、多くのカナダ人の目には望ましい定住者としては映らなかった。移民は独自の文化を保ち続けるのではなく、カナダ社会へ同化すべきだという議論が起こり、政府は受け入れ移民の種類に選択的であるべきだとの要求も高まった。

2　この時期には移民誘致のためのパンフレットが、イギリス、ヨーロッパ、アメリカにおいて、数多く配布されたことが記録されている。なおアメリカはそれまで、移民獲得に当たってカナダのライバルと見なされてきたが、シフトンはアメリカを移民の源泉地として捉え、積極的な誘致活動を実施した（Knowles, 2000, Chapter 2）。

1905年、シフトンの後任として移民政策を担当することとなったオリバー（Frank Oliver）は1911年までの任期中、これらの意見をくんだ選択的移民政策を実施する。1906年に制定された移民法は、入国が禁止される移民の領域を大きく広げ、また特定の移民を国外追放する政府の権限を強化した（Knowles, 2000, Chapter 3）[3]。また当時ブリティッシュ・コロンビア州においてはアジアからの移民に対する人々の危機感が高じており、連邦政府は中国人の移民制限を強化、またインドからの移民を実質的に制限するための規則[4]が設けられた。続く1910年移民法では、「カナダの気候と、カナダが要求する条件にふさわしくないと判断された人種に属する移民」の上陸を禁じる条項（Section 38 (c)）が盛り込まれた（Hawkins, 1991, p. 17）。Liは1910年の政府報告書を参照しつつ、当時の政府がアジア人ならびに非白人を、表面的な人種や文化的差異から「同化できそうにない」とし、移民として望ましくないとしていたことを示している（Li, 2003, pp. 18-19）。移民として望まれたのは、当時の優勢であったアングロ・サクソン系の社会に速やかに同化できる者であり、オリバーは積極的にイギリス出身の移民を誘致した。

以上のような事例を見ることで、この時代には望ましい移民として、現実的な条件（平原地域の農地開拓に適していること）が挙げられた一方、人種的・文化的差異が特定の国・地域からの移民の制限理由として利用されたことがわかる[5]。説明として用いられたのが、そのような国・地域

---

[3] 連邦議会の議員や産業界のなかには、安価な労働力を求めて移民の制限に反対する声もあった。

[4] "continuous journey" ruleと呼ばれるこの規則は、初め1908年のorder-in-council（枢密院令）として出され、1910年の移民法にも採用された。その内容は、出身国から無寄航でカナダに到着した以外の移民の上陸を禁じるものである。当時、アジアから太平洋を経由してブリティッシュ・コロンビア州に到着する船は、その途中にハワイに寄航することになっていた。このため"continuous journey"の規則は、ブリティッシュ・コロンビア州で人数を増やしていたインド人や日本人を制限することを目的としていたとされる。後にアジアからバンクーバーへの無寄航ルートが確立されると、この規則は廃止された（Hawkins, 1991, p. 17参照）。

[5] そこにはこのような移民に対して、すでに定住していた白人の人々の抵抗があったことが記録されている（Knowles, 2000, Chapter 2）。

からの移民は、カナダ社会へ同化できないであろうということであった。オリバーは前任者のシフトンと異なり、農地開拓という現実的条件以上に、人種的・文化的同化可能性を重視していたことがうかがわれる。その背景には、彼が移民受け入れの目的を「将来のカナダ国民」生産というように捉えていたことがある。入閣前にオリバーは議会において、次のように語っていた（Knowles, 2000, Chapter 3）。

> The western prairies are the seat and cradle of the future population of this Dominion. They are the seat of power and control, and, as that population is, so will this Dominion be. If you fill those prairies with people of different ideas, different aspirations and different views from your own, you are simply placing yourselves under a yoke, you are swerving your country from that destiny which your fathers intended it, and which you fondly hoped you were achieving.
> （西部平原地域はカナダ自治領の人口の礎であり、それを育む揺りかごである。西部平原地域は、権力と統制の中心であると言えるだろう。そしてこの地域の住人が権力と統制の中心にあるように、これからのカナダ自治領も権力と統制の中心となってゆくことだろう。もしこの平原地域に、あなたたちと異なる考えや野心、見解をもつ人々が入ってくるならば、それは自分自身をくびきにかけることになり、またこの国は道を踏み外すことになるであろう。それはあなたたちの父祖ならびに自身が望んだことではなかったはずだ。）

　続く第三期は、二つの大戦や世界恐慌の時期と重なる1915年から1945年に区分されている。この時期に望まれた移民も、依然としてイギリスならびにアメリカ合衆国出身であり、続いて北ヨーロッパ、スカンジナビアからの移民が続き、南、東ヨーロッパ出身の移民は特別な許可がある場合に限られていた。そしてアジアやアフリカからの移民は、事実上

排除されていた (Kelly and Trebilcock, 1998, p. 189)。1919年には1910年移民法が改正されたが、カナダの要求する条件にふさわしくないとされる国籍・人種に属する移民を制限する条項は存続した[6]。さらにはカナダ社会に入国後、すぐに同化 (become readily assimilated) できそうにない移民の入国は禁じるというように、カナダ社会への同化可能性を入国の要件とすることが明示されている。この一節はその後も若干の修正を加えられながら使用され、Hawkinsはこれを移民政策においてWhite Canada Policyを実施するための、主要な条項であったと説明している (Hawkins, 1991, p. 17)。また1923年には、これまでも規制が加えられてきた中国人移民を、一部の特例[7]を除いて禁止する中国人移民法が制定されている。

第四期である1945年から現在の間には、受入移民の種類に関する大きな政策転換があった。ただし1945年から約20年間は、依然としてその八割をヨーロッパからの移民が占め、アジアやアフリカからの移民は規制されていた。1947年にキング (Mackenzie King) 首相は、移民を人口増加の源と見なす発言をしているが、それによってカナダの人口構成が変わることは望まず、東洋 (orient) からの大量移民によるカナダ社会への影響を危惧する、という旨を表明している。そして移民の選択に関して差別があるという意見に対し、首相はカナダへの入国は外国人の「基本的人権」ではなく特権であり、移民政策は内政の問題であると述べ、従来の選択的移民政策を肯定した (Abu-Laban and Gabriel, 2002, p. 40)。そして1919年移民法を引き継ぎ、1952年移民法が制定される。特徴として挙げられるのは、連邦政府内閣——実際上は市民権移民省大臣と担当官——に対し

---

[6] この他、政治的な信条も入国を制限する理由となった。共産主義体制に対する恐怖から、フィンランド人、ウクライナ人、ロシア人は共産主義者の可能性ありとされ、連邦政府はその入国を禁じるようになった (Abu-Laban and Gabriel, 2002, p. 40)。

[7] 特例の内容として、a. 外交官、b. カナダ生まれの中国人、教育等のためにカナダを離れていた中国系の出自をもつ者、c. 中加間の輸出入業に2,500ドル以上の投資がある、またはそのようなビジネスを3年以上続けている者、d. カナダへの留学生などが挙げられている。同法は四半世紀にわたって、カナダの中国人コミュニティの規模と構成に大きな影響を与え、中国人コミュニティからは抗議の声が大きかったが、連邦議会では彼らを弁護する声はほとんど聞かれなかったという (Hawkins, 1992, p. 20)。

て、外国人の入国許可や国外追放についての大幅な裁量権を認めたことである (Kelly and Trebilock, 1998, p. 324)。このことは内閣が、入国希望者の民族・職業や生活スタイル・またはカナダの気候への不適応性・カナダ社会への同化が困難といった理由から、その入国を禁じることも可能とするものであった (Knowles, 2000, Chapter 5)。

　従来の方針を踏襲してきた第四期の移民政策は、1960年代に転換点を迎えることになる。1962年、連邦政府はこれまで設けられていた独立移民申請の際の、人種や国籍の差別を廃止する。これにより、カナダへの適応が容易とされたヨーロッパ系白人を中心とした移民政策、いわゆる"White Canada Policy"が事実上の終焉を迎えた(Hawkins, 1991, p. 39)[8]。ただし移民の家族呼び寄せに関しては中国や南アジアからの急激な移民増加を危惧し、規制が続けられた (Reimers and Troper, 1992, p. 32)。

　そして1967年に、連邦政府は人種ならびに宗教や出身地による差別の完全撤廃を目指し、現在も用いられている「ポイント制」を導入した。これは独立移民の選考基準を、個人の教育や技術、経験、公用語能力、カナダ市場で必要とされる能力などに応じた得点をもとにするという制度である（なお、家族移民や難民にはポイント制は適用されなかった）。これにより、移民審査は市民権移民省大臣や担当官の判断に任されるのではなく、客観的な基準に基づいて行われるようになった。また人種や文化的な差異よりも、その折々にカナダ社会が必要とする技術の有無を重視するという姿勢が明確化された。1960年代の移民法改正の背景には、カナダの産業構造の変化に対応できる移民人口の減少を危惧したという実用的な理由[9]と、連邦・州政府の人権に関する意識の高まり、さらに国際社会における新たなカナダ・アイデンティティの模索があったと考えられる。な

8　Liは第二次世界大戦以降をすべて第四期に含めているが、この転換を考慮すると、1962年以降を第五期と区分することも可能であろう。
9　ヨーロッパからの熟練技術をもつ移民が減少したことに加え、高い能力をもつ移民を獲得しようとする競争が激しくなったことが、人種・国籍による差別廃止の背景にある (Li, 2003, pp. 24-25)。

ぜなら人種差別的な移民法を撤廃することは、国際的な地位を確立しつつあるカナダのイメージにとって重要であったからである（Reimers and Troper, 1992, p. 32）。なお1962年の方針転換は、国民や議会の総意というよりも、一部の政府高官による上記の判断が実現されたものであるという見解もある（Hawkins, 1991, p. 39）。

　1976年制定（1978年施行）の移民法では、カナダ移民政策の目的が初めて明確に述べられた。そこにはカナダの人口的、経済的、文化的、社会的な目的達成を目指すこと、国外で離れて暮らしていた移民の家族の再統合(family reunification)を促進し、難民受け入れに関して国際的な責務を果たすこと、非差別的な移民政策を行い、定住支援に関しては政府のあらゆるレベルと民間部門の協力をさらに進めることなどが示された。そして受け入れ人数とそのカテゴリーについての計画を提示し、移民政策の策定と運営に関しては、州政府と協議を行うこととした（Knowles, 2000, Chapter 6）。

　なお難民受け入れの経緯についても、ここで触れておきたい。難民への対応は、第二次世界大戦後の世界にとって、大きな課題となっていた。カナダは1969年になって、「1951年の難民の地位に関するジュネーブ条約」および「1967年の議定書」に調印しているが、実はそれ以前の第二次世界大戦直後から、国の人口に比してかなり多くの難民を受け入れている。戦争直後のヨーロッパからの大量難民（約18万6,000人）、1956年から翌年にかけてのハンガリー難民（約3万7,000人）、1968年から69年にかけてのチェコ難民（約1万1,000人）などが、代表的な事例として挙げられる。この時期の難民受け入れは、移民政策と同じく白人を中心としたものであったが、1962年の移民政策方針転換以降、移民同様に世界各地からの難民受け入れを開始した。1972年〜73年にはイギリスの市民権を得ていたがゆえに、ウガンダより退去を命じられたアジア系難民（約7,000人）の受け入れ、1973年〜79年に南米からの難民受け入れプログラム（約7,000人）、1975年から1978年にかけてはベトナム・カンボジア難民（約9,000

人)受け入れプログラム、1976年〜79年には、レバノン難民 (約1万1,000人)受け入れ等の実績がある。当時は受け入れに当たっての明確な基準は作られておらず、政府はケースバイケースの対応をとっていた (Hawkins, 1991, pp. 165-174)。しかし、このように大量の難民受け入れが続くうち、その基準の必要性が認識されるようになったようである。これらの流れを受けて、1976年制定 (1978年施行)移民法では、難民に関する国際的な法律上の義務を果たし、難民や迫害された人々に対する人道的な伝統を守るという難民受け入れ政策の基本方針が、移民法の中で初めて明確にされる (Hawkins, 1991, p. 72)。そして、1979年から1984年にかけては、多くのインドシナ難民 (約9万人)が受け入れられた。

III 「移民・難民保護法」と政策の現状

その後30回以上の改定を経つつ、カナダ移民政策の基本法となってきた1976年移民法に代わり、2001年「移民・難民保護法」(*Immigration and Refugee Protection Act*)が制定された (2002年施行)。新法では、移民政策と難民保護が明確に区分されるようになり、それぞれに関する項目が設けられている。連邦政府はこの目的として、適応力のある技術 (flexible skills)をもった労働者の誘致、迅速な家族の再統合 (family reunification)実現、社会の安全に対する脅威には断固として臨みつつも、難民受け入れというカナダの人道的伝統を守る、という点を挙げている。

1990年代中盤から現在まで、連邦政府は熟練労働者ならびに投資家、経営者 (Skilled Workers, Business Immigrants)などの経済移民の誘致を重視した移民政策を進めている。しかし家族移民の入国も多く、また難民の年間受け入れ数も多いことから (**図表1-2参照**)、それぞれの事情に応じた定住支援策の充実が必要とされている。そして公用語教育は、その支援の柱のひとつである。入国当初、公用語である英語・フランス語のいずれも話さないという移民にとって (**図表1-3**、**図表1-4参照**)、15歳以下

16　第1部　多様社会を形成した要因

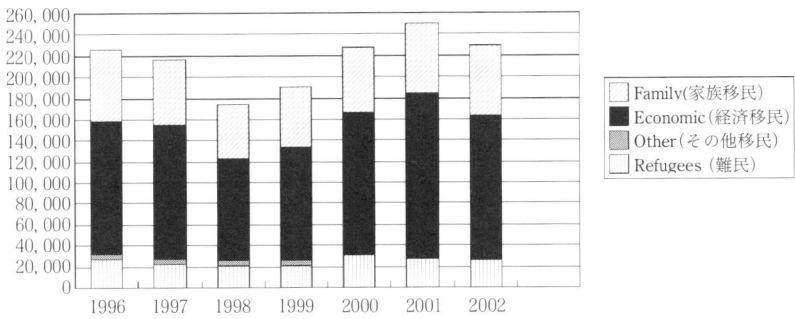

図表1-2　受け入れ移民カテゴリーの内訳（1996-2002年）

カテゴリーの内訳は以下の通り。
* Family（家族移民）: Immediate Family, Parents and Grandparents
* Economic（経済移民）: Skilled Workers, Business Immigrants, Live-in Caregivers, Provincial / Territorial Nominees
* Other（その他移民）: Post-Determination Refugee Claimants, Deferred Removal Orders, Retirees, Permit Holders Applying for Permanent Residence（2002年のみ受け入れあり、9名。）, IRPA other（2002年のみ受け入れあり、29名。）
なおProvincial / Territorial Nomineesは2000年まで、Live-in Caregiversは2001年までotherの項目に分類されていたが、ここでは2002年と統一するためEconomicに算入した。
* Refugees（難民）: Government-Assisted Refugees, Privately Sponsored Refugees, Refugees Landed in Canada, Dependants Abroad
出典：Canada, Citizenship and Immigration Canada, 1999, 2000, 2001, 2002, 2003, Immigration by Levelsにより筆者作成。

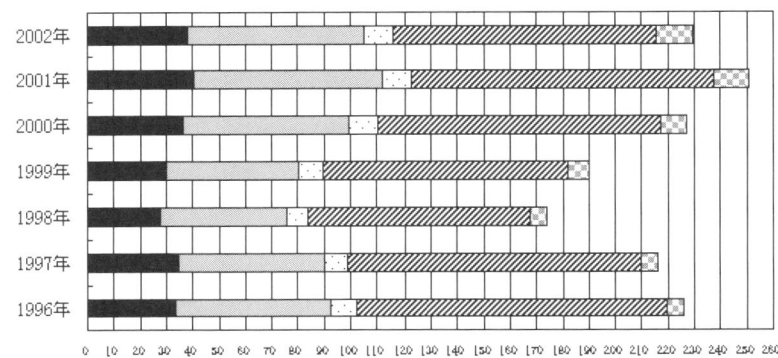

図表1-3　年間受け入れ移民・難民の公用語能力（1996-2002年）

Neither「いずれも話さない」についてのみ、15歳未満と15歳以上に区分して表示。
出典：Canada, Citizenship and Immigration Canada, Fact and Figures, 1999, 2000, 2001, 2002, 2003, Immigration by Language Abilityにより筆者作成。

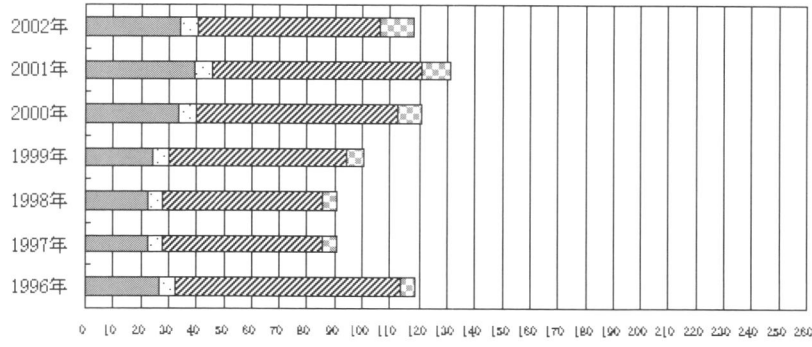

図表1-4　年間受け入れ移民・難民の公用語能力
（全体のうち、15歳以上で就業を希望する者）

出典：Canada, Citizenship and Immigration Canada, Fact and Figures, 1999, 2000, 2001, 2002, 2003, Immigration- Intending to Work by Language Abilityにより筆者作成。

の子どもは学校生活で、そして成人は職場や地域での生活それぞれの場面で、公用語の知識は不可欠であると言える。

IV　移民政策に関する連邦政府と州政府の協力関係

　連邦政府と各州政府は、移民受入に関する責任を分かち合うとする合意を結んでおり、このうちもっとも包括的なものが、1991年に結ばれた連邦政府とケベック州間のCanada-Quebec Accordの協定である。これはケベック州自身に、同州への定住を望む熟練労働者（Skilled Workers）とビジネス移民（Business Immigrants）、また海外からの難民を選択する権限、ならびに言語教育を含む定住サービスに関する権限を与えるものである。この他、マニトバ州、ブリティッシュ・コロンビア州、サスカチュワン州、ニューブランズウィック州、ニューファンドランド州、ユーコン準州、プリンス・エドワード・アイランド州など数多くの州が、連邦政府市民

権・移民省との合意に署名している。これらの合意により州政府は、移民の定住サービスに関する資金を得て運営責任をもつこととなり、移民の受入計画や、経営者や投資家などのビジネス移民の誘致について、より強い発言権をもつようになった(Citizenship and Immigration Canada, 2003, *Federal-Provincial/Territorial Agreements*)。なお連邦政府は現在、州政府や地方自治体、民間機関、コミュニティ団体等との協議をもとに、移民の年次受け入れ数を決定している。

　移民・難民の受け入れや定住に関する権限を得るというのは、ケベック州の言語状況にとって特に大きな意味があると言えるだろう。ケベック州は州内の出生率の減少から、移民の受け入れに積極的である。そして州内でのフランス語使用の活性化を目指すためには、フランス語系の文化圏出身の移民を誘致することが重要な方策となる。さらにこれまで、ケベック州内においてでも移民の言語が英語化する傾向が高かったという背景があり、現在は定住支援の一環としてフランス語教育を積極的に提供している。なおケベック州のフランス語教育については、本書第10章で扱われている。

　この他、Provincial Nominee Program という、州政府や準州政府が連邦政府との合意のもとで、自分たちの州(準州)の経済発展に貢献するであろうという移民を指名することができる制度がある。アルバータ州、サスカチュワン州、マニトバ州、ニューブランズウィック州、ノバ・スコシア州ならびにニューファンドランド州は、この合意に署名している。志願者はまず、州政府に対してProvincial Nominee の申請を行い、その州政府より指名を受けてから、連邦政府市民権移民省へ申請を行う。2000年には1,253名、2001年には1,274名、2002年には2,127名がこのカテゴリーで移民として受け入れられた（Citizenship and Immigration Canada 2002, 2003, p. 5）。

V　将来への指針

世界中で国境を越える人々の移動が増加していくなかで、移民や外国人労働者とその子女に対する言語政策は、さらに重要性を増していくであろう。カナダの事例はその上で、日本にとってもひじょうに興味深い先行事例として学ぶべき点が多いと思われる。

引用文献一覧

Abu-Laban, Yasmeen and Christina Gabriel (2002). *Selling Diversity: immigration, multiculturalism, employment equity, and globalization.* Peterborough, ON: Broadview Press, Ltd.

Burnaby, Barbara (1998). "ESL Policy in Canada and the United States: Basis for Comparison." Thomas Ricento and Barbara Burnaby ed. *Language and Politics in the United States and Canada: Myths and Realities.* Mahwah, NJ: Lawrence Erlbaum Associates, Publishers, pp. 243-267.

Citizenship and Immigration Canada (1999). *FACTS and FIGURES 1998: Immigration Overview.* Minister of Public Works and Government Services Canada.

Citizenship and Immigration Canada (2000). *FACTS and FIGURES 1999: Immigration Overview.* Minister of Public Works and Government Services Canada.

Citizenship and Immigration Canada (2001). *FACTS and FIGURES 2000: Immigration Overview.* Minister of Public Works and Government Services Canada.

Citizenship and Immigration Canada (2002). *FACTS and FIGURES 2001: Immigration Overview.* Minister of Public Works and Government Services Canada.

Citizenship and Immigration Canada (2003). *FACTS and FIGURES 2002: Immigration Overview.* Minister of Public Works and Government Services Canada.

Citizenship and Immigration Canada (2003). Federal-Provincial/Territorial Agreements. http://www.cic.gc.ca/english/policy/fedprov.html, 2004年3月18日採取.

Hawkins, Freda (1991). *Critical Years in Immigration: Canada and Australia Compared,* 2nd ed. Montreal & Kingston: McGill-Queen's University Press.

Knowles, Valerie (2000). *Forging Our Legacy: Canadian Citizenship and Immigration, 1900-1977.* Public Works and Government Services Canada. http://www.cic.gc.ca/english/department/legacy/index.html, 2004年3月1日採取.

Kelley, Ninette & Michael Trebilock (1998). *The Making of the Mosaic: a history of Canadian immigration policy.* Toronto: University of Toronto Press Incorporated.

Li, Peter S. (2003). *Destination Canada: immigration debates and issues.* New York: Oxford University Press.

Reimers, David M. and Harold Troper (1992). "Canadian and American Immigration Policy since 1945." Barry R. Chiswick ed. *Immigration, Language, and Ethnicity: Canada and the United States.* Washington, D.C.: The AEI Press, pp. 15-54.

第2章
統計データから見た外国人の到着状況

京極　依子

在カナダ日本庭園で行われた茶会。カナダの人々にとって、正座は難しいようだ

I　カナダ在住の日本人数

　カナダはアメリカ、ブラジルと同様、移民を積極的に受け入れ、多人種の国であることは周知の事実である。各在外公館等を通じた調査によれば、2004年10月1日現在、全世界に在留する日本人の数（3ヵ月以上の長期滞在者と永住者の合計）は、過去最高を更新する96万1,307人に達した。これは、対前年比の5.5％増である。また在留邦人が最も多かったのは、昭和60年以降連続でカナダを初めとする北米地域で、前年比2.9％増の38万228人（全体の39.6％）であった（外務省, 2005）。移民以外にも、外務省へ在留届を提出してカナダに在留する人もおり、そういう人たちも含めたカナダ在住の邦人総数は、2003年10月現在で3万7,955人である（外務省, 2005）。
　カナダでは5年ごとにセンサスと呼ばれる国勢調査を行っており、最新の2001年のカナダセンサスによると、移民第一世代、第二世代以下も含めて「自分は日系人（日本人）」と回答した人数は8万5,000人以上で、その数はカナダ総人口の0.3％弱である。
　一般に「外国人」といっても、移民、難民、駐在員、留学生、労働者など、その背景は様々であり、本章ではカナダセンサスやカナダ統計局などの結果をもとに、カナダ在住の外国人の到着状況を、時間的推移も交えながら考察する。

II　新規移民（移民第一世代）

　本節では、5年ごとのカナダ国勢調査であるカナダセンサスの結果を用いて、カナダへ新規移民してきた者の出身地域について、その現状と時間的推移の両面から考察する。
　最近のカナダセンサスは2001年に実施され、移民の出身国（出生地）の結果を公表した。**図表2-1**は1961年以前から2001年までにカナダに新規

移民した、いわゆる移民第一世代の合計であり、移民第二世代以下は含まれていない。図表2-1は2001年時点の新規移民総数であり、いつ移民

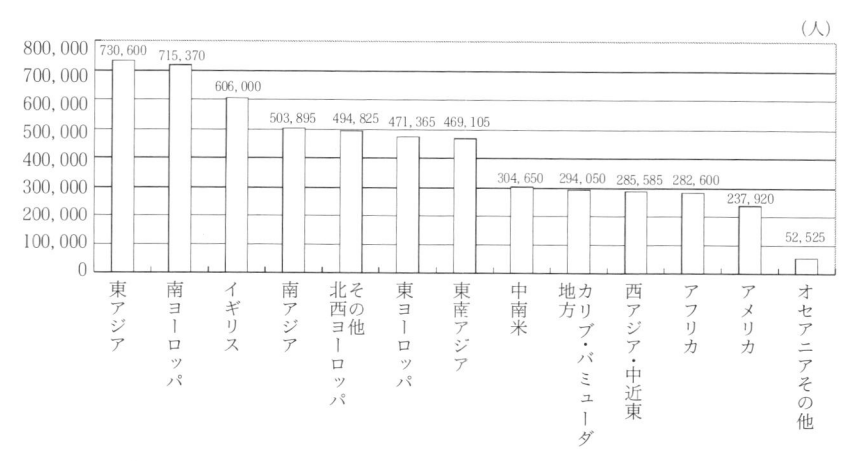

図表2-1　新規移民（1961～2001年）の出身地域別人口構成（2001年）

出身地域	人数（人）
東アジア	730,600
南ヨーロッパ	715,370
イギリス	606,000
南アジア	503,895
その他北西ヨーロッパ	494,825
東ヨーロッパ	471,365
東南アジア	469,105
中南米	304,650
カリブ・バミューダ地方	294,050
西アジア・中近東	285,585
アフリカ	282,600
アメリカ	237,920
オセアニアその他	52,525

（合計5,448,480人）
（Statistics Canada, 2003aにより作成）

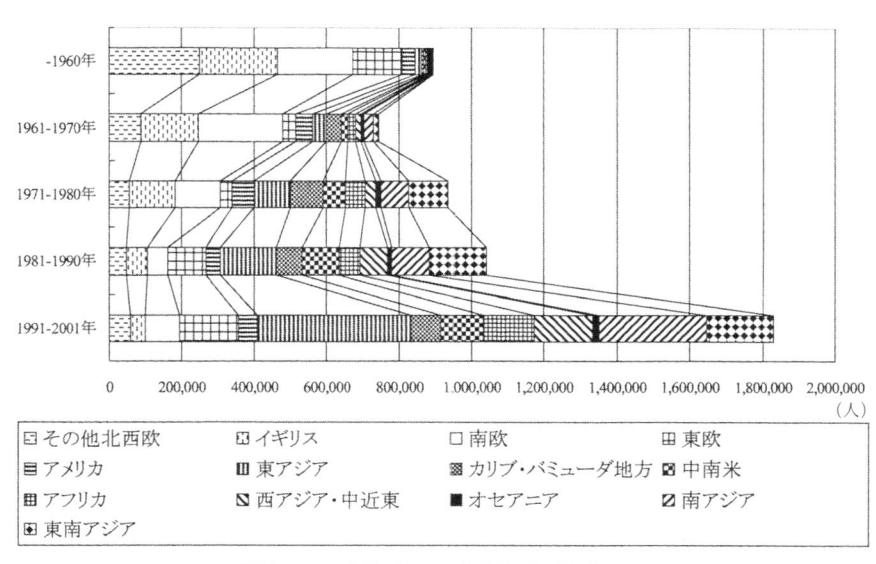

図表2-2　新規移民の出身地域別推移

凡例：その他北西欧／イギリス／南欧／東欧／アメリカ／東アジア／カリブ・バミューダ地方／中南米／アフリカ／西アジア・中近東／オセアニア／南アジア／東南アジア

期間区分：-1960年、1961-1970年、1971-1980年、1981-1990年、1991-2001年

（Statistics Canada, 2003bにより作成）

してきたかという、その入国時期はまちまちである。そこで図表2-1の数値を10年ごとに区切り、新規移民数の時期的推移を表したものが**図表2-2**である。

1970年以前は、イギリス、ヨーロッパ（特に北西欧、南欧）からの移民が全移民の半数以上を占めていたが、1980年代あたりからアジア、中近東、中南米からの移民がその数を上回るようになり、その新規移民総数も最近10年間で急増していることがわかる。そこで図2-2をアメリカ・ヨーロッパ地域と、アジア・オセアニア地域の2つに分けたものが、**図表2-3-1、2-3-2**である。

アメリカ、ヨーロッパ出身の人口は減少傾向にあったが、最近10年間は増加しているものの、総数はほぼ横ばいと言えるのに対し、アジア、オセアニア出身者は年々増加の傾向にあり、1960年以前と比較すると33倍に増加している。このように、おもにアジアからの移民が急増しているのである。

さらに遡った19世紀後半からの新規移民出身地域別の時期的推移は後で述べることにして、ここでは最近5年間の新規移民は、どの国からの出身者が多いか、その統計結果を紹介する。**図表2-4**は、過去5年間にカ

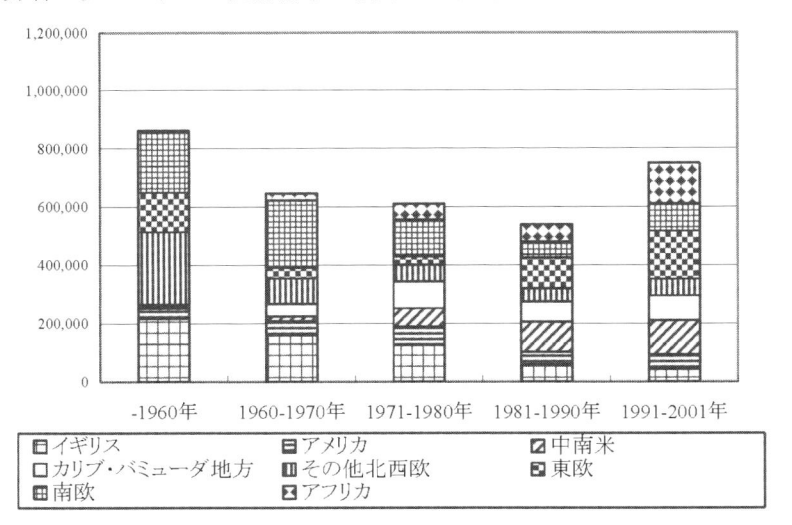

図表2-3-1　新規移民の出身地域別推移（アメリカ・ヨーロッパ他）

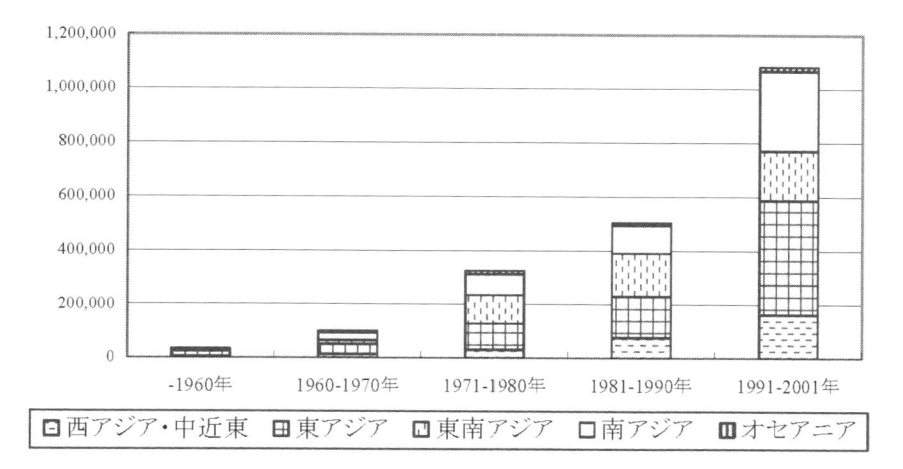

第2章　統計データから見た外国人の到着状況　25

| 凡例 | 西アジア・中近東 | 東アジア | 東南アジア | 南アジア | オセアニア |

図表2-3-2　新規移民の出身地域別推移（アジア・オセアニア）

(Statistics Canada, 2003bにより作成)

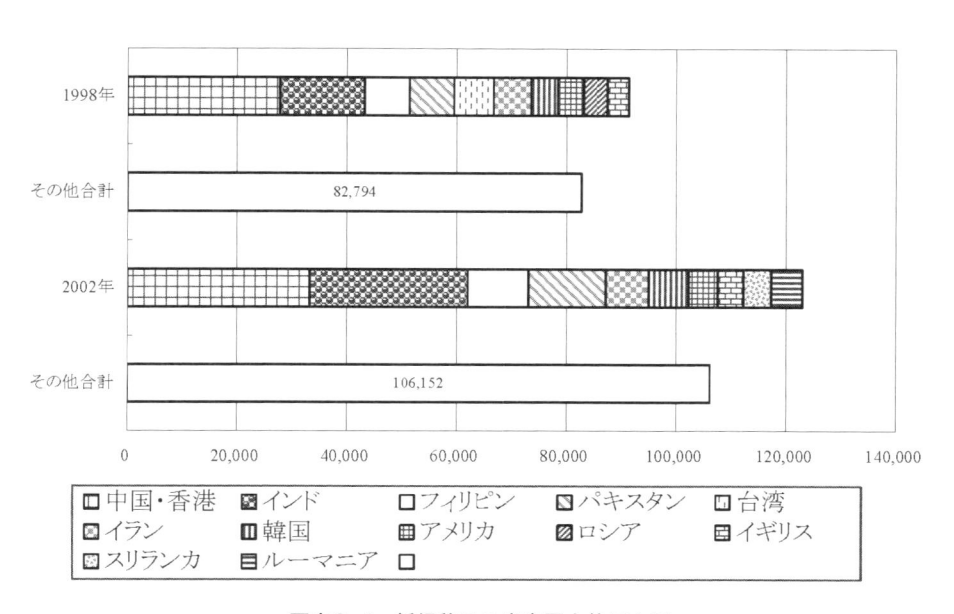

図表2-4　新規移民の出身国上位10カ国

（凡例：中国・香港、インド、フィリピン、パキスタン、台湾、イラン、韓国、アメリカ、ロシア、イギリス、スリランカ、ルーマニア）

その他合計 1998年：82,794
その他合計 2002年：106,152

(CIC, 2003bにより作成)

ナダに新規移民してきた者の、総数の多かった出身国上位10カ国の統計結果である。

　過去5年間の新規移民のうち、出身国の多かった順から10カ国を各年のグラフの上部に、上位10カ国以外の国からの新規移民の合計をその下に表記した。2001年からは上位10カ国からの移民合計だけでその他全地域からの合計を上回っており、つまり全新規移民の半数以上を占めるようになった。そして上位10カ国の半数以上が中国、インド、パキスタン、フィリピンの東南アジア4カ国で占めており、2002年は中国・インドからは約2万人、パキスタン・フィリピンからは約1万人がカナダに移民している。

　次に19世紀後半から、このカナダ在住の新規移民数がカナダ全体の人口に占める割合を示し、合わせてカナダの総人口に占める新規移民数の10年ごとの統計と、その期間中の新規移民数の合計をグラフにしたものが**図表2-5**である。

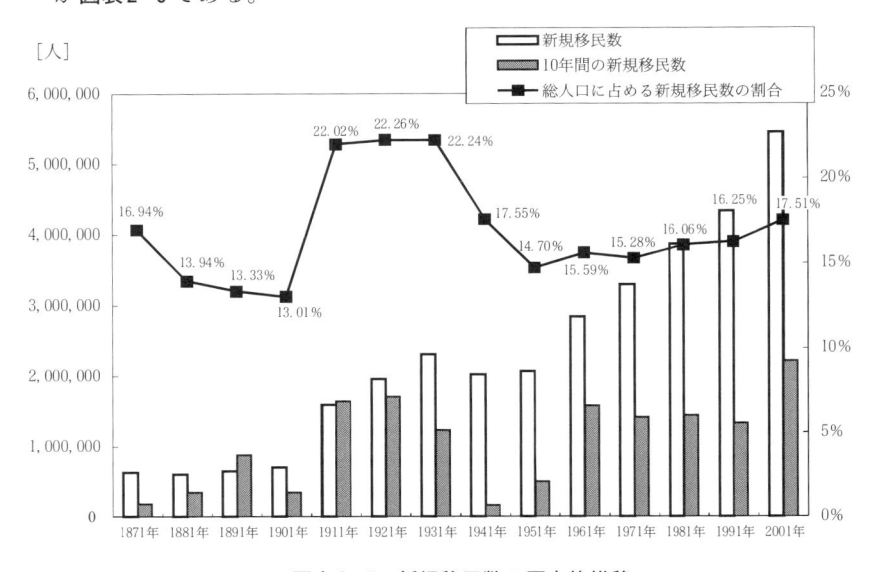

図表2-5　新規移民数の歴史的推移

（CIC, 2003aにより作成）

1900年代から1910年代に移民が急激に増加して、1930年代まで総人口の20％以上を占めている。最近はアジアからの移民が大きな割合を占めていることは前述したが、1870〜1871年のカナダセンサスによると、初期の移民のほとんどはヨーロッパ出身者で、イギリス人とフランス人が多かった。1910年代の第一次世界大戦後を境にして、ヨーロッパ地域からの移民が急増したという歴史的背景がある。また、1940年代から1950年代に総人口に占める新規移民数の割合が10％台に減少したのは、まず第二次世界大戦の影響があり、また中国からの移民に対して、移民省が重税を課すという政策を行ったということが原因に挙げられる（Dirks, 1988, p. 1047）。

Ⅲ　永住権・市民権

次に永住権、市民権取得者の推移をみることにする。両者は混同されるが、永住権（Permanent Residence）と市民権（Citizenship）とはまったく別のものである。「移民する」ということは、カナダの永住権を得ることであるが市民権を得るわけではなく、市民権を得るには移民として永住権を取得していることが条件となる。つまり第一段階として永住権を取得したら、その次に第二段階として市民権という順序になる。また永住権だけではカナダ国籍を取得できたことにはならず、選挙権もない。カナダ国籍を希望する場合は、少なくとも3年間は移民としてカナダで生活した後に市民権を申請しなければならず、晴れて市民権が取得できたら国籍とともに選挙権も得られる。

第一段階である永住権の取得、つまり移民手続きについては、第4章で詳しく言及することにして、順序が逆になるがここでは第二段階の市民権の申請手続きについて述べることにする。

〈市民権申請の条件（成人の場合）〉

- 18歳以上
- カナダ移民であること（永住権をもっていること）
- 申請時から遡って4年のうち3年はカナダ在住であること
- 英語かフランス語でコミュニケーションがとれること
- カナダとカナダ市民の責任と権利について知識を有していること

　子どもの場合は、3年以上カナダに住んでいて、カナダ移民であればよい。

〈市民権申請〉
　まず申請書類5枚に必要事項を記入する。記載事項は、住所氏名、生年月日、電話番号などの個人情報、移民になった（永住権を取得した）日付、過去4年間の詳細な出入国歴、過去4年間に住んでいた場所、過去の犯罪歴などである。この書類に顔写真2枚を添えてケースプロセシングセンターへ送り、無事に受理されれば市民権テストの日時の連絡とともに、市民権テストのためのテキストが送られてくる。

〈市民権テスト〉
　18〜59歳までは口答試験のほかに記述試験もあり（60歳以上には記述試験は免除）、その内容は選挙権と投票について、カナダの地理と歴史、市民権をもつ者としての責任について、そして語学力(英語か仏語)などである。すべてにパスすれば後日市民権授与式が行われ、ここでカナダ市民として宣誓し、市民権証明書をもらうことができる(やさぐれ小僧, 2003)。

　永住権と市民権は異なる権利であることは前述した通りだが、移民省統計では両取得者数の数値はまったく同じであり、しかも1996年以降は統計をとっていないことから、移民省では「永住権 Permanent Residence」と「市民権 Citizenship」とを区別した統計はとっていないものと思われる。

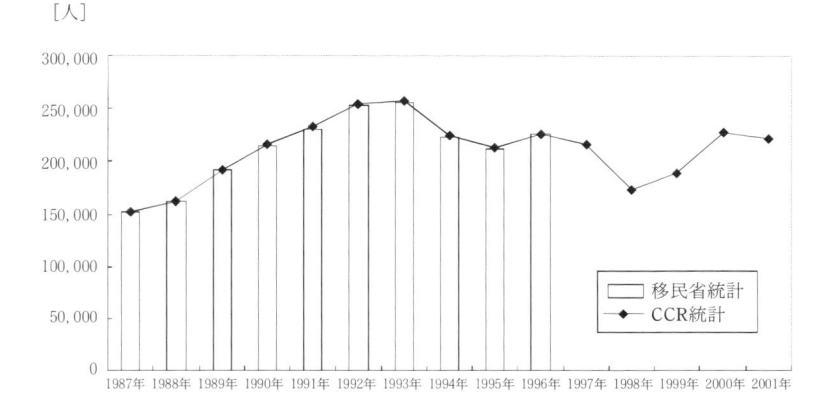

第2章　統計データから見た外国人の到着状況　29

図表2-6　永住権・市民権取得者数

(CIC, 2003a; CCR, 2003a; CCR, 2003bにより作成)

　移民省統計の数値は、カナダ難民審議会が公表している毎年の総移民数（移民と難民数合計）とよく似ており、カナダ難民審議会は2001年までのデータを公表しているので（2003年11月現在）、5年ごとのカナダセンサスと比較して毎年の新規移民の総数を知ることができる。移民省とカナダ難民審議会のデータを照会したものが、**図表2-6**である（なおCCRとは、カナダ難民審議会を表す）。

　永住権・市民権取得者数が1993年までは上昇傾向にあったが、1993年をピークにして以後は増加減少を繰り返しているのは、移民省が移民枠を毎年20～25万人に設定しているためである。

IV　難民数・労働者数・留学生数

　本節では、移民以外でカナダに在住する外国人、特に難民、労働者、留学生について述べることにする。

　図表2-7は、移民省のデータをもとにカナダ難民審議会が公表した、1979年から2001年までの難民数（政府支援難民、民間支援難民等を合わせたもの）の推移を表したグラフである。

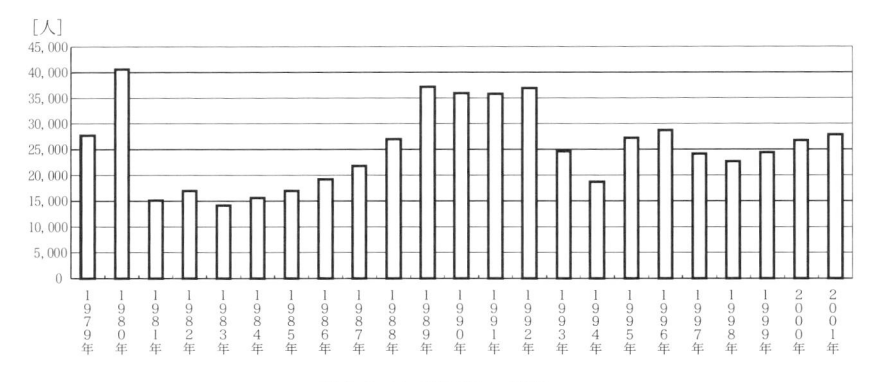

図表2-7 難民数の推移

(CCR, 2003a; CCR, 2003bにより作成)

　1980年に難民数が4万人を超えた後からは半数以下に減った背景には、1979年の中東における第二次石油危機、イランにおけるイラン革命、1980～82年には戦後最大級の世界不況が起こったことなどが考えられる。そして、1980～88年にはイラン・イラク戦争が起こって再び難民が増加するなど、おもに中近東が激動の時代にあった。

　1989年から1992年には再び3万5,000人を超えるピークを迎えている背景には、まず1980年代末から1990年代初めは、ソビエト連邦の解体、東欧の激変などが考えられる。また、1989年には中国で天安門事件が起こり、さらに湾岸戦争、世界同時不況が起こったのは、ともに1991年である（くらし問題学ぼう会, 2003）。

　こうした世界各地で起こった様々な背景が、カナダへ入国した難民数に影響を与えているものと思われる。

　カナダには、永住者受け入れ以外に、一時的な労働力として外国人を受け入れる制度がある。カナダ人労働者では充足しえず、当該外国人労働者の雇用がカナダ人の賃金や労働条件に悪影響を与えないことが条件となっているが、職種の制限はない。しかし、単に労働市場の需給ギャップを埋めるための制度ではなく、技術移転などのメリットが期待されており、カナダ人を訓練すれば容易に充足できるような職種は、受

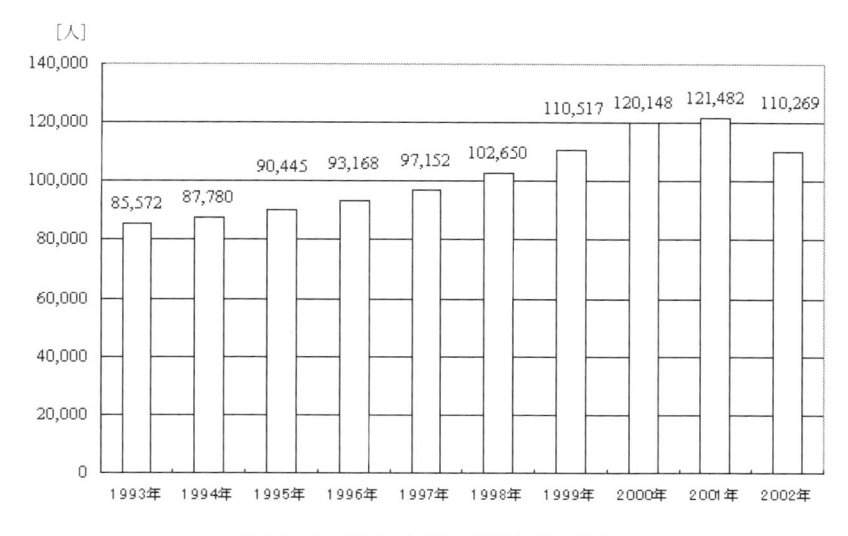

図表2-8　最近10年間の労働者数の推移

(CIC, 2003bにより作成)

け入れ対象とはならない(リクルートワークス研究所, 2002)。

　図表2-8は、移民省が発表した過去10年間の外国人労働者数の推移を表したグラフである。

　外国人労働者数は年々増加傾向にあったが、2001年をピークにして2002年は減少したのには、以下のような経済的背景が考えられる。

　カナダ経済は1997～2000年まで4%以上の成長を維持してきたが(2000年の実質GDP成長率は5.3%)、米国経済の鈍化の影響を受けて、2000年第4四半期は年率1.7%に鈍化し、2001年第1、第2四半期は年率1.3%、1.1%と景気の減速が明確となった。さらに2001年第3四半期には、米国における同時多発テロの影響で、1992年第1四半期以来の初のマイナス成長(年率マイナス0.7%)となった。

　しかし、2001年第4四半期にはプラス成長(年率3.8%)に回復(2001年実質GDP成長率は1.9%)。2002年に入り、GDP成長率は低金利環境のもと、個人消費と住宅建設の伸びなどを背景に第1および第2四半期にそれぞ

れ5.8％および3.8％と拡大し、2002年全体の成長率は3.3％となっている。

失業率は、1991年以降9％を超え、1990年前半は二桁であったが、2000年は6.8％にまで低下した。近年は7％程度で安定し、2001年7.2％、2002年7.7％となっている（外務省，2003）。つまり、2000年から2001年にかけて増加傾向にあった労働者が減少したのは、GDP成長率が鈍化したこと、それに加えて失業率が2002年は前年より悪化したことなどによるものと思われる。

最後に、カナダ在住の留学生（個人申請）数を紹介する。**図表2-9**は移民省が発表した、学生の出身国をグラフにしたものである。

アジア、特に韓国からの留学生が多いが、1998年は前年より半減したのは、アジアでは1997年から約3年間経済危機にあったことが影響していると思われる。日本からの留学生数は毎年6万人前後と横ばいである。飛躍的な伸びを示しているのは、この経済危機の影響をそれほど受けなった中国であり、2002年は1997年と比較すると、10倍以上の伸びを示

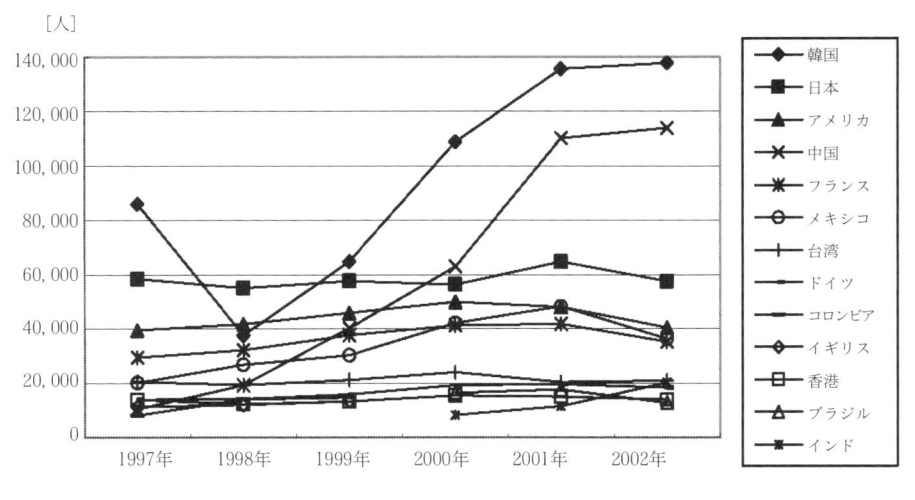

図表2-9 留学生数

（CIC, 2003bにより作成）

している。

　2000年を境にしてコロンビア、イギリス出身の留学生に代わり、ブラジル、インド出身の留学生が統計に加わるようになり、アメリカ出身の留学生もこの年を境にして減少傾向にある。

V　最近50年の動き

　カナダは移民を多数受け入れる国の一つであるが、新規移民数は増加の一途というわけではない。その理由は、移民省が移民枠を毎年20～25万人程度に設定しているためである。最近50年間は総人口に占める新規移民数の割合が徐々に増加しつつも、10％台に保たれている。外国からの移住者を出身国別にみると、第一次世界大戦後はおもにイギリス、フランスから多くの人が移住し、ほとんどの移民がヨーロッパ出身であった。それがヨーロッパ地域からの移民に代わり、1980年頃からはアジア地域からの移住者がその数を上回るようになった。これには第二次世界大戦、その後に起こった様々な内戦、東欧崩壊、世界不況などの政治的経済的背景が影響している。それは同様に難民、労働者数、留学生数にも影響を及ぼしていることが明らかになった。

引用文献一覧

CCR: Canadian Council for Refugee (2003a). Immigration to Canada 1979-2001, URL: http://www. web.net/~ccr/statland.htm 2003年11月11日採取.

CCR: Canadian Council for Refugee (2003b). Immigration to Canada 1987-2001. URL: http://www. web.net/~ccr/statland.htm 2003年11月11日採取.

CIC: Citizenship and Immigration Canada (2003a). *Facts and Figures 2000, 2002*: Immigration Overview p. 8 URL: http://www.cic.gc.ca/english/pub/index-2.html#irpa 2003年9月4日採取.

CIC: Citizenship and Immigration Canada (2003b). *Statistical Overview of the Temporary Resident and Refugee Claimant Population: Facts and Figures 2002:*

Ottawa: Citizenship and Immigration Canada.

Dirks E. Gerald (1988). "Immigration Policy." *Canadian Encyclopedia Second Edition*. Edmonton (Canada): Hurtig Publishers Ltd., p. 1047.

Statistics Canada (2003a). Immigrant population by place of birth and period of immigration, 2001 Census, Canada. http://www.statcan.ca/english/Pgdb/demo25.htm 2003年9月11日採取.

Statistics Canada (2003b). Immigrant population by place of birth and period of immigration, 1996 Census, Canada, "Immigrant Status by Period of immigration, 2001 Counts, for Canada. http://www.statcan.ca/english/Pgcb/demo25.htm 2003年9月11日採取.

外務省．カナダ外観(2003)．http://www.mofa.go.jp/mofaj/area/canada/kankei.html 2003年11月11日採取．

外務省(2005)．統計 海外在留邦人数統計 平成16年．http://www.mofa.go.jp/mofaj/area/canada/kankei.html 2005年7月7日採取．

くらし問題学ぼう会(2003)．18期第1講座「アメリカの世界戦略とイラク問題」議事録．http://www5a.biglobe.ne.jp/~sdpkitaq/iraq06.htm 2003年11月12日採取．

Oops! 特集(2003)．教えて！「移民」のこと．http://www.statcan.ca/english/Pgdb/demo25.htm 2003年11月12日採取．

リクルートワークス研究所(2003)．第8回講義「外国人労働者」資料 諸外国の外国人労働者・移民政策 2002年9月27日掲載．http://www.works-i.com/pdf/wu_8-5.pdf 2003年11月25日採取．

やさぐれ小僧．移民しちゃいました(2003)．http://mindthegap.m78.com/imin/before/overview/about02.html 2003年11月12日採取．

第3章
外国人の法的地位とシティズンシップ教育

児玉　奈々

2005年版 "A Look at Canada"

I　変化するシティズンシップ

　現代社会におけるシティズンシップ（citizenship）のあり方をめぐって、本格的な議論が始まっている。"citizenship"という用語は、狭義には市民権と訳されるが、社会・経済的な領域、政治的な領域、および文化的な領域に関わる権利と、それに伴って生ずる義務、その社会の構成員としてのあり方を示した広義の概念としても用いられている。シティズンシップ教育（citizenship education）という用語があるが、これは「社会の構成員としてのあり方」を扱う広義のシティズンシップと結びつき、「○○人」としてのあり方を学ぶことをおもに扱っている。

　国境を越える人々の移動が活発になっている現代、参政権や社会権とのかかわりもあり、国籍をどう捉えるか、ある社会の成員資格をどのように規定し直すべきかという問題が注目されるようになっている。例えば日本でも、東京都採用保健師として働く在日韓国籍女性が管理職試験を受けることができず、都に受験資格の確認と損害賠償を求めた訴訟（2005年に最高裁判所により、外国籍公務員の管理職試験受験に制限を設ける都の対応を合憲とするとの結審）をめぐって世論の反応が少なからず見られた。このことに象徴されるように、社会の成員資格にかかわる様々な課題について、われわれの身近でも議論されるようになっている。

　もともと移民によって住民が構成されたカナダでは、移民政策とのかかわりにおいて、移民としての入国が認められる者の条件、市民権の定義等の変遷を経てきた。そして、世紀の変わり目をまたいで活発化した経済や政治のグローバリゼーションをきっかけとして人間の交流、移動が進み、帰化申請者も増加するなか、カナダ社会の市民としてのあり方を指す「シティズンシップ」の枠組みを現代の状況に合わせて再検討していくことの必要性が論じられるようになってきている。

　スウェーデンの政治学者ハンマー（Thomas Hammer）によれば、国籍が象徴的あるいはイデオロギー的な意味をもつ国々と法的および制度的に

解釈されている国々とがあり、その区分により社会における国籍に対する捉え方に大きな違いが見られる（ハンマー，1999, p. 129)。出自、名前、言語など「日本人」としての特徴をもつ者に日本国籍が付与される日本は、ハンマーの定義では前者の範疇に入る。つまり日本社会においては、「日本人」と「日本国籍」が、「非日本人＝外国人」と「外国籍」が密接に結びついている上、「日本人」と「非日本人＝外国人」とが大きな隔たりをもつ対概念として象徴的に扱われているのである。

　一方、カナダでは、国籍への考え方や取得条件・方法などが日本と異なる。まず、カナダでは、国籍(nationality)という用語を使わず市民権(citizenship)という用語が使われている。また日本と異なり、カナダは出生地主義をとっているので、カナダで生まれた子どもについては、自動的にカナダ市民権が取得できる。ただし、成人に達するまでは親（保護者）の法的地位に依存するので、親がカナダ市民権をもたない場合、その子どもの権利は、カナダ市民権をもつ者とは異なる。例えば、カナダ市民権をもたない保護者のもとにカナダ国内で生まれた子どもは、親がその子どもの国籍を決めることができる。カナダ国外で生まれ、カナダに移住してきた18歳未満の子どもが、市民権を申請する場合は、カナダ永住権が必要となるが、成人の場合の申請条件となっている過去5年間のうち3年間の居住条件は適用されない。なお、1977年2月14日以降、カナダ市民権をもつ親（両親のうちいずれか一方でよい）のもとにカナダ国外で生まれた子どもについても、カナダ市民権が付与される。

　外国人（外国籍保持者）は、カナダ市民権法（Citizenship Act）において規定されている一定の条件を満たせば、カナダ市民権の取得申請ができるようになる。その条件は、18歳以上の成人の場合、カナダ永住権をもっていること、申請前の5年間のうち最低3年間カナダに居住していること、英語もしくはフランス語で意思疎通が可能なこと、市民権テスト（citizenship test）でカナダについての知識や市民権にかかわる権利と責任の事項について説明できること（18歳から59歳までの申請者に受検義務あ

り)、となっている。

　このように、外国人もカナダ永住権取得など一定の条件を満たせば市民権が得られ、カナダ市民権との二重国籍、多重国籍が認められていることから、カナダで国籍はハンマーの示すところの法的および制度的に解釈される。このため、外国籍保持者がカナダに帰化することについても抵抗は少ないと考えられる。また、日本と異なり、国籍が象徴的、イデオロギー的な意味をもたないため、カナダ社会では、市民権、ひいてはカナダ市民のあり方を含意するシティズンシップの概念が固定化されたものではなく、流動的なものとして捉えられると推察される。

　本章では、カナダ市民権をもたない外国人に対する「シティズンシップ教育」の内容や目的を考察することにより、その中心的理念の特質を明らかにする。そこから、多文化社会カナダにおける広義のシティズンシップ概念の変遷について整理し、今後のシティズンシップのあり方について予測してみたい。

II　外国人の法的地位

　カナダにおける外国人の入国・出国などの業務は、カナダ連邦政府が請け負っており、現在、移民・難民保護法(Immigration and Refugee Protection Act)により規定されている。そして、市民権については、市民権法に基づく施策が適用されている。これらの法制度は、現在に至るまで、国内外の情勢ともかかわって、たびたび改正されてきた。

　現行の移民・難民保護法によれば、観光、商用、知人訪問を目的としてカナダへの入国を希望する外国人は、一時居住ビザ (temporary resident visa) が必要となる。一時居住ビザは、特定の国の国籍 (市民権) をもつ者についてはその国とカナダとの外交協約により免除される場合が多く、例えば、日本国籍保有者がカナダに一時的に入国する場合については必要ない。留学生 (foreign student) など、6カ月以上カナダ国内の教育機関

に在籍するためには、就学許可証（study permit）を入国前に取得しておく必要がある。

　カナダへ移住することを希望する外国人が永住者（permanent resident）の法的地位、つまり、カナダ永住権を得るには、まず、移民（immigrant）として入国申請を行う。移民の区分の下にはさらに細かい種類があり、専門技術をもった移民を受け入れる熟練労働者クラス（Skilled Worker Class）、事業開始・投資などカナダ経済の活性化に貢献することが見込める移民を受け入れるビジネスクラス（Business Class）、カナダに在住する18歳以上の永住権保持者あるいは市民権保持者が家族・親類を呼び寄せることができる家族クラス（Family Class）、国際養子縁組（International Adoption）に区分される。このほかに、特定の州への移住を希望する者のための州推薦移民（Provincial Nomination）、そして、フランス語振興策など独自の方策をもつケベック州への移住希望者をケベック州が審査するケベック選別移民（Quebec-Selected）という移民区分がある。

　カナダ永住権取得者は、市民権保有者のもつほとんどの権利をもつことができる。しかし、被選挙権、選挙権はなく、永住権保持者は、5年間のうち2年間カナダ国内に居住していなければならないなど制約も多い。

　移民については、申請希望者の能力を点数化したポイント制で一定基準を満たした者に限り、移民としてその身分を申請でき、永住権申請取得後に入国が許可される。先に触れたように、カナダ連邦政府は、2つのカテゴリーで労働にかかわる移民を受け入れている。

　そのひとつ、ビジネス移民プログラム（Business Immigration Programs）は、カナダ国内での投資、事業の開始によってカナダ経済の発展に寄与できるような人材をビジネスクラス移民として迎え入れる制度である。公用語能力、学歴、年齢、カナダにおいて経済的に自立できる能力等が選抜基準とされ、このプログラムには、投資家（Investors）、起業家（Entrepreneurs）、自営業者（Self-employed persons）という3つの受け入れ枠がある。

　一方、熟練労働者の区分で移民としての入国申請ができるのは、カナ

ダ職業分類（Canadian National Occupational Classification）に定められた特定の技術職において就労経験があること、最近10年間で最低1年間の常勤の雇用形態で就労経験があること、という労働経験の最低条件を満たし、かつ、カナダで6カ月間家族を含めた生活支援を続けられるだけの資金があることを証明し、公用語能力を証明できた場合である。

なお、カナダの法制上、永住権をもたないがカナダ国内に短期の滞在が認められた外国人労働者（foreign workers）の区分が設けられているが、この区分は、上で触れた移民のカテゴリーに含まれる熟練労働者クラスやビジネスクラスとは区別される。外国人労働者については、カナダ連邦政府発行の労働許可証（work permit）が必要となる。外国人労働者は、労働許可証を申請する前に、カナダでの就業先を決定し、連邦政府の一機関であるカナダ人材開発庁（Human Resources Development Canada: HRDC）から意見の提示あるいは承認を受けた後に、市民権・移民省（Citizenship and Immigration Canada: CIC）に労働許可証発行の申請を行う。HRDCはカナダ国内全体の労働市場や雇用状況の把握、対策の提示を行う連邦の所轄機関である。HRDCは、カナダ国内の労働市場や経済状況を検討した上で申請を受けた案件について意見を提示する。この意見を反映する、あるいはHRDCから承認を受けることで、CICが外国人労働者の受け入れを決定している。

なお、カナダでは、行政サービス等の実生活にかかわる場面においては、移民（immigrant）や新規来住者（newcomer）といった用語が頻繁に使用されており、「外国人」という用語はほとんど用いられない。

III　市民権にかかわる概念の成り立ちと変遷

カナダの国籍に当たる市民権の概念は、1946年に初めてカナダ連邦議会によって市民権法（Citizenship Act）が制定（施行は1947年）されるまでは、公式なものとして存在しなかった。1947年以前は、カナダに居住する

人々の国籍は法的には「カナダに居住するイギリス臣民（British subjects resident in Canada）」であった（Troper, 2002, p. 157）。1868年に成立したカナダで最初の帰化に関する法令において、カナダに移住した移民が帰化する時は、イギリス臣民（British subject）としての条件を満たすよう確認されていたからである（Joshee, 1996, p. 108）。なお、1900年までは、非ヨーロッパ系の移民はこのイギリス臣民となる帰化の権利を得ることができなかった（Joshee, 1996, p. 109）。1914年にカナダ連邦議会が帰化移民をカナダ人として認める法案を通過させたが、そこにおいても、カナダ人とはイギリス臣民であるという考えが踏襲されていた。カナダの人々は、法的にイギリスとの強い関係を基盤とした立場に置かれていた。

　第二次世界大戦の直後、当時の国務長官のマーティン（Paul Martin）の貢献により、イギリスとは切り離した形でのカナダの国籍を確立する動きが起こり、カナダ生まれ、移民の区別なく、すべての人々が共有できる重要な帰属目標となるようにカナダの国籍を位置づけるような構想が提案された（Troper, 2000）。

　そして、1946年にイギリス法から独立した最初の市民権法案が法制化された。この市民権法には、それまでの「カナダに居住するイギリス臣民」に代わり「カナダ人であり、次いでイギリス臣民」という定義が登場した。また、カナダ領土内で生まれた者については自動的にカナダの国籍が付与されるとする出生地主義を採用し、カナダ国外生まれの移住者については、「性格が善なること、英語かフランス語の能力、移住の意思、5年間の居住、カナダについての知識」という条件を満たせば、帰化することを認めた。

　一方、海外からの移住者受け入れについては依然として旧来のイギリスとの強いつながりが残されていた。1948年に、連邦政府が新しい移民法（法制定は1952年）に関する基本方針を発表した時に、連邦首相キング（Mackenzie King）によって、カナダ国民の基本的性格としてイギリス系を基礎民族とし、イギリス系を中心とする人口構成を維持させていく方針

が掲げられた。キングは、「東洋からの大規模な移民受け入れには反対である」と述べ、それが当時のカナダ移民政策の公式見解とされた。その制度下では、配偶者や近親者の呼び寄せについて、ヨーロッパからの移民により広い範囲の親族までが認められ、アジア、アフリカからの移民にはほとんど許されず、人種、民族、出身国による差別があった。

その後、1962年に移民法が改正され、単独移民については、国籍による差別が撤廃された。この規定は、「『技能』が移民選択の基準の中心であるということが明確に打ち出された（広瀬, 1988, p. 218）」ものだった。この1962年の移民法改正は、出生率の低下、労働人口の減少を迎える将来を見据え、移民を人的資源として質的に捉えて受け入れる基盤整備を進める方針へとつながり、1966年に連邦政府は、移民白書を作成し、移民政策の再検討に取りかかった。

1967年に改正された移民法（Immigration Act, 1967）では、単独移民以外の移民（家族クラスなど）についても国籍に基づいた差別的内容が撤廃された。この1967年改正移民法の導入以降、カナダに多く移住してきた移民は、アジア、アフリカ、中東の出身者であった。彼らは、旧移民法によって入国を許されていた白人の移民とは肌の色など外見が異なっているため、後に「ビジブル・マイノリティ（＝目に見えるマイノリティ）（visible minority）」と呼ばれるようになった。

そしてもうひとつの重要な点として、この改正移民法より、現行の移民法制上でも維持されているポイント制が導入された。ポイント制は、カナダ経済の発展に貢献しうる移民の優先受け入れを趣旨とし、年齢、教育水準、職能水準、公用語運用能力などを点数化し、移民を評価するものである。この制度により、カナダ連邦政府による移民政策は、世界各国からの移民を一定数確保するという量的な面に加え、人的資源の質の向上を目的とするものとなった。

また、1975年のインドシナ政変後から始まったインドシナ難民の入国は、第二次世界大戦後のカナダにおいて最大の難民問題となった。1979

年には連邦政府が、8,000人のインドシナ難民を受け入れ、それに加えて、キリスト教会を初めとした民間団体も約4,000人の難民受け入れのスポンサーになるなど、積極的な難民受け入れは全国規模で拡大した。さらに、1976年に改正された移民法（発効は1978年。以下、1976年改正移民法と表記）には、従来の単独移民、家族クラス、難民に加えてビジネス移民のカテゴリーが設けられた。1976年改正移民法の規定に基づいて、連邦政府は、毎年、経済、社会、政治などカナダ国内の様々な状況を加味して、それぞれのカテゴリーによって入国を許可する移民の数を決定することになった。

　このような流れのなか、1977年に改正施行された市民権法（以下、1977年改正市民権法と表記）では、それ以前の市民権法で定義されていたカナダの市民権をもつ者を指す「カナダ人であり、次いでイギリス臣民」という説明が削除された。これにより、「カナダ人」と「イギリス臣民」は切り離されることになり、カナダの市民権にイギリスとの法的なつながりはなくなった。同時に、イギリス出身者など一部の国籍保持者のみに優先的に帰化を認める措置も撤廃され、アジア、アフリカ、中東からの移民を含むすべての移民の帰化申請手続きが同様の形式で行われることとなった（CIC, 2002, Civics 101）。移民受け入れに続いて、市民権取得についても平等の原則が導入されたのである。なお、1977年改正市民権法施行以降、カナダの市民権をもつ者には、二重国籍、多重国籍が認められるようになった。

IV　外国人向けのシティズンシップ教育

　すでに述べたように、カナダの市民権を取得するには、二通りの方法がある。カナダ国内で生まれた者に付与される出生地主義を原則とする方法、そして、他国の国籍をもつ者のための方法である帰化申請（naturalization）である。

帰化申請に当たって、申請者は、カナダ市民としてふさわしいカナダに関する知識や社会性を身につけておくことが求められる。この規定は、市民権法上で定められた公的なものであるが、現在は、そのような知識をもっていることを証明するために、申請者は市民権テストを受検することが義務づけられている。現在、カナダへの新規来住者の多くを受け入れているトロントなど都市部では、地区教育委員会によって市民権テスト準備プログラムも設置されている。こうしたプログラムは、成人のためのシティズンシップ教育の中核を占めている。以下、外国人のためのシティズンシップ教育の発展について、その足跡を辿り、特質を浮き彫りにしてみたい。

　前節で述べたように、カナダの国籍に当たる市民権の概念が整備されたのは、連邦議会による初めての市民権法が制定された1946年である。それ以前は、カナダ人はイギリス臣民としてのアイデンティティをもつことが求められ、カナダ人としての市民権は必要とされなかった。このようなイギリスの法制に依拠した狭い市民権の定義にあっては、外国人に対するシティズンシップ教育とは、外国人がイギリス国籍を得るために、大英帝国の言語、習慣、歴史、政治体制などを学ぶことであった (Joshee, 1996, p. 109)。バーナビー (Barbara Burnaby) らによれば、第二次世界大戦前、外国からトロント都市部などに移住してきた非英語話者の成人移民は、カナダの市民権の取得に必要な社会知識を得るために、非政府組織・教育委員会・個人による支援を受けて、市民権取得審査の面接に備える学習を進めていた (Burnaby et al., 2000)。

　しかし、第二次世界大戦へのカナダの参戦に当たって、シティズンシップが愛国心との関連で注目されるようになった。当時、カナダの総人口の5分の1を占めるようになっていた非英仏系住民（イギリスあるいはフランスと血統や国籍のつながりをもたない人々）のカナダ人としての意識と戦争協力との関係が、カナダという国の体制意識を定めていく過程の争点とされたのである。

こうした世論の高まり、また、外国人向けのシティズンシップ教育を実質上担ってきた非政府組織からの圧力の結果、連邦政府は、移民など新規来住者のシティズンシップにかかわる問題の協議へと取りかかった。関係機関との連携も重視したこの取組みは、帰化によって「カナダに居住するイギリス臣民」となる予定の移民に対する教育、つまり、シティズンシップ教育について意見交換がなされる機会となった (Joshee, 1996, pp. 109-110)。ただし、ここで扱われた移民に対するシティズンシップ教育の主題とは、移民の同化を目的とする議論であった(Burnaby et al., 2000)。「カナダに居住するイギリス臣民」が「カナダ人」と法的に定義されていた当時における「同化」とは、イギリス社会への同化を意味していた。

前述の通り、1947年以降、イギリスの立法権からは独立した形でカナダ連邦政府による市民権法が導入され、そこに「カナダ人であり、次いでイギリス臣民」という項目が登場した。1947年に設立された連邦内務省が1946年制定市民権法の責任部局となり、市民権法に基づいて「市民権・言語指導と言語教科書協定」(The Citizenship and Language Instruction and Language Textbook Agreements) というプログラムを開始した。このプログラムは、各州の教育関連部署向けに、あるいは、州教育関連部署を通して、各地方教育委員会や非政府組織向けに連邦政府がシティズンシップ教育のための資金を提供するというものであった。

トロント大学オンタリオ教育研究所のジョシー (Reva Joshee) は、この市民権法によって、市民権が「国籍取得」と同義の用語として認識されるようになったこと、そして、連邦政府が移民向けのシティズンシップ教育に介入するための法的な基盤を得られるようになったことを高く評価している (Joshee, 1996, p. 111)。

その後、1950年代前半まで、連邦政府は、移民のためのシティズンシップ教育の名のもと、帰化申請に当たって必要なカナダの地理や歴史などの基礎的な知識をまとめた資料や教材を作成し、各州政府や教育委員会により設置されたシティズンシップ教育のクラスに配布するなど、

積極的な支援を進めた。

　しかし、その後は、連邦政府によるシティズンシップ教育への支援は発展を遂げず、連邦政府は州との関係においても幾度かの方針の変更を経ることとなった。その結果、連邦政府支援による外国人のためのシティズンシップ教育とは英語あるいはフランス語の公用語プログラムのことを指すようになっていった (Joshee, 1996, pp. 112-114)。また、1960年代以降の外国人のためのシティズンシップ教育は、地域レベルの教育機関や民間に委ねられ、その授業内容は市民権取得の条件にある「カナダに関する知識を証明する」ための必要な準備を進めるものが多かったようである。現在は、市民権取得のために市民権テストを受検しなければならないが、この形式が導入される以前は、各申請者が面接を受ける必要があった。このため、当時の地域レベルの外国人向けシティズンシップ教育とは、おもに、面接練習のことを指していた。

　その後、1982年にカナダ連邦独自の憲法が成立したことから、イギリスから独立したカナダとしての方向性、カナダ市民の定義について議論が盛んになった。それまでのシティズンシップとは、「カナダに居住するイギリス臣民」あるいは「カナダ人であり、次いでイギリス臣民」という法制度上の概念の違いに関連した程度の差はあれども、カナダの住民をイギリス式の社会規範にいかに適応させるかという枠組み内でその内容が議論され、定義されてきたものであった。だが、1982年憲法成立後は、イギリスから独立したカナダのシティズンシップ概念を作っていくことが世論からも求められるようになったのである。

　シティズンシップをめぐる大枠の議論がこのように変化したことを考えると、外国人移民向けのシティズンシップ教育についても、「移民をイギリス人化すること」から、「移民自身がシティズンシップそのものの意味を考えること」への展開が望まれるところであった。しかし、現在の外国人向けのシティズンシップ教育の実施状況を見る限り、そのような展開となっていない。

V　市民権テスト（citizenship test）

　前述の通り、現在の市民権法によると、カナダへの新規来住者が、カナダの市民権を得るためには、永住権所持者であること、3年間のカナダ国内居住歴、公用語のうちいずれかについての十分な語学力の証明などの条件に該当することが求められる。この条件に加えて、カナダ市民となるために必要な知識とされたカナダの歴史、地理、選挙制度などの政府システムに関連する市民権テストを受検することが義務づけられている。

　永住権所持者は、3年間のカナダ国内居住歴を満たした段階で、まず、市民権申請書を手数料(成人の場合、1人につき200カナダドル)とともにCICに郵送する。申請書と手数料を受け取ったCICは、申請者の資格と犯罪歴などの人物評価を行い、この書類審査で合格と認められた申請者に対して、市民権テストの受検日を通知する。

　市民権テストにおいて、受検者は、①選挙権、②被選挙権、③投・開票過程と選挙人名簿への登録方法の3つの項目については必修で回答し、その他に、カナダ史、カナダの地理、カナダ市民としての権利と責任の3項目から1つを選択して回答する。市民権テストは、申請者のカナダに関する知識を確認するだけでなく、英語もしくはフランス語の語学力を測る資料としても使用される。

　市民権テストの合格者は、市民権事務所から宣誓式の日時と場所が記された「カナダ市民の誓いについての通知（Notice to Appear to Take the Oath of Citizenship）」を受け取る。そして、宣誓式で、英語かフランス語で「カナダ市民の誓い（The Oath of Citizenship）」を確認あるいは宣誓する。市民権取得者のうち14歳以上の者についても、この宣誓が求められる。「カナダ市民の誓い」は、次の通りである。

　　　私はここに法にしたがい、カナダの女王であるクイーン・エリザ

ベス二世とその王位継承者たちに忠誠をつくし、カナダの諸法を誠実に尊重し、カナダ市民としての責務をまっとうすることを誓い（確認し）ます。

　1998年に、カナダ全土の移民支援団体のうち成人移民向けのシティズンシップ教育プログラムの実施経験をもつ団体について、その運営概要の変遷や内容の変化などについて調査・分析を行ったダーウィング（Tracy Derwing）らによれば、近年は明らかに移民向けシティズンシップ教育プログラムが廃止あるいは縮小される傾向が見られるという（Derwing, Jamieson, & Munro, 1998）。

　シティズンシップ教育プログラムの運営財源は州や地域によって異なるが、それらについても概ね削減されている。ダーウィングらは1987年にもシティズンシップ教育プログラムに関する実態調査を行っているが、現在のシティズンシップ教育プログラムの財源は、1987年の状況と比べても大幅に削減されてしまった。この背景について、ダーウィングらはいくつかの要因を指摘している。

　まず、学習者の要望とのくい違いがある。もともと移民向けのシティズンシップ教育は財政基盤が脆弱だったこともあり、シティズンシップ教育のみで独立してクラスが運営されている例は珍しかった。とりわけ、連邦政府の移民受け入れ事業の整備が進み、受け入れ数も拡大した1990年代に入ると、多様化する移民向けの支援プログラムのなかでも、シティズンシップ教育は周縁に位置づけられるようになった。連邦政府によるカナダ新規来住者語学指導プログラム（Language Instruction for Newcomers to Canada Program: LINC）が1992年に導入された際には、シティズンシップ教育プログラムがLINCの一環となるようなクラス設置が進められた経緯がある。しかし、LINCで初めてカナダの公用語を学習する学習者にとっては生活に必要となる基礎的な語学力を身につけることが先決であり、LINC学習者の関心や学習効率の点から見ても、シティズン

シップ教育は重きを置かないものとなり、関心が寄せられにくくなったと考えられる。

また、ダーウィングらは、連邦政府・CICが市民権テストの形式を整え、選択式回答のテストとしたことも、シティズンシップ教育プログラムが拡充されなかった要因として指摘している。旧来、市民権取得の手続きにおいて申請者がカナダ市民となるにふさわしい知識をもつかを測るために面接による審査が行われていたが、現在では、手続きの簡略化・合理化に伴い、連邦政府・CICが"A Look at Canada"という市民権テスト対策用の冊子を作成し、申請者に配布している。

この冊子の巻末には、市民権テストの同形式の問題が掲載されている。次に抜粋する。

第1部：カナダに関する質問
先住民
カナダの先住民とは誰を指すか答えよ。
先住民のうち主要なグループを3つ答えよ。
メティスとは誰の子孫か答えよ。
北西準州とヌナブット準州の人口の半分以上を構成する先住民グループを答えよ。
カナダの先住民が自治政府づくりに向けて活動する理由を答えよ。

歴史
カナダに最初に移住したヨーロッパ移民の出身地を答えよ。
(以下、略)

第2部：あなたの住む地域に関する質問
あなたの居住する州あるいは準州の首都を答えよ。
現在、あなたの居住する地域の経済にとってもっとも重要な自然資

源を3つ答えよ。
あなたの町の州会議員、市会議員、町会議長、あるいは地区議員を答えよ。
あなたの町の市長の名を答えよ。
（以下、略）

VI　シティズンシップ教育のこれから

　本章で見てきたように、カナダにおけるシティズンシップ教育は、外国人向けの教育の場面においては、カナダ人となるための市民権取得の準備教育という性格が強い。また、古くから市民権テストの準備講座が地方公共団体や民間団体などにより設置・運営されてきたが、近年の市民権取得手続きの変更も影響してか、市民権テストの内容が整頓され、学習キットなども開発された。それに伴い、シティズンシップ教育の内容や目的も簡略化されている。

　現在は、連邦政府が作成した冊子の内容や形式に基づいた市民権テストが導入されていることから、市民権テスト受検者の間に、問題の解き方さえ会得すればよいという風潮も起こりつつあると考えられる。このような状況にあっては、外国人学習者は、市民権を取得した後、どのような市民となっていくことが望ましいのか、あるいはどのようなカナダ市民となっていきたいのかということについて、自ら思慮に及ぶ機会はないことになる。

　本章の導入で述べたように、カナダでは、移民の流入、帰化申請者の増加といった現代の状況に合わせて、カナダ社会の市民としてのあり方を指すシティズンシップの枠組みを再検討する必要性が論じられている。移民受け入れにかかわる制度上でも国籍や民族などによる差別的な区分が順次撤廃され、市民権法や憲法などの法制度上においてイギリスとの結びつきが薄れ、やがて、なくなった現在となっては、カナダ人のアイ

デンティティの新たな定義をめぐる議論が積極的に起こってきている。事実、連邦政府が委託した「カナダの将来に関する市民フォーラム (Citizen's Forum on Canada's Future)」では、カナダ国内40万人を対象にカナダ社会のあり方を問う大規模な世論調査が行われ、1991年には報告書が刊行された。しかしながら、現在、各地で行われている成人向けシティズンシップ教育プログラムを見る限り、外国人に対する教育場面においては、シティズンシップをめぐるそのような動きが十分に反映されていない。このような状況においては、今後、市民権テストで学習したカナダについての知識を土台にしつつ、移民自身が、どのようなカナダ人になりたいか考えることを支援するような方法や展開が、カナダ社会に望まれる。

引用文献一覧

Burnaby, Barbara, James, Carl, and Regier, Sheri (2000). *The Role of Education in Integrating Diversity in the Greater Toronto Area From the 1960s to the 1990s': A Preliminary Report.* CERIS Working Paper No. 11.

Citizenship and Immigration Canada, CIC (2002). Facts. http://citzine.ca/facts.php?lng=e&sub=5&cid=20, 2004年2月15日採取.

Citizenship and Immigration Canada (2002). *A Look at Canada, 2002 Edition.* Ottawa: Citizenship and Immigration Canada.

Derwing, Tracey, M., Jamieson, Kama, and Munro, Murray, J. (1998). "Citizenship Education for Adult Immigrants: Changes over the Last Ten Years." *The Alberta Journal of Educational Research, 19 (4),* pp. 383-396.

Derwing, Tracey (1999). *Citizenship Instruction for Adult Immigrants.* PCERII Funded Research FINAL Report.

Joshee, Reva (1996). "The Federal Government and Citizenship Education for Newcomers." *Canadian and International Education,* 25 (2), pp. 108-127.

Russel, Roberta, J. (2002). "Bridging the Boundaries for a More Inclusive Citizenship Education." Hebert, Yvonne. M. *Citizenship in Transformation in Canada.* Toronto: University of Toronto Press, pp. 134-149.

Troper, Harold (2002). "The Historical Context for Citizenship Education in Urban

Canada." Hebert, Yvonne. M. *Citizenship in Transformation in Canada.* Toronto: University of Toronto Press, pp. 150-161.

Ungerleider, Charles, S. (1992). "Immigration, Multiculturalism, and Citizenship: The Development of the Canadian Social Justice Infrastructure." *Canadian Ethnic Studies, 24 (3),* pp. 7-22.

広瀬孝文(1988).「移民政策と言語教育に見る多文化主義の位置」.関口礼子編『カナダ多文化主義に関する学際的研究』.東京:東洋館出版社, pp. 213-238.

NIRA・シティズンシップ研究会編著(2001).『多文化社会の選択:「シティズンシップ」の視点から』.東京:日本経済評論社.

トーマス・ハンマー(近藤敦監訳)(1999).『永住市民と国民国家―定住外国人の政治参加―』.東京:明石書店.

第4章
移民者の生活：インタビュー調査より

京極　依子

パスポートに添付された移民ビザ

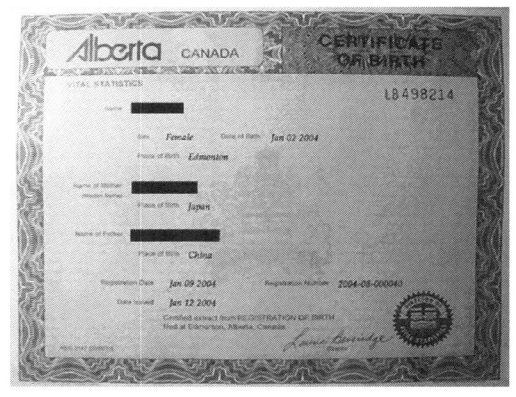

出生証明書

Ⅰ　移民省配布の生活ガイドブック

　本章は移民申請から許可が下りるまでの経過、移民許可後の就業、そして言語学習について紹介する。Ⅱ節の移民許可までの経過は、日本からカナダに移民した人にインタビュー調査をして、移民手続きの内容とその経過を詳細に聞き取り、まとめた。移民許可が下りると一度カナダを出国後、再入国して空港内で移民審査を受けることになり、その際に市民権・移民省発行の移民者としての生活ガイドブックをもらうことができる。そのなかに就業、言語学習について記述されているので、要約、加筆した上で、カナダが移民を受け入れ、彼らが安心して生活できるようにするために実施している取組みを紹介し、それぞれⅢ節、Ⅳ節とする。

Ⅱ　移民許可までの動機・手続き・経過：
新規移民者へのインタビュー

　移民は、3つのカテゴリーに分類できる。家族移民、個人移民、ビジネス移民であり、このうちの家族移民は、カナダ国民、または居住移民がスポンサー（身元引受人）となっているもので、配偶者、婚約者、扶養されている子ども、親、祖父母が対象となる。個人移民は、スキル、学歴、職歴、言語能力、その他クオリティを認められ、労働者としてカナダに貢献する者に与えられる。個人移民審査はポイント制で、学歴、職歴、言語、適用性、年齢、近親者などの6つの項目において総合計ポイント67以上（2003年9月18日現在）であることが必要である。ビジネス移民は投資家（資産は少なくとも80万カナダドル以上で、ビジネスにおいて成功や成果を収めていること）、起業家（資産は少なくとも30万カナダドル以上で、カナダ国内において事業を行うか買収することが条件）、自営業者（カナダの経済や文化に貢献する事業を行うか、既存事業の買収が条件）に分けられる（やさぐれ小

僧，2003)。

　すべての移民申請者は、現在の規則に記された5つの分野(健康、保障、犯罪性、定住の意思、そして経済的な自立の能力)での受け入れ基準のもとで審査される。カナダへの移民はすべて、健康診断、素性調査により、健康および法的理由で彼らが定住できなくなる理由がないことを確認される(在日カナダ大使館，2003)。

　本節では、実際に日本からカナダへ移民した日本人にインタビュー調査を行い、移民ビザ取得までの経過を詳細にまとめた。移民になるということは、永住権を取得できたことを意味するが、市民権とは別である。両者の大きな違いの一つに、市民権を取得すると選挙権が認められるが、永住権のみではこれがないということがある。永住権が取得できたら、移民としてカナダで3年以上生活した後に市民権の申請、という順序になり、市民権の取得については第1章、第2章を参照されたい。

　このインタビュー対象者は、香港系カナダ人との国際結婚を目的として、カナダへ移民することを決意し移民ビザを取得した、いわゆる家族移民者である。

　以下は、そのインタビュー調査の内容である。なお、このインタビュー対象者の移民申請後である2002年6月28日に新移民法が施行され、現在の移民手続きとは必要書類、取得までにかかる日数など多少異なる点がある。

　　2001年8月、結婚の約束をした男性が、私の両親から結婚の承諾を得るためにカナダから来日しました。
　　彼は1987年、仕事のために単身香港からカナダに移民してきた人で、香港は日本と違って二重国籍をもつことを許可されていますから、香港とカナダの両国籍をもっています。
　　私は婚姻を目的として、日本からカナダに移民申請しますので、将来配偶者となる予定の彼をスポンサー(身元引受人)とする、家族

呼び寄せ移民（以下家族移民）という扱いになります。

　家族移民の手続きは、まずスポンサー（身元引受人）の手続きから始めます。スポンサーとなる彼が、2001年8月に初めて私の両親に会った時には、すでにカナダ移民省よりスポンサー手続きに必要な書類を入手していました。このスポンサー申請書類はインターネットからダウンロードして入手できますが、市内にカナダ移民省がありますので、直接足を運んで入手したそうです。その書類のなかに双方の誓約書が含まれており、双方の直筆サインが必要だったので、誓約書を持参して来日しました。その誓約書には、10年間はスポンサーから生活に必要な援助、例えば衣食住、医療サービスなどを受けることができ、最初の10年間はお互いに努力してカナダでの生活を確立すること、などが書かれていました。これらの点から、カナダでの移民生活を確立できる期間は、一応10年が目安になっているようです。私は両親と彼の立会いのもと、誓約書にサインし、スポンサーとなる彼はそれを持ってカナダへ帰って行きました。

＜スポンサー手続き＞

　スポンサーとなる彼は、カナダに帰国後、すぐにスポンサー手続きを開始するため、書類を整えました。スポンサー申請に必要な書類は、以下の通りです。

(1) 申請手数料領収書（銀行手形）
(2) スポンサー申請書類　4枚

　1枚目：スポンサーについて（氏名、出生地、出生日、電話番号、職場の電話番号、1日の労働時間、普段使用言語〈英語かフランス語か〉）

　2枚目：呼び寄せる家族について（氏名、スポンサーとの関係〈当時は婚約者と記載〉、出生地、出生日、未婚か、性別）

　3枚目：スポンサー自身についてのアンケート（過去の犯罪歴、永住権をもっているか、カナダ在住か、19歳以上か、家族移民のスポンサーにな

る気はあるか）
　　　4枚目：スポンサーのサイン、日付
(3) スポンサー同意書　2枚（日本で私がサインした書類）
(4) 収入評価書類　4枚
(5) チェックリスト（何を同封したかというリスト）
(6) 香港とカナダの両国発行のカナダ市民権カードのコピー
(7) アンケート（どこで、どうやって2人は知り合ったか、どういう付き合いをしてきたか、婚約中か結婚したか、カナダに親戚はいるかなど全17項目）
(8) 収入を証明する書類のコピー（給料明細、税金払い戻しのコピーなど）
(9) 債務を証明する書類のコピー
　　以上を同封して、オンタリオ州ミシサガ市のケース・プロセシング・センターということころにスポンサー申請書類を郵送したのが、2001年9月下旬でした。

＜移民手続き＞
　　約2カ月後の2001年11月21日、スポンサー（将来の配偶者となる男性）より、スポンサー手続きが完了したので、次に私が記入しなければならない移民手続き書類が手元に送られてきたから、私の所へ転送しました、という連絡が来ました。それから1週間も経過しない11月27日、スポンサーより私の手元に移民手続き書類が届きました。
　　なかを見ると、予想外に私も提出しなければならない書類がたくさんあることがわかりました。必要書類は、以下の通りです。
(1) 移民申請書　5枚（移民省発行のID番号記入済み）
　　　1枚目：申請者について（氏名、現住所、現職、英語能力、フランス語能力、過去の犯罪歴など）

2枚目：他にも一緒に移民する者がいる場合に、その者について記入するページですが、私の他には一緒に移民する者がいなかったので、無記入。

　　　3枚目：申請者の学歴、職歴、18歳以降に住んだことのある場所

　　　4枚目：申請者の親について（氏名、出生地）

　　　5枚目：申請者の家族についての補足事項（申請者本人、両親、兄弟姉妹の出生地、現住所）

⑵ アンケート（スポンサーが先に提出したアンケートと同じ質問で全17項目）

⑶ 子どもについて：子どもはいませんでしたので無記入でしたが、もし子どもがいる場合は、子どもの出生日などの個人情報を23項目記入します。

⑷ スポンサーとの関係を証明する物品：申請書類の提出先である、フィリピンのカナダ大使館へ、スポンサーとの関係（夫婦、婚約者、近親者など）を証明する物品を提出しなければなりません。移民省から示されている物品例として、2人が一緒に写っている写真、やり取りした電子メールや手紙のコピー、国際電話をした際の電話会社からの請求書明細、スポンサー申請の際に支払った申請料の領収書などがありましたので、これらすべてを整えて同封しました（この点については後に少々問題が起こりましたが、それは後述）。

⑸ パスポートのコピー

⑹ 戸籍謄本：原本と英訳したものの両方が必要。本人が英訳してもよいが、その場合は、この英訳に間違いはない、ということを証明する公的機関のサインが必要。日本で専門に英訳を引き受け、サイン（公印）してくれる機関に依頼すると、2万円ほど手数料がかかることがわかりました。そこで在エドモントン日本国総領事館に問い合わせたところ、17カナダドル（約1,500円）で証明サイン付きの英訳を引き受けてくれることがわかりました。2001年12

月27日、婚約のためにエドモントン市へ行った際に英訳をお願いしたら、翌日には受け取ることができ、ほっとしました。

(7) 無犯罪証明書：婚約後日本に戻り、2002年が明け、仕事始めの1月4日に地元の県警へ、無犯罪証明書の申請に行きました。両手指の指紋を採取されて終了。1月10日には手元に郵送されてきました。この無犯罪証明書は開封すると無効になるので、開封せずに申請書類として同封しました。

(8) 移民申請料：国際郵便為替、小切手、または銀行手形で30日以内に支払ったもの。私はスポンサーが全額支払ってくれていたので、その領収証のコピーを送りました。

(9) 婚約証明書：ケベック州に移民する場合のみ必要。

(10) 写真：5枚必要。大きさは縦45ミリ横35ミリで、顔の大きさは25〜35ミリ。背景は白無地に限定されているため、この規定に合う写真を撮ってくれるお店を探すのに、ひと苦労しました。

　以上を整え、アジアからの移民申請はすべてフィリピンで管轄しているため、在フィリピンカナダ大使館へ書留で送ったのは2002年1月17日のことで、以後3カ月間は、移民省やカナダ大使館からは何も連絡はありませんでした。

＜健康診断＞

　3カ月後の2002年4月上旬、在フィリピンカナダ大使館より郵便が届き、健康診断を受けるように連絡が来ました。同封されていた健康診断ができる病院リストを見ると、福岡、広島、札幌、沖縄、大阪、東京4院、横浜の全10院となっていて、東北地方には指定病院がなかったため、当時3月いっぱいで東京を引き払い、東北の実家へ戻っていた私は、また新幹線で東京まで健康診断を受けに行きました。

　健康診断に必要な書類は、カナダ大使館からの郵便、パスポート

サイズの写真4枚、パスポート原本でした。検査内容は、身長・体重測定、血液検査、尿検査、視力・聴力検査、レントゲン、内科検診とさらに、本人の承諾を得た上でHIV検査も受けました。2時間くらいで終了し、料金は3万1,500円かかりました。結果は約10日後にわかるそうですが、何も連絡がありませんでしたので、異常はなかったと思われます。

＜カナダでの生活開始＞

　2002年4月中旬、移民ビザがまだ取得できていなかったので、観光ビザでカナダへ入国し、結婚しました。結婚後、約2週間経過してカナダでの生活が落ち着いた頃、カナダで生活するためのいくつかの手続きをしました。具体的には在エドモントン日本国総領事館へ婚姻届を提出したり、警察へ行って無犯罪証明書を発行してもらったり（再び両手指の指紋を採取されました）、アルバータ州医療保険の申請にも行きましたが、州医療保険の適用は移民ビザの取得後と言われ、その当時はまだ移民ビザが取得できていなかったので、日本で購入した観光旅行者用医療健康保険でしばらく生活しました。

　書類提出先の在フィリピンカナダ大使館のホームページにIDを入力すると、移民手続きの経過を知ることができるので、何度もアクセスして経過を見ましたが、「手続き中」と表示されるだけで、何も連絡はありませんでした。カナダでの結婚生活を開始して約4カ月後の2002年8月10日早朝、日本の実家から国際電話がきました。在フィリピンカナダ大使館より実家に郵便が届いたそうで、それによると移民申請書類に不備があったとのこと。スポンサーとの関係を証明する物品（2人が一緒に写っている写真、やり取りした電子メールや手紙のコピー、国際電話をした際の電話会社からの請求書明細、スポンサー申請の際に支払った申請料の領収書など）が一部日本語で書かれたものを提出したために、先方が内容が理解できなかったようで、再提出

を依頼されました。

　再提出を依頼された時はすでに結婚したこともあり、今度は結婚式の写真、婚姻証明書、親戚や友人に送った写真入りの結婚挨拶状などを電子メールで送信した上で、さらに翌日同じ物を郵送するという二重策をとりました。

　それから1カ月後の9月13日早朝、また日本の実家から国際電話がきました。今度こそ移民申請手続きが完了して、移民ビザの用意ができました、という在フィリピンカナダ大使館からの連絡でした。移民ビザが下りると一度カナダを出国して、移民ビザを受け取ったあと、再入国する必要がありましたので、10月9日のチケットを取り、日本へ移民ビザを取りに帰りました。

　在フィリピンカナダ大使館では、来年4月までは移民ビザを保管しておくので、それまでに手続きするようにという指示でした。日本に帰国して2日後、郵送されてきた書類に必要事項を記入し、添付されていたバーコードシールを指示通りにパスポートの裏表紙に貼り付け、顔写真とともに宅配便で送りました（郵送不可）。15日以内にパスポートの内部に移民ビザを貼り付けて送り返してくれるそうです。

　とうとう手元に移民ビザ付きのパスポートが送り返されてきたのは、ちょうど15日後の2002年10月26日のことでした。夫のスポンサー申請手続き開始から13カ月、私の移民申請手続き開始からは9カ月以上かかりました。先に移民した友人に聞くと10カ月くらいかかっていますので、平均的日数だったと思います。

　日本でしばらくゆっくりしたあと、カナダへ再入国する際、到着したバンクーバー国際空港で移民審査を受けました。根掘り葉掘り、いろいろインタビューを受けるのかと緊張していましたが、そんなことはなく、移民のための生活ガイドブックをもらい、スポンサーは近くにいるのか（この空港に迎えに来ているはずで、今後は一緒に生活

する、と答えた)、どういう関係なのか (夫だと答えた) と聞かれただけで、「ウェルカム (ようこそ)」と言われて約10分間で終了しました。

　翌日、エドモントン市に戻って、4月に加入できなかったアルバータ州医療保険の手続きを完了し、その8日後には州運転免許試験にも合格し (それまでは国際免許証を使用。2択10問の筆記試験のみでした)、徐々にカナダ移民としての生活基盤が整いつつあります。

　以上がインタビュー調査の内容である。誓約書に双方がサインすることから始まり、スポンサー手続き、本人の移民手続き、健康診断を経て、移民ビザが手元に届くまで実に1年以上の日数がかかり、1人を呼び寄せるためには、手続き料、写真撮影料、送料、健康診断料などを含めて総額約20万円かかっている。

　スポンサーになる条件はケースによって異なるが、難民や法的に婚姻が成立していない関係、1年以上離れて暮らす場合はスポンサー条件に当てはまらない。

　移民ビザはカナダ国外で受け取らなければならず、このインタビュー対象者の場合は日本で受け取っているが、わざわざ日本へ帰らなくても、例えば隣国アメリカに友人や親戚がいれば、そこへ連絡が届くようにして、そこで受け取るようにすると、よりビザ取得の費用と期間を節約することができる。

　現在、全国の移民数は難民枠も含めて毎年20万人程度に設定されており、カナダに移民を希望する人は、すべてカナダ大使館、領事館、あるいは在外公館を通して申請することになっており、アジアからの移民申請は在フィリピンカナダ大使館が行い、在日本カナダ大使館では移民ビザの取得には関与していない (在日カナダ大使館, 2003)。

　次節からは、移民がカナダで職を得ることと、そのために必要な言語能力について述べることにする。

Ⅲ　移民の就職・就業と言語能力

　移民には家族移民、個人移民、ビジネス移民の３つに分類できることは前述したが、どのタイプの移民でもカナダで生活していくためには、職を得て、経済活動を営んでいくことは必須である。移民が許可されたら一度カナダを出国し、カナダ国外で移民ビザを取得後、再入国する必要がある。その入国の際に到着した空港でインタビュー（移民審査）を受けることになるが、空港内での移民審査でもらえる市民権・移民省発行の移民生活ガイドブックには、約３ページにわたり、就職について記述されている。熟読すると、内容は移民としてカナダで生活するに当たり、職探しをするための手引書となっており、以下からはそれを要約しながら考察することにする。

　カナダでは、フルタイムで働くことは普通ですが、パートタイムや季節労働も増えています。女性や高齢者も重要な労働力で、増加しています。本人の意志選択による転職はよく行われることで、経済力の向上に努めています。したがって職を得ることは、移民にとってだけではなく、転職希望者にとっても容易ではなく、求職中の人は大勢います（市民権・移民省, 1997, p. 39）。

　実際、最近のカナダの経済状態を見てみると、1997～2000年まで4％以上の成長を維持してきたが（2000年の実質GDP成長率は5.3％）、米国経済の鈍化の影響を受けて、2000年第４四半期は年率1.7％に鈍化し、2001年第１、第２四半期は年率1.3％、1.1％と景気の減速が明確となった。さらに2001年第３四半期には、米国における同時多発テロの影響で、1992年第１四半期以来初のマイナス成長（年率マイナス0.7％）となった。
　しかし、2001年第４四半期にはプラス成長（年率3.8％）に回復（2001年実質GDP成長率は1.9％）した。2002年に入り、GDP成長率は低金利環境の

もと、個人消費と住宅建設の伸びなどを背景に第1および第2四半期にそれぞれ5.8％および3.8％と拡大した。2002年の成長率は3.3％となっている。

　失業率は1991年以降9％を超え、1990年代前半は二桁であったが、2000年は6.8％にまで低下した。近年は7％程度で安定し、2001年7.2％、2002年7.7％となっている（外務省，2003）。

　カナダ女性の労働力については、1999年には労働人口の46％で（日本は9％）、そのほとんどがフルタイムで働いている。女性自営業者は全自営業者の35％、そのうち30％は従業員を雇う立場にあるという。学歴の点からは、1997～1998年度のフルタイム大学生のうち55％が女性であったという統計がある（カナダ大使館，2003）。

　カナダも日本と同様、景気は後退気味でありながら女性の社会進出は顕著で、女性は重要な存在である。このような状況下で、すべての人にとって一からの職探しは決して容易ではないことを警告しているのである。

　求人情報は、新聞、求人広告などのほか、店の窓にも求人情報が貼ってあるので、そういう機会によく目を向けることが重要です。さらにカナダ人材開発庁の人材センターは、失業者名簿に登録できるなど、求職者の就職に有効なサービスを提供しています。

　人材開発庁の他に、ボランティアや移民向けのサービスを行っている機関からの援助も受けることができ、同国出身者たちが団体を作っているところもあるので、電話帳で調べてみるとよいでしょう。

　求職には、詳細な履歴書を用意すること。(中略)

　コンピュータネットワークも求職には重要で、人材開発庁や非政府機関、ボランティアなどは、履歴書の書き方、ネットワークの使い方も教えてくれます。

　求職とは、フルタイムの仕事を見つけることで、そのためには躊躇し

てはなりません。たいていの人は、現職に就く前には多くの失敗をしているのですから（市民権・移民省，1997，pp. 39-40）。

　上述の人材開発庁は1998年に設立された。設立の目的は、カナダ人のすべてが公平で、安全で、健康的で、かつ協力的で生産的な、安定した労働環境を通じて、社会的経済的に幸福になるように推進していくこと、となっている。人材開発庁の労働計画は、職場と職場の変化および使用者と労働者の要求事項に焦点を定め、1900年から続けられており、連邦和解調停理事会、運営理事会、戦略的政策・協力理事会、職場情報理事会の4つの理事会がある（国際安全衛生センター，2003）。
　移民を含めたカナダ人のすべてが安心して労働できるように設立された機関として、人材開発庁を積極的に利用するように呼びかけているのである。

　学習と教育は、英語やフランス語を話すのと同様、希望の職を得る機会を広げます。移民になる以前に自国で専門職だった場合、カナダではその資格を使えるとは限りません。専門資格の内容は州によって異なるが、違う州へ転居する場合は勉強して試験を受け直し、資格を取り直さなければならないのは、カナダ人も同じです。資格取得に数年かかることもあるので、一からやり直す必要もあるかもしれません。なかには資格を取得できるところが限定され、しかもカナダの学校を卒業した者に就職優先権を与える専門職もあるので、自国の移民サービス機関や専門職関連機関に問い合わせてみるとよいでしょう。
　雇用主は、即戦力となる経験者を求めるので、資格のみでは希望の職に就けないこともあります。カナダでの職歴がない者や、カナダのやり方にしたがおうとしない者は雇用されないこともあり、初めは資格外の職に就く移民も多く、低賃金で働かされることを余儀なくされます。まずは、このように希望しない職に就いている間に英語（フランス語）を向

上させてからステップアップを図ることは、決して潜在能力をうばうことにはなりません。現在専門職に就いている多くの人たちは、かつては低賃金で働いていた時代があったのですから（市民権・移民省, 1997, pp. 40-41）。

　この「専門職」の例として、医師、弁護士、看護士、エンジニアが挙げられている。カナダには日本の文部科学省のような、国家レベルで教育を管理・運営する機関はなく、すべて地方自治制であり、教育権は各州の教育省にあるため、州ごとに資格を認める専門職が多い（在日カナダ大使館, 2003）。なかには州境を越えて移動すると試験を受け直さなければならない専門資格もあるが、上述の医師、弁護士、看護士などは、州を移動した場合は再登録することによって、続行することができる。

　カナダは職場の向上も目指しており、法律は人々を差別から保護しているが、誰がもっとも適職かを決定する権利は雇用主にあると規定しています。法と習慣では、男女に賃金と労働機会を平等に与えることとなっているが、女性に対しては平等に支払われていないこともあり、高所得、管理職に就いている女性の割合は低いのが現状です。
　各州は、差別の事実を報告する人権委員会を設けており、もし人種や宗教、出身国、性別などで差別を感じたら、その事実をしっかり記録しておき、人権委員会のアドバイスを受けること。(中略)
　各州では、労働者保護のための法律を設けており、もしその法律や習慣、常識に反してふまじめな態度をとる労働者は、時間と金の無駄となる前に、弁護士や友人から訓告を受けることになります。
　もし搾取を感じたり、求職情報に疑惑を感じたら、人材開発庁か州の労働局へ連絡すること。これらの機関は、あなたの出身国の言葉で状況を説明する人を派遣してくれることもあります。または人権委員会へ訴えることもできます（市民権・移民省, 1997, p. 41）。

やはり最終的に移民が希望の職に就くためには、英語（地域職域によってはフランス語）は必須であることは、ガイドブックで強調しており、そのためにしばらくの間は希望しない職に就くことになるであろうことも明記している。そしてこの点はカナダで生まれ育った者でも初めはそういう時期があり、ステップアップを図っていくものだ、としている。また労働者を守る法律や施設機関も紹介しており、労働中困ったことがあれば助けを求められることも明記している。

　労働に関する法律をみると、カナダには10の州と２つの準州、合わせて13の管轄区があり、労働法制定のための管轄官庁は、カナダ議会と州および準州にある。各州準州では、それぞれの地域ごとに必要な労働規則を定めており、例えば環境労働安全衛生法および規則についてみると、少なくとも３から９の法令を定めている（国際安全衛生センター，2003）。

　国全体に関する法案（労働法）は、カナダ議会により定められており、そのほうの適用範囲について見ると、州境を越えての事業、ビジネスなどカナダ全体に利益が供されるものに適用される。例えば、州間交通、公認銀行、パイプライン、電信電話、連邦公共事業体、精錬所、原子力発電所などがある。

　次に、カナダ政府が保障している移民向けの言語学習機会について紹介する。移民にとって、言語習得はカナダでの生活に重要かつ大量の時間と労力を必要とするものであり、カナダ政府もその重要性から様々な言語学習機会を提供している。

　例えば移民審査の際に、最後に移民生活についてのガイドブックや、移民を対象とした言語学習機関についての情報を手渡している。

　それによると、カナダ政府は各州の教育機関と提携して移民向けに言語学習機会を無料で提供している。カナダ新規来住者語学指導プログラム、頭文字から通称リンクと呼ばれるもので、永住権をもつ者、または

申請中の者などを対象にし、フルタイム、パートタイム、なかには託児所付きの言語学習プログラムを提供している。

　リンクプログラムを管理しているリンクアセスメントセンターは各地にあり、カナダ全国で85カ所、その他リンクと提携して無料の英語学習プログラムを提供する教育機関が各地に数多く設けられている。

　例としてエドモントン市の某補習校では、リンクと提携して無料のフルタイムクラス（月〜金曜日、9〜2時半または3時）を開講している。開講期間が限定されていて、入学機会を逃すと次の開講まで待たなければならないこともあるが、中途入学が許されているクラスもあり、今後移民として生活していくのに必要な英語力を身につけさせることを目的としている。

　リンク以外にも第二言語としての英語学習（ESL）プログラムも開講しており、移民であれば、授業料が割安になるなどの配慮がみられる。先述のエドモントン市の某補習校のESLプログラムの場合、1時間当りの授業料に換算すると、1.75〜3.75カナダドル（約140〜300円。1カナダドル＝80円で計算）程度で学習できるパートタイムのクラスを設けている。さらに、就職のために高度な英語を学習する必要がある者のためには、カナダ政府が教育機関または職場と提携して労働者向けの専用言語学習プログラムも用意されている。

IV　インタビュー対象者のその後

　1人がカナダへ移民するのに、手続きに1年以上の日数を要し、費用も約20万円以上かかるにもかかわらず、移民省は毎年の移民数枠を設けなければならないほど、世界的にみてもカナダへ移民する者はアメリカ、ブラジルについで3番目に多い。その理由には、個人の事情、自国の事情（不景気、内乱、内戦、治安悪化等）の他には、カナダが移民者にとっては生活しやすい、魅力的な国の一つだからであろう。カナダ移民者の生活

を開始するに当たり就業と言語力が必要とされ、国や関係団体から支援を受けられる体制はあるが、義務づけられているわけではないため、初めはいわゆる「下積み」を余儀なくされることはある。就業と言語力をどのような方法で身に付けていくかは、ある程度国や関係援助機関から手を差し伸べてはくれるものの、自らの手で選択、開拓していかなければならないのである。移民するのも自由、その後の生活を切り開いていくのも自由、というのがカナダの国民性と言えるのかもしれない。

　本章Ⅱ節のインタビューに登場した女性は、その後カナダで出産している。生まれた子どもは香港系カナダ移民の父親、日系カナダ移民の母親とのハーフになり、カナダでは産院が出生届を出してくれるので、日本のように親が特に出生手続きをしなくてもカナダ国籍が自動的に取得できたことは、後日出生証明書を取り寄せて確認できた。この子の母親は、日本国籍を保持したままの移民なので、日本人の子どもとして日本へも出生届を提出した。外国で生まれた日本人の子どもの出生届は必ず出生後3カ月以内に提出しなければならず、出生後3カ月を経過してしまうと、日本国籍は認められないので出生後3カ月以内にカナダでの出生証明書と出生届（指定用紙に記入）を在カナダ日本総領事館へ届け出た。後日調べてみると、母親を筆頭とする戸籍（母親の婚姻時に単独作成された）のもとにこの子の籍が入ったことが確認できたので、現在この子は日本とカナダの二重国籍である。日本人は20歳までは二重国籍は認められているので、子どもが20歳になった時点でどちらかの国籍を自分で選べるように、選択肢を広げておいてあげよう、という親の配慮があったようだ。

引用文献一覧

CIC: Citizenship and Immigration Canada (1997). *A NEWCOMER'S INTRODUCTION TO CANADA*, Minister of Public Works and Government Service Canada, pp. 39-41.

CIC: Citizenship and Immigration Canada (1997). *A NEWCOMER'S INTRODUCTION TO CANADA,* Minister of Public Works and Government Service Canada, p. 45.

Edmonton Public School (2003). *Class calendar: fall 2003/winter 2004,* Edmonton, pp. 103-107.

外務省(2003)．カナダ外観 URL:http://www.mofa.go.jp/mofaj/area/canada/kankei.html 2003年11月11日採取．

国際安全衛生センター：JICOSH (2003)．カナダ人材資源開発省(HRCD)の目的と組織．URL: http://www.jicosh.gr.jp/Japanese/country/canada/ministry/hrdc.htm 2003年11月21日採取．

国際安全衛生センター：JICOSH (2003)．カナダ労働安全衛生関係法令．URL: http://www.jicosh.gr.jp/Japanese/country/canada/law/index.html 2003年11月21日採取．

在日カナダ大使館(2003)．移民手続き．URL: http://www.canadanet.or.jp/about/mosaic.shtml 2003年11月17日採取．

在日カナダ大使館(2003)．カナダについて　カナダファクト．URL: http://www.canadanet.or.jp/about/women.shtml 2003年11月20日採取．

在日カナダ大使館(2003)．カナダの教育制度．URL: http://www.canadanet.or.jp/study/univ_intro.shtml 2003年11月24日採取．

やさぐれ小僧(2003)．(移民しちゃいました．) URL:http://mindthegap.m78.com/imin/before/overview/about02.html 2003年11月12日採取．

第5章
統計データから見た言語状況

矢頭　典枝

トロントの中華街
看板などが中国語と英語で表記

I　対照的な言語状況：日本とカナダ

　数千もの民族集団と彼らが話す言語が地球上に存在するのに対し、国家の数が200にも満たない事実に鑑みれば、大半の国々が多様な民族集団と言語を内包していると考えても不思議ではない。そのなかで、我が国は「国家の名と民族の名と、そこで用いられる言語の名が一致している」(田中, 1981, p. 11) 数少ない国の一つである。アイヌなどの少数民族集団は存在するものの、日本は極めて民族的・言語的均質性が強い国家であることは数々のデータによって示される。2000年の国勢調査によれば、日本に常住する外国人は約131万1,000人であり、総人口の1.03％を占めるに過ぎない（総務省統計局，平成12年国勢調査）。また、国立国語研究所が行った『日本語観国際センサス』と題するアンケート調査では、無作為に抽出された日本に住む約3,000人の回答者の99.9％が日本語を母語（「幼児期や子供の頃に自然に習得した言語」）とする、という結果が出ている（国立国語研究所, 1999, p. 4）。

　我が国とは対照的に、移民を受け入れ続けてきたカナダは、現在では極めて民族的・言語的多様性が強い国家として知られている。文化庁の調査研究報告書では、総人口に占める外国人の割合は、カナダでは18.4％となっている。これは調査対象の8カ国のなかでは、オーストラリア (23.6％) に次いで高い数字である（文化庁文化部国語課, 2003, p. 1）。

　本章では、カナダ国勢調査の統計データを分析することにより、多言語国家カナダの複雑な言語状況を概観する。カナダの言語状況に関する統計は、世界でもっとも詳細に公表されているといわれる。5年に一度実施されるカナダの国勢調査は、「民族的出自 (ethnic origin)」の他に、「言語」に関する質問を以下のように3つ設けている。すなわち、「母語 (Mother Tongue)」別人口、「家庭言語 (Home Language)」別人口、「公用語の知識 (Knowledge of Official Languages)」別人口である。2001年の最新の統計には「仕事言語 (Language Use at Work)」が加わった。国民の言語的・

民族的属性に関しては「国籍」についてしか尋ねない日本の国勢調査とは対照的である。以下では、「仕事言語」(矢頭, 2005, pp. 57-60) 以外の上記の項目について一つ一つ見ていく。移民のホスト社会への言語的統合の状況に着眼するため、「民族的出自」から始めることとする。

Ⅱ 民族的出自

　2001年国勢調査で約3,000万人と推計されるカナダの総人口は、公用語である英語とフランス語を日常的に使用する人々が支配的であるものの、極めて複雑な言語的多様性に特徴づけられる。この状況をもたらした移民の総計は、「民族的出自」が国勢調査のなかで初めて尋ねられた1901年以降の百年間で1,340万人にものぼる (Statistics Canada, 2003, p. 2)。1960年代までは、ヨーロッパ諸国および米国からの移民が主流であったが、近年、アジア諸国からの移民の増加が顕著である。

　図表5-1は、今日におけるカナダ総人口の民族的出自を回答数の多い順に上位20まで示したものである。我が国を出自とする日系に関するデータも加えた。2001年国勢調査では200を超える民族的（文化的）集団が回答されたが、回答者数が15,000人以上あった93の集団のデータが一般公表されている。

　全般的な傾向としては、まず、カナダの建国二大民族である「英系」と「フランス系」がやはり多数派を占めている。「英系」と「フランス系」は2001年国勢調査では細分化され、集計が複雑であるが、図表5-1で示すように、「英系」はイングランド系、スコットランド系、アイルランド系、ウェールズ系を合わせて48.1%、「フランス系」はフレンチ（French）系の他、ケベコワ（Québécois）とアカディアン（Acadian）を合わせて16.3%となっている（複数回答含む）。

　なお、群を抜いて一位になっているのは「カナディアン（英語ではCanadian、フランス語ではCanadien）」というカテゴリーであり、総人口の39.4%を占

74　第1部　多様社会を形成した要因

図表5-1　民族的出自

		全回答者数(人)	総人口比	複数回答者(人)	複数回答率
	カナダ全体	29,639,035	—	11,331,490	38.2%
1	カナディアン	11,682,680	39.4%	4,934,550	42.2%
2	イングランド系	5,978,875	20.2%	4,499,355	75.3%
3	フレンチ系	4,668,410	15.8%	3,607,655	77.3%
4	スコットランド系	4,157,210	14.0%	3,549,975	85.4%
5	アイルランド系	3,822,660	12.9%	3,325,800	87.0%
6	ドイツ系	2,742,765	9.3%	2,037,170	74.3%
7	イタリア系	1,270,370	4.3%	544,090	42.8%
8	中国系	1,094,700	3.7%	158,490	14.5%
9	ウクライナ系	1,071,060	3.6%	744,860	69.5%
10	北米インディアン系	1,000,890	3.4%	545,085	54.5%
11	オランダ系	923,310	3.1%	607,090	65.8%
12	ポーランド系	817,085	2.8%	556,670	68.1%
13	東インド系	713,330	2.4%	131,665	18.5%
14	ノルウェー系	363,760	1.2%	316,530	87.0%
15	ポルトガル系	357,690	1.2%	104,855	29.3%
16	ウェールズ系	350,365	1.2%	321,925	91.9%
17	ユダヤ系	348,605	1.2%	162,130	46.5%
18	ロシア系	337,960	1.1%	267,070	79.0%
19	フィリピン系	327,545	1.1%	61,410	18.7%
20	メイティ	307,845	1.0%	235,635	76.5%
37	ケベコワ	98,670	0.3%	33,195	33.6%
41	日系	85,225	0.3%	32,050	37.6%
47	アカディアン	71,590	0.2%	49,645	69.3%
	英系(2, 4, 5, 16)	14,309,110	48.3%	11,697,055	81.7%
	フランス系(3, 37, 47)	4,838,670	16.3%	3,690,495	76.3%

出典：Statistics Canada, 2001 Census, "Ethno-Cultural Portrait of Canada", Table 1 により作成

める。「カナディアン」は回答例の一つとして、前回の1996年の国勢調査で初めて提示された。回答者は「民族的出自」の項目では、いくつかの回答例を提示され、「あなたの先祖はどの民族的あるいは文化的集団に属しますか」（複数回答もあり）という質問に答えることになっており、個々の回答例についての具体的説明はない。それゆえ、「カナディアン」と回答した国民の民族的背景は定かではない。しかし、「カナディアン」

と回答した国民は、その大半が「英語またはフランス語を母語とし、カナダ生まれであり、その両親もカナダ生まれである」(Statistics Canada, 2003, p. 12) と推察され、その約4割が英系あるいはフランス系との複数回答をしている。単独回答で「カナディアン」と回答した人々を含めれば、英系とフランス系は先述の比率より高くなる[1]。

　複数回答率にも着目したい。「民族的出自」の解答欄には4つの記入枠があり、回答者は自分に該当する集団すべてを記入することになっている。単独回答をする国民が依然として多数派であるが、複数回答をする国民は年々増加し、2001年には38.2％に達した。これは、民族的多様性の定着に伴い、異民族間結婚（以下「交婚」とする）が増加したことに起因する。カナダにおける歴史が古い民族集団ほど複数回答率が高い傾向が見られる。建国二大民族である英仏系がもっとも高く、建国後、移民開始の時期が早かったドイツなどの西欧系、ノルウェーやスウェーデンなどの北欧系がこれに続く。移民開始の時期が遅かったアジア系などの複数回答率は比較的低い。しかし、アジア系でも日系は移民開始時期が早かったために交婚率が高く、アジア系のなかではもっとも複数回答率が高い。世代交代と交婚率はある程度正比例すると考えられるため、今後、民族的出自の複数回答率は増加の一途を辿ると予想される。

　さらに、非白人系であるいわゆる「ビジブル・マイノリティ（visible minority）」（北米先住民を除く）が総人口に占める比率が2001年の統計で13.4％であることに着眼したい。この比率は過去20年間で約3倍になっ

---

[1]　カナダ統計局は、「民族的出自」に関する分析結果が様々な要因によって複雑化していることを指摘している。その一つが、回答者の「民族的出自」という概念に関する理解不足であり、エスニシティに基づかないカテゴリーである「カナディアン」が回答されるのはこのためだと考えられる。また、これは回答者のアイデンティティ、つまり彼らのカナダへの帰属意識の表れだという見方もある。1996年国勢調査で初めて「カナディアン」が回答例の一つとして登場したのは、1991年国勢調査では回答例になかったにもかかわらず、自然発生的に「カナディアン」が5番目に多い回答だったからである。そして、1996年国勢調査では「カナディアン」がもっとも多い回答だったため、2001年国勢調査では回答例として1番目に記された。そのため、2001年国勢調査では「カナディアン」の回答率が特に高く、このことが「民族的出自」に関する分析結果をますます複雑化している。

た数字である。1990年代にカナダに到来した移民の約4分の3がビジブル・マイノリティであったこと、また、彼らの大半がカナダの三大商業都市であるトロント、バンクーバー、モントリオールに定着していることが報告されている。こうした移民の受け入れ状況が継続されれば、2016年にはビジブル・マイノリティは総人口の20％に達すると予測される (Statistics Canada, 2003, p. 9)。

　最大のビジブル・マイノリティは中国系であり、2001年には100万人を超え、総人口の3.7％、ビジブル・マイノリティの約26％を占める。1990年代、中華人民共和国や返還前の香港から移民が急増し、今日ではトロントとバンクーバーに大きな中国系コミュニティが形成されている。中国系の次に多いビジブル・マイノリティは東インド系 (約71万人)、フィリピン系 (約33万人)、ベトナム系 (約15万人) である。黒人はすべてのカテゴリーを合わせれば約66万人を数える。

　このように多様な民族的出自をもつ国民がどのように言語を使用しているか、という点について次節以下で述べる。

Ⅲ　母語別人口と家庭言語別人口

　「母語」は、カナダ統計局によって「幼少期に家で最初に習得し、現在でも理解できる言語」と定義されるため、現在話せない言語である場合もある。カナダ統計局は、英語を母語とする人々をアングロフォン (anglophone)、フランス語を母語とする人々をフランコフォン (francophone)、それ以外を母語とする人々をアロフォン (allophone) と定義している[2]。一方、「家庭言語」は「家でもっともよく話す言語」と定義され、カナダ国民の現在の

---

[2] 「アングロフォン」「フランコフォン」「アロフォン」という言い方は、ケベック州で言語論争が激化した1970年代末以降、マスコミを中心に使用されるようになり、ケベック州外にも広がった。カナダ統計局は「母語」を基準にこれらを定義しているが、一般的には、社会における日常言語として、英語を使用する人々をアングロフォン、フランス語を使用する人々をフランコフォン、どちらも十分に話せない人々をアロフォン、という意味に緩やかに解釈される。

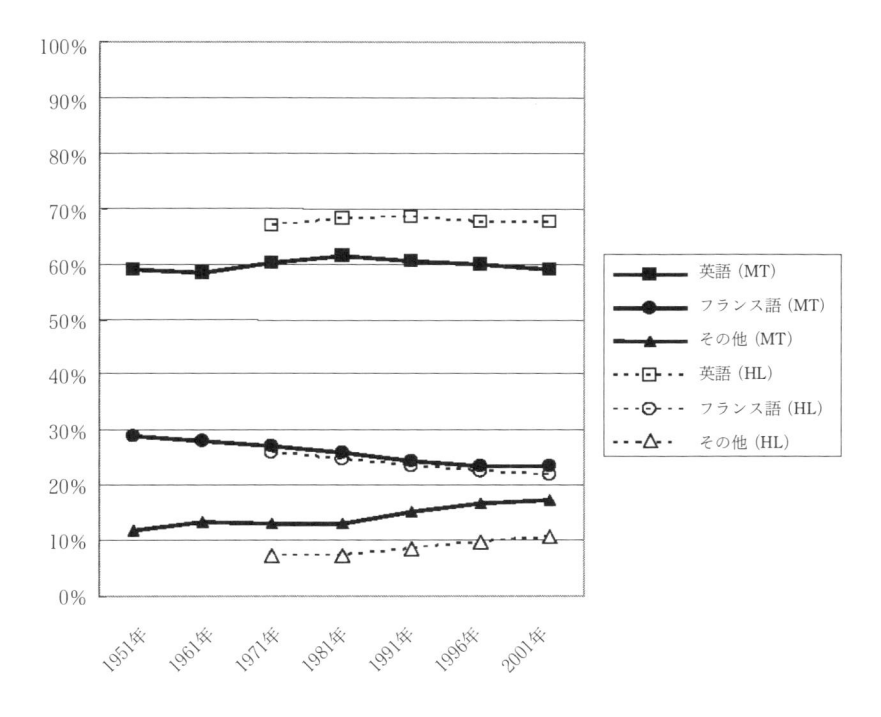

図表5-2 母語(MT)別・家庭言語(HL)別人口の推移（カナダ全体）

出典：Statistics Canada, 2001 Census, "Language Composition of Canada"及びMarmen & Corbeil, 1999, pp. 88-97により作成

日常生活における使用言語はこれによって表される。

図表5-2は、過去半世紀におけるカナダの母語別人口と家庭言語別人口の推移を一つのグラフにまとめて対比させたものである。なお、家庭言語別人口の統計は1971年に始まった。これを一見すれば、全体的な傾向として、カナダでは圧倒的に英語が優勢言語であり続け、そのレベルを維持していることがわかる。フランス語はもう一つの公用語でありながら、英語と比較すれば劣勢言語である上、母語別人口も家庭言語別人口も年々下降傾向にある。他方で、英語とフランス語以外の言語（「その他」）は、前節で見た移民の増加を反映して上昇傾向にある。

家庭言語別人口と母語別人口を比較すれば、「英語」に関しては前者が

後者を上回り、「その他」に関しては逆に後者が前者を上回っているのが顕著である。これは、アロフォン、つまり英語とフランス語以外を母語とする移民が英語を習得し、世代が交代するにつれて英語への言語シフト（language shift）が起こっている状況を示すと言えよう。「その他」の家庭言語（HL）に焦点を当てれば、1990年代にカナダに到着した移民の約61％が英語とフランス語以外の言語を家庭で話す、そのなかでも中国系の約88％が中国語を家庭で話す、と報告されている（Statistics Canada, 2003, p. 7）。

また、「フランス語」に関しては、家庭言語別人口の方が若干、母語別人口を下回っているが、これは、フランコフォンが集中するケベック州以外におけるフランコフォンの英語への言語シフトと捉えることができる。

図表5-3は、家庭言語別人口の分布を州（準州）別に見たものである。フランス語を家庭言語とする国民はケベック州に集中し、その他の州は圧倒的に英語圏であると言える。ただし、州レベルの公用語が英語とフランス語の両方であるニュー・ブランズウィック州においては、フランス語を家庭言語とする国民が比較的多く、同州の人口の30％強を占める。

図表5-3　家庭言語別人口比＜州（準州）別＞（2001年、単位：％）

	英語	フランス語	その他
カナダ全体	67.5	22.0	10.5
ブリティッシュ・コロンビア州	84.8	0.4	13.8
アルバータ州	91.2	0.7	8.1
サスカチュワン州	95.2	0.5	4.3
マニトバ州	89.1	1.7	9.0
オンタリオ州	82.7	2.7	14.5
ケベック州	10.5	83.1	6.5
ニュー・ブランズウィック州	69.0	30.3	0.7
ノヴァ・スコシア州	96.2	2.2	1.6
プリンス・エドワード島州	97.4	2.1	0.5
ニュー・ファンドランド州	99.2	0.2	0.6
ユーコン準州	95.8	1.5	2.7
北西準州	89.9	1.1	9.1
ヌナヴット準州	41.5	0.8	57.7

出典：Statistics Canada, 2001 Census, "Language Most Spoken at Home"

第5章　統計データから見た言語状況　79

他方で、英語とフランス語以外を家庭言語とする国民は、カナダ総人口の一割強を占め、オンタリオ州とブリティッシュ・コロンビア州でその比率が高い。これは前節で触れた移民（特に中国系）のトロントとバンクーバーへの流入の状況を反映する。また、ヌナヴット準州における「その他」の57.7％は、同準州の住民の80％以上を占めるイヌイットの言語（Inuktitut）である。

　2001年国勢調査は、家庭言語を124言語に分けて公表している。図表5-3の「その他」に焦点を絞り、家庭言語の上位10までを**図表5-4**に示す。1980年代までは、イタリア語とドイツ語が上位を占めていたが、1990年代より顕著となった中国系移民の流入を反映して、近年、中国語が第1位を占めている。なお、図表5-4の「中国語」は様々な変種を含めた総称であるが、詳細に見れば、「中国語」を家庭言語とする約85万人のうち、約35万人は広東語を家庭言語とする。これは香港出身者が多いことを意味する。また、1990年代後半より、家庭言語としてパンジャビ語が飛躍的に増加した。これは、民族的出自の項目でビジブル・マイノリティとしては中国系に次いで多かった東インド系の主要言語である。

　一方で、カナダの先住民（Aboriginal Peoples of Canada：北米インディアン、

図表5-4　英語およびフランス語以外の家庭言語トップ10（2001年）

		人	総人口比
1	中国語*	852,955	2.9%
2	イタリア語	371,200	1.3%
3	パンジャビ語	280,535	0.9%
4	スペイン語	258,465	0.9%
5	ドイツ語	220,685	0.7%
6	アラビア語	209,240	0.7%
7	ポルトガル語	187,475	0.6%
8	タガログ語	185,420	0.6%
9	ポーランド語	165,745	0.6%
10	ベトナム語	130,280	0.4%

＊中国語は、広東語、北京語、客家語、その他を含む。
出典：Statistics Canada, 2001 Census, Language Most Spoken at Home.

イヌイット、メイティ)は、年々、自らの言語を喪失しているといわれる。2001年の国勢調査では、先住民の家庭言語は35言語に分けられて統計されている(クリー語とフランス語の言語接触によって形成されたメイティの言語(métif)は調査対象外)。先住民の多様な言語を一つのカテゴリーにして総計すれば、先住民の諸言語を家庭言語とするのは約15万人となる。すると、総人口比は約0.5％となるため、図表5-4ではベトナム語を抜いて第10位となる。先住民の家庭言語でもっとも多いのはクリー語(約7万人)であり、イヌイット語(約3万人)、オジブウェ語(2万人弱)、モンタニェ・ナスカピ語(1万人弱)がこれに続く。なお、前節で見たように、先住民を民族的出自とする人々が約100万人であることに鑑みれば、先住民の英語への言語シフトは甚だしい、と言えよう。

　さらに、我が国を出自とする日系人で家庭言語を日本語とすると答えたのは約3万人であり、カナダ総人口の約0.1％を占めるに過ぎない。アジア系のなかでも、中国語(2.9％)や韓国語(0.3％弱)に比べれば少ない。日系を民族的出自とする人々が約8万5,000人であったこと(複数回答含む)に鑑みれば、彼らの半数以上が英語への言語シフトを起こしていると見ることができよう。

IV 「公用語の知識」別人口

　「公用語の知識」別人口は、「会話ができるほど英語またはフランス語を話せるか」「英語またはフランス語以外に会話ができるほど話せる言語は何か」という二つの質問に基づいて集計されている。**図表5-5**は過去半世紀におけるカナダの「公用語の知識」別人口の推移をまとめたものである(1969年以前は、まだ公用語は制定されていなかった)。

　一見して読みとれるのは、英語しか話せないカナダ人が全体の3分の2以上を占めるということであり、この質問が始まった1951年以降、この比率はほとんど変わっていない。ここで注目したいのは、公用語の両

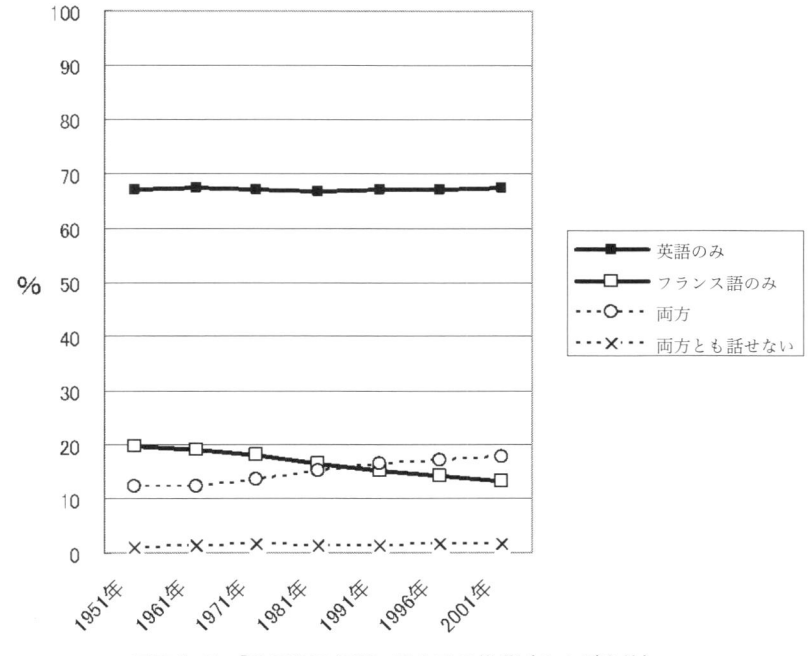

図表5-5 「公用語の知識」別人口の推移（カナダ全体）

出典: Statistics Canada, 2001 Census, Population by Knowledge of Official Language, provinces and territories. およびMarmen & Corbeil 1999, pp. 98-102 により作成

方を話すことができるバイリンガル人口（「両方」）は意外に少ないという点である。過去50年間で着実に増加しているものの、最新の2001年の調査でも17.7％にとどまっている。フランス語しか話せないカナダ人（「フランス語のみ」）が年々減少している点、および図表5-2との比較から、バイリンガル人口の多くがフランコフォンであることがわかる。また、公用語のどちらも話せないカナダ人がわずか1％台で推移している点は、カナダ人のほとんどが公用語のどちらか（あるいは両方）を話せることを示唆する。公用語のどちらも話せない人々の多くが移民一世とみられ、その内訳は中華人民共和国出身者が約29％、インド系が15％、台湾系が13％と報告されている（Statistics Canada, 2003, p. 7）。

図表5-6は、「公用語の知識」を州（準州）別に見たものである。バイリ

82　第1部　多様社会を形成した要因

図表5-6　「公用語の知識」別人口比＜州（準州）別＞（2001年、単位：％）

	英語のみ	フランス語のみ	両方	両方とも話せない
カナダ全体	67.5%	13.3%	17.7%	1.5%
ブリティッシュ・コロンビア州	90.3%	0.0%	7.0%	2.7%
アルバータ州	92.0%	0.1%	6.9%	1.1%
サスカチュワン州	94.5%	0.0%	5.1%	0.3%
マニトバ州	89.7%	0.1%	9.3%	0.8%
オンタリオ州	85.9%	0.4%	11.7%	2.1%
ケベック州	4.6%	53.8%	40.8%	0.8%
ニュー・ブランズウィック州	56.5%	9.2%	34.2%	0.1%
ノヴァ・スコシア州	89.7%	0.1%	10.1%	0.1%
プリンス・エドワード島州	87.9%	0.1%	12.0%	0.0%
ニュー・ファンドランド州	95.7%	0.0%	4.1%	0.1%
ユーコン準州	89.4%	0.2%	10.2%	0.3%
北西準州	90.4%	0.1%	8.4%	1.0%
ヌナヴット準州	83.0%	0.1%	3.8%	13.1%

出典：Statistics Canada, 2001 Census, "Population by Knowledge of Official Language, provinces and territories"

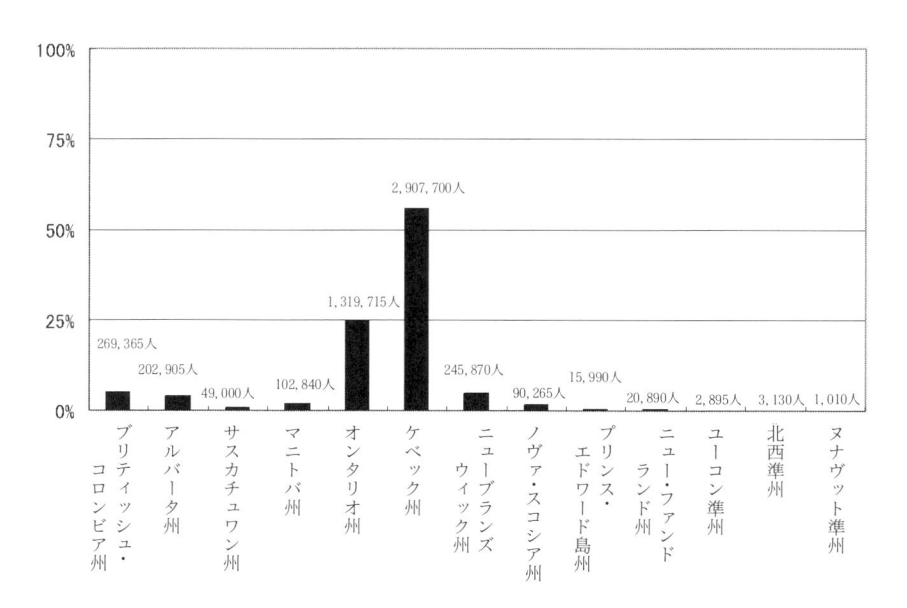

図表5-7　バイリンガル（英語とフランス語）人口の分布

出典：Statistics Canada, 2001 Census, Population by Knowledge of Official Language, provinces and territories. により作成

ンガル人口（「両方」）の比率は、フランコフォンが多数派を占めるケベック州でもっとも高く、フランコフォンが約3分の1を占めるニュー・ブランズウィック州がこれに続く。これを、各州の人口と掛け合わせ、カナダ全体におけるバイリンガル人口の分布を表したものが**図表5-7**である。これを見れば、バイリンガル人口の過半数がケベック州に集中し、約4分の1がオンタリオ州に存在することがわかる。この二大中央州にバイリンガル人口の80％以上が集中し、隣接するニュー・ブランズウィック州を含めるとこの数字は85％に達する。厳密に言えば、バイリンガル人口は、ニュー・ブランズウィック州北部から、ケベック州のモントリオール、オンタリオ州のオタワから同州北東部に延びる帯状の地帯――いわゆる「バイリンガル・ベルト」(Joy, 1972, pp. 5-7)――に集中する。

　年齢層別に「公用語の知識」別人口を表したものが**図表5-8**である。

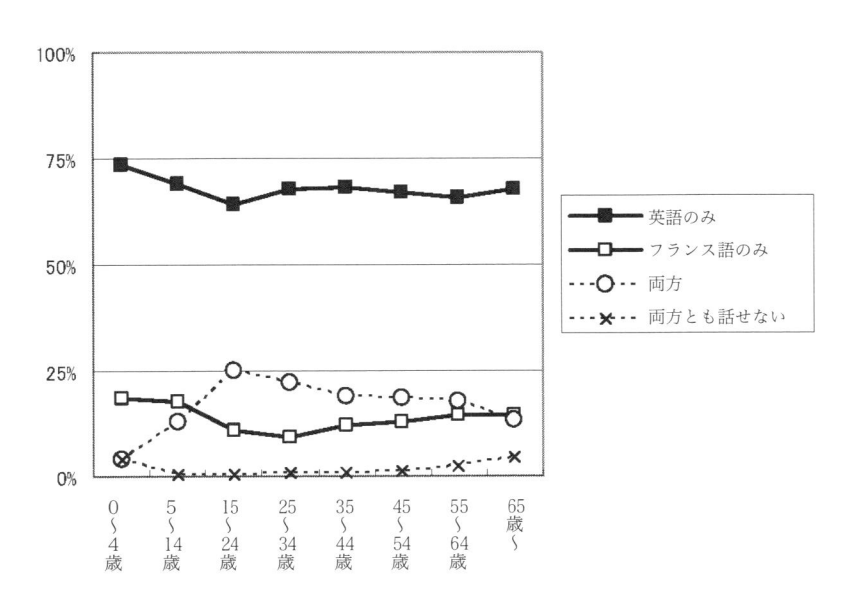

図表5-8　「公用語の知識」別人口＜年齢層別＞（2001年）

出典：Statistics Canada, 2001 Census, Population by Knowledge of Official Language, provinces and territories. により作成

バイリンガル人口（「両方」）に着目すれば、15〜24歳までの若年層の比率が25％、ともっとも高いことがわかる。この比率は、年齢層が高いほど低くなる傾向がある。

　しかし、図表は載せないが、全年齢層を通して、フランコフォンの方がアングロフォンよりもバイリンガル率が高いことに注目したい。また、個人を通時的に見れば、アングロフォンとフランコフォンでは異なる傾向が見えてくる。アングロフォンは、高等教育の初期である15〜19歳までの年齢層がバイリンガル率がもっとも高いが、時を経て20歳を過ぎると落ち込む傾向がある。社会に出た後、ケベック州以外では通常、仕事言語は英語となるため、アングロフォンは学校でせっかく身につけたフランス語能力を維持しにくいのである。逆に、フランコフォンは、20歳を過ぎてからの方がバイリンガル率が高くなる (矢頭, 2005, p. 56)。

V　社会の多様化と日本

　カナダが建国二大民族である英系とフランス系に加え、極めて多様な民族集団によって構成されていることを本章の最初で見た。そして、「母語」別人口および「家庭言語」別人口、「公用語の知識」別人口を関連づければ、英語とフランス語以外を母語とする移民、つまり「アロフォン」のホスト社会への言語的統合の過程を次のようにまとめることができる。アロフォンは、少なくとも一世代目は家庭では母語、職場や学校など公的な場では公用語のどちらかを使用する、いわゆる場面によって言語を使い分ける「ダイグロシア（diglossia）」(Ferguson, 1959) という言語現象を経験する。しかし、世代を経るにつれ、家庭言語もどちらかの公用語となる傾向が見られる。アロフォンは、その大半が英語圏の大都市に定着することから、英語の方に言語シフトする傾向が強い。カナダが国を挙げて行ってきた公用語教育政策が、彼らの言語的統合を円滑にする役割を果たしている点は本書が示唆するところである。

本章の冒頭で、日本は民族的・言語的均質性が強く、外国人が総人口に占める割合が諸外国に比べるとひじょうに少ない国家であることを指摘した。しかし、日本社会はゆっくりではあるが着実に多様化の道を歩み始めている。法務省によれば、最近の日本における外国人登録者数は毎年過去最高記録を更新し、1993年から2003年までの10年間で45.0％も増加している（法務省入国管理局, 2004）。この傾向は、今後加速すると考えられる。ビジネス活動の国際化に伴ってヒトとカネの国境を越えた動きに拍車がかかるのは必至であり、労働力不足で社会保障制度の改革が叫ばれている現在、日本はこれまでの外国人労働者の入国を制限する移民政策を見直す時期にさしかかっていると思われる。増え続ける外国人が日本社会において日本人と協調しつつ安定した生活を送るために、日本の政府機関が在日外国人に対する日本語教育施策の立案に向けて真剣に取り組むべき時が来たと言えよう。日本がカナダの経験に学ぶべきことは計り知れない。

引用文献一覧

Ferguson, C.A. (1959). "Diglossia." *Word*, 15, pp.125-40.

Joy, Richard J. (1972). *Languages in Conflict*, Toronto: McClelland and Stewart Limited.

Marmen, Louise and Corbeil, Jean-Pierre (1999). *Languages in Canada, 1996 Census,* Ottawa: Minister of Public Works and Government Services.

Statistics Canada (2001). 2001 Census, "Ethnocultural Portrait of Canada." http://www12.statcan.ca/english/census01/products/highlight/Ethnicity/Index.cfm?Lang=E, 2004年6月24日採取；"Language Composition of Canada." http://www12.statcan.ca/english/census01/products/highlight/LanguageComposition/Index.cfm?Lang=E, 2004年6月24日採取；"Language Most Spoken at Home." http://www12.statcan.ca/english/census01/products/highlight/LanguageComposition/Index.cfm?Lang=E, 2004年6月24日採取；"Detailed Language Spoken at Home." http://www12.statcan.ca/english/census01/Products/standard/themes/DataProducts, 2004年6月24日採取；"Population by Knowledge of Official

Language, provinces and territories." http://www40.statcan.ca/l01/cst01/demo19a.htm, 2004年6月24日採取.
Statistics Canada (2003). *Canada's Ethnocultural Portrait: The changing mosaic, 2001 Census: analysis series,* Ottawa: Minister of Industry.
国立国語研究所（1999）.『日本語観国際センサス：単純集計表(暫定速報版)』. 新プロ「日本語」総括班，研究班1編.
総務省統計局. 平成12年国勢調査.「外国人に関する特別集計」. http://www.stat.go.jp/data/kokusei/2000/gaikoku/00/01.htm, 2005年6月30日採取.
田中克彦(1981).『ことばと国家』. 東京：岩波新書.
法務省入国管理局. http://www.moj.go.jp/PRESS/040611-1/040611-1.html. 2005年6月30日採取.
文化庁文化部国語課(2003).『諸外国における外国人受入れ施策及び外国人に対する言語教育施策に関する調査研究報告書』.
矢頭典枝(2005).「カナダの公用語政策：バイリンガル連邦公務員の言語選択を中心として」. 博士(学術)論文. 東京外国語大学.

第2部　国語教育の諸様相

第6章
公用語政策の背景と現状

矢頭　典枝

連邦政府のバイリンガル文書
片方からは英語で、ひっくり返して反対側からフランス語で読めるようになっている

Ⅰ　国語と公用語

　近代国家は、国内の特定の言語に「国（家）語」や「公用語」といった名称を与え、国家統制のために、それらを象徴的にあるいは実利的に利用することがある。「国語（national language）」は「政治的・社会的・文化的なまとまりのある単位、つまり国家の中で威信や権威がある言語で、国家統一の象徴として発達し、使用されている」と定義され、「公用語（official language）」は「国家内で行政・教育・メディアなどの公的な使用域において、公的な業務に使用される言語で、実利的な機能を持つ」と定義される（三好, 2003, p. 354）。日本では日本語が「国語」、カナダでは英語とフランス語が「公用語」とされるが、言語的・民族的に均質的な日本と多様なカナダではこれらの語がもつ社会的意味が異なることに留意すべきである。

　日本の「国語」は、用例を遡っていけば、「邦語」と「日本語」といった語よりも出現が遅く、明治20年代末、日本の知識層や言語教育・言語政策官僚の働きによって社会に定着したと言われる（田中, 1981, pp. 108-117）。「国語」は、近代日本の文化政策上の概念として出発したが、現在では学校教科の名として、また、われわれ日本人が自国語である日本語を指す時に用いる語としてわれわれの日常言語のなかに自然に入り込んでいる。

　なお、日本語を国語とすることを明言する文言は日本国憲法にもいかなる制定法にもない。日本のような民族的・言語的均質性が極めて強い国家では、多数派言語が、公的な場面を含め、国民の社会生活全般において使用されることが当然視されるため、法による規定は必要とされない。しかし、冒頭の定義にしたがえば、日本では日本語は事実上の「国語」であり、「公用語」でもあると言える。また、多言語国家であっても、国内の少数派言語が国家を揺るがすような勢力をもたない場合、「国語」や「公用語」を法によって定めないことが多い。移民国家とされるアメリカやオーストラリアがこれに該当し、多数派言語である英語は事実上「国語」や「公用語」であっても、法によって国家レベルでは定められてい

ない。

　国家などの政治体が「国語」や「公用語」を定める、つまり特定の言語に地位を与える「言語計画（language planning）」を行うのは政治的な理由による。例えば、戦後に誕生した新興独立国は、新体制での国家統制を行うために、土着の言語あるいは多数派固有の言語を「国語」や「公用語」に制定することがある。インドネシアのインドネシア語やイスラエルのヘブライ語などがこれに当たる。他方で、勢力が増大する少数派言語を牽制する目的で多数派言語が唯一の公用語に制定されることもある。この例として、アメリカの全州の半数に当たる25の州が、ヒスパニック系が主張するスペイン語による言語権拡大に対する反動として、英語を公用語にする条例を制定している点（船橋, 2000, p. 145）を挙げることができる。

　カナダのように複数の言語が公用語となっている場合は、国内の複数の言語集団の政治対立が反映された結果であると考えてもよい。カナダの公用語政策は、本章で論じるように、英系とともに建国二大民族であり、国内最大の少数派言語集団であるフランス系が政治勢力を増大した結果生じた政治的産物なのである。

　本章では、まず、カナダの公用語政策の成立の過程を概観した後、その法的根拠及び現行の公用語政策の仕組みについて紹介する。さらに、言語計画の受け入れ側、つまり受容者であるカナダ国民を取り巻く言語環境について考察する。

II　公用語政策の歴史的変遷と法的根拠

　英語とフランス語が初めてカナダの公用語となったのは、「公用語法（The Official Languages Act）」が制定された1969年であった。しかし、今日のカナダの公的な言語的二元性は、1774年に制定された「ケベック法」にその萌芽を見ることができる。フランス領植民地から英領植民地へと転換した当時、イギリスからの独立の気運を高めていた南の13植民地がフラ

ンス系を味方に取り込もうとする戦略を牽制するため、イギリス本国政府はフランス系の民族的権利と制度を保障する「ケベック法」を発布したのである。同法には、言語自体に関する規定はないが、フランス系住民は公的にもフランス語の使用を容認された。その後、1791年の「憲政条例」によってケベック植民地がアッパー・カナダ植民地とロワー・カナダ植民地に分割されて以来、フランス系が多数派を占めるロワー・カナダの立法議会では、慣例的に議事録が英仏両語で書かれ、議員は母語で発言していたことが当時の記録によってわかっている (Magnet, 1995, p. 7)。

　こうした言語的慣例を初めて成文化したのは、1867年のカナダ連邦結成時に憲法として発布された「英領北アメリカ法(The British North American Act)」である。なお、今日の連邦制国家カナダの基礎を築いた同法は、度重なる改正を経た後、1982年の新憲法の成立に伴い、「1867年法」として現在も効力をもつ。同法第133条は、連邦議会とケベック州議会における議事と法律の制定および連邦とケベック州裁判所において、英語とフランス語の使用を保障している。しかし、この規定は、適応範囲が立法と司法という場面に限定された上、内容が希薄であったため、言語政策と呼ぶにはほど遠かった。

　その後、切手や紙幣のバイリンガル化 (1927, 1936年)、連邦議会での同時通訳制度の設立 (1959年) といった言語使用に関する決定がなされたが、言語法という形で法制化されるまで約一世紀を待たねばならなかった。カナダが公用語政策を導入した直接的な原因は、「ケベック問題」という国家基盤を揺るがす内政問題であった。1960年代、ケベック社会は、それまでのカトリック教会主導型の超保守的体制から脱皮し、「静かな革命」[1]と呼ばれる一連の社会改革により近代社会へと変容していった。これと同時に、カナダ連邦内におけるフランス系カナダ人の劣勢な立場に対する不満が噴出し、ケベック州のカナダからの分離独立運動が高揚し

---

1 「静かな革命」は、教育制度の近代化、州政府主導型への経済改革、年金制度の整備をおもな内容としていた (矢頭, 1997a, pp. 86-87)。

たのである。

　この国内問題を危惧したカナダ連邦政府は、ケベック州内のフランス系カナダ人のカナダ連邦に対する不満の原因を分析し、建国二大民族の融和を図るため、1963年、二言語二文化主義王立委員会(Royal Commission on Bilingualism and Biculturalism、以下「RCBB委」とする)を発足させた。RCBB委は1965年に発表した予備報告書のなかで強い危機感を表明し、様々な専門分野の研究者に調査を依頼する一方で、カナダ全国で数多くの公聴会を開いて民意を吸収し、最終的には6巻に及ぶ膨大な量の報告書を1967年から70年にかけて発表した。その第一巻「公用語(The Official Languages)」は、カナダにおけるフランス語の人口統計上・社会的・経済的劣位状況を説明し、連邦政府は「連邦の管轄下で英語とフランス語に平等な地位を与えるために言語問題に関する法律を制定しなければならない」(RCBB Report, Book1, p. 138)としている。この勧告を受け、連邦首相に就任したばかりのトルドー率いる自由党連邦政府が1969年に「公用語法」を制定した。

　同法第2条は、以下のようにカナダの公用語を宣言している。

　　英語とフランス語は、カナダの議会及び政府のあらゆる目的のためのカナダの公用語であり、カナダの議会及び政府の全ての機関におけるその使用に関し、平等な地位、権利、権限を享受する。

　英語とフランス語が公用語として初めて宣言された上、その公的な使用範囲が英領北アメリカ法の「立法」と「司法」に加え、「行政」にも及んだことは、当時の言語政策としては画期的であった。しかし、このときはまだ、同法の適用範囲は国民の公用語教育や商品のバイリンガル表示といった国民の日常生活にかかわる事項には及ばず、連邦政府機関による行政サービスという公的部門に限定された。同法のおもな規定事項は、以下の4点に集約できる。

(1)連邦政府機関が発出する国民向けのあらゆる法律文書、声明書、指令などは両公用語で書かれなければならない。
(2)連邦政府機関は、首都圏、および、同法で定める「バイリンガル地区」において、国民が両公用語で行政サービスが受けられることを保障しなければならない。
(3)連邦政府は、両公用語による行政サービスを行う「バイリンガル地区」の指定基準を決定するための調査を実施する目的で「バイリンガル地区諮問委員会」を設置する。
(4)同法の適用を監視する目的で、「公用語コミッショナー」職を設ける。

　トルドーは、自らがガイドラインを作成したこの公用語法こそカナダの政治的危機を打開すると信じた（Trudeau, 1999, p. 118）。これは、フランス系カナダ人にカナダ連邦への帰属意識を抱かせるための政治的メッセージであるとともに、カナダ連邦はフランス系カナダ人の言語権に対して非寛容であると強調するケベック州の分離主義者たちの主張を挫く戦略であった。連邦公的部門の再構築――①国民へのバイリンガル行政サービスの提供、②行政の仕事言語としての英語とフランス語の対等性の確立、③連邦公務員に占めるフランス系の比率上昇――により、フランス系の政治的疎外感が取り除かれることが期待された。しかし、トルドーのこのヴィジョンは、結果的に各方面からの批判に晒され、同法は改訂を余儀なくされることとなる。
　もっとも問題となったのは、先述した「バイリンガル地区」の指定に関する条項であり、この点をめぐって連邦政府とケベック州政府との間に確執が生じた。同法は、バイリンガル地区の指定による「公用語少数派(official language minorities)」の言語権の保障を強調している。「公用語少数派」とは、公用語である英語またはフランス語を母語とする国民が在住する州において言語的に少数派である場合である。具体的には、ケベッ

ク州における英語母語話者、それ以外の州におけるフランス語母語話者を指す。後者はオンタリオ州とニューブランズウィック州に集中する。「バイリンガル地区」は、ケベック州以外だけでなく、英語系公用語少数派のためにケベック州内にも指定されることが提唱された。連邦政府のこの方針は、1960年代末より州内のフランス語化政策を打ち出してきたケベック州政府の方向性と真っ向から対立した。1971年に「バイリンガル地区諮問委員会」が最初の報告書を公表してケベック州を全域バイリンガル地区に指定したことに対し、態度を硬化させたケベック州政府は、1974年に同州の州レベルの公用語をフランス語のみとする独自の「公用語法（La loi sur la langue officielle）」を制定することによって応戦した。その直後、ケベック州の分離独立を標榜するケベック党が州政権を掌握し、1977年にフランス語の優位性を徹底させる「フランス語憲章（La charte de la langue française）」を制定すると、連邦政府は同年、「バイリンガル地区」構想の廃案を正式に発表した（矢頭, 2005, pp. 67-69）。

　「バイリンガル地区」構想を再考し、公用語少数派の言語教育権を盛り込む形で公用語法を改訂する必要性を痛感したトルドーは、これを憲法に明記することによって不可侵にすることを決意した。「公用語法は単なる制定法であり、政権交代によって廃案となる可能性もある」（Behiels, 2002, p. 43）からである。折しも、トルドー政権は新憲法発足の準備をしていた。「1982年憲法」として発布されたこの新憲法は、「①カナダ憲法の改廃権をイギリス議会からカナダに完全に移管したこと、②初めて『憲法上の人権規定』たる『権利及び自由に関するカナダ憲章（以下、「人権憲章」とする）』を導入したこと」（佐藤, 1997, pp. 98-99）を特徴とする。「1982年憲法」の第一章を構成するこの「人権憲章」に、公用語に関する項目が盛り込まれた。同憲章第16条で、公用語としての英語とフランス語の対等性が以下のように謳われている。

　　英語とフランス語はカナダの公用語であり、連邦議会及び連邦政府

の全ての機関におけるその使用に関し、対等な地位、権利、特権を有する。

　また、同憲章第17〜19条で連邦議会及び連邦裁判所などにおける英語とフランス語の使用が保障され、第20条で国民が両公用語による行政サービスを受ける権利について明記されている。さらに、第23条は「公用語少数派」が彼らの言語によって教育を受ける権利を保障している（なお、「人権憲章」を含む「1982年憲法」の全訳については、日本カナダ学会編, 1997, pp. 299-309を参照されたい）。
　こうして、英語とフランス語がカナダの公用語であり、立法、司法、行政におけるその対等性、および公用語少数派の言語教育権が保障されることが憲法に明記された。そして、「人権憲章」に盛り込まれた公用語に関する人権を反映する形で、公用語法は改訂されねばならなかった。今日の公用語政策の基盤となっているのは次節で見る新公用語法である。

III　現行の諸規定：新公用語法（1988年公用語法）

　新憲法制定後、トルドーの引退に続き、政権交代を果たしたマルルーニー進歩保守党政府は、数多くの調査や公聴会の結果を踏まえて綿密に法案を練り上げ、1988年、全面的に改定された公用語法を成立させた。各条項の表題のみを**図表6-1**に示す。
　見切り発車的に制定された1969年法が公用語政策の「理念」を打ち出した法だとしたら、1988年法（新公用語法）は公用語政策が円滑に機能するための的確な指示を備え、かつ効力を強化された法であるといえよう。
　1969年法の内容を踏襲した第1〜5部は、「（同法）第82条によって、他の制定法と齟齬があった場合、1982年「人権憲章」を除くすべての制定法に優先する、いわば「準」憲法的な性質をもつ」（McRae, 1998, p. 77）とされる。また、第10部で司法救済を保障している点は、同法の効力をさらに

図表6-1 新公用語法（表題）

	序文	
	第1条	ショート・タイトル
	第2条	同法の目的
	第3条	解釈
第1部	第4条	連邦議会の議事
第2部	第5-13条	立法、その他の文書
第3部	第14-20条	裁判
第4部	第21-34条	国民とのコミュニケーション及び国民へのサービス
第5部	第34-38条	仕事言語
第6部	第39-40条	英語系及びフランス語系カナダ人の参入
第7部	第41-45条	英語とフランス語の推進
第8部	第46-48条	カナダの公用語に関する予算行政管理局の責任と義務
第9部	第49-75条	公用語コミッショナー
第10部	第76-81条	司法救済
第11部	第82-93条	一般
第12部	第94-98条	関連改正
第13部	第99-104条	追従改正
第14部	第105-111条	移行的規則、撤廃、効力

強化している。これによって、カナダ国民は公用語に関して自分の権利が侵害されると感じた場合、公用語局に苦情を申し立てることができ、必要であれば、連邦裁判所に訴訟を起こすことができる。あるいは、公用語コミッショナーが苦情申し立て者を代行して連邦裁判所に訴訟を起こすこともできる（第78条）。

カナダの公用語政策の出発点であった「連邦公的部門の再構築」に関する3つの項目は、1988年法（新公用語法）では、それぞれ第4部、第5部、第6部に盛り込まれ、その所管は第46条で予算行政管理局(Treasury Board)の公用語課[2]に命じられている。

1982年の「人権憲章」第20条に盛り込まれた国民へのバイリンガル行政サービスについては、1988年法（新公用語法）では、バイリンガル行政

---

[2] 2003年末のマーティン自由党政権発足後、組織改編が行われ、予算行政管理局の公用語課は「行政人的資源管理庁（Public Service Human Resources Management Agency of Canada）」に組み込まれた。

サービスを正当化する「相当な需要」そのものについての明確な基準は同法のなかでは明記されていないものの、「政府は、相当な需要がある状況を規定する規則を作成する権限を有する」（第32条(1)(a)）としている。これを受け、予算行政管理局は、詳細な調査結果に基づき、1992年、「相当な需要」および「部局の性質」によってバイリンガル行政サービスを提供する義務をもつ部局、いわゆる「バイリンガル指定部局」の指定基準を公表した（詳細については矢頭, 2005, p. 75）。

現在、公用語法は計180の機関に適用される。その内訳は、連邦政府機関省庁が95、国営企業が40社、民間企業が45社である（Treasury Board, 2001）。ここで留意したいのは、国民へのバイリンガル行政サービスを提供するのは公的部門のみではない、という点である。適用範囲に入っている民間企業は公共性の高いものであり、そのほとんどが航空会社や鉄道会社などの運輸業およびその関連企業である。それは、「旅行者（travelling public）」に対する言語的配慮が強調されているからである（第23条）。「バイリンガル指定部局」は、全部局約1万2,000カ所の約3分の1を占め、その多くがフランス語系が集中するカナダ東部に存在する。

一方、第5部「仕事言語」は連邦公務員が職場内で使用する言語についてであり、国民とのコミュニケーションを扱う第4部とは区別される。第34条は、「英語とフランス語は全ての連邦政府機関の仕事言語であり、全ての連邦政府機関の公務員及び従業者は、本条に従い、公用語のいずれかを使用する権利を有する」としている。「仕事言語」に関する理念を打ち出したに過ぎない1969年法に比べ、1988年法（新公用語法）は連邦公務員が有する権利が行使されるための詳細な規定を示している。しかし、この適用は地理的な制限付きであることに留意したい。連邦公務員が自ら選択する公用語で働くことができるのは、「首都圏、及び、ニュー・ブランズウィック州全域、オンタリオ州北東部の一部、モントリオール地域、イースタン・タウンシップ、ガスペ、ケベック州西部の一部」（Treasury Board, 2002a, p. 11）となっている。

連邦公務員のポストは、「バイリンガル」「英語のみ」「フランス語のみ」「英語またはフランス語」の4つのカテゴリーに分けられているが、全域がバイリンガル指定を受けている首都圏ですら、バイリンガル・ポストは全体の約3分の2を占めるに過ぎない（Treasury Board, 2002a, p. 27）。バイリンガル・ポストに就くには、カナダ人事院（Public Service Commission）が行う第二公用語能力試験を受け、そのポストで要求される第二公用語（アングロフォンにとってのフランス語、フランコフォンにとっての英語）の熟達度を証明しなければならない。1998年、すべての上級管理職がバイリンガル・ポストに指定された[3]。また、第二公用語試験で「バイリンガル認定」を受けた公務員にはバイリンガル・ボーナス[4]が支払われているが、予算行政管理局が就職の際のバイリンガル能力の基準を高める方針を模索しているため、これも見直しが検討されている（le Droit, 2002）。

1988年公用語法（新公用語法）のなかでもっとも注目すべき内容は第7部「英語とフランス語の進展（Advancement of English and French）」である。このセクションでは、まず、「英語とフランス語の言語的少数派（つまり「公用語少数派」）コミュニティの活力を高め、その発展を支援すること」（第41条(a)）を打ち出している。このなかに、1982年の人権憲章に盛り込まれた公用語少数派の言語教育権が含まれる（第43条(1)(d)）。

第7部は、さらに、連邦政府の新しい方針として「カナダ社会における英語とフランス語の両方の完全な承認と使用を促進すること」（第41条(b)）を打ち出している。第7部の所管を第42条で命じられたカナダ文化遺産省（Canadian Heritage）は、この点に関し、以下の使命をもつ（第43条）。

・カナダ社会において国民が英語とフランス語を学ぶことを奨励し、

---

[3] 第二公用語能力試験は、読解力(comprehension)、筆記力(writing)、話す能力(speaking)の3部門に分かれ、それぞれの部門で成績がつけられる。初級はA、中級はB、上級はCとなる。上級管理職に就くためには、CBCレベル（＝読解力でCレベル、筆記力でBレベル、話す能力でCレベル）の第二公用語能力が要求される。

[4] 1977年に設定され、年間800ドルが支払われる。

またそれらを認知し、各州に対し、国民が英語とフランス語の両方を学ぶ機会を作ることを奨励、支援する。
・ビジネス界や労働組合、その他の組織に対し、両公用語によるサービスの提供、および、その承認と使用の推進を奨励する。
・カナダ国内だけでなく、対外的にもカナダの「バイリンガルな特性」を認知、推進させる。

これによって、それまで適用範囲が公的部門に限定されていた公用語政策はその枠を超えて展開される根拠をもつことになった。カナダ国民および移民に対する公用語教育は、この第43条を法的根拠として展開される。

IV 国民と公用語政策との関わり

公用語政策によって、受け入れ側である国民の言語使用はどのように影響されるのだろうか。カナダの公用語政策の受容者は、要求される第二公用語能力について、二つに分類されると考えられる。一つは、ある程度熟達した第二公用語能力をもち、発信能力としては少なくとも「話す能力」が求められる人々、もう一つは、第二公用語能力が特に求められない人々である。ここでは、前者を「能動型受容者」、後者を「受動型受容者」と呼ぶこととする (矢頭, 2005, pp. 100-104)。

「能動型受容者」は、前節で見た公用語法が適用される180の機関に勤務する職員約40万人のうち、バイリンガル・ポストに就いている人々である。この多くが、正規の連邦公務員である[5]。カナダの総人口約3,100万人と対比させると、彼らは数の上では極めて少ない。全国に点在する「バ

---

[5] 2002年現在のデータによると、カナダ連邦公務員の総計は約14万3,000人であり、オタワ首都圏を中心として存在する約70の本省庁や全国の出先機関に勤務する。言語集団別所属は、英語を第一公用語とするアングロフォンが約67％、フランス語を第一公用語とするフランコフォンが約32％となっている。

イリンガル指定部局」に勤務する職員は国民へのバイリンガル行政サービスを提供する公用語政策の「顔」として活躍する。彼らは、公用語法第28条の規定により、「国民とのコミュニケーション開始の時点で……二つの公用語のうち、国民が選択する方の公用語でサービスが提供されることを国民にアピールする」義務をもつ。具体的には、職員はバイリンガル挨拶（"Hello, bonjour!"）を発し、それに続く国民が発した方の公用語に合わせて会話を続けることになっている。しかし、公用語局が行った覆面調査による「検査（audit）」の結果、ケベック州と首都圏以外では、バイリンガル指定部局においても職員のフランス語使用率が低いことが確認されている（Office of the Commissioner of Official Languages (OCOL), 1994-2000）。実際、筆者の経験からも、バイリンガル指定を受けているバンクーバー国際空港やバンフ国立公園などカナダ西部では、なかなかフランス語でサービスを受けられないことがわかった（矢頭, 2004a, pp. 124-130）。

　また、連邦公務員同士のコミュニケーションについても前節で見た公用語法第34条の規定が必ずしも実践されていないことが予算行政管理局と公用語局の調査によってわかっている。「仕事言語」のバイリンガル指定を受けている部局においても、第二公用語を「流暢に」あるいは「ある程度流暢に」話せるのはフランコフォン職員が91％であるのに対し、アングロフォン職員は51％に過ぎない（Treasury Board, 2002b, p. 43）。バイリンガル指定部局であってもモノリンガルなアングロフォン職員が多いため、英語が仕事言語として支配的である。

　筆者が首都圏の10省庁で行ったアンケート調査と参与観察のなかでもこの点は確認されたが、特定の場面においてアングロフォン職員がフランス語を積極的に使おうとする姿勢も観察された（矢頭, 2004b, pp. 68-73）。フランス語の能力が不十分なアングロフォン職員の多くが、昇進のため、あるいは、すでに就いているバイリンガル・ポストから外されないため、数カ月にわたるフランス語の特訓を経て、第二公用語能力試験に臨む状況も見られた。

他方で、カナダの一般国民はおしなべて「受動型受容者」であるということができる。公用語政策は国民一人一人がバイリンガルになることを要求していない。一般国民は、公用語法が適用される機関からのサービスを英語でもフランス語でも受けられる、というだけのことである。これは前節で見た公用語法第4部の規定によって可能にされ、カナダの公用語政策が「制度上のバイリンガリズム」と呼ばれるゆえんである。国民にこうしたサービスを提供する代表的な機関としては、郵便局、税務署、航空会社および空港、鉄道会社および駅、パスポート・センター、連邦裁判所、国立博物館・美術館、国立公園などを挙げることができる。これらの機関のバイリンガル指定部局では、国民は自分が選択する方の公用語を職員とのコミュニケーションに使うことができ、そこで入手する文書は両公用語で提供される。各種申請用紙など一枚紙の書類は、英語版とフランス語版がそれぞれ片面に書かれ、パンフレットや小冊子の類は、片側からは英語で、ひっくり返せばフランス語で読めるようになっている。無論、国民は両バージョンを読んだり書いたりする必要はなく、自分ができる方、あるいは得意な方の公用語を使えばよい。

なお、国民の日常生活により深く関わる分野、例えば、医療、教育、交通標識などは、州政府の管轄であるため、州レベルの公用語、あるいは、多数派の言語で行政サービスが提供される。これらについては、州レベルの言語政策がある場合には、それにしたがうことになる。例えば、フランコフォンが多数派を占め、フランス語のみが州レベルの公用語となっているケベック州では、「フランス語憲章」の規定により州レベルの行政サービスは基本的にはフランス語で提供される。しかし、同法は州内の言語的少数派に対して配慮する規定も設けているため、アングロフォン住民は希望すれば、通常、英語でのサービスを受けることができる。同州の交通標識などの公共サインは、フランス語のみ、シンボル・絵表示、その両方、のいずれかで表示される（矢頭, 1997b, p. 8）。なお、ケベック州の言語政策は、公的部門だけでなく、民間企業や個人のビジ

ネスなど社会全般に適用され[6]、連邦レベルの公用語政策とは性質を異にしている点に留意されたい。

　また、英語とフランス語の両言語を州の公用語とする唯一の州であるニュー・ブランズウィック州では、両言語によって州レベルの行政サービスが受けられる。それ以外の州は、特に公用語を定めていないものの、英語が行政の言語であり、事実上英語圏であるが、公用語少数派に配慮する措置をとる州もある。ケベック州に次いでフランコフォン住民が多いオンタリオ州では、1989年に制定された「フランス語サービス法(French Language Services Act)」により、フランコフォンが集中する23の地域においてフランス語による学校教育、医療サービス、その他各種の州政府の行政サービスを保障している。なお、カナダの首都オタワ市はオンタリオ州に属するが、同市独自のバイリンガル政策（Bilingualism Policy)のもとで、交通標識や公共看板は両公用語で表示し、医療、行政サービスの両公用語による提供を推進している。しかし、筆者の居住経験では、オタワにおいても、フランコフォンが集中する地域以外ではバイリンガル行政サービスが定着していないことが観察された。

　このように、カナダの英語圏ではフランス語の影が薄い。中国系人口が多いトロントやバンクーバーでは、フランス語よりむしろ中国語の方が身近に感じられる。公用語政策を国是とする以上、カナダの義務教育では、通常、英語系学校ではフランス語、フランス語系学校では英語が教えられている。しかし、英語系学校でアングロフォンの子どもたちの多くが受けるコア・フレンチでは十分なフランス語能力を身につけることは期待できず、それが期待されるフランス語イマージョン・プログラムへの通学者は全国的に見れば少ない。よほどのインセンティブがない限り、積極的にフランス語を学び、日常的に話そうとするアングロフォ

---

[6] 50名以上の従業員を有する企業にはフランス語化証明書の取得が義務づけられ、また、商業用看板は、1993年の改訂法により、フランス語が顕著な限りバイリンガル表示が許容される（矢頭、1997b, pp. 3-6)。

ンは少ないのである。
　こうしたなか、英語圏に住むフランコフォンは不満をつのらせ、公用語局に苦情を申し立てることもある。最近の例を挙げれば、トロントにあるRoyal Bankの主要支店で、電話での自動案内テープが英語と中国語で流れていることをフランコフォンが発見し、公用語局に苦情を申し立てる、というケースがあった。この件では、公用語局コミッショナーが同銀行の幹部に状況の改善を要求する勧告書を送付したため、フランス語でも自動案内テープが流れるようになった（OCOL, 2001, p. 12）。本来、公用語法は、通貨発行権をもつ国営のBank of Canada以外の民間銀行には適用されない。しかし、第43条(f)によってビジネス界に対しても両公用語によるサービスが「奨励」されている。これはそれに配慮した典型例である。
　苦情はアングロフォンからも出される。しかし、彼らの苦情は公用語政策そのものを否定する内容が多く（「バイリンガル行政サービスは必要ない」「紙幣の文字は両公用語で書かれなくてもよい」など）、それらは通常却下される。もっとも多いのは、商品・製品に両公用語が記載されていることに関する苦情である。1974年に制定された「消費者のためのパッケージ・ラベル法（Consumer Packaging and Labelling Act）」によって、一部の例外を除き、両公用語での品名や内容、説明の記載が義務づけられている。
　毎年公用語局に寄せられる苦情は1,500以上にのぼるが、その多くが英語圏に住むフランコフォンから出されたものであり、フランス語でのサービスが受けられないことを内容とする。この数は決して多いとは言えない。彼らは普通バイリンガルであるため、公用語少数派の言語権を無理に主張せず、英語で済ませることが多い。「フランス語でのサービスを要求するのは勇気のいることだ」とオタワ在住のあるフランコフォン男性は筆者に語った。他方で、カナダの多数派であるアングロフォン、あるいは、ケベック州内の多数派であるフランコフォンからの苦情は少ない。

公用語政策が、ケベック州の言語政策のように社会を二分するような国民的議論に発展しないのは、国民の大多数は生活レベルでは公用語政策との接点が少なく、接点があったとしても「受動型受容者」でいられるからである。このため、公用語政策に対する国民の関心は概して低い、とみることができる。

V　多言語社会と言語政策

　カナダの公用語政策が施行されて35年以上が経過した。カナダの経験は、公用語政策を施行するということがいかに大掛かりな国家的事業であるか、ということをわれわれに示している。政策の決定と施行の監督を担当する言語機関の設立、既存機関の再組織化、政策に関する国民への説明、など、公用語政策が円滑に機能するように様々な努力がなされてきた。政策の核である「国民への行政サービス」が両公用語で提供される地域の指定基準は政治的圧力を受けて幾度も改変され、他方で、連邦公務員同士の仕事言語については、政府は頻繁に言語使用状況に関する調査と評価を行うことによって、英語とフランス語がバランスよく使用されるよう今もなお試行錯誤を繰り返している。また、現行の公用語法の適法範囲は公的部門に限定されず、緩やかではあるが、ビジネス界やその他の組織、ひいてはカナダ社会全体にも及んでいることを本章で見た。特に、カナダ国民および新移民に対する公用語教育は、全国的に展開される政府の重要課題であり、実に多岐にわたる施策が考案され、実施されている。

　公用語政策はケベック問題を抑制するという当初の目的を達成したか、という点については様々な議論があるが、公用語教育の面において、流入し続ける移民のカナダ社会への言語的統合を促進するという最大の成果を生み出している。さらに、公用語法第7部第41条が目指す「カナダ社会における公用語としての英語とフランス語の認知」が、多様な言語的・

文化的背景をもつカナダ国民のなかに無意識のうちに浸透し、隣接する超大国アメリカとは区別されたカナダ人としてのアイデンティティの形成に貢献しているという見方もある。

　我が国では、外国人への多言語による行政サービスや日本語教育などの言語政策はすでに行われている。しかし、日本の言語政策はいくつかの省庁や他の組織によって個別に行われている傾向があり、カナダの公用語政策のように国家的な言語法に基づいて政策決定が一本化したものではない。2000年、小渕首相（当時）の私的諮問機関「21世紀日本の構想」懇談会はその報告書のなかで、英語を日本の第二公用語にすることを視野に入れた「英語公用語論」を提起した。これは、英語を日本の公用語にせよ、と言ったのではなく（船橋, 2000, p. 11）、「第二公用語にはしないまでも第二の実用語の地位を与えて、日常的に併用すべきである」（同報告書, p. 132）と提言した。確かに、グローバル化と情報化が進むなかでは、高度な情報技術と英語の実用能力を身につけた人材を多く輩出することは「日本の戦略課題としてとらえるべき問題」（同報告書, p. 20）であろう。しかし、それと並行して日本政府がイニシアティブをとるべき課題は、日本社会の多言語化が進むなかで外国人定住者に対する日本語教育を充実させることであろう。我が国におけるこうした日本語教員の約半数がボランティア等であることが報告されている（文化庁文化部国語課, 2003, p. 306）。日本語教育に対する財源確保という問題も含め、政策の立案に向けてより一層努力がなされなければならない。

引用文献一覧

Behiels, Michael (2002). "Pierre Elliott Trudeau's Legacy: The Canadian Charter of Rights and Freedoms."『カナダ研究年報』第22号，日本カナダ学会，pp. 35-64.

Le Droit (2002). "Bilingues sans faute." le 7 novembre, 2002.

Government of Canada (1996). *The Constitution Acts 1867 to 1982*, Ottawa: Minister of Supply and Services Canada.

Government of Canada (1999). *Official Languages Act,* Ottawa: Minister of Public Works and Government Services Canada.

Magnet, Joseph Eliot (1995). *Official Languages of Canada,* Quebec: Les Editions Yvon Blais Inc.

McRae, Kenneth (1998). "Official Bilingualism: from the 1960s to the 1990s." In Edwards, John (ed.) *Language in Canada.* Cambridge, UK: Cambridge University Press, pp. 61-83.

Office of the Commissioner of Official Languages (1994-2000). *Service to the Public: A Study of Federal Offices Designated to Respond to the Public in Both English and French,* Ottawa: Minister of Supply and Services Canada.

Office of the Commissioner of Official Languages (2001). *Infoaction,* Special Issue Fall, vol. 7, no. 3.

Treasury Board of Canada (2001). *List of all institutions subject to the Official Languages Act,* Working Document.

Treasury Board of Canada (2002a). *Annual Report on Official Languages 2001-2002,* Ottawa: Treasury Board of Canada Secretariat.

Treasury Board of Canada (2002b). "Attitudes Towards the Use of Both Official Languages within the Public Service of Canada." unpublished report.

Trudeau, Pierre Elliott (1993). *Memoirs,* Toronto: McClelland & Stewart Inc.

文化庁文化部国語課(2003).『諸外国における外国人受入れ施策及び外国人に対する言語教育施策に関する調査研究報告書』.

船橋洋一(2000).『あえて英語公用論』. 東京：文春新書.

三好重仁(2003).「国語と公用語」. 小池生夫編『応用言語学事典』. 東京：研究社. pp. 354-355.

日本カナダ学会編(1997).『史料が語るカナダ』. 東京：有斐閣.

「21世紀日本の構想」懇談会(2000).『日本のフロンティアは日本のなかにある—自立と協治で築く新世紀—』(座長：河合隼雄). http://www.kantei.go.jp/jp/21century/houkokusyo/, 2005年7月17日採取.

佐藤信行(1997).「一九八二年憲法(1982年)」. 日本カナダ学会編『史料が語るカナダ』. 東京：有斐閣. pp. 98-99.

田中克彦(1981).『ことばと国家』. 東京：岩波新書.

矢頭典枝(1997a).「ケベックの『静かな革命』」. 日本カナダ学会編『史料が語るカナダ』. 東京：有斐閣. pp. 86-87.

矢頭典枝(1997b).「アングロフォンと仏語憲章：ケベックの言語的少数派を取り巻く言語環境」.『カナダ研究年報』第17号. 日本カナダ学会，pp. 1-17.

矢頭典枝(2004a).「"Hello, bonjour."：カナダにおける両公用語による国民への行政サービス」.『多言語社会研究会年報』2号. 多言語社会研究会，pp. 117-135.

矢頭典枝(2004b).「カナダにおけるバイリンガル連邦公務員の言語選択：アンケート調査の単純集計より」.『言語・地域文化研究』10号，東京外国語大学大学院. pp. 63-79.

矢頭典枝(2005).「カナダの公用語政策：バイリンガル連邦公務員の言語選択を中心として」. 博士(学術)論文. 東京外国語大学.

第7章
言語教育をめぐる政策

品田　実花

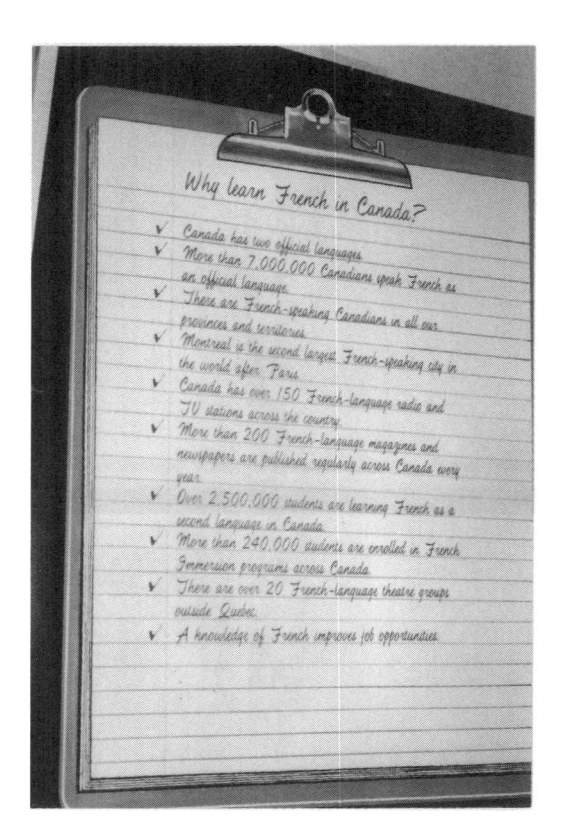

「なぜカナダでフランス語を学ぶのか」
トロント大学オンタリオ教育研究所付属図書館の児童書コーナーに貼られていたポスター

Ⅰ　カナダにおける言語教育の意義

　ここでは、連邦政府の公用語政策、多文化主義政策から導き出された言語教育に焦点を当てる。カナダの言語教育を考える場合、その対象者の母語（家庭語）が何語であるかということや、対象者が成人であるか子どもであるか、そして対象者の生活する州がその方針に大きな影響を与える。一つの国のなかで、言語教育の多様な側面を見ることができるのがカナダの特徴といえるだろう。まず、カナダの言語状況自体が多様性に満ちている。11の先住民言語、2の連邦公用語、そして移民やその子孫によって現在も使用される100以上の言語（Burnaby, 2002, p. 65）が、カナダの言語教育を複雑かつ豊かなものにしている。また言語政策から導き出された、言語をめぐる権利についても考慮する必要がある。さらに、学校教育を管轄している各州政府の公用語が、必ずしも英仏両語ではないことにも注意が必要であろう。エドワーズ（John Edwards）は、言語の問題は文化の問題とならんで、現代カナダの社会・政治的議題の中心であると述べているが、背景にはこのような様々な要因を指摘することができる（Edwards, 1998, p. 1）。

　異なる言語・文化的背景をもつ人々で構成されるカナダの場合、自らと異なる言語を学び、他者への理解を深めるという、多様性をつなぐかけ橋としての役割が言語教育に期待されている。また同時に言語教育は、個人と集団のアイデンティティを形成するものであるという人々の認識も強い。カナダでは、言語教育理論の分野で多くの功績が残されており（言語教育理論の詳細については、第17章参照）、言語教育に関する政策についても、長年にわたり政府や研究者の間で検討がなされてきた。言語教育のはたす役割はカナダでは格別に大きなものであると言えるが、現在は日本においても、小中学校で日本語指導が必要な外国人児童生徒への支援のあり方が検討されており、カナダの事例から学べることは多いだろう。

本章においては、英仏語話者に対する公用語の教育、英仏語以外の言語を母語とする移民に対する公用語の訓練・教育、そして移民やその子孫の母語維持を目的とした非公用語の教育について、おもに政策の観点から考察する。なお先住民の公用語教育に関しては、本書第14章にて解説されている。また、カナダの言語状況に関する統計的分析については第5章で、公用語政策の歴史的変遷については第6章で扱われている。

II　公用語話者に対する言語教育

　公用語政策の歴史的経緯については、すでに第6章で解説されているため、ここでは言語教育に対する政策に焦点を絞って説明したい。特に、フランス語がカナダの教育のなかで使用され、また教えられる必要があると訴えられたのはなぜか。1969年公用語法制定の基盤となった、二言語二文化主義王立委員会（Royal Commission on Bilingualism and Biculturalism）の報告書をもとに、その経緯を考察したい。

　王立委員会は報告書のなかで、カナダにおける英語とフランス語の地位の不平等性が、英語話者とフランス語話者の間の社会・経済的格差を生じさせ、フランス語話者個人ならびに集団のアイデンティティ形成を阻害する危険性があると繰り返し指摘した。本章では、予備報告を含む全7巻の二言語二文化主義王立委員会報告書から、テーマに直接関連する『第一巻　公用語』（全体の序章を含む）（1967年）ならびに『第二巻　教育』(1968年)を取り上げて考えたい。この王立委員会が設立された目的は、1965年の予備報告書においては「建国の二大民族」である、英仏系カナダ人の平等なパートナーシップに基づく連邦国家の発展を目指すこととされたが、1967年の第一巻報告書では、民族的出自にかかわらず、英語・フランス語いずれかの言語文化コミュニティに参加するすべての人々のパートナーシップと記されている。この言葉上の小さな変化は、公用語政策から多文化主義政策への展開という、その後の連邦政府の進む方向

を示唆していると言えるものである。以下、報告書のなかの具体的な記述について見ていく。

　第一巻では特に、人が社会活動を行う上での言語の役割について検討されている。一例を挙げると、「言語は個人の知的活動や感情の根底を成しており、また実際的な日常生活を営むためのコミュニケーションの手段」であり、「もし人が自分の母語以外の言葉を用いて働くことを余儀なくされれば、自己のアイデンティティを喪失し、しばし苛立ちを生じ、作業効率の低下にもつながる」(序章§32)との記述が見出される。またカナダのフランス語話者が、英語社会のなかで（たとえ完全にそれを理解することができても）心理的な阻害感を感じていると指摘された（第一巻§274）。このようにフランス語を使用することが、カナダのフランス語話者にとっていかに重要あるかが指摘され、それだけに英語が優位であった当時のカナダ社会の現状が、彼らにとって困難なものであったかが示されている。

　また、ある集団にとって言語は集団の構成員に文化を伝えるための重要な要素であるという考えから、「もしある集団が日常の事象を表現するために他の言葉を強いられれば、その集団の構成員は生きた文化を保持しているとは言えない」（序章§49）と述べられている。それゆえに、カナダで少数派の立場にあるフランス語話者が英語の使用を強要されれば、その文化はわずかに個人の特性や家族の習慣、民間伝承としてしか残らなくなってしまうことを危惧している。言語と文化の密接な関係が、ここで確認されている。

　続く『第二巻　教育』の主要な柱は、英語話者とフランス語話者間の「平等なパートナーシップ」という概念を前提として、それぞれの母語（英語またはフランス語）による教育の重要性が指摘されていることである。具体的には、その地域で少数派となる公用語を保護することの必要性が述べられており、フランス語または英語話者の親は、我が子にその母語で教育を受けさせる権利をもつべきであるとの見解が示された（第二巻§

15)。ただし、教育が各州政府の管轄にあることが強調され (第二巻§51)、その地域の生徒数などによって状況が変わってくるであろうことも考慮した上で、親と子にとって望ましい権利を実現しなければならないとの条件もつけられている (第二巻§45)。さらに、第二巻で提言された主要な点がもう一つあった。それは「第二公用語」教育の重要性であり、英語話者へのフランス語教育、フランス語話者への英語教育を指す。第二公用語教育は「国内における言語による障壁を削減し、二文化集団間の相互理解を増進する」(第二巻§527) ものと考えられ、ある言語の学習がその話者に対する理解につながるという認識のもとに提案されている。この提案は、フランス語話者が多数を占めるケベック州の、カナダ連邦からの分離独立機運の高まりという当時の政治背景を考慮したものと推測される。そして、その地域で少数派となる言語 (英語またはフランス語) で教育を行う学校の存在は、「少数派言語話者の生徒個人にとって有意義であるだけではなく、その集団には自分たちが受け入れられているという感覚、そして多数派言語話者には少数派言語とその文化に対する気づきを与えるものである」として、二本の柱が両立可能であることを強調している。また子どもの第二公用語教育については、その子どもの将来の就業可能性を広げるという実用的な観点からも推奨されている (第二巻§522)。

このように、『第二巻 教育』における王立委員会の結論は、英語・フランス語話者の子どもに対する母語(による)教育の権利と、英語話者とフランス語話者の相互理解を促進することを目的とした、第二公用語教育の充実であった(第二巻§800)。当時ケベック州外で少数派となっていたフランス語話者の子どものフランス語による教育、また英語話者に対するフランス語教育支援が、特に念頭に置かれていたことがうかがえる[1]。

---

[1] 調査委員会の報告書のなかには、英語学習機会の増加が、母語としてのフランス語の十分な使用を損なうという可能性を危惧し、「フランス語話者がバイリンガルとなるためには、第二言語 (英語) の習得が必要であるが、それと同時に母語維持への努力が要求される」(第二巻§529) とした。

二言語二文化主義王立委員会による提言後、1969年に公用語法が成立する。これにより連邦政府の二公用語政策が開始するが、1969年公用語法には、いくつかの課題が残されたままになっていた。まず、この公用語法には憲法的な裏づけはなく、その適用範囲は連邦政府の提供する行政サービスに限られていた。学校教育や市町村行政など人々の生活に直接かかわる分野は各州政府が管轄しており、1969年公用語法の適用から除外されていた。このため、特に地域内で少数派となる公用語話者に対する支援の充実が求められた。1970年代には、公用語政策に関する論争がさらに激しくなり、連邦政府は1970〜71年にOfficial Language in Education（OLE）プログラムを開始する。これは連邦政府が州政府に助成金を交付することで、各州政府の管轄にあった教育の分野においても、公用語法の推進を試みるものであった。同プログラムによって、少数派公用語を用いた母語による教育を受ける児童生徒の数はさほど増えなかったものの、第二公用語の教育を受ける児童生徒の数は増加した（Burnaby, 1996, p. 166）。

さらに連邦政府は1977年、国家の言語政策についての方針を打ち出す文書『The Charter of Language Duality in Multicultural Canada（多文化社会カナダにおける言語二元性の憲章）』を発行した。文書には連邦政府行政サービスの枠を超え、一般の人々に対して、そして教育の分野に影響を及ぼそうとする連邦政府の意図が反映されており（Brën, 1987, p. 37）、この時期には連邦政府によって公用語法に基づいた具体的な教育プログラムが開始されている。

1982年、カナダはイギリスとの長い交渉の末、憲法の改廃権をイギリス議会からカナダに完全に移管した。そして、「憲法の人権規定」とも言えるCanadian Charter of Rights and Freedoms（権利と自由の憲章）を導入し、1982年憲法が成立する。言語政策にとって『権利と自由の憲章』は、言語の平等性と少数派公用語による教育を憲法の上で保障した（McRae, 1998, p. 66）という意味で意義深く、カナダにおける公用語話者の言語権を確立

する上で大きな役割を果たした。公用語に関しての条項は、憲章の16条から23条にかけて示されている。その表題を見ると、まずカナダの公用語として「第16条 カナダの公用語・英仏語の平等な扱い」「第17条 連邦議会・ニューブランズウィック州立法府における英仏語の使用権」「第18条 英仏語による法律・記録等の作成」「第19条 法廷にて英仏語を使用する権利」「第20条 政府機関と英仏語で連絡しサービスを受ける権利」「第21条 英仏語に関する既存の憲法上の権利義務の存続」「第22条 英仏語以外の言語に関する既得権の存続」がある。さらに少数派言語による教育権として、「第23条 教育言語」という条項が設けられた[2]。

憲章の言語に関する条項は、連邦政府とニューブランズウィック州における個人の公用語使用を保証している。さらに第23条で扱われた公用語による教育については、その地域で少数派となる公用語集団の言語教育権を認めたものであり、人数など一定の条件を満たせば、少数派公用語を母語とする話者がその子どもに母語で初等、中等教育を受けさせる権利を有することを認めるものである。憲章の定める二公用語の原則は、必ずしも連邦の枠を超えて（ニューブランズウィック州以外の）州政府に適用されるわけではなく、また教育言語に関する保証にも一定の条件がつけられていることから、十分とは言えないという批判もある。しかし、話者個人や少数派言語集団の言語権を憲法上で扱った意義は大きい。

これらの条項を考慮して1969年公用語法は改正され、「新公用語法」として施行される。1988年公用語法では、「カナダ社会における英語とフランス語の推進（advancement）」が掲げられ、少数派公用語話者のコミュニティの発展を支援し、社会全体における英仏両語の認知と使用を促すという趣旨と、それに対するカナダ文化遺産省大臣の責任が述べられている。具体的には、連邦政府から州政府への助成金をもとに英仏両語による州・市町村行政サービスを提供すること、すべての人々に英仏両語を

2　条項表題の日本語訳は、畑博行『カナダ──一九八二年カナダ憲法』(pp. 132-133) 参照。

学ぶ機会を提供することが推奨されることになった。

　このように二言語二文化主義王立委員会によって提案された、少数派公用語による子どもの教育と第二公用語教育の推進という理念は、上述のような憲法ならびに法律として成立する[3]。公用語教育に関する連邦政府の指針の骨組みは、この時期に確立したと言ってよい。ここで重要なことは、教育という州政府の管轄する分野に、公用語政策を通じて連邦政府が関与することができるようになったことである。

Ⅲ　非公用語話者に対する公用語訓練・教育

　英語・フランス語を母語としない移民に対する公用語の訓練や教育は、先述の少数派公用語話者に対する公用語教育とは異なり、その権利を保証する連邦政府による法律的な裏づけはない (Burnaby, 1996, p. 184)。また対象者の年齢（成人、児童生徒）によってその方針が異なるため、「成人を対象とした公用語訓練」「学齢期の児童生徒を対象とした公用語教育」という二つの事例に分けて個別に検討する。なおフランス語圏ケベック州における移民の言語教育については第10章で扱われるため、ここではおもに移民・難民に対する、第二言語としての英語教育の経緯とその背景を中心に扱いたい。

　1947年、連邦政府は州政府との協定であるCitizenship Instruction and Language Textbook (CILT) agreementを締結した。これは成人移民の定住・公用語教育に費やされた費用（教師の給与と教材）の半分を連邦政府が州に助成、それが各学校区やNGO団体に補助されるというものである。移

---

[3]　ただしケベック州は1982年憲法の批准を拒み、連邦政府との完全な合意にはいまだ至っていない。他州の英語系住民は、ケベック州が州内の英語化に対する危機感をもち、フランス語を中心とした「独特の社会」を守ろうとしていると反発した。しかし実際には、ケベック州内の英仏バイリンガル化は国内でもっとも進んでいるという（吉田, 1999, p. 285）。1983年にはケベック州のフランス語憲章（Charter of the French Language）が緩和され、他州から移住してきた児童生徒の英語系学校への入学に関する規制が緩和された（Burnaby, 1996, pp. 170-171）。

民が受ける市民権テスト準備のため、カナダの文化や言語について彼らに教えることを目的とした協定であったが、指導の正確な基準もなく、その目的がどこまで実際の授業に反映されたかは定かではない (Burnaby et al, 2000, Ⅲ. The 1960s)。実際には、当時の成人移民に対する言語習得の支援は、地域の慈善事業の一環として民間が行っていた事業に頼っていたことが指摘されており、連邦政府の介入する度合いは低かったとみられる。

　カナダ連邦政府が公的に成人移民・難民への言語習得の機会を提供し始めるのは、1960年代のことである[4]。同時期、1960年代の移民法改正による移民の民族的多様化、難民受け入れ人数の増加により、カナダを構成する人口の言語的、文化的多様化が進んだ[5]。また連邦政府は、経済発展の担い手となれる新たな労働力を求めていた。1966年に連邦政府は、成人の職業訓練法（Occupational Training Act for Adult）を成立させ、同法のもと人材育成のための様々なプログラム（Manpower Program）の実施を開始する（Burnaby et all, 2000, Ⅲ. The 1960s）。移民に対する公用語教育も、その一環として組み入れられた。教育が州政府の管轄にあったことから、連邦政府は教育ではなく移民の「職業訓練」という形で公用語教育に介入したのである。こうして連邦政府によって開始された移民に対する公用語訓練は、公用語習得の機会を提供することで、移民をできるだけ速く社会の労働力として活用するということが主要な目的となった[6]。連邦政府は州政府の公用語訓練機関に授業料を支払い、そこに学生となる移民（ポイント制によって選ばれた独立移民が対象）を選択して送り込んだ。学

4　英語話者が多数派となる州における実績。
5　ポイント制の導入により（第1章参照）、公用語の能力が移民の入国可否に大きな比重を占めることとなったが、家族移民ならびに難民にはポイント制は適用されていない。
6　また1960〜70年初頭のカナダは、公用語法によるフランス語公用語化への対応に追われており、有権者らは移民に対する支援よりも公用語政策を通じた英系・仏系市民間の融和を望んでいた。人々の注目を避けるために、移民の公用語訓練は、連邦政府からの助成金を各州に振り分け、より大きな職業開発訓練プログラムの一環に組み込んだという背景があった（Burnaby et all, 2000, Ⅲ. The 1960s）。

生の授業料ならびに訓練期間中の金銭的補助は、連邦政府によってまかなわれていた (Burnaby, 1996, p. 190)。またベトナム戦争後に急増した南アジアからの難民への対応として、連邦政府は1979年に移民定住適応プログラム (Immigrant Settlement and Adaptation Program) を開始した。連邦政府から契約した非政府組織に対して助成が行われ、委託を受けた各非政府組織は定住支援の一環として公用語訓練を実施していた。

　以上のように1960年代以降、成人に対する公用語の訓練は移民の(おもに州政府機関を介した)職業訓練、移民の(おもに非政府組織を介した)定住支援の一環という形をとりながら発展してきた。Manpower Program はその後National Training program と名称を変えたが、連邦政府によるこのような補助の対象となる移民は「世帯主」であることとされており、労働市場へ移民を参入させることをおもな目的とした訓練方針は、女性を公用語習得の機会から除外してしまうという問題を残していた (Boyd, 1992, p. 360)。しかし就業の可能性にかかわらず、カナダで社会生活を営む上でも公用語の知識は重要であり、公的な支援の拡大が求められた。これらの観点を考慮し、1986年に移民女性を対象とした試験的なプログラムが開始され、Settlement Language Program の開設へとつながっていった。このプログラムでは、すでに長年カナダに在住していた人、高齢者へと対象が拡充した。また仕事を求める移民女性のための、Language at Work という試験的プログラムも開始された (Burnaby, 1996, pp. 190-191)。

　1990年に連邦政府は新たな移民計画を発表したが、そのなかには成人移民に対する言語訓練の大幅な改定が盛り込まれていた。従来のプログラムは改定され、到着後3年未満の移民を対象とした「カナダ新規来住者語学指導プログラム」 (Language Instruction for Newcomers to Canada＝LINC) とLINC プログラム修了後のLabour Market Language Training (LMLT) が用意された。LINC プログラムは、連邦政府と民間の教育施設、非政府組織の協力によりカナダ全土で運営されている。成人移民が必要な公用語の能力を身につけることで、カナダ社会にできるだけ速く統合される

ことを目指しており、就業の可能性にかかわらず無料で参加することができる。なおLINCプログラムは、カナダで現在（2004年時点）も継続されている、成人移民を対象とした主要な公用語訓練プログラムであり、その運営形態、現状と課題についての考察は、本書第12章において述べられている。

　公用語教育の対象者が、発達途上の段階にある児童生徒である場合は、成人とは異なった配慮が必要である。子どもは公用語の知識を習得すると同時に、公用語を話す他の子どもたちとともに学校教育を受ける必要がある。現在では、彼らの言語的・文化的多様性を損なうことなくカナダ社会に統合することが、英語・フランス語を母語としない移民の子どもたちに対する公用語教育の方針となっている。教育のあり方は州によっても異なるが、この理念はカナダで概ね共通するものと言える。ただし実践に関しては、それを必要とする児童・生徒の数によって学校区ごとに異なるため、一概に語ることはできない。また包括的なデータが不足しているため、その評価は依然として難しいと言われている(Burnaby et all, 2000, VI. The 1990s)。

　ここでは、移民の最大の受け入れ先であるオンタリオ州の事例をもとに、英語を母語としない児童生徒に対する英語教育（English as a Second Language: ESL）の歴史的推移を整理する。Edwards and Redfern (1992)は、1960年代から1970年代の初頭にかけてのESL教育の目的は、移民児童生徒を同化することであったと指摘している。ESLクラスに所属する児童生徒は、英語能力の不足により不利な立場にあると見なされており、集中的な英語教育（intensive support model）によって彼らの問題を解決するというものであった。そしてESLの児童生徒は、他の子どもたちと別の教室で専門の教師によって、正規の授業を受けるための準備を行うべきであると思われていた。しかしそうすることで、他の児童生徒たちから隔離されてしまうという危険性が指摘されたことから、1970年代から80年代には児童生徒の発達に応じて、彼らを一般の教室にできるだけ速く

統合していくことが目指されるようになる。ESL 教室で学ぶ児童生徒は、一日の半分を一般の児童生徒と一緒の教室で勉強し、必要に応じてESL 教室で英語の勉強を行うこと（partial support/ transition model）が奨励された。さらに上達した場合、一般の教室の教師とESL 専門の教師が連携し、児童生徒のチューターとして個人指導を行う（tutorial support）方法が実施されてきた。partial support ならびにtutorial support では、ESL 専門の教師と一般の教室の教師間で連携が必要不可欠である。オンタリオ州教育省の発行する9年生から12年生を対象としたカリキュラムのなかで、第二言語としての英語教育に関する独立した項目があるが、一般クラスへの生徒の統合を成功させためには、すべての教師の協働が必要であることが指摘されている（Ontario Ministry of Education and Training, 1999, English As a Second Language）。

統合された教室で学ぶことのメリットとして、ESL 教室に通う児童生徒にとっては、一般の課目を大きな遅れをとらずに、平等に学ぶ機会を得ることができること、実際の場面で英語を使うことができることが挙げられた。さらにその他のすべての児童生徒にとって、教室内で言語や文化の多様性を学ぶことは意義のあることだと考えられるようになった。これはカナダの多文化主義理念のもと、学校で子どもたちが将来、多言語・多民族社会で生きていくための認識を高め、準備をさせることが、教育的な資産であると認められるようになったという社会的な素地がある（Edward & Redfern, 1992, p. 47）。

また現在では、移民の第一言語に関する考え方も変化した。かつて児童生徒の第一言語は、英語の習得を妨げるものと考えられてきたが、現在では逆に第二言語の習得は第一言語によって得た知識の上に築かれると認識されている（Edward & Redfern, 1992, p. 28）。前述のオンタリオ州教育省のカリキュラムにも、「第二言語として英語を学ぶ生徒は、少なくとも学校生活のあらゆる場面で十分にその能力を身につけるまでは、学習や思考に際して第一言語を使用する必要がある。使用生徒の英語能力は

第一言語の基礎の上に築かれる。英語のみを押し付けることは、生徒の認知活動をその第二言語のレベルにとどめることになる。それゆえ生徒の第一言語は教室内で英語とともに一定の位置を占め、生徒はさまざまな方法でその第一言語を使用してもよい……」との記述が見出せる(Ontario Ministry of Education and Training, 1999, English As a Second Language)。このような変化が学校教育に現れた要因としては、カミンズ (Jim Cummins)によって提唱された言語習得仮説の「言語相互依存説」の功績が大きいと言える。これは学習のような抽象度の高い認知作用では、一つの言語で習得した能力は他の言語による認知作用に転移するという考えである(浪田, 2003, p. 181)。カミンズらによる言語習得理論に関しては、本書第17章においてさらに解説されている。

IV 移民やその子孫に対する、母語維持を目的とした非公用語教育

英語・フランス語以外の言語とその話者への対応について、すでに二言語二文化王立委員会の時代から検討は開始されていた。この背景には、自らの母語を使用・保持したいという移民グループの熱意や要望と、変化しつつあるカナダの人口構成があった。

先述の二言語二文化主義王立委員会報告書第一巻の本文では、英語とフランス語以外の言語に関する公的な認知について、明確に述べられていなかった[7]。想定されていたのは、公的な二言語二文化のどちらかを自

---

7 王立委員会は序章において、カナダでは英仏どちらの言語集団に属するかは個人に選択の自由があり、その民族的出自にはよらないと述べている(序章§12)。しかし、英仏語の二者択一を迫られた(公用語を母語としない)個人の社会・経済的不利益については、ここでは触れられていない。また王立委員会は、ある集団の先祖の文化はその言葉が話されなくなっても残る(序章§7)とし、その根拠として「多くの先住民やその他エスニックグループ」(序章§57)の間で文化が確実に生き残ってきたことを挙げている。しかしこれは、フランス語の保護を求めた「もしある集団が日常の事象を表現するために他の言葉を強いられれば、その集団の構成員は生きた文化を保持しているとは言えない」(序章§49)という意見とは矛盾することになる。

らの意志で選択し、それに同化(assimilation)することであった。しかし王立委員会のメンバーでありウクライナ系カナダ人のJ.B. Rudnyckyjは、その巻末にSeparate Statement(別記)として、ウクライナ語を初め、相当数の人々によってカナダで話されている先住民や移民の言語が、その地域における公的な認知を得るべきだとする独自の見解を寄せている。「奇妙なことだが、多くの英仏系カナダ人は二つの公用語のみがカナダで憲法的認知を得る権利があると考えている。しかしながら、そのような認知は国内で話されるその他の言語の維持と発展にとっても必須である、と私は考える」(第一報告書 Separate Statement, 1967, p. 163)。

　このように、王立委員会内においても見解の相違が見られた議題は、第四巻にもちこされた。第四巻は『その他エスニックグループの貢献』と題され、そのすべてを「その他エスニックグループ」(ここでは移民出身者)に対する政策の検討と提言に充てている。第四巻報告書発行の直接の動機は、1969年公用語法(二言語主義採用)への英仏系以外の民族の反発を緩和しようとするものだったが、1962年ならびに1967年の移民法改正(第1章参照)などによる、連邦政府の移民政策の変化という要因もある。人種差別的な移民法を撤廃し、国際的に認知される公正な移民政策を目指したことが、国内政治にも影響を与えたと考えられる。また移民人口の人種・文化的多様化という、政策転換による将来のカナダ社会への影響も当然予想していたと考えられる。多文化社会という現実の認識とそれに対する新たな対応策が、連邦政府の検討課題となっていた。こうした背景から、第四巻報告書の発行が実現したと推察できる。

　第四巻報告書では、社会への「同化」(assimilation)と「統合」(integration)の概念が比較され、「同化」は異なる言語文化のグループに完全に吸収されることを意味し、同化された個人は自らが培った文化的アイデンティティを放棄することになるとした。しかし「統合」は、個人のアイデンティティや特性、また自身の言語と文化を失うことを意味しないと記されている。そして王立委員会は、カナダでは「同化」と「統合」が同時に起

こりうるし、個人にはどちらを選ぶ自由もあるとしているが、英・仏系以外の人々が望むのは、明らかに「統合」であろうと結論づけている（第四巻§8）。さらに第四巻では、文化的多様性の維持を許容することで社会統合の実現を図るという理念が提示される。そして、「カナダは多様に異なる要素を調和的な社会へと統合することで、"unity in diversity"（多様性のなかの統一）を図ることができる（第四巻§12）」という提案に至った。言語的多様性は、カナダ人が失うことのできない貴重な価値であると述べられ（第四巻§30）、また自らの言語と文化を守るのは基本的人権であるとの認識が示された（第四巻§31）。

なお序文ならびに第一巻において、王立委員会はフランス語話者を擁護し、自分の言語で社会参加することの重要性や、言語と文化が分かち難く結びついているために、個人・集団の文化的アイデンティティ維持にとって言語が重要な役割を果たすことを繰り返し述べていた。しかしこの理想は、現実の社会において英語やフランス語話者以外のすべての人々が、自分の言葉を公的機関で使用したり、その言葉で教育を受けたりすることを可能にするべきだという結論には至らなかった。カナダ社会でBilingual（二言語主義）が崩せない前提である以上、いかにしてMulticultural（多文化）に至るのかという点で、王立委員会の報告は矛盾を含んでいた。結局、Canadian duality（カナダの二元性）に疑問を投げかける人々の存在を認めつつも、王立委員会の「我々はカナダの文化的多様性を見過ごしてはならないが、FrenchとBritishの二つの主要な文化が存在することを念頭に置いておかなければならない。（第四巻§26）」という主張は第四巻でも繰り返された。

王立委員会の提案後、連邦政府は1971年『二言語主義の枠内における多文化主義政策』を発表する。多文化主義の宣言に当たり、当時の首相トルドー（Pierre Elliott Trudeau）は「カナダには二つの公用語はあっても、公的文化はない」と発言した。それまで王立委員会で再三繰り返されてきた、言語と文化は分かち難く結びついており、それゆえ二言語二文化主

義が必然であるとする帰結を、この発言は覆したことになる。また多文化主義政策は公用語と密接な関連をもち、それは二言語の枠内での多文化主義であると宣言された。

　トルドー首相は、多文化主義政策にかかわる4つの指針として、1. 希望に応じてすべての文化的グループを支援する、2. 社会参加に際して文化的グループのメンバーが障壁を乗り越えるのを支援する、3. 国民統合を目指し文化的グループ間の交流を促進する、4. 移民の公用語教育を支援する、を提示した。ただし4. の移民の公用語教育に関しては、実際には多文化主義政策による直接の支援は行われなかったという研究結果がある (Burnaby, 1996, p. 185)。

　開始当時に実施された多文化主義初期のプログラムは、これまで社会的に排除を受けた特定のグループが、文化的アイデンティティを維持し、祝賀行事を行うことがおもな目的となっていた (Canada, Department of Canadian Heritage, 2001, p. 4)。このような政策のあり方は当時から、多文化主義政策の意義を狭め、お祭りで民族の歌を歌ったり踊ったりするだけの内実の伴わないsong and dance multiculturalismであると批判された (MacMillan, 1998, p. 201)。このような批判に対応して、連邦政府による多文化主義政策の焦点は、マイノリティの社会参加支援に拡張していく。

　Song and dance multiculturalism の時代から、人種差別の禁止とマイノリティの平等な社会参加を支援するという政策の推移は、1980年代には実践に反映されるようになっていたことが、当時の多文化主義に関する研究者たちのコメントからもうかがえる (Moodley, 1983, pp. 320-331)。こうして多文化主義の理念は、初期の表面的なあり方からその意義を高め、法的に確立していた。1982年『権利と自由の憲章』に多文化主義の理念が盛り込まれ、1988年『カナダ多文化主義法』により多文化主義政策は連邦法となる。多様性の尊重、市民の社会参加における障壁排除を掲げた多文化主義は、多文化の共生を目指す世界にアピールし、国内では社会運営の鍵概念として受け入れられた。

非公用語の地位に関しても、1982年の『権利と自由の憲章』、1988年に連邦法となった『多文化主義法』、そして『新公用語法（1988年公用語法）』のなかで述べられている。憲章第22条に定められた「英仏語以外の言語に関する既得権の存在」は、前述第16条から20条までの公用語に関する条項が、憲章の施行以前または以後に取得、享受されていた（非公用語の）法や習慣上の権利・特権を廃止、制限するものではないという内容である。さらに第27条では、同憲章がカナダの多文化的伝統の保護と増進に矛盾しないように解釈されなければならないとしている。また『多文化主義法』の第三条(1)には、多文化主義政策の基本方針が述べられているが、特に言語に関しては、項目(i)カナダの公用語の地位を高めそれらの使用を促進する一方、英語およびフランス語以外の言語の使用を維持し強化すること、ならびに(j)カナダの公用語に対する国をあげての努力と献身に調和する方向で多文化主義をカナダ全土に推進すること、との記述がある（日本語訳：田村, 1997, pp. 258-259）。そして、先述『新公用語法（1988年公用語法）』のなかでも、公用語法が非公用語に対する法・習慣上の権利を廃止や制限するものではないことが確認されている。さらに、同法が非公用語の使用や維持・強化と矛盾しないよう解釈されるとも定められた (Part XI: General)。

　これらの条項は一見したところ、公用語話者同様に非公用語話者にも言語的な保証が与えられているかのように見える。しかし例えば『多文化主義法』では、いつどこで英語およびフランス語以外の言語の使用が維持・強化されるのか、それが公的な学校教育のなかであるのか、それとも私的なコミュニティのなかであるのかは示されていない。また、小数派公用語話者の集団の場合と異なり、その言語を第一言語とする特定の言語集団に対して権利を保証したものではない。そして、「公用語に対する国をあげての努力と献身に調和する方向で」という、二言語主義を前提とした上での多文化主義であることが再確認されている。

　ここからは実際の教育現場に目を向け、非公用語の教育方針の推移に

ついて見ていく。なおカナダにおいて、公用語以外の移民によってもたらされた言語は「非公用語 (non-official language)」「遺産言語 (heritage language)」「エスニック語 (ethnic language)」「祖先語 (ancestral language)」「現代語 (modern language)」などの名称で呼ばれている。「遺産言語(heritage language)」がこれまでもっとも一般的に使われてきた名称であるが、オンタリオ州は1994年からこの名称を改め「国際語 (international language)」に変更した。この理由として、カミンズは、heritage という名称は子どもの教育的・個人的発達のための言語習得というよりも、むしろ過去の伝統を学ぶことを暗示するものであるからと述べている (Cummins, 1998, p. 293)。本章においては基本的に「非公用語」の名称を使用するが、引用では原典の名称にしたがい、heritage language は遺産言語と訳す。

　言語と文化を守ることは基本的人権であるとの見解が、二言語二文化主義王立委員会の第四巻報告書において示されたが、実際には1970年代中頃以降、非公用語の学習に関しての賛否両論の議論が激しくなったことが記録されている。反対派の意見として、それが社会的な統合を妨げるもので、また学校で教えるのは費用がかさみ、その話者が英語を習得することを妨げ、教育的にも不健全であるというものであった (Edwards and Redfern, 1992, p. 84参照)。しかし各民族コミュニティは、公教育のなかで彼らの言語が教授されることを強く要求した。特に平原州のアルバータ州、サスカチュワン州、マニトバ州ではその主張が強く、多くのバイリンガル学校が設立されたという経緯がある。移民受け入れ数がもっとも多いオンタリオ州では、早くから非公用語の教育の重要性が認識され、1970年代初頭からその教育・学習を奨励するという基本方針が打ち立てられた。オンタリオ州教育省は1977年に、「遺産言語プログラム設置のためのガイドライン」を作成し、公表した。

　連邦政府もまた、1977年に"Cultural Enrichment Program"を開始し、非公用語の教育に関してエスニック・コミュニティに直接助成を行うことを約束した。同プログラムは、非公用語の学習に関する様々な調査に対

しても助成を行った。一連の調査のなかで、第一言語の使用が第二言語の習得を妨げることなく、むしろ助長すること、さらに母語である言語の維持が認知面の発達を促し、学習効果を高めることが明らかにされた (Cummins, 1994, p. 435)。

このようなプログラムは、非公用語の学習に対してカナダ社会での理解を育てたという功績がある。しかしながら、公用語のような法的な基盤をもたないプログラムは、時々の経済情勢や多数派の意見によって左右されるという不安定な状況にあることにも注意を向けなければならない。実際に経済的な不況のため、1989年以降はコミュニティに対する連邦政府の助成が打ち切られ、州政府独自の援助が減少した形で続けられているという状態にある (中島, 2000, p. 53)。

V　言語教育の指針と現状

言語とアイデンティティに関する数多くの調査から、その個人のアイデンティティにとって言語が重要な役割を占めており、自らの言語を失うことは特に小数派の立場にある人にとって、アイデンティティの喪失につながりかねないことが主張された。そして教育の環境によっては、その言語を守りアイデンティティの喪失を防ぐことができるという観点から、連邦政府は公用語教育に介入している。さらにまた、新規移民に対し社会統合の一環としての機能を果たす公用語訓練は、今後とも連邦ならびに州政府の大きな課題となり続けるであろうことが予想される。しかし、カナダで移民の母語維持教育に関する多くの研究業績が残されている一方、財政的な事情からプログラムが廃止、縮小されるという現状があることにも、目を向けなければならない。

引用文献一覧

Boyd, Monica (1992). "Gender Issues in Immigration and Language Fluency." Barry R. Chiswick ed. *Immigration, Language, and Ethnicity — Canada and the United States.* Washington, D.C. : AEI Press, pp. 305-372.

Brën, André (1987). "Language Rights." Michel Bastarache ed. *Language Rights in Canada.* Trans. Translation Devinat et Associés. Ottawa. Montreal: Les Éditions Yvon Blais Inc., pp. 3-63.

Burnaby, Barbara (1996). "Language Policies in Canada." Michael Herriman and Barbara Burnaby ed. *Language Policies in English-Dominant Countries: six case studies.* Clevedon: Multilingual Matters, pp. 159-219.

Burnaby, Barbara, Carl James, and Sheri Regier (2000). *The Role of Education in Integrating Diversity in the Greater Toronto Area From the 1960s to the 1990s': A Preliminary Report.* CERIS Working Paper No. 11. http://ceris.metropolis.net/frameset_e.html, 2002年11月9日採取(Virtual Library).

Burnaby, Barbara (2002). "Reflections on Language Policies in Canada: Three Examples." James W. Tollefson ed. *Language Policies in Education: critical issues.* Mahwah, NJ: Lawrence Erlbaum Associates, Publishers, pp. 65-86.

Canada. Department of Canadian Heritage (2001). *Annual Report on the Operation of the Canadian Multiculturalism Act (1999-2000).* Ministry of Public Works and Government Services Canada.

Cummins, Jim (1994). "Heritage Language Learning and Teaching." J.W. Berry and J. A. Laponce ed. *Ethnicity and Culture in Canada — The Research Landscape.* Toronto: University of Toronto Press, pp. 435-456.

Cummins, Jim (1998). "The teaching of international languages." John Edwards ed. *Language in Canada.* Cambridge: Cambridge University Press, pp. 293-304.

Edwards, John (1998). "Introduction." John Edwards ed. *Language in Canada.* Cambridge: Cambridge University Press, pp. 1-12.

Edwards, Viv & Angela Redfern (1992). *The World in a Classroom.* Cleveton: Multilingual Matters Ltd.

MacMillan, C. Michael (1998). *The Practice of Language Rights in Canada.* Toronto: University of Toronto Press.

McRae, Kenneth (1998). "Official bilingualism: from the 1960s to the 1990s." John Edwards ed. *Language in Canada.* Cambridge: Cambridge University

Press. pp. 61-83.

Moodley, Kogila. (1983). "Multiculturalism as ideology." *Ethnic and Racial Studies*. 6, pp. 320-331.

Ontario Ministry of Education and Training, Colleges and Universities (1999). "English As a Second Language and English Literacy Development." *The Ontario Curriculum, Grade 9 to 12*. http://www.edu.gov.on.ca/eng/document/curricul/secondary/esl/eslful.html, 2004年1月15日採取.

Royal Commission on Bilingualism and Biculturalism (1967). General Introduction, Book1 The Official Languages. Ottawa, ON: Queen's Printer.

Royal Commission on Bilingualism and Biculturalism (1967). Book IV The Cultural Contribution of the Other Ethnic Groups (1969). Ottawa, ON: Queen's Printer.

畑博行(1998).「カナダ―一九八二年カナダ憲法」.阿部照哉、畑博行編『世界の憲法集〔第二版〕』.東京:有信堂, pp. 132-133.

中島和子(2000).「カナダにおける継承後教育」.『第7回国立国語研究所国際シンポジウム報告書 バイリンガリズム―日本と世界の連携を求めて―』.国立国語研究所. pp. 45-58.

浪田克之介(2003).「第3章第2節カナダにおける言語教育」.小林順子、関口礼子、浪田克之介、小川洋、溝上智恵子編『21世紀にはばたくカナダの教育(カナダの教育2)』.東京:東信堂. pp. 173-182.

田村知子(1997).「多文化主義法:(一九八八年)」.日本カナダ学会編『資料が語るカナダ』.東京:有斐閣. pp. 256-259.

吉田健正(1999)『カナダ 20世紀の歩み』.東京:彩流社.

第8章
学校のなかでの公用語教育

関口　礼子

バンクーバーの小学校
学校から帰る前にそれぞれ本を借りて

I 国民統合の手段としての「国語」教育

　一つの言語、一つの領土、一つの民族、一つの政府が、第二次世界大戦終了までの国民国家時代、国家成立の基本であるといわれていた。「近代国家の成立は言語の統一と表裏一体」(太田, 1994, p. 216)であった。国のなかに多様な言語をもつ国は、国家としての統一を保つために、一つの言語にまとめる努力をしてきた。その過程で方言や少数民族の言語は抑圧され、その言語を母語とする人々は肩身の狭い思いをしてきた。言語の教育は、その国の統合のためにもっとも必要な要素であった。「一つの民族」について疑問符が付されるようになってくると、一つの言語が、国民をつなぐ要素として、クローズアップしてくる。日常的に用いられている多くの言語のうち、コミュニケーションの道具として公式なものとして認められたものが、公用語である。自分たちが日常的に用いている言語を公用語として認定させるために、陰に陽に熾烈な争いが繰り広げられてきた。ドーデ（Alphonse Daudet）は、その短編のなかで「たとえ奴隷におとしめられようとも、自分の言語を保っていれば、それは牢獄の鍵を握っているようなもの」と語っている[1]。カナダでは2つの言語を公用語として認定しているのであるが、それに至るまでの過程については他の章で詳述しているのでここでは触れない。フランス語圏の特殊性については第10章で述べているので、本章では、英語圏のみを例にとって、英語圏での公教育の中での公用語「英語」の教育について述べたい。日本の参考にするならば、日本のなかの、日本人・外国人を問わず、日本語教育に相当する部分である。日本では、日本人に対する日本語教育を

---

[1] この、日本でもひろく知られている短編『最後の授業』のなかで使われている言葉は、詩人ミストラルの詩Aux petes catalausからの一節である（Daudes, p. 584）。また、この短編のなかで、ドイツに占領されフランス語が使えなくなるアルザスの人の言語は、実はフランス語ではなくドイツ語系の方言であって、フランス人ドーデによって、フランス語推奨のために史実と異なる創作がなされたということになる（府川, 1992）。ということで、公用語がいかに重要と考えられるかを示す例でもある。

「国語教育」、外国人に対する日本語教育を「日本語教育」として区別するのが慣例であるが、本章では、カナダのケースについて、その両方を扱う。だから本章で、「英語教育」または「公用語教育」というのは、その両方の意味である。

　公用語教育の中心を担うのは公教育、すなわち、いわゆる学校であることは論をまたない。はじめに、カナダの英語圏諸州のなかでの英語教育について、教育の管轄を含め、概観しておきたい。

　学校制度は、カナダでは州によって異なる。教育の主たる管轄が、日本の文部科学省のように国のレベルにあるのではなくて、州にあるからである。各州が、初等中等教育を司る教育省および高等教育を司る省を置いている。近年、この2つの省は統合の方向にある。オンタリオ州は長らく、省名は教育省（Ontario Ministry of Education）、訓練・カレッジ・大学省（Ontario Ministry of Training, Colleges & Universities）と2つ残したまま共通に1人の大臣を置いていたが、最近では教育訓練省（Ontario Ministry of Education and Training）の名称を用いるようになっている。アルバータ州は、1999年に学習省（Alberta Learning）として両省を統合したが、2004年末に再び教育省（Alberta Education）と高等教育省（Alberta Advanced Education）に分轄した。

　教育を管轄するのが国のレベルでなく州であるところから、中等教育以下の学校体系は州によって異なってくる。例えば、オンタリオ州は8－4制であり、アルバータ州は日本と同じく6－3－3制、ブリティッシュコロンビア州は7－5制である（詳細は、小林他、2003）。

　しかし、州によって学校体系がまったく異なり、科目の名称、単位数など具体的にはまったく異なるにもかかわらず、内容的なことや考え方の基本は相当の類似性をもっている。歴史的には、現在の公教育制度の基礎をつくった民族が同じイギリス系民族出身であったこと、近年では、1967年にカナダ教育大臣会議（Council of Ministers of Education, Canada: CMEC）が設置され、州相互の情報交換に労を尽くしていることなどがその理由

であろう。高等教育についても、州政府の実質的に関与できるのは中等後教育機関と一括される大学以外の機関までである。大学に対しては州政府が予算配分と認可を行うが、内容的には大学が大幅な自治をもっていて大学によって異なっているように見えるが、大学認定協会による認定制度によって共通の水準・方法を維持している。

　学校体系が異なるにもかかわらず、カナダの大半の州（特に英語圏）の教育の運用には、いくつかの共通事項は見られるということをおさえた上で、すべての州について述べるのは不可能なので、オンタリオ州とアルバータ州を例にとって説明する。オンタリオ州は教育上のオピニオンリーダーとして過去カナダの他の英語圏州に影響を与えてきた州であるし、アルバータ州は日本と同じ6−3−3の制度を採用しているのでわれわれには理解しやすい。アルバータ州は、2004年末に発表になったOECDの国際学力テスト、その前の2000年テストで、カナダの州の中で1位の好成績を示し、優れた制度をもっていることを示した州でもある（Bussière他, 2004, p. 35; Human Resources 他, 2003, Highlights）。

II　英語教育の管轄とカリキュラムのなかでの重い比重

公用語教育の位置づけ

　日本の場合、国レベルの文部科学省の初等中等教育局が初等・中等教育段階の教育を担当し、外国人や帰国子女の教育の担当も同局内の国際教育課であるが、カナダでは概ね、初等教育と中等教育は異なる管轄と原理で運営されている。大学も、行政府からの独立性を保っている。それは、学校制度が、行政主導ででき上がったのではないという歴史的な経緯からくるものである。

　歴史的に見れば、カナダの中等教育は早くから州教育省のかなり強い管轄下にあったが、初等教育の実践については、住民に密着した地域の教育委員会が強い権限と指導力を長らく有していた。しかし、近年、初

等教育と中等教育の接続の問題がクローズアップされ、早くから標準化されていた中等教育の水準に初等教育も合わせるという形でカリキュラムのコントロールは初等教育にも及んでいる。

　本章でいう初等教育とか中等教育というのは、教育管轄の行政機関に基づく区分であり、それにしたがって述べるので、中等教育は、必ずしも通常日本でいうような中学校1年から高等学校3年までではない。日本と同じ体系を採用しているアルバータ州では、グレード1-6が初等教育、グレード7-12が中等教育であるが、オンタリオ州では、グレード1-8が初等教育、グレード9-12が中等教育である。グレードとは概ね「学年」のことであるが、その呼び方は、本章では、カナダの習慣にしたがって小学校から中等学校までを通して、グレード1、グレード2、……グレード7、グレード8、グレード9、グレード10、グレード11、グレード12と呼ぶ。日本の「学年」と「グレード」との違いは、教育に関する考え方の本質的な違いと関連してくるので、その内容を記す過程で順次説明してゆく。

　中等教育については各州の教育省がコントロールしていたが、初等教育の内容については、地域の教育委員会が力をもっていた。初等教育のなかの公用語教育においても、教授言語にどこまで公用語を用いるかも含めて、地域の意向が強く反映されていた。州レベルが発行している学習指導要領に相当する「ガイドライン」には、ほとんど細かいことは記載されていないといってよかった。例えば、1995年まで有効であったオンタリオ州の教育省の発行していた指導書、『ガイドライン』(Ontario Ministry, 1974) は、初等教育全体のカリキュラムでたった24ページしかなかった。しかも、拘束力のないガイドラインでしかなかった。詳細は、各教育委員会が規定・指導していたからである。

　オンタリオ州教育省は、紆余曲折の末、1995年にやっと、*The Common Curriculum: Policies and Outcomes, Grades 1-9*を作成した (Policy Canada, 1998, Ministry of Education and Training)。これは、グレード3、グレード6、グ

レード9までに何を習得していなければならないかを定めたものであった。しかし、教育省は1997年にはそれも廃して、*The Ontario Curriculum, Grades 1-8*を発行し直した。それ以前からの、カリキュラムを3-3-3-3に整備しようとするのを断念し、歴史的に成立していた学校体系にしたがって、8-4制を肯定したものである。これは各教科ごとに、「各グレード別に、生徒たちは、どのような知識と技能を学習していなければならないかを詳細に示した」(Ontario Ministry of Education, 1997, The Purpose)ものである。「各教育委員会がそれぞれ自分たちの〈期待〉を執筆する必要性を軽減したものである」(Ontario Ministry of Education, 1997, Introduction,〈 〉は、筆者)[2]。同時にこの頃、教育委員会の統廃合の大改革も実施して、その数を劇的に減らし、「オンタリオ中の生徒たちが一貫した挑戦的な(challenging)なプログラム」(Ontario Ministry of Education, 1997, Introduction)を受講できるようにした。

公用語としての「英語」の全カリキュラムに占める高い比重

　ここで、「英語」の学習が、全カリキュラムのなかで、どの程度の比重を占めているかを見ておこう。初等教育については、それぞれの科目について何時間授業をするか記載されていない。配当時間でなくて、生徒たちが何ができるようになっていなければならないかという「期待」のみが規定されている。「期待」とは、その学年の終わりまでにはすべての生徒がそこまでは習得していなければならないという義務的教育目標である。これが、1974年の『ガイドライン』でもそうであるように、カナダのカリキュラムについての長らく続いてきた基本的考え方である。

　オンタリオ、アルバータ両州とも中等学校は単位制であり、数量的に把握しやすいため、これらについて見てみよう。中等教育において必要な単位は、厳密に、州の教育省が規定している。

---

[2] 「グレード」の意味と同時にこの「期待」ということが大きな意味をもつので、注意をうながすために〈 〉をつけておいた。

オンタリオ州の場合は、どの科目も「1単位は、110時間の学習をし、成果をもってそれを修了したこと」(Ontario Ministry of Education. Regulation, p. 2; The Hamilton-Wentworth District School Board, The Credit System) をもって1単位とする。例えば「第9学年では、8科目取り、8単位を取得する」とあるから、ざっと日本流の感覚で理解しやすいように計算すると、1単位は、1回45分の授業を週5回やって約30週続けるということになる。すなわち、同じ科目を毎日45分受講して、通年の授業が1単位ということになる。多くても週3回程度の日本の1科目より、はるかに重いということができる。

中等学校修了証を取得するためには、すなわち中等学校を卒業するためには、4年間で30単位取得することが必要である。そのうち、18単位が必修である。そのうち15単位は、科目に選択の余地がないが、3単位は、必修といいながらも選択の余地があるので、必修選択とでもいったほうがよいであろう。残りの12単位は、学校の提供する授業のなかからの自由選択である。

必修の15単位は**図表8-1**の通りである。

「英語」のみは、卒業まで、毎年、必修である。さらにこれとは別に、先に必修選択としたもののなかから、第三言語、社会科、人文学科と組んで、英語も、もう一度選択できる。すなわち、「英語」は、最低で、カリキュラムのうちの30分の4を占めることになり、選択の状況によっては、それ以上になることも稀ではない。

図表8-1　中等教育修了証授与に必要な単位数

4単位	英語 (各グレード1単位ずつ)
1単位	第2言語としてのフランス語
3単位	数学 (少なくとも1単位は、グレード11またはグレード12のもの)
2単位	理科
1単位	カナダ史
1単位	カナダ地理
1単位	芸術
1単位	健康・体育
1/2単位	公民科および 1/2 単位　キャリアスタディーズ (career studies)

(Ontario Ministry of Education and Training, 1999b, pp. 8-9)

アルバータ州の卒業要件ついては別のところで述べたので（関口, 2003, p. 38; 関口, 1997, pp. 214-216）ここでは述べないが、同じ原理で、3年間で卒業に必要な100単位のうち、必修単位は約半数である。そのうち必修の「英語」は、最低限で15単位である。ここでは、1単位は、25時間の学習となっている（Alberta Learning, 2004, p. 15）。すなわち、中等教育の全カリキュラムのうち、最低100分の15は「英語」に当てられなくてはならない。これだけの比重が与えられている科目は他にないし、その上、この最低限のほかにも選択科目としてさらに追加的に選択しうる。

　いずれにせよ、公用語としての「英語」の教育に当てている比重がいかに大きいかみてとれよう。すなわち、授業のある期間、毎日、英語の授業があり、それが4年間ないし3年間続くのである[3]。

水準を教育省が規定

　両州とも、授業については、科目1つ1つについて、教育省の規程があり、教科の内容と水準を厳密に規定している。これについては後述する。

　さらに、「英語」の能力について注目すべきは、オンタリオでは、グレード10、すなわち、日本でいえば、高1のときに、「オンタリオ中等学校リテラシーテスト」と名づけた統一テストを受けなければならないことである（Ontario Ministry of Education and Training, 1999b, p. 10）。中等教育の修了証を授与されるためには、これに合格することが必須である。この成績は州政府の成績証明簿にも記録が残される。逆に言えば、これに合格するまでは、いくら学校に出席していても中等教育修了証を授与される見込みがない。リテラシーテストは、「グレード9を含むそれまでの言語とコミュニケーションに関するカリキュラムの〈期待水準〉に基づいて、読む力、書く力を評価するものである」（Ontario Ministry, 1999-2000, Ontario Secondary School Literacy Test,〈　〉は筆者）。アルバータ州では、

---

[3]　実際には、学校は時間割の組み方の自由を与えられているので、必ずしも「毎日」という時間割の組み方になってはいないこともある。

形は異なって、グレード3、グレード6、グレード9で州共通のテストを行い、かつ、グレード12の単位認定のときの本人の成績は、英語に限らず他の主要科目もであるが、州統一試験を行い、教師の付けた成績とこの共通テストの成績と50%ずつを合わせたものが個々の生徒の最終成績となる。50%か100%かの差はあるが、州全体に共通の統一の標準テストの成績が、中等教育修了すなわち中等学校卒業の条件になっていることには変わりない。

III 英語学習の内容と絶対評価による学習のルート

英語教育の内容とタイプわけ

　ここで、「英語」の授業の内容を見ておこう。オンタリオ州のカリキュラム内容を表す冊子のタイトルは、「言語」(language)であって、「英語」ではない。2つの　公用語のうちのいずれにも通用するようにという考えであろう。ここでは、本章のテーマ設定の限定から、「英語」と読み替えて説明することにする。

　「英語」の授業の内容は、オンタリオ州は、グレード1からグレード8まで、アルバータ州は、初等教育のグレード1からジュニアハイスクールの終わりになるグレード9まで共通に、**図表8-2**、**8-3**のように分けて、説明されている。

　これが、英語教育の柱として立てられているものである。そして、グレードごとに、各々の項目をさらに3ないし7項目に分けて具体的にできるようになっていなければならないことを叙述している。

　中等学校になると、こうした内容は、グレードごとに、タイプ分けし

図表8-2　英語教育内容の説明区分（オンタリオ州の場合）

読む
書く
口頭・視覚コミュニケーション

(Ontario Ministry of Education, 1997, p. 1, p. 5)

図表8-3　英語教育内容の説明区分（アルバータ州の場合）

思考、考え（idea）、感情および経験を探求する
口頭・印刷・その他のメディアの原文（text）を理解し、自分でそしてうのみではなく反応する
考えと情報を扱う
コミュニケーションの明確さと美的効果の能力を高める
他の人を敬い、サポートし、協働する

(Alberta Learning, 2004-2005a, pp. 11-12)

て規定してあり、例えば、オンタリオ州では、グレード9、グレード10の「英語」の内容は、「アカデミック」、「応用」、「オープン」の3つの内容のタイプで行われる。日本の「習熟度別」に相当するであろうが、「習熟度」というより、内容によるタイプ分けである。グレード11、グレード12の「英語」は、「大学進学用」、「大学・カレッジ進学用」、「カレッジ進学用」、「就職用」、「オープン」の5つのタイプに分かれている（Ontario Ministry, 1999b, pp. 13-14）。アルバータ州では3タイプである（Alberta Learning, 2004-2005e, p. 19）。タイプの数は異なるが、生徒の類型と指向によって複数のタイプの授業を設けるといった考え方は同じである。

ちなみに、ひとつ特筆しておきたいのは、アルバータ州では「情報・コミュニケーション技術」(Information and Communication Technology=ICT)という領域があって、生徒が学習しなければならない技術群として特別な位置を占めているが、独立した科目として教えられるのではない。英語術、数学、理科、社会科すべてのなかに統合されて教えられる。これは、初等教育から中等教育に至るまで、共通の考え方である。オンタリオ州においては、「口頭・視覚コミュニケーション」が、「読む」「書く」と並んで、3つの領域の1つになっていることは、前述のとおりである。

「英語科」の内容

定められている英語科のカリキュラムの内容を一つだけ例にとって、示しておこう。「書く」は、日本の学校教育の中で一番なおざりにされてきた領域であろうと思われるので、あえてその領域を選んで説明をする。

第8章　学校のなかでの公用語教育　141

図表8-4　グレード3「英語」の「書く」という領域で完了しなくてはならない内容

特定の目的、特定の視聴者に考え（idea）と情報を伝達する（例えば、コミュニティの新聞に対して、今度の学校行事の広告をする通知文を書く）
自分の観点（points of view）を表現し、自分の経験を反映する能力が上がっていることを示す材料を書く（例えば、日記風の記録）
情報を組織して、主たる考え（idea）とそれに関連する詳細を含む短いパラグラフにまとめる
複合文（compound sentences）を用い始め、いろいろな長さの文を用いる
いろいろな形式（簡単なリサーチレポート、手紙、物語、詩）を用いて作品を作る
他のメディア（例えば、スケッチ）からの材料を用いて、自分の作品を高める
自分の作品を、教師や仲間からのフィードバックを用いて、修正し編集する
自分の最終原稿を校正し、訂正する
このグレードのレベルにふさわしい語彙を用いて正しく綴る
このグレードのレベルに特定された慣習（綴り、文法、句読点、その他）（別に記載）を正しく用いる

(Ontario Ministry of Education and Training, 1997, p. 9)

図表8-4は、グレード3、すなわち、小学校の3年生の終わりまでにできるようになっていることを「期待」されている、「英語」のうちの「書く」で求められている内容である。これは習得することを期待されている能力を示しているが、能力とともに、どのような内容を扱うかも見えてくる。例えば、地域の新聞への連絡、日記、簡単なリサーチレポート、手紙、物語、詩などをグレード3で書かされることがわかる。また、文章は、単文のみでなく、複合文（従属接続詞と並列接続詞の両方を用いた文）を用い始め、また、このグレードにふさわしい語彙も別に示されている。

絶対評価による学習評価の基準

次頁の**図表8-5**は、「期待」すなわち、学習目標が達成されたかどうかの成績評価の基準である。

筆者が長々とこの表を引用するのは、特定のグレードで生徒がどのような能力を習得することを期待されているかを明確に規定したあとで、実際の生徒の学習結果をどのようにして評価しているか、を見るためである。グレード別に内容を規定し、それをこのような基準に基づいて評価する。すなわち、評価は、クラスのなかの相対評価ではなくて、カリキュラムの「期待水準」を基準にした絶対評価である。筆者は、何度か、

図表8-5　生徒の学習成果の評価基準

達成のレベル：言語　グレード1-8				
知識/技能	レベル1	レベル2	レベル3	レベル4
論理性	生徒の論理的思考力の状況は：			
	手助けを要する 簡単な考えを用いる 一貫性を欠く 理解が不十分である	少し手助けを要する いろいろな簡単な関係する考えを用いる 一貫性はある 理解が不十分である	独力でできる 幾分か複雑な考えを用いる 一貫性がある 概ね理解している	独力でできる 複雑な考えを用いる 一貫性をもつ 完全に理解している
コミュニケーション力	生徒のコミュニケーション力の状況は：			
	手助けを要する 不明確である 限られた幅の簡単な目的のためなら 限られた幅の簡単な形態でなら	独力でできる 幾分か不明確・不正確である 単純なものならさまざまな目的のために いくつかの形態なら	独力でできる 明確に正確にできる 特定の目的のために さまざまな形態で	独力でできる 明確に正確にできる 広い範囲の目的とさまざまな文脈で 自信をもってできる 広い範囲のさまざまな形態で
考えの組織力	生徒の組織力の状況は			
	手助けが必要である 不完全である 限られた幅の簡単な目的のためなら	独力でできる 機械的な連続的な方法で 単純なものならさまざまな目的のために	独力でできる 適切にそして論理的に 特定の目的のために	独力でできる 適切に、かつ複雑な論理的な方法で 幅広い範囲の目的と幅広い範囲の文脈で
言語慣習の使用 (綴り・文法・句読点・スタイル)	生徒の正字法の使用の状況は：			
	手助けが必要である 学んだ正字法の幾つかを用いる いくつかの重大な誤り・省略をする	少し手助けがあればできる 少なくとも学んだ正字法の半分は用いる いくつかの些細な誤り・省略をする	独力でできる 学んだ正字法の大部分を用いる 些細な誤り・省略をする	独力でできる 学んだすべての正字法を用いる 幅広い範囲の文脈で 些細な誤り・省略もほとんどしない

(Ontario Ministry of Education, 1997, p. 21)

　カリキュラムは「期待」を表していると述べたが、「期待」とは、その学年の終わりまでに実際に習得して、できる能力をもっていなければなら

ない事柄を示している。これは、例えば、学校の発行するニューズレター（Windsor Park School, 2004）などにも、「グレードレベルより下の生徒、グレード4で1名」「受け入れられる水準の生徒96.2％、優秀な水準の生徒50％」などと記載され、昨年よりその比率が上がったことなどを記すことになる。

　学力を上げるのに、他のクラスメートと競わせて、他より優れた能力を示させようとするのではなくて、絶対的な到達目標を設けて、各人がそれをクリアするように、努力するように仕向けている。教師もそのような方向で、各々の生徒がそれぞれ異なった目標をもち、自尊の気持ちを保ちながら努力するように指導をする。

中等学校のなかでの英語学習のルート
　中等学校での英語の授業参加の流れを見てみよう。中等学校は、いくつかのタイプに分けて授業を行っていることを前に述べた。3タイプの方が問題が単純化されて理解しやすいので、アルバータ州の方を例にとって、いかに生徒が授業を取り進むかを叙述する。アルバータ州の事例では6-3-3制を採用しているので、シニアハイはグレード10-12であり、日本でいう高校1年から3年に当たる。

　このグレードでの教育の特色は、初等教育と異なり、教育省のコントロールがひじょうに強くなる。すなわち、授業は、生徒の学力水準に合わせてではなく、外部的に定められた一定の基準にしたがって教育が行われることである。生徒の水準との調整は、いくつかのタイプの授業を設けて、生徒の学力の水準に合ったコースを選択させるという形で行われる。最初の選択は、ジュニアハイの修了時に、どのグレードの力に達しているか、あるいは同じグレード9でも、どの程度のレベルの成績を得ているかによって、グレード10で、3つのタイプのうちのどの授業に出席する許可を得られるかが定まってくる。その先、さらに進みうるルートは、**図表8-6**の通りである。

図表8-6　英語の学習の流れ（アルバータ州）

グレード10	グレード11	グレード12
英語術10-1 →	英語術20-1 →	英語術30-1
英語術10-2 →	英語術20-2 →	英語術30-2
英語術16 →	英語術26 →	英語術36

(Alberta Learning, 2004-2005e, p. 18)

「英語術10」というのはグレード10相当の英語、「英語術20」というのはグレード11相当の英語、「英語術30」というのはグレード12相当の英語である。「英語術10-1、20-1、30-1」、「英語術10-2、20-2、30-2」と進むのが通常である。「英語術16、26、36」は、「統合的職業プログラム」をもつ学校で提供される（Alberta Learning, 2004-2005e, p.19）。

「英語術10-1、20-1、30-1」、「英語術10-2、20-2、30-2」ともに、シニアハイスクールのディプロマ（中等教育修了証）の必要条件の一部をなし、かつその意味では共通の目的をもっている。しかし、「2つの流れは、生徒の必要性、関心、意欲の差異に対応したものである。」「英語術10-1、20-1、30-1」の流れは、「うのみではない（critical）分析を強調して、文献を学習する機会を与える」（Alberta Learning, p. 20）。それに対して「英語術10-2、20-2、30-2」は、「意欲と能力に関してさまざまである生徒の必要性を満たすように、さまざまな知的素養（sophistication）レベルの文献の学習のために提供されている。学習される文献は、キャリアや毎日の生活に特化して応用されるものである。授業は、効果的なコミュニケーション戦略を発達させるのに焦点を合わせ、生徒が、文献学習、文献作成の技能を高めるためのサポートをすることに焦点を合わせる」（Alberta Learning, p. 20）。

要するに、英語術10-1、20-1、30-1は大学での学習に耐えうる学術的

英語、英語術10-2、20-2、30-2は実際生活に役立つ英語ということになる。この内容は、高等教育機関が課する入学の条件の方を見れば明確になる。大学は、入学の条件として、中等教育修了証をもっているというのみでは不十分で、いくつかの科目を指定している。そのうちで、英語に関しては、英語術30-1の単位を取得していることを条件としている。英語術30-2の単位を取得して中等学校を修了したのでは、大学には入学できない。

すなわち、大学に行けるレベルの英語と、中等教育は修了できるが大学には行けないレベルの英語があることになる。この2つのレベルによって、「英語術」は構成されている。生徒たちは、この2つのレベルの間を目的と、能力と関心と意欲によって、行き来する。

しかし、これらの単位取得の条件もきちんと定められている。学期中に数回行われるテスト、および提出しなければならない課題の、その科目の総合成績が50点に達しなければ、出席していても単位取得にならない。また、50点から65点までの成績で単位を取得した場合は、それに続く上級のクラスへ出席することは許されず、次の学期にはレベルを下げたクラスに行かなければならない。図表8-6で、斜めの点線は、その意味である。また、上向きの線は、どのようなルートを通ったら上のタイプにルートを変えることができるかを示したものである。これにも、どれだけの成績をとったら、ルートを変えることができるかが定められており、おおむね、70点程度であるようである。しかし、矢印が真上を向いているのでもわかるとおり、同じグレードの授業をもう一度取らなければならない。

高等教育のなかの英語教育

大学は自治権が強く、各州の教育担当省はその運営に力が及ばないことは前に述べた。したがって、カナダ人であろうと、外国人であろうと、大学での公用語教育は、まったく大学の管轄である。しかし、入学に際

しては、上記のように中等教育修了書と「英語術30-1」を求めるから、英語をきちんと修了している者のみが入学できる。

　高等教育機関のなかには、カレッジやインスティチュートなどとさまざまな名称を用いて中等後教育機関と総括されている大学以外の機関もあるが、それらの中には中等学校の科目も設置しているところもある。前述のように、中等学校を卒業はしたものの、例えば大学の要求する点数をクリアできなかったので、その点数の不足した科目を取り直す、とか、必要とする科目を取りそこなったので、その科目を取る、とかいう場合に便宜が図られている。「英語術」についてもそのような科目が設定されていることがある。図表8-6で、例えば英語30-2をとって中等教育修了証を得た場合、中等後教育機関には入学できても大学には入学できないので、大学に行くためには、英語30-1を取り直さなければならない。大学以外の高等教育機関のなかには、そうした中等教育のアップグレードの科目を提供するuniversity transitionのコースを設けている州は多い。ただし、オンタリオ州だけは例外で、同州のカレッジには、原則として、そのようなuniversity transitionのコースは設置していない。

　以上まとめてみると、カリキュラム全体に占める英語教育の比重は内容的にも、時間的にもひじょうに重い。そして、その要求水準は、省発行のカリキュラムガイドラインによってキッチリと定められており、それにしたがって生徒は評価され、進級できるか否か、また、どのタイプのクラスに出席許可が得られるかが決まってくる。内容は、単なる「読み・書き」にとどまらず、口頭によるコミュニケーション、メディアによるコミュニケーションの理解、メディアを用いての表現まで、幅広く求められている。公用語教育は、まさに、学校教育の中核的な位置を占めていると言っても過言ではない。

Ⅳ　ニューカマーの組織的な学校への受け入れ

初等教育

　新しくその地域に他国から移住してきた生徒に対しては、ESL（第二言語としての英語）のクラスを設けているところもあるし、普通学級のなかに組み込むところもある。ただ、「すべての生徒は自分にあった教育を受ける権利がある」ということをスローガンにしているので、義務教育ではそのような生徒が学校内にいる限り、何らかの策を講じることが求められることになる。同級生のチューターをつけたり、父母のボランティアを募ったり、司書教諭が図書館で面倒をみたり、校長や教頭がクラスから特定の時間引き抜いて面倒をみたりで、その学校の実情と何人そうした対応をしなければならない生徒がいるかに応じて、いろいろ工夫をしている。どのような措置をとるかは教育委員会と校長の方針で、画一的な方針はないようである。そうした生徒が多くいる学校に対しては、教育委員会は教員の加配をするので、そのような余裕のある学校では、ティームティーチングを取り入れたりしている。小学校では、日本的な一斉授業という方法をとることはあまり多くないので、クラスの教師が、その生徒のグレードに合った作業課題を与えるといったことも多いようである。

　ただし、進級は前述のように絶対評価の結果であるので、ついていけてもいけなくても進級できるというわけにはゆかない。社会生活を重視するので、クラスは年齢相当のところに配属になっていることが多いようであるが、与えられている作業課題は年齢より下のグレードのものであり、そのグレードの水準で評価がなされる。例えば、グレード5といっしょのクラスにいても、例えば読むようにと与えられている本はグレード3水準のものであり、与えられている課題もグレード3水準のものであり、グレード3の水準で評価がなされる。すべての生徒が同じ教科書を用いて、教師が黒板で説明して、一斉に同じ作業をさせるという

教授法ではないので、これが可能なのである。通知表や学籍簿は、グレード3の水準でどういう評価か、といったように記述される。

中等教育

　中等教育では、まったく異なったやり方がなされ、ニューカマーの受け入れについても教育省が強く水準を規定している。州ごとであるが、中央のコントロールが強いことが、明確に文書からも見てとれる。例えば、受け入れについては、「受け入れとオリエンテーション」「当初の診断」「配置」「追跡」の4つの段階に分けて説明されている（Ontario Ministry of Education and Training, 1999a, pp. 4-5）。

　「受け入れとオリエンテーション」では、通訳などを交え、親も含めて面談し、移民の事情などその生徒の背景などを調べる。外国での就学証明書の確認、それの提示がない場合は話の内容から推測したりする。また、学校の日課、年間の状況などについての簡単な情報を与え、必要な時相談できるその生徒の母語を話せる人の紹介などをする。

　ちなみに、受け入れの条件は、本人のでなく、親（保護者）のステータスによって異なる。保護者がその州のレジデントのステータスをもっていれば授業料は無料であるが、親が他の州や外国にいる場合はかなり高額の授業料を徴収される。

　「当初の診断」では、診断はすでに「受け入れとオリエンテーション」の面接の時に始まっているが、主として数学と英語のテストを行う。これは生徒の教育的背景を確認するためである。数学の内容は、数学の1-8年生のカリキュラム（すなわちオンタリオ州の小学校）の内容である。英語の内容は、会話、読む力、書く力である（Ontario Ministry of Education and Training, 1999a, p. 5）。能力的に年齢相応の学年に入れて大丈夫か見るためで、それ以上に、高い学力をもっているかを見るものではない。

　「配置」は、診断に基づいてその生徒にふさわしいレベルのクラス、すなわちESL, ELD（後で説明）のクラスをもった学校に配置される。

「追跡」では、生徒は、2, 3年以内にメインストリームの授業に統合されることになるが、英語話者のクラスメートと同じ程度に英語に堪能になるまで、見守られる。したがって、すべての教師が、それらの生徒の授業のために、協力することが求められている。

外国からきた生徒へのサポートの種類

これらの生徒たちをサポートする方法は、インテンシブサポート、部分的サポート、チュウトリアルなサポートの3種類に整理されている(Ontario Ministry of Education and Training, 1999a, pp. 3-4)。インテンシブサポートは、入国して初期の段階で、メインストリームの生徒とは別のクラスで集中的にサポートを行うものである。しかし、この場合も、メインストリームからまったく切り離されてしまわないように、最低1科目は、通常の生徒たちの授業に出られるようにするなど配慮する。部分的サポートでは、ESL・ELDの授業に参加しながら、適切なレベルのメインストリームの授業に参加する。チュウトリアルなサポートは、メインストリームの授業に参加しながら、ESL・ELDの教師、教科の教師、生徒のチューターからサポートを受ける。

なお、これを説明した文書のなかでは、日常会話では、2年以内に英語に堪能になるが、アカデミックな目的で英語を使えるようになるには7年を必要とする場合もあるというような記述が見られる(Ontario Ministry of Education and Training, 1999a, p. 7)。

受け入れの授業

オンタリオ州の中等学校では、最近外国からカナダに着いた生徒の受け入れの授業は以下のようになっている。まず、受け入れの授業は2種類あって、

  ESL (English as a second language　第二言語としての英語)
  ELD (English literacy development　英語リテラシーの発達)

である（Ontario Ministry of Education and Training, 1999a, p. 2）。アルバータ州ではこの2つは公的には区別していない。オンタリオ州の方が移民・難民が住み着くことが多いので、きめ細かく考えられているのであろう。

　ESLは、海外の学校で学校教育をきちんと受けてきたが、英語が母語でないので不自由な生徒のための授業である。ELDは、戦争などの社会的な状況で学校教育そのものを十分受けられなかった生徒のための授業である。英語を母語とする生徒でも、同様な状況であるならばこのカテゴリーとみなされ、対象になる（Ontario Ministry of Education and Training, 1999a, pp. 2-3）。ESLは5段階に分かれ、ELDは4段階に分かれている。1が初心者であり、数字が多いほうが達成度が高い。

　それぞれの授業は、最低110時間の授業から成っており、この時間の学習がそれぞれ1単位に相当するのは、他の一般の生徒の学習の場合と同じである。また、これらの科目の内容と期待水準も、州教育省によってoverall expectationsとspecific expectationsとして記述してある。すなわち、その内容をクリアできなければ授業に出席していても単位の取得の認定は受けられない、ということになる。

　ESLやELDで取得した単位は、中等教育修了の認定の時、3つまでは、「英語」の単位として数えられ、残りは、選択科目として数えられる。ただし、先に述べた（p. 140）「オープン」のレベルとしてしか数えられないから、「オープン」のレベルで中等学校を終わろうというのでない限り、ESL・ELDが終わって初めて、中等学校の通常の「英語」の授業に出られるということになる。

ESLを終わってから

　ところで、オンタリオ州の場合は、「中等教育修了証」というディプロマをもって卒業するためには、グレード10で、「オンタリオ中等学校リテラシーテスト」を受けそれに合格することが求められていることは前述した。この内容は、グレード9の「英語」の期待水準である。ESLの生徒

は、必ずしもグレード10でなく、英語の力がその水準に到達した時に、このテストを受けることができる。ということは、その水準を厳守することをいかに重視しているかがわかる。

オンタリオの場合も、「中等教育修了証」の要件のなかに、英語を4つのグレードの「英語」を取得していること、という条件があるが、ESLの英語は、単位にはカウントできるが、卒業要件で課せられている「英語」のなかには入らない。このあたりからも、いかに「英語」の水準の維持に腐心しているかが伺える。ESLを終わって、メインストリームの「英語」の授業に出られるようになって、グレード10の「英語」、グレード11の「英語」、グレード12の「英語」とクリアしていかなくては中等教育修了証の取得には至らない。

アルバータ州は中等学校のカリキュラムの流れを図で示したが、原理はオンタリオ州と同じである。ESLが終わってから、通常の中等学校の「英語術」に入らなければならない。そして、「英語30-1」か「英語30-2」を取っていなければ、中等教育修了証は出ないので、卒業するということにはならない。

なお、ここで特筆しておきたいのは、必ずしも1つの科目は1年の通年授業ではない、ということである。1単位取得に必要な授業時数（オンタリオ州の場合110時間、アルバータ州の場合25時間）が決まっているが、その時間をどのように設定するかは、学校と教育委員会の権限である。受け入れには、3つのサポートの方法があると前述したが、インテンシブでは、2学期制にして、最初の学期は、ESL・ELDの授業を3つ取り、メインストリームの授業、例えば体育とか数学とかを1つ取る、といった時間割の組み方も可能である。また、夏の集中学期のようなもので1つの授業を文字通り集中的にクリアするといったことも可能である。

要は、各科目は絶対評価であり、母語を英語としない生徒であろうとも、中等学校を卒業するためには、メインストリームの生徒とまったく同じ水準で判断される、ということである。

大学への受け入れ

　英語を母語としない地域から来た外国人については、TOEFLと呼ぶ英語能力テストの結果を求めている。大学に入ってから、学業に支障のない程度の英語ができることが、入学の条件になる。しかし、TOEFLを何点に設定するかは、大学に任されているようで、大学や専攻によって要求される点数が異なる。したがって、何人外国人を受け入れようとするかは、この点数で操作をしている模様である。

　大学案内などには、中等教育修了証を持って入学してくる生徒の場合と同じく、TOEFLで何点を求めるか絶対評価で明示してある。しかし、実際に入学許可を出すのは、担当者の酌量の余地があるらしい。また、英語を教授言語にする教育機関で3年間正規の授業で勉強し合格できた場合は、TOEFLは必要ない。したがって、入学できたからといって、実際に教授言語に困らないというわけではないようで、精神的な面、語学的な面で援助を必要とする。

　大学のなかでは、英語専攻を除いて、公式の授業で英語を教える授業はない。ただ、正規の授業とは別に、エクステンションのコースなどの科目では、外国人などを対象に、英語の授業を行うことは頻繁に行われている。むしろ、大学の正規の授業の外にそのような授業を設けて、大学の収入源を確保しながら、大学の正規の水準を崩さずにいる、といったほうが正確であろう。

　日本の場合は、留学生のことに関しては文部科学省の高等教育局留学生課があって国の政策など担当している。カナダの場合、教育省や高等教育省のなかで、高等教育段階＝留学生教育等の担当省庁や担当する課はあるようであるが、日本のような権限も影響力もない。むしろ、留学生やインターナショナルな学生の面倒をみるのは、大学の中の部局である。

　国際交流や、留学生のための遠足や、行事はあるが、語学教育のための特別な予算などはないのではないかと思われる。語学教育を行うこと

があっても、教師はボランティアなどを募ってやっていたりするようである。担当者1人は配置しているようであるが、どのようなサポートをするか、教師の手配や場所、カリキュラムは、その人物の才覚に依存することも多いのではないかと思われる。

　最近では、大学のなかで、英語ができない生徒が増えて困る、英語のテストを行って、それに合格するまでは授業に参加させない、という提案がなされたりもしている。

V　公用語習得に対するカナダの考え方：公用語教育重視とその意味するもの

　カナダの英語圏における学校教育のなかでの英語教育を見てきた。カナダ人の主張は別にして、以上のような方法から見て取れるカナダの公用語および公用語教育に関する考え方、方針を筆者なりに読み、その意味を考えてみよう。

　まず第1の特徴は、初等学校のうちは、教育の大部分は、リテラシー教育が基本であるということ。すなわち、「初等教育の基本は言語教育あるいはコミュニケーション教育である」と考えていると言ってもよいくらいである。低学年においては、先住民族の言語も最初は用いられていることもあるが、あるいは移民に対しては最初は母語による援助は与えられているが、それは、いわば橋渡し的な役割を担うもので、次第に公用語（この章で扱ったのは英語）に切り替えられてゆく。公用語教育には、初等教育であろうと中等教育であろうとひじょうに力が注がれている。

　第2の特徴は、習得する公用語（英語）の内容は、いくつかのグレードとタイプに分かれており、そのグレードとタイプによって内容と水準が明確にされていることである。これは、カナダ人であろうと外国から来た人であろうと、その基準は1つで、同じ水準で評価される。評価は、グレードとタイプごとに定められた基準にしたがって行われる。移民や

外国人に対しては、カナダ人のメインストリームに達するまでに特別の援助が与えられているが、それは、メインストリームに這い上がるための援助でしかない。すなわち、公教育のなかでの評価は、厳しく客観化・標準化されている。生徒の状況を斟酌した相対評価ではなく、外部的に定められた絶対評価である。

　第3は、その標準化された絶対評価のシステムのなかで、どこまで提示された目標が達成されたかが、次の段階の出発点になる。何年かけたか、どのようなルートを通ったかというような、そこまでのプロセスはほとんど問題にならない。学校のなかでの公用語教育はいくつかにタイプ分けがされている。結果的に到達したタイプがどのようなタイプであるか、どこまで到達したかという教育キャリアによって、その後の社会での位置づけは異なってくる。そして、その教育キャリアのなかで、公用語習得の業績の占める比重は日本と比較して大変に大きい。

　言語教育の最終目的は言語そのものではなく、言語を通じて、何かを理解し何かを表現することであろう。公用語は、共通に習得すべきものとして課せられてはいるが、公用語を習得することを通じて習得するものは、どのコースをとったかによって異なる種類の文化であり、異なる能力である。

　公教育のなかでどこまで学力を達成できたかが、将来のその人の社会における位置を定める。公教育のなかで公用語に関する学科の比重が大きい時、どのようなタイプの公用語をどのレベルでマスターしたか、もっと言えば、マスターしたことを証明しえたかは、その人の将来を決める。日本は学歴社会であるというような言い方がされるが、カナダはその意味で、公用語社会である、ということができよう。公用語の比重を高くし、公用語学習を社会の教化手段である学校のなかにしっかりと位置づけることによって、社会としての階層性と統合と安寧を維持していると言えるのではないだろうか。

引用文献一覧

Alberta Learning (2004-2005a). *Curriculum Handbook for Parents, 2004-2005, Grade 1.* Edmonton: Alberta Learning.

Alberta Learning (2004-2005b). *Curriculum Handbook for Parents, 2004-2005, Grade 3.* Edmonton: Alberta Learning.

Alberta Learning (2004-2005c). *Curriculum Handbook for Parents, 2004-2005, Grade 6.* Edmonton: Alberta Learning.

Alberta Learning (2004-2005d). *Curriculum Handbook for Parents, 2004-2005, Grade 9.* Edmonton: Alberta Learning.

Alberta Learning (2004-2005e). *Curriculum Handbook for Parents, 2004-2005, Senior High School.* Edmonton: Alberta Learning.

Bussière, Patrick; Carwright, Fernando & Knighton, Tamara (2004). *Measuring up: Canadian Results of the OECD PISA Study: The Performance of Canada's Youth in Mathematics, Reading and Science and Problem Solving: 2003 First Findings for Canadians Aged 15.* Ottawa: Human Resources and Skills Development Canada, Statistics Canada, Council of Ministers of Education, Canada.

Daudet, Alphonse (1986). La Dernière Classe: Récit d'um petit Alsacien. *Oeuvres I*, Texte Etabli, Présernté et Annoté par Rober Ripoll, Belgieque: Gallimard pp. 581-585.

Human Resources Development Canada, Statistics Canada, Council of Ministers of Education, Canada (2003). OECD Programme for International Student Assessment: Measuring up: The performance of Canada's youth in reading, mathematics and science. Government of Canada. http://www.pisa.gc.ca/pisa/brochure_e.shtml, 2005.10.07 採取。

Ontario Ministry of Education. Regulation Made under the Education Act: Secondary School Teaching Assignments: Credit courses. http://www.edu.gov.on.ca/eng/funding/reg398.html, 2005.10.03 採取。

Ontario Ministry of Education (1974). *Curriculum Guideline: Primary and Junior Divisions.* Toronto: Ontario Ministry of Education.

Ontario Ministry of Education and Training (1997). *Language: The Ontario Curriculum Grade 1-8.* Ontario Ministry of Education and Training.

Ontario Ministry of Education. High School Diploma Requirements. http://www.

edu.gov.on.ca/eng/document/brochure/stepup/high.html, 2005.9.23 採取.
Ontario Ministry of Education and Training (1999a). *English As a Second Language and English Literacy Development: The Ontario Curriculum, Grades 9 to 12.* Toronto: Ministry of Education and Training.
Ontario Ministry of Education and Training (1999b). *Ontario Secondary Schools: Grades 9 to 12: Program and Diploma Requirements 1999.* Toronto: Ministry of Education and Training.
Ontario Ministry, 1999-2000, Ontario Secondary School Literacy Test, Policy Canada: Report on Education in Canada (1998). http://www.cocon.com/axis/pol-can.htm, 2005.10.03 採取。
Windsor Park School (2004). *Newsletter, October, 2004.* Edmonton: Windsor Park School.
太田勇(1994).『国語を使わない国：シンガポールの言語環境』. 東京：古今書院.
小林順子・関口礼子・浪田克之介・小川洋・溝上智恵子編(2003).『21世紀にはばたくカナダの教育』. 東京：東信堂.
関口礼子・岡部敦(2003).「第3章 卓越性を求めるアルバータ州の教育」. 小林順子、関口礼子、浪田克之介、小川洋、溝上千恵子編『21世紀にはばたくカナダの教育』. 東京：東信堂, pp. 31-62.
関口礼子(1997).『カナダハイスクール事情』. 東京：学文社.
府川源一郎(1992).『消えた「最後の授業」―言葉・国家・教育』. 東京：大修館書店.
ドーデ・アルフォンス(南本史訳)『最後の授業』(1981). 東京：ポプラ社文庫.

第9章
外国育ちの生徒の悩み：
ハイスクール女生徒へのインタビューから

関口　礼子

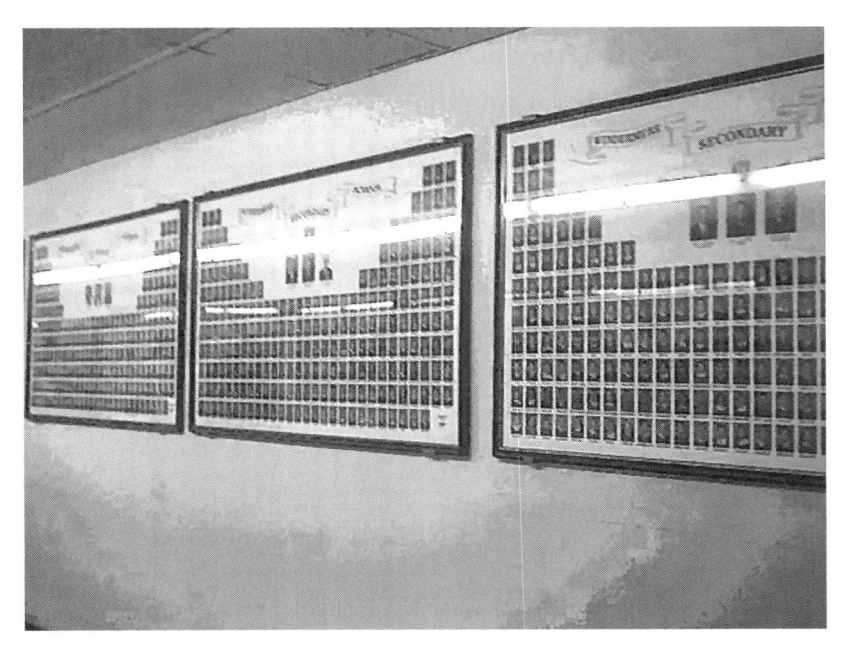

シニアハイスクールの廊下に飾られた中等教育修了証取得者の顔写真
このなかにESL出身者は何人いるのだろうか

I　垂直的モザイクと除去的バイリンガル

　第8章では、公用語の1つであるである英語を教授言語とする学校のなかでの英語の教育について、制度的な面あるいは学校側の立場から述べた。本章では、生徒の立場から、特に外国から移住してきた生徒たちの観点から、彼らが学校のなかでどのような位置に置かれ、何を感じているかを分析したい。分析の資料として用いるのは、筆者が行った、ハイスクールに通う女生徒への聞き取り調査の報告書である (関口b, 1997)。1996年に行った聞き取りであるので、制度的な面や科目の名称については、現在と異なる面もある。しかし、本質的な面は異ならないのではないかと思われる。先の報告書では、単にインタビュー内容の事実を記述しただけであるので、今回はその解釈を主たるものとする。

　移民の社会的な地位づけについては、古くからのポーターの垂直的モザイク論 (Porter, 1965; Porter, 1972) や、カミンズの除去的バイリンガル論 (Cummins, 1984) などの発言がある。最近でも、ジャーナリストのダフィーが、ESL (後述) の生徒は伸びることができない状況があるという一連の主張を繰り返している (例えば、Duffy, 2004)。制度的にも、第8章で紹介したように、学校教育のなかでの受け入れについては整っているように見えながら、こうした問題が実際にあるのか、また、それを作り出す制度上のメカニズムがあるのか、また、それらのメカニズムはどのような効果をもたらしているのか、換言すれば、外国文化出身者を社会のどの位置に置こうとしているのかを少しでも探れたらと考える。

　インタビューの対象になったのは、アルバータ州にあるハイスクールのアジア系女子生徒6名であった。アルバータ州の教育の特徴や外国人受け入れの一般的方法については第8章で述べてあるので、ここでは繰り返さない。以下では6人の被インタビュー者をカナダに来てからの期間が短い順に、ケース1 (滞在7カ月)、ケース2 (11カ月)、ケース3 (1年5カ月)、ケース4 (2年5カ月)、ケース5 (3年2カ月)、ケース6 (6年) と呼ぶ。

このうち、出身国は、韓国3、香港2、日本1である。6人とも、カナダ国籍、ないし永住許可を持ってのカナダ滞在であり、外国人ビザでの滞在者はそのなかに含まれていない。

　本章では、「カナダ人の生徒」という語を用いているが、これは便宜的なものであり、「ESLの生徒以外の、ハイスクールのメインストリームにいる生徒」という意味である。カナダ生まれのカナダ国籍の人を典型とするが、外国籍でも、ひじょうに若い時にカナダに来てまったくカナダの学校制度のなかに溶け込んでしまった生徒も含まれる。親が外国籍であってもカナダで生まれた場合はカナダ国籍になる。また、本章でも「グレード」という語が用いられ、それはほぼ「学年」と同義ではあるが、第8章でも述べた通り、達成目標に主眼を置くカリキュラム概念である。

II　被インタビュー者の概略と学校への受け入れ

1　被インタビュー者の背景

　インタビューはカナダに来てからの期間が半年ともっとも短いケース1も含めて、英語でスムーズに行われた。「話す」という点については、日常的な内容についての英語によるコミュニケーションは全員スムーズである程度には適応していた。

　ファーストネームは、ケース3を除いて、典型的なカナダ名を名乗っている。カナダ名を名乗るか出身文化の名前を名乗るかは、2つの文化のなかでの自分のアイデンティティの所在を象徴すると考えると、少なくとも5つのケースは、積極的にカナダ文化に溶け込もうとしていると考えられる。

　カナダの教育に対する評価は、5つのケースでは、自分の国の教育よりカナダの教育の方が娘のためによいと考えて親たちが移住してきている。ケース3のみは、親の職業のためにカナダに来た。しかし、親が帰国した後も、いっしょに帰国するという選択肢もあったにもかかわらず

本人のみ残っているところからも、出身国の教育よりもカナダの教育を選択したと言える。したがって、全員がカナダの教育に対して高い評価をしている。また、教育にはひじょうに熱心な家庭であった。

　カナダに来た動機としては、母親の意向が強い。母親が、父親と別居して、娘と移住してきている（ケース2、ケース6）、または、父親を説き伏せて、父親が職業を捨てて両親ともに移住してきている（ケース1、ケース5）。

　経済的には、あまり恵まれていない。ケース1の場合、親は出身国でスーパーマーケットの経営者で、それを売り払ってカナダに移住してきたのであるが、親自身がまだ職に就くために語学を習得中であったし、ケース5の場合も父親は出身国で医師であったけれども、カナダに来てからはカナダの医師資格を取得するために勉強中であった。ケース6の母親は、離婚していたし、ケース2とケース3は、親の収入源は海外にあり、海外から仕送りを受けていた。

2　学校への受け入れ

　カナダに到着した生徒は、教育委員会で英語と数学のテストを受けた。すべての生徒が、数学はひじょうに簡単でやさしかったと言っているので、学力の水準を判定するというより、特殊学級でなく普通学級に入れてよい生徒かどうかを見ている程度であると思われる。

　受け入れに関する重要なファクターは、英語であるようである。小学校時代にカナダに来たケース6を除いて、ジュニアハイまたはシニアハイスクールになってからカナダに来た5人はすべて、最初ESLに配属されている。ESLというのは、English as a Second Language（第二言語としての英語）の略である。学力によってどのクラスがふさわしいか判断するということにはなっているけれど、一方では年齢相応の学年配属が与えられ、また、カナダに来た（以下、「来加」と記述）時の年齢によって受け入れのESLのクラスが決まるというパターンがあるように見受けられる。ち

なみに、受け入れられたハイスクールは、住んでいる地域は異なるにもかかわらず、6人全員同じ学校であった。筆者の被インタビュー者の手配は学校を通じてではない。新移住者は、ESLクラスを設けている特定の学校に集められることがわかる。

3　受け入れられてからの参加授業

　同じ学校に通う6人は、年間8科目を受講していた。この学校は学期完結の2学期制を採用しており、第1学期に4科目、第2学期に4科目受講する形式である。

　移住第1学期目はESLのクラスを2科目受講、他の生徒といっしょの普通学級で2科目受講していた。普通学級でカナダ人の生徒といっしょに出席していたのは、後に詳述するように、音楽、体育、美術、数学、職業科などの相対的に英語能力の必要度の少ない科目である。第2学期目は、ESL科目1科目と、他にカナダ人と共通の3科目を受講していた。

　したがって、受け入れの学期は、2分の1の時間はESLで特別指導を受け、2分の1の時間はメインストリームの生徒と同じ授業を受ける、第2学期目は、4分の1は特別指導を受け4分の3はメインストリームで授業を受ける、といった学校の方針が見て取れる。ESLの授業は放課後の補講や引き抜き学級ではなくて、正規の時間割のなかに組み込まれていた。

4　学校での社会生活

　6ケースに共通して認められることは、滞在期間の長さにかかわらず、カナダ生まれのカナダ人あるいはメインストリームの友達がいないということであった。同じクラスで出席するので、顔は知っており、顔を合わせれば、Hi! と挨拶を交わす程度の友達はいる。しかしそれ以上の、学校で昼食をいっしょにとるとか、学校外でいっしょに出かけたり、家に行ったり来たりする友達は、どのケースもみなアジア系の友達ばかりであった。

III 生徒から読める指導の方針と進級ルート

1 英語学習指導の方針

学校で受けた「英語」の指導を見てみよう。履修している科目はESL科目であり、これは正規の授業であり、単位が与えられる。

図表9-1は、ESL科目の履修状況である。

図表9-1 外国から来た生徒の学校での英語学習（履修予定を含む）

	滞在	来加時の事情と受け入れグレード	1学期目	2学期目	3学期目	4学期目	5学期目	6学期目
ケース1	7カ月	出身国で中学校の卒業を待たずに来加、来加時グレード10後期として扱われた	ESL10A ESL10B	ESL2科目	ESL1科目 ESL Science			
ケース2	11カ月	出身国で高校1学期をすませて来加。グレード10前期として扱われた	ESL 10A ESL 10B	ESL Pre10C	ESL 10C Science 14 ESL Social Studies 13	Language Skills		
ケース3	1年5カ月	出身国で9学年を終える直前で来加。卒業はしている。グレード10後期に編入、すぐグレード11になった	ESL 10B ESL PRE10C	ESL 10C				
ケース4	2年5カ月	グレード11に編入されたが、1カ月でグレード12になった。	ESL PRE10C ESL 10C	ESL 10	Language Skills			
ケース5	3年2カ月	グレード8として受け入れられた	ジュニアハイでESL	ジュニアハイでESL Science（やさしい授業）	ESL	ESL 10B Science 14	ESL Pre10C 夏にESL10	ESL 10C Language Skills

（注）ケース6は、小学校の時来加しているので、表に入れていない。

受け入れは、生年によって相当のグレードでなされている。受け入れの後は、「ESL」のクラスには進級のルートがあるようで、それは、

ESL10A－ESL10B－ESLPrep10C－ESL10C－（場合によってはもう一つ

ESL）－言語技能（Language skills）－

という順序である。数字の10というのは、グレード10[1]の授業ということである。このルートのどこから始めるかは、受け入れ時のグレードと関係があるようである。上のグレードに入れた時はESLも上に入れ、下のグレードに入れた時はESLも下のクラスに入れられ、のんびりとやらせるように見受けられる。授業のなかで成績がつけられ、50％以上の成績（成績は％で表す。100点満点に換算して、50点を50％という）であれば、次のクラスに進級できる。

　さらに、ESL Prep10Cを終わってからでないと、概ね社会、理科、英語などの主要科目は受講させてもらえない。それでも受講できるのは、理科や社会科は、社会14や理科14のような通常のカナダ人が受ける科目より、一段と低い「理科」や「社会科」である。単位はもらえるが、通常のクラスではない。すなわち、英語のみでなく、社会や理科の通常のカナダ人がシニアハイスクールの初めに受講する科目に出席が許されるまでに、上記のようなESLまたはESLに準じた科目を履修する過程をふまなければならない[2]。

　学校にいられる期間は4年間であるので、この期間をいかに短縮できるかは、シニアハイスクールのなかの学習ラダーをどこまで登れるかに重要な意味をもってくる。

2　その他の科目の進級のルート

　順を追って、ESLから学科へとうまく導入するカリキュラムが組まれているように思われる。しかしながら、もう少し詳細に図表9-1と英語以外の科目を示した**図表9-2**とを合わせ、さらに生徒の感じ方に耳を傾

1　現在名称が変わっているが、インタビュー当時の名称を用いる。この当時、科目の名前は、数字の10の位はグレード、1の位は科目のタイプを示していた。0は学術的タイプ、3は実用的タイプ、4は、それ以下の内容である。しかし、ESLではみな10を用いていた。
2　現実に表に示されている科目は、この解釈の通りにはなっていない。後述のように、学校との闘争の結果が入っているからである。

図表9-2 外国から来た生徒の学校での英語以外の学習（履修予定を含む）

	1学期目	2学期目	3学期目	4学期目	5学期目	6学期目	7学期目	8学期目
ケース1	Art 10 Phys Ed 10	Math 10 Art 20	Math 20 Keyboarding, /computer Application					
ケース2	Math 10 Art 10	Phys. Ed. Math 20 Keyboarding 101/Computer Science 101 夏に Science 10 Reading/ Writing	Math 30	English 13 Science 10 CALM 20 Computer Applications 201/ Design Study 101				
ケース3	Art 10 Math 10	Art 20 Science 10 ?	Math 20 English 10 Keyboarding/ computer Application Phys. Ed 10					
ケース4	Chemistry 20 Math 20 夏に Social Science 10 Biology 20	Math 30 Physics 20	Math 31 English 10 Biology 30 Calm 20	English 20 Social Studies 20 Physics 30	Social Studies 30 English 30 Psychology 30			
ケース5		Math Science （通常の授業） Band Phys Ed Computer Science	Math Science Social Studies Band/Guitar Arts Phys Ed Home economics,	Math 10 Financial Management/Mechanics	Science 10 Social Studies 13 Phys Ed 10 夏に Calm 20	Social Studies 23 Math 20 Design Study	Chemistry 20 Biology 20 Physics 20 English 13 or 10	
	11学期目	12学期目						
ケース6	Social Science 10 Math 10 Science 10 Phys Ed	English 10 Art 10 Business 101 Enterprise & Innovation 101/ Creative Sawing 101 夏に Reading & Writing Calm 20						

けながら、見てみよう。

　まず、受け入れ第1学期には、ESLのなかで2分の1を過ごす、第2学期目には4分の1をESLで、4分の3を普通学級で過ごす。言い換えれば、最初の1年間に8科目学習するが、そのうちの3科目がESL、5科目が普通の授業である。移住して最初の年は、被インタビュー者たちは、数学、美術、音楽、体育、職業科などを履修したことは、前に述べた。生徒によっては、数学をすでに2科目（すなわち、「数学10」「数学20」[3]）を履修してしまっている。これらは、言語的な能力とは別のものを要する科目であるが、卒業に組み入れられる科目である。

　しかし、問題は2年目にあるようである。ESL Prep10Cが終わるまでは、彼らは、理科、社会科など、たとえ14のレベルのものですら履修が許されていなかった。ESL Prep10Cが終わって初めて理科や社会の学習が始まるが、14という通常のカナダ人の履修するのより、レベルの低いものである。すなわち、履修できるのは、（数学を除いて）知力を要する科目ではないと目される職業科などの科目である。カナダ人の生徒が、英語以外の語学や主要科目の上級の科目など、知的な能力を伸ばしている間、ESLの生徒は職業科の手工芸的な科目や商業的な科目を履修して時間割を埋め、過ごすことになる。

　ちなみに、ケース3は、ESLから強引に「英語10」や「社会10」のクラスに変わったのであるが、授業内容の違いについて、次のように語っている。「creativeである。理科は、実験をたくさんし、レポートも書かされる。社会科では、research＝library workやディベートを行う。教えられるというより、〈自分で見つけ出す〉ことに主眼が置かれている。ディベートの題は、〈NATOは、……をする義務があるか〉〈第二次世界大戦中カナダ政府の方針は……か〉といったようなことである。クラスは活発で、

---

[3]　グレード10、グレード11用の数学で、「アカデミック」なタイプのものである。以下で述べる「理科」「社会」などの科目についても同様である。また、10-20-30という流れは、第8章で10-1、11-1、12-1と示したものと同じで「アカデミック」なタイプ、13-23-33というのは10-2、11-2、12-2と示したものと同じで「実用的」なコースである。

発言が多い。たいした質問でなくても、わからないとすぐ手を挙げる。〈書く〉機会が多い。それも、導入部、本論部、結語部と順を追って書かねばならない。本論部では、議論とそれの証明を書かねばならない。」

　学校の方針によれば、英語ができないうちは手工芸的な科目や商業的な科目を取らなければならない。知的に難しい内容にチャレンジする機会が与えられない。ESLのなかでも英語自体は難しいにしても、内容は、日記を書くこととか、移民を題材にした内容であるとか、卑近な素材のようである。身近なローカルな話題や移民の生活と心情に関するようなトピックが多く用いられている。かくして、彼らは、論理的、普遍的な知識や思考を学ぶという機会から遠ざけられ、苦労して知的・論理的な思考にチャレンジするという習慣をなくしてゆく。ハイスクールという知的思考能力が最大に伸びる年齢の2〜4年間に、知的能力を発達させる機会が与えられないということは、知的能力の開発という点から見れば致命的にならざるを得ないであろう。

　ESLの生徒は、知的能力がないために、学習できないのではないであろう。英語力を理由に知的能力を伸ばすクラスに入れてもらえず、ハイスクールという知的能力を伸ばすためには貴重な時期に、そのチャンスが与えられていない。

3　文化的適応

　友達がアジア系ばかりであることに気がついたので、どうして、カナダ人の友達ができないのだと思うか、よい英語の習得には、カナダ人の友達といっしょにいるということは不可欠だと思うが、と尋ねると、「なんとなく入れない、また、休み時間も5分しかなく、遅刻にはたいへんやかましいので、教室を移動するだけで精一杯である。」「あなた方がいつも固まっているのでカナダ人も近寄ってこないのではないか」との質問への答えを総合すると、およそ次のようになった。学校生活に関する情報を得なければならないが、出身国とは異なる習慣で運営されている

学校のなかで、そうした情報は、同じような条件の友達とお互いに助け合って得なければならない。例えば、通学定期をどうやって買うとか、教科書は学期末に返すとお金が戻ってくるとか、どこへ持って行ったらよいのかとか。そうしたなかで、科目選択などの情報やその科目に入るための前提条件は何かとか、選択した科目によって将来がどう変わるかなどという情報も入ってくる。カナダ人が仲間に入れてくれるかなと一人で待っていると、そうした情報も入らなくなる。カナダ生まれの生徒にとっては当たり前のことが、異文化で育った生徒にとっては当たり前でなく、異文化のなかでの情報入手にとって、カナダ生まれでない同じような条件の友達も学校生活のなかで不可欠であるようであった。

　これらの友達は、言語的には異なる言語を第一言語としているので、コミュニケーション言語の問題ではないようである。情報の伝達という面と心理的な安定という面からの適応の過程であるようである。英語という面から、いわゆるカナダ生まれの人の「よい英語」に接するのは、授業中の教師のみからになっているようであった。

4　学校との闘争

　もう一つ気づいた重要なことは、彼らは例外なく強烈な闘争を学校と繰りひろげていたことである。カナダに来てからの滞在期間が一番長いケース6は、インタナショナル・バカロレアのコースに入ろうとして、英語がダメだという理由で押し戻され、英語の能力を上げなければということで、夏の間英語のコースに通っていた。「自分は英語以外はhonour student（成績優秀者、80％以上の成績）なのに。」ケース5は、「理科10」を履修登録しようとして、カウンセラーに拒絶され、「理科10」の教師とESLの教師に直接交渉して受講できることになった。ケース4は、「自分は例外だ」と言っていたので、口止めでもされていたのであろう、具体的には聞けなかったが、授業選択に何らかの無理があったことが推測された。ケース3は、「英語10」と「社会10」に入るとき、「カウンセラーにNo, no, no, no, noと言われ続け、〈それじゃ自分はもうカナダにいない、国に帰る〉と言ったら、〈国に帰るなら〉ということで、初めて受講の許可が得られた。」ケース2は、夏の学期を受けて学習しようとして、カウンセラーに無理だと言われ、それでもカウンセラーをやっと説得して、夏の学期の受講手続きをしにその学校に行ったら、今度はESLの教師からそこの学校に電話が入ってきていた。CALM（Career & Life Management 生活科のようなもの、必修）の受講は取り消されてしまったが、かろうじて「理科10」は受講が認められた。「合格しても50％に近い成績だったら、次の学期には「理科14」を取るのだぞ」という捨て台詞とともにである。

インタビューから見てわかることは、ESLの生徒たちが、学校が彼らに用意した定番のコースから外れて学習しようと、学校のカウンセラーや教師と闘争を繰り広げていたことである。卒業までの期間を短縮しようとするとき、または、アカデミックなルートに受け入れてもらうために、強力な闘争を組んでいた。

学校側の反対の理由は、みな、英語の力が不十分だから上のクラスに出ても単位は取れない、というものであった。しかし、チャレンジして不合格になって、もとのクラスに入ったというのではない。結果的に見れば、強烈な闘争の結果、望む授業に出席することができた生徒たちは、みな、単位を取得するに十分な成績を上げていた。単位取得の合格不合格のラインが50％、クラス平均が65％ぐらいであり、80％以上は成績優秀者とされる慣行のなかで（関口、1997a, p. 120, pp. 301-305）、例えば、ケース3は、受講を拒否された「英語10」で82％、「社会10」で73％の成績を得、ケース2は、同じく「理科10」で75％を収めている。ケース4も次の学期には「生物20」に進級しているので、点数を聞くのを忘れたが、少なくとも65％の成績は収めているはずである。言語上のハンディキャップは当然残っているであろうから、それらの学科自体の理解は、点数以上であると考えてよかろう。

学校が用意した「英語13」や「社会13」をとばして「英語10」と「社会

10」に進んだケース3は、「英語13」や「社会13」を取らされるのは、「時間の無駄である」と語った。

5　学校のなかの階層性

学校のなかに階層性があるのが見受けられる。それらの階層は、
　①インターナショナルバカロレアを取得して卒業するグループ
　②大学への進学可能な科目群を履修して卒業するグループ（10-20-30の科目群を履修）
　③ハイスクールを単に卒業するグループ（13-23-33の科目を履修）
　④ESLクラスのグループ
である。

①と④は、インターナショナルという面から性格的に近いと思われるが、そして、この学校にはインターナショナル・バカロレアとESLクラスはセットとして導入されたいきさつがあるようであるが、④から①に移行することは、まったく期待されていないようである。6ケースのうち4ケースからはインターナショナル・バカロレアという語は出てこなかったし、ケース2は、自分の数学10の点はインターナショナル・バカロレアに入るために十分な点なのに、そういうものがあることを誰も知らせて薦めてくれなかったと言って、残念がっていた。ケース6は、インターナショナル・バカロレアに行こうとしたが、英語力を理由に理科の教師から出席を拒否された。

①に出席許可を得られるためには、学校は、グレード10の1学期目に、例えば数学10、理科10等を受講することなどを条件としているので、②の階層に上がることができた生徒のみが①に上がりうる。すなわち、④→①というルートは存在せず、④に区分けされた生徒は、①に上がるためには、④→③→②→①のルートを順次通らなければならない。④は、カナダ人のためのものであるらしい。

そして、どの形態で卒業するかは、②で卒業すれば大学入学がかなえ

られるが、③での卒業では大学に入れず、それ以外の道が用意されていることでもわかる通り、その後のキャリアを左右するものである。

この学校ではインターナショナル・バカロレアが第1階層を構成していたが、別の学校では第11章で述べるフランス語イマージョンプログラムが第1階層になる場合もある。いずれにせよ、一つの授業に出席の許可を得るためには、そのための前提条件を満たさなければならないということを軸として、学校は階層構造を成している。

IV　生徒の期待と学校の期待

1　学校のESL生徒とカナダ生まれの生徒への期待

学校のなかの階層に関する問題は、ESLの生徒と進学コースの生徒への教師の期待度の違いがあるらしいこともわかる。

これは、ケース2とケース3の比較から見てとれる。ケース2とケース3は、出身国のジュニアハイスクールを同時期に卒業している。すなわち、その時期に、知的には、同レベルにいたと考えられる。異なる点は、ケース3は、ジュニアハイスクールの卒業に足りる出席日数が確保されるや卒業式を待たずにカナダに来ており、ケース2は出身国のシニアハイスクールに入学して1学期間学習してからやって来たということ、さらに、ケース3は、誕生日が9月だったために来た時にグレード10に編入され、同年の次の9月にはグレード11になったが、ケース2は、2月生まれであったために、半年遅れてカナダに来た時には、すなわちケース3がグレード11に進級した時に、グレード10に編入されてしまったということである。したがって、出身国のジュニアハイスクールを同時に卒業した二人は、カナダに来て、制度的に1学年の差が生じてしまっている。さらに、その後、ケース3は前述のように、学校と強烈な闘争をして、進学コース、上記階層②に移った。時を同じくジュニアハイを卒業した二人は、片方はすでに階層②におり、もう片方は、いまだ階層④

にいたということになる。

　生徒がどこに位置しているかということによって、学校のその生徒に寄せる期待は異なる。この二人に対する学校の対処のしかたの違いは明白である。この二人は、たまたま、同じ家庭にホームステイしていたので、学習の状況を互いに知ることができる関係にあった。ケース3は、ケース2について「私の方は毎日宿題があって、毎晩遅くまで勉強しなければならずたいへんだが、彼女の方は、何も宿題がなく、あってもすぐ終わってしまって、夜何もすることがない」と語った。すなわち、学校は、階層②にいる生徒に対しては、宿題を課し、学習を期待しているが、階層④のESLの生徒に対しては、学習を期待していない、ということが言えそうである。このように、ESLの生徒には学習が期待されていないことは、ケース2の口からも語られた。「ESL Pre10Cの最終テストの前に、準備としてどのような勉強をしたらよいかと先生に尋ねたが、普段の学習の成績をみるので、特に勉強しないでよいと答えた」というのである。最終テストでは普段のテストより格段に難しい問題が出されたが、最終成績はふだんの成績と最終テストの総合成績であるから、普段の成績はかなりよい成績を収めていたので、そこそこの成績を収めた。しかし、「学習し、向上して、もっとよい成績を収めたいという意欲に報いるような指導をしてくれない」と言っていた。いったんひとつのクラスに置かれると、学校側には置かれたクラスに不合格にならない成績をとれればよい、という姿勢があるように思われる。

　また、この二人には、次のような学校の指導の違いも見受けられた。ケース3には、カウンセラーは、土曜日に授業を行う学校があって、そこにも行って、不足の勉強を補充するように勧めてくれたが、ケース2は、前述のように、夏の学期に出席することすら拒否され、その時間アルバイトでもするようにと勧められた。ケース2は、「理科も社会科もない、こんな勉強でよいのだろうか」と悩んでいた。

　外国出身者の場合、前述のように経済的には恵まれているとは言えな

い。インタビューした生徒のなかにはアルバイトをしている者はいなかったが、そのような恵まれない経済状況のなかで、教師は、夏は学校へ通って勉強するよりもアルバイトをすることを勧めた。事実、友達の生徒たちは夏期中にアルバイトをしていたし、学期中もESLの生徒のアルバイトは日常茶飯事であった。学校は、ストレスなくのんびりやって、ともかくもESLから脱して、途中ドロップアウトすることなく、上記の階層③で卒業させられれば成功である、と考えているように見受けられる。

2 卒業までの期間

この州では、シニアハイスクールの卒業は、100単位を取得すればよい。100単位という数は、空き時間をつくらなければ1学期に20単位（場合によっては21単位）取れるので、カナダ生まれの生徒が順調に進めば、2年半（5学期）で取得できる。夏の学期や夜の学校を使えば、さらにもっと短縮できる。したがって、卒業は6月であるが、9月からの大学の新学期に入学を許可されるか否かは、5学期目が終わる1月の点数が出た段階ですでにわかる。そして、入学登録は先着順で、あらかじめ公表されている点数を満たした者から定員まで受け付けられるので、この段階で大学への入学の登録ができる。もし、大学が公表している点数に取得点数が不足すれば、残りの1学期を、もう一度同じ授業を取り直して、点数を上げることに用いることもできる。

しかし、文化的に異なる地域から移住してきた者が大学入学資格を得るような卒業のしかたをするとするならば、英語30は必修なので、第一に、取得単位の点数が不足であるということがなくとも、英語30に達するには、どんなに順調にいっても8学期はかかってしまうことになる。カナダ生まれの生徒の2年半に比較してすでに1年半長期になるが、それのみならず、第二に、受付け手続きが遅れることによって、大学での学習開始が遅れたり、希望でない学科に回されたりしなければならない

ことになる。ケース5は、そのような状況で、一応大学に受け付けられてはいたが、夏のコースを取って、点数を上げ、8月に登録のし直しをしなければならない状況であった。

　ここにもう一つ言及するならば、ラベル付けによって与えられたハイスクール就学の期間の長さということがある。移住者の子どもの場合、親の経済的状況はよくないので、就学年限が長いということは、経済的にも苦しい。このような状況の時、3年半（7学期）で修了できる普通の卒業形態（大学に行けない卒業形態）を提示されると、そちらの方に容易に誘われてしまうであろう。また、在籍できるのは4年限りである。いったん大学に行けない卒業の方向にコースの選択を取り始めてしまうと（グレード10のEnglish 13のあとグレード10進学用のEnglish 10でなくグレード11のEnglish 23に進んでしまうと）[4]、大学進学への進路に戻るためには、さらに1年以上の期間、他の機関で勉強をし直すことが必要になる。

3　生徒の期待と出身国で培われた価値観

　インタビューの対象となった生徒たちは、二重の文化をもっている。カナダに来てからまだ数年ということで、むしろ、文化的には、出身国の文化に規定されている方が大きいかもしれない。教育的には、カナダの教育の方がよいとの価値判断によって期待してカナダに来ているのであるが、それでも学校のラダーシステムを登るについて、常に出身国との比較が現れてくる。

　ケース3が、カウンセラーが低いレベルの授業を取るようにと強力に薦めたのにそれに抵抗した時の理由は、「韓国では、アカデミックな学科を取らねばならない」であった。「取らせてくれなければ、国へ帰る」とまで言って、強行に交渉をした。ケース2も、「遊びのような科目ばかりで、理科も社会もない、これで大丈夫だろうか」「日本の習慣では、学校

---

[4]　科目名は異なるが、前章144ページの英語学習の流れ図参照。当時の流れ図では英語33から英語30へのルートはなかった。

の勧めた授業以外に自分の意思で取る授業を変更してもらうなどとは、思いもよらなかった。友達やまわりの人が、カウンセラーや先生を説得して、自分の進みたい授業を取っているのを見て、自分も、勇気を出して交渉して変えてもらった。よい友達がまわりにいなかったら、カウンセラーの勧める授業を取って、のんびりと過ごして、何も得ないで終わってしまったであろう。」ケース１も、「自分は韓国の大学に行きたい。アメリカの大学に行けば、韓国の大学に容易に編入できる。韓国の大学に入るには入学試験が難しい。」

　これは、卒業までの期間にも現れてくる。例えば、ケース４のように、「今、自分の昔の同級生たちは、すでに大学２年である」というように、出身国の自分の友達は、今、どうしているだろうか、ということが比較の対象になる。したがって、学校側は、在学は４年間許されるのだから４年をかけてゆっくり学習させればよい、卒業してからでも不足の単位を取り直せばよいと考るのを受け入れられず、生徒の側は、修学期間が延びることをひじょうに気にしている。できる限り密度の高い学習をして、速く通常のカナダ人と同じルーティーンに乗りたいと考えている。

　文化的差異という面は生活一般に及ぶものであるが、本章のテーマから、学校のイメージに焦点を当ててみると、次のような事柄もうかがえる。ケース４が述べているように、「カナダに来る前は、朝７時に学校に行くために家を出て夜12時に帰宅する」というように、生徒たちは生活のかなりの部分を学校と密着させて生活することを当然と考えていた。それに対して、カナダの学校が期待しているのは、学校への部分的参加である。学校には特定の時間のみ来ればよく、他の時間、特に夏期は、別のことを行うように期待しているのに、出身国での習性から、夏期に授業を行うところがあるという情報を得ると、それに出席して学習することを希望する。学期の間にすら、正規に通う学校以外の夜の学校に通い、そこで単位を取得している（ケース５は、中国語の単位を最上位まで取ってしまっていたし、ケース６も中国語の授業を取っていた）。ハイスクールは

完全な単位制なので、夜のコースであろうと、夏のコースであろうと、どこで単位を取得しても換算される。ケース5は、単位の数はもう十分であるが、問題は点数である、自分は、英語などで、もっと高い点数を得なければならないのだ、と語っていた。

　これらのことから新しい文化への適応の方法に対する、生徒と学校の期待の差異が見受けられる。生徒の方は、教科の学習をしながら英語も学んでゆくことを希望している。それに対して、学校は、主要学科の学習は言語力を必要とするので、英語を学び終わってからでないと学習の効果は上がらないと考え、教科を通じての英語の習得はあまり考えていない。学校の方は、一度選択した教科の単位を取れないと生徒に挫折感を味わわせてしまってよくない、それよりもやさしい内容を与えて達成感を味わわせた方が自尊の念を植えつけると考えている。それに対し、生徒の方は、出身国の文化でものごとを考える時、階層③で卒業できればよいという考えのもとに学校が提供してくれる授業ののんびりしたラダーシステムに素直に乗れなくなる。そこに、彼女たちは、苛立ちを感じていた。一方では、「あなたの英語力では単位は取れない。落ちたらどうする」といういわば脅しと、自国にいたらそうであったように、メインストリームに速く登りたい、というあせりと闘っているのが感じられた。出身国の文化では、チャレンジしてダメだったら次の選択肢を考えるというのが、慣習である。カナダでは、難しいと思われるところは初めから拒否されて、チャレンジさせてくれない、ということにフラストレーションを感じているようだった。

　学校との抗争の際のエネルギーになるものは、出身文化であった。これらの被インタビュー者たちは、教育熱心な家庭・自国文化の出身者であった。「今頃、自分の友達は……」「国にいたならば今頃自分は……」という比較、あるいは、出身文化からすでに得ている強固な職業観・人生観、行動様式である。大学へ行くのは当然であるとか、医者になりたい（ケース4）とかいう確固とした目標があって、目指すものが明確な時、周

囲が彼らに押し付けようとする役割とそこへのルートにきりっとして立ち向かうエネルギーがわいてくる。また、出身国内で培われた性格的な強さや自己主張をする習慣のようなものも作用しているようであった。いずれにせよ、被インタビュー者たちは、実際に難しい教科に落ちて、下のクラスに回るよりも、落ちるぞ、落ちるぞ、ダメだ、ダメだという周囲の役割期待に抵抗することに、たいへんな心理的なエネルギーを用いていた。

V　ラベリング理論とヒドン・カリキュラムからの説明

　ESLの生徒たちの学校や社会における位置づけについて考えてみよう。参考にするのは、ラベリング理論である。これは、もともとは、レマート（Lemert, 1951）やベッカー（Becker, 1963）らが、非行の発生という現象についての説明をするために用いた理論である。すなわち、非行という逸脱行動に走るのは、選別的ラベリング（一次的逸脱）とラベリングに基づくアイデンティティ（二次的逸脱）という2つの過程があるとするものである。ESLの生徒たちは、選別的ラベリングを与えられるという点がヒントを与えてくれると思われる。

　外国からやってきた生徒たちは、カナダ人と同じようには英語が話せないという明白な逸脱的事実をもっている。ベッカーたちは、一次的逸脱をさらに理由のあるものとないものに分けているが、移民の場合、程度の差はあれ、英語力が劣るということで理由は存在している（なかには、ケース5のように出身国で幼稚園から英語の学習をしていたという場合も混じっていたが）。機能的に十分な程度に英語が上達しても、訛りは残るであろう。英語のみでなく、行動様式や思考の回路にも異なるものをもっているであろう。そして、ここで取り上げた被インタビュー者たちは、それに加えて、東洋系という外面的に識別可能な特性をもっていた。一人を除いて、名前にカナダ名を用いてメインストリームに同化しようと

する努力が見受けられたが、そうした文化的な特徴と生得的な特性は消しようがない。「英語」でのコミュニケーション能力という、文化伝達を目的とする教育機関でもっともキーになる能力において逸脱行動をもった者を、学校はメインストリームに同化させるために、ESLというクラスを設けている。

「できるだけ早い機会に生徒を正規の学校プログラムへ容易に統合するために、アルバータ州教育省は、教育委員会に、カナダに生まれたが英語が流暢でないアルバータの生徒と最近カナダに到着して第一言語が英語ではない生徒に対し第二言語プログラムを与える援助を行う」(Alberta Education, Policy 1.5.1)。これは、1998年当時の州の教育方針についての記載である。英語圏以外から来た生徒たちにはESLと呼ばれる特別指導が与えられる。それは同時に、ESLの生徒であるというラベル付けを得ることにもなる。このラベル付けを得たことによって、学校のなかで特別な配慮を得る。被インタビュー者たちは、移住して1年目、英語やカナダの学校の様子がわからないために恐怖感をもちながら、適応するのに一生懸命であった。自分たちを暖かく受け入れてくれて、ESLという特別な配慮をしてくれることに対して、ケース1を初めとして、例外なく感謝をしていた。

学校は、生徒たちにラベル付けを与えると、それらの特性をもった生徒たちにふさわしいと考える内容の教授をする。ESLのクラスで扱われる教材は、インタビューから見ると、道案内など日常生活に関係のあるもの、readingに使われる文献は移民生活に関するもの、writingに関するものは、日記を書く、自分はどのような人間かという自己紹介的なもの、といった内容であった。そうしたなかで、自分はESLの生徒なのだということを認識し、カナダ社会のなかでの自分のアイデンティティを形成してゆく。また、移民は、社会のなかでどのような位置を占めるかという自己概念も形成してゆく。カナダはmulti-culturalismを標榜しているので (関口, 1988)、外国から来た人々が適応しやすいのではないか、と筆者

が言ったとき、滞在期間がもっとも長いケース6が、「multi-culturalismを教えてもらわなくてはならないのは、私たちじゃない、それを学ばなければならないのはホワイトたちだ」とはき捨てるように言ったのは印象的であった。

　ESLの生徒たちは、授業に出席し、単位を落とさないように授業が求めることのみは行うが、それ以上のことはする必要はない。社会に慣れるようにと学校が奨励をするアルバイトやボランティア活動に学外で精を出して、小銭を稼ぐなどの喜びを味わい始める。一方、学校内では、カウンセラーを通じて手工的な学科を選択するように勧められる。これは、英語ができるようになるまでは、その他の知的科目を取ることは許されないという制度的なものにも起因して強化される。そのことは、自分は英語以外はhonour studentだと言ったケース6の、ハイスクール2学期目の受講科目に典型的に現れている。

　ESLの生徒というラベルが貼られると、学校はそれにふさわしいと思われる授業を選択するようにと繰り返し繰り返し導く。そのとき使われる強制の手段は、「英語ができないから、単位が取れないぞ」「落ちるぞ」である。そこへ入ると、そのラベルにふさわしいと思われる内容が繰り返し叩き込まれる。最初は、出身国の文化を梃に抵抗していた移民の生徒たちも、次第に周囲の役割期待を受け入れてくる。ケース2が言っていたように、「しかし、毎学期、どの授業を取るかでカウンセラーや教師と闘わなければならないのは、とても苦痛である。」

　学校を訪問した時、ESLの生徒が卒業に達するのは少ないということをたびたび聞かされた。廊下には、ディプロムを得た生徒の顔が飾ってあり、ESLの教師たちは、そのなかに、自分の生徒の顔がほとんどないのを嘆いていた。教師たちは、ドロップアウトの理由を、怠惰と、卒業ということに対する家庭の価値観のなさに帰していた。また、アルバイトと学外の集団帰属に起因とする不登校にも帰していた。ケース6は、ある時期出身文化を同じくする友達と「遊びまわっていた」時期があった

ことを語った。「自分はまだ、helpが必要な時期であったのに、それが与えられず、ほっておかれた。」このときインタビューしようとして果たせなかったもう一人の日本文化出身の生徒も、ちょうどそのような時期であったようである。

　学外での活動の達成感が強ければ強いほど、そして学内で満足感が得られない場合はなおいっそうのこと、学外の集団にのめり込むことが多くなる。さらに極端な場合は、学外において非合法すれすれ、あるいは非合法の集団を形成して、そこで頭角を現わすこともあるようである。

　学校のもつESLの生徒であるというイメージに抵抗しながら学歴上の自分の道を切り開くのは、たいへんなエネルギーを要することである。逸脱行動にまで至らない場合も、長期的に見れば、疲れきって、ESLの生徒、移民というカテゴリーに対する社会全体に存在する役割期待のなかに埋没してゆくのであろう。

　以上、ハイスクール生徒へのインタビューから、実質的な文化の違いよりも、文化の違いに起因する「ラベル付け」が、移民の社会的な位置づけに影響するのではないかということを説明してきた。異文化集団の集合体であるといってもよいカナダという国の学校のなかで、初期の公用語の習得の度合いを基準として生徒を区分けして、そのラベルが公用語習得以外の教育でも大きく規定すること、それに即した教育内容を与えることによって社会の一定の位置にはめ込んでゆくこと、ラベル付けによって規定される生活から逃れる方法として、学校との強烈な闘争を組んだり、予定された学校文化以外のところへ逸脱したりする可能性があること、それらの行動の原動力になるのは、出身国で以前に得た文化によるところが大きいらしいことなどを、明らかにしてきた。

　ラベル付けによって与えられる教育の内容は、教師を中心とするメインストリームの人たちの移民に対する役割期待に大きく依存し、文化的に異なる生徒の知的能力を存分に伸ばすという面から見れば不十分である。が、しかしながら、優秀な基本的素質をもつ者をマニュアルワー

カーや商業的領域の働き手として育成するという社会的な面から見れば、成功をしていると言えよう。これは、学校側が明確に意図していないとするならば、ヒドン・カリキュラムである。ヒドン・カリキュラムとは、学校で意識的な意図なしに伝達される行動、態度、知識である。行動や言動を通じて間接的に伝達される価値の蓄積である。顕在的なカリキュラムと同じように内容伝達をし、教育効果を上げているにもかかわらず、伝達者はそれを意識していない。ハイスクールの生徒たちは、新しい文化の習得という面からみれば可塑性に富む時期であり、何らかのラベル付けが行われることによって方向付けがなされ、新しい文化を広く広範に習得する機会を制限して特定の役割の鋳型のなかにはめ込まれやすい。

今回は学校のなかでのESL生徒というラベル付けとそれがどう働くかのメカニズムに焦点を合わせて解釈してきたが、社会のなかでは、ビジブルマイノリティの集団に所属するか否かといったような、生得的なラベル付けによる影響も大きいであろう。

出生率が減少しているから人口が減少し、将来労働力が不足するから移民を受け入れる必要がある、ということがよく言われる。その意味で、公用語の習得を軸とすることによって、生徒たちの知的上昇的学習意欲をそぎ、手工的な領域への関心をもたせ、また、大学へ行けない形で中等教育を修了させる。今まで見てきたような学校教育制度は、納得した形で移民をそのようなルートに確実に導入してゆくのに成功していると言えよう。しかも、この裏には、いつでも準備ができたとき、知的なコースに編入できる選択肢は開かれているのですよ、という平等へのメッセージも残している。しかし、現実的には、時間という負担の他に、遺失利益（職についていれば収入が得られる）と授業料（未成人で保護者がレジデントである場合のみ市が負担、それ以外は授業料が必要）という二重の経済的負担、また、キャリアへの出発点が遅れるというハンディキャップを強いられることになる。

ラベル付けによって社会の中で、移民たち、特にビジブルマイノリ

ティの移民たちは、メインストリームとは異なる別の社会を構成しがちである。場合によっては、非合法あるいは非合法すれすれと目される集団を構成する場合もあるようである。移民の受け入れと、教育制度のあり方に、いろいろと示唆を与えてくれるものがある。

引用文献一覧

Alberta Education. Section 1 Education Programs and Services Policy Requirements, Second Language Policy1.5.1 - English as a Second Language, http://ednet.edc.gov.ab.ca/educationguide/pol-plan/polregs/151.htm, 1998.4.10 採取。

Becker, Howard S. (1963). *Outsiders: Studies in the Sociology of Deviance.* London: Free Press of Glencoe.

Lemert, Edwin M. (1951). *Social Pathology: A Systematic Approach to the Theory of Sociopathic Behavior.* New York: McGraw-Hill Book Co.

Cummins, Jim (1984). "4 Bilingual and Cognitive Functioning." Shapson, Stan and D'Oyley, Vincent, eds, *Bilingual and Multicultural Education: Canadian Perspectives,* Great Britain: Multilingual Matters Ltd. pp. 55-67 (Multilingual Matters 15)

Duffy, Andrew (2004). "Why are ESL students left behind?" *Toronto Star, Sept 25/ 2004.*

Porter, John (1965). *The Vertical Mosaic: An Analysis of Social Class and Power in Canada.* Toronto, Buffalo, London: University of Toronto Press.

Porter, John (1972). Dilemmas and Contradictions of a Multi-ethnic Society *Transactions of the Royal Society of Canada, 10, no. 2*, pp. 193-205.

関口礼子編著(1988).『カナダ多文化主義教育に関する学際的研究』. 東京：東洋館出版社.

関口礼子(1997a).『カナダ：ハイスクール事情』. 東京：学文社.

関口礼子(1997b).『カナダの外国生まれのハイスクール女生徒へのインタビュー記録(資料)』. つくば：図書館情報大学社会学・教育学研究室.

第10章
フランス語を公用語とするケベック州の言語状況：学校教育を中心に

時田　朋子

ケベック州極北部アクリヴィク村の小学校

Ⅰ　言語状況の変遷と現状

　本章は、ケベック州における言語に関する問題を扱う。ケベック州はカナダ東部に位置し、カナダ全土のほぼ4分の1を占める。人口はオンタリオ州についで多く、カナダ全人口のほぼ4分の1を占めている。州の公用語はフランス語で、フランス語を母語とするフランコフォン（Francophone）」が多数派である。

　ケベック州は、1867年の連邦カナダ誕生と同時に成立した。その後1960年までは、フランコフォンが多数派を占めていたにもかかわらず、少数派である英語を母語とするアングロフォン（Anglophone）が社会的に権威をもち、経済も彼らの手中にあった。フランコフォンはカトリック教会を中心とした社会に暮らしていたが、教会は教育や社会福祉などの役割を担うことにより、自らの特権を守ったため、ケベック州の近代化は遅れていた。しかし人口がモントリオールなどの都市に集中し、ケベック州が工業化された社会になるにつれ、少数派であるアングロフォンが牛耳る状況に対して、フランス等の思想の影響を受けたフランコフォンの知識人を中心に、人々は不満を募らせていった。その状況下、1960年にジャン・ルサージュ率いるケベック自由党が州政権に就いた。同政府は、教育制度の近代化、経済改革、年金など社会諸制度の整備に着手し、それによりケベック社会は急速に近代化への道を歩み出した。これは後に「静かな革命」と呼ばれる。これ以降、今まで社会的に抑圧されてきたフランコフォンは自らを「ケベコワ（Québécois）」と名乗り、ケベック州の民族的独自性を主張するようになった。また、工業化と人口の都市集中およびその結果としての少子化のため、カトリック教会の影響力は低下し、ケベック社会は脱宗教化へ向かった。フランコフォンを中心としたこのケベックナショナリズムはその後高揚していき、ケベック州が主権をとりカナダから分離するという議論に発展し、その是非を問う住民投票が行われるまでに至ったほどである（ただし1980年およ

び1995年に実施されたものの、否決されている)。

　言語についてであるが、ケベック州は、カナダの公用語[1]であるフランス語と英語の公的バイリンガリズム (official bilingualism) の比率の高さでよく知られている。2001年の国勢調査(Statistics Canada, 2002, Population by knowledge of official language) によると、フランス語と英語を話すことができる人の比率は、ケベック州では40.8％、モントリオールでは53％、そしてケベック州以外のカナダ平均では10.3％であり[2]、ケベック州およびモントリオールにおける公的バイリンガルは、他州や他都市に比べて高い。さらにカナダ第二の都市であるモントリオールは、トロントやバンクーバーと同様、移民やその子孫が多いため、モントリオールは多言語化された社会となっている。1・2世を中心に、英語とフランス語以外の自らの言語を話して維持しているためである[3]。現在の日本では、日本語を使うことができれば生活に支障はないが、これは世界的に稀有な状況である。世界の他の国々では歴史や民族構成などのため、複数の言語が社会に存在することがほとんどであり、その結果、生活のために、複数の言語を話すマルチリンガルとなる者も多い。さらに、近年の政治経済、文化、教育など諸領域のグローバル化に対応すべく、複数の言語を習得する者も増加している。

　日本においても、英語を初めとする外国語の習得は、学校教育の枠組みにおいてのみならず学校教育外においても熱心に取り組まれ、その結果、バイリンガルやマルチリンガルとなる者が増加してきた。さらに観光やビジネスなどのために短期的に滞在する外国人や、留学やビジネスなどのために長期的に滞在する外国人の増加に加え、国際結婚および移民・難民などの定住化が増加しつつあり、日本の街中でも多くの言語を

1　日本の「国語」は、カナダでは「公用語 (official language)」に相当する。
2　この項目は自己判断であるため、判断の基準に個人差があり正確性に欠けるという批判はあるが (ex. Jedwab, 1999)、同じ形式を用いてカナダ全土で調査が実施されることを考慮すれば、地域間の比較が可能であろう。
3　祖先から受け継いだ言語は「遺産言語 (英語：heritage language, フランス語：langue d' origine)」という。

耳にする機会が増えた。この状況は拍車がかかり、今後ますます、日本は多言語社会になると予測される。

　言語状況は、政府の言語政策や経済活動、歴史的動向や文化など多様な社会的要因により決定されるため（Edwards, 1994, pp. 33-39）、国や地域により言語状況はそれぞれ異なる。本章は、多言語社会として世界的に注目を集めるカナダのモントリオールを扱うことにより、いかに多言語社会は構成されており、機能しているかを示したい。これからマルチリンガリズムが展開されていく日本にも、大きな示唆を与えてくれるであろう。

　ケベック州の公的バイリンガリズムやマルチリンガリズムは、カナダ連邦政府やケベック州政府による言語政策、アメリカ合衆国との結びつきや移民の流入などの影響を受けて発展してきた。そこで、カナダやケベック州の言語政策・教育を考慮しながら、ケベック州の公的バイリンガリズムおよびマルチリンガリズムの現状を取り上げる。まずケベック州政府によるフランス語化政策が人々の意識にどのように影響を与え、フランス語化が徹底されたかを見ていく。次にケベック州の言語政策がいかに教育と結びついているかを、制度的観点により明らかにする。そして最後に、人口に占める比率が増加している移民やアロフォン[4]（Allophone：フランス語と英語以外の言語を母語とする人々）について、若者の視点から、彼らがカナダの公用語である英語とフランス語をいかに捉えているかを検討する。以上を通して、言語政策が、個人の意識にどのように影響を与え、社会の言語状況を変化させるかを考えたい。これは、人々の言語習得にかかわる教育の役割を考えることにつながるであろう。

---

[4] アロフォンとは、居住国家・地域において母語が外国語である者を指す（Le Petit Robert）。つまりカナダにおいてアロフォンとは、公用語であるフランス語と英語以外を母語とする人々のことである。

II　フランス語化を目指す言語政策と公的バイリンガリズムの展開

　本節では、ケベック州の言語政策および公用語に関する国勢調査のデータより、ケベック州の言語状況を見ていく。カナダ他州とは異なる独特の言語状況が明らかになるであろう。

　前述のように1960年代の「静かな革命」により、ケベック州では、フランス語の地位を高めるための運動が開始された。まず1969年に「フランス語振興法」が施行され、同州におけるフランス語の優位性が示された。その後1974年に施行された「公用語法」により、フランス語がケベック州の唯一の公用語と定められた。しかしこの法律はフランス語化を徹底できなかったため、1977年にルネ・レヴェック率いるケベック党は「フランス語憲章」を施行し、ケベック州のフランス語化、すなわちフランス語ユニリンガリズムの強化を目指した。例えば同憲章は、行政機関、立法・司法機関は実質フランス語のみで機能すると定め、また銀行、学校、病院、道路標識など日常で使用する言語を、原則としてフランス語にすることを義務づけている。この成果もあり、2001年の国勢調査では、ケベック州の94％、モントリオールの90％の人々はフランス語を話すと述べており（Statistics Canada, 2002, Population by knowledge of official language）、ケベック州におけるフランス語化の達成をここに見ることができる。

　州政府が主導するこのフランス語化は、人々の言語に対する意識に大きな影響を及ぼした。それ以前は、英語がケベック州において社会的および経済的に力をもつ言語であったため、フランス語を習得するアングロフォンは少なく、英語を習得するフランコフォンの方が圧倒的に多かった。また、新たな移民やアロフォンも、英語を習得することを好んだ。しかしこの一連のフランス語化によりフランス語が社会の共通語と定められ、ケベック州におけるフランス語の地位が高まったため、アングロフォンやアロフォンはフランス語を習得する必要性を認識し、フラ

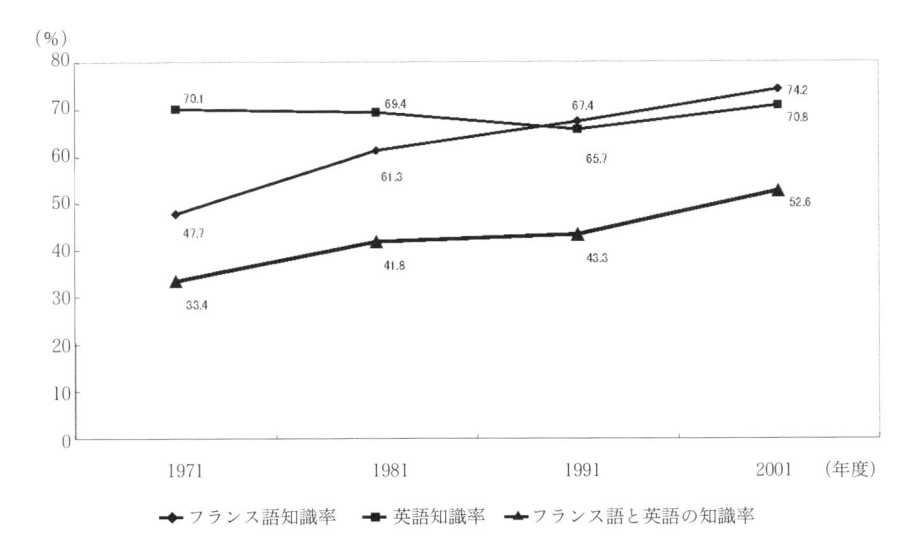

図表10-1　モントリオールのアロフォンにおける、フランス語と英語の知識率

Marmen & Corbeil (1999, pp.44-66); Statistics Canada (2002)により作成

ンス語を習得するようになっていった。

　フランス語と英語以外を母語とするアロフォンを例に、公用語の習得率を見ていこう。**図表10-1**は、フランス語と英語を話すアロフォンの比率を時代別に示したグラフである（Marmen & Corbeil, 1999, pp. 44-66; Statistics Canada, 2002, Mother tongue and knowledge of official langagesより筆者が計算・作成）。1971年にフランス語を話す者は47.7％であったが、2001年にその比率は74.2％となり、著しく増加している。アロフォンの人数はこの期間に増加したため、実質フランス語を話すアロフォンの数が上昇したこととなる。一方、英語を話すことができるアロフォンの比率は、1971年には70.1％、2001年には70.8％であり、大きな変化はなく安定している。これより、アロフォンはケベック州のフランス語化にかかわらず、英語を習得し続けたことがわかる。つまり、フランス語と英語以外を母語とするアロフォンが英語のみならずフランス語を習得するように

なったため、トライリンガルとなるアロフォンが増加した。そしてそれは、ケベック州のマルチリンガリズムの発展へとつながっていった。

このようにケベック州の言語政策は、アングロフォンやアロフォンにフランス語を習得させ、フランス語と英語の公的バイリンガリズム、さらにマルチリンガリズムを発展させることに貢献してきた。ちなみに2001年の国勢調査によると、母語別のフランス語と英語の公的バイリンガル率は、アングロフォンが66.1％、アロフォンが50.4％、フランコフォンが36.6％であり、この比率はすべての言語集団において、時代とともに上昇している。次節では教育に注目し、教育における言語政策が言語習得にいかに影響を及ぼしてきたかを扱う。

III 学校におけるフランス語・英語教育

ケベック州が推進するフランス語化は、学校教育にも大きな影響を与えた。ケベック州の学校段階は、「静かな革命」期の教育改革以来、初等教育機関（6年制）、中等教育機関（5年制）、セジェップ（2年制の一般教養教育課程と3年制の技術教育課程の総合制。無償）、大学（学部は3年制の専門課程）である[5]。本節では、学校における教授言語、および第二言語教育について概観する。その後、移民の言語教育の現状を明らかにする。

ケベック州にはフランス語を教授言語とする公立の初等・中等教育機関および英語を教授言語とする公立の初等・中等教育機関が存在するが、フランス語憲章は、保護者がケベック州において英語による教育を受けていない限り、原則として子どもは英語を教授言語とする公立の初等・中等教育機関に就学できないことを第73条で定めている。その結果、多くの子どもたちはフランス語系学校に通っている。2002年度にはケベック州全体において（Ministère de l'Éducation du Québec, 2004, L'effectif scolaire）、

---

5 ケベック州の教育改革に関する詳細は、小林（1994）を参照のこと。

88.9％の初等教育段階の子どもはフランス語系初等教育機関に、10.7％は英語系初等教育機関に、そして中等教育段階の88.9％はフランス語系中等教育機関に、11.0％は英語系中等教育機関に在籍していた。なお英語系セジェップおよび英語系大学への就学について制限規則はない。それでも2002年度には、フランス語系セジェップに在籍する学生は84.2％であった（Ministère de l'Éducation du Québec, 2004, L'effectif scolaire）。大学においては、カナダ他州や他国からの留学生が占める割合が高くなり、また他州や他国の大学に通うためにケベック州を離れる学生も増えるため、フランス語系の大学に通う学生の比率は低下する。

次に、学校における言語教育の枠組みについてである。まず初等教育機関であるが、英語を教授言語とする機関では、1981年度より、第1学年から第二言語としてのフランス語の授業を行っている。一方、フランス語を教授言語とする機関では、1981年度から2002年度までは第4学年より、2003年度からは第3学年より、第二言語としての英語の授業を行ってきた。しかし子どもに英語を習得させたいという保護者の要望を受け、2006年度より第1学年から英語の授業が導入されることが決定されている。

中等教育機関においては、英語を教授言語とする機関では、第3学年まで「教授言語・英語」6単位と「第二言語・フランス語」6単位が必修であるが、フランス語を教授言語とする機関では、「教授言語・フランス語」8単位と「第二言語・英語」4単位が必修である（1単位は25時間）。第4学年と第5学年では、いずれも「教授言語」6単位・「第二言語」4単位である。さらに中等教育機関修了資格を得るための必修科目として、「教授言語5」6単位と「第二言語5」4単位を取得しなければならない[6]。単位取得のためには科目別の州統一試験に合格する必要があり、州統一試験の結果は成績評価の50％を占める。ちなみに、2003年6月実施の州統一試験

---

[6] 「5」は第5学年用の科目を意味するが、科目別進級制度を実施しているので、第5学年以前にその科目で落第している場合、正規の5年間では第5学年用の科目は履修できない。

の合格者は、「教授言語・フランス語5」82.9％、「第二言語・英語5」92.1％（以上はフランス語系中等教育機関）、「教授言語・英語5」94.1％、「第二言語・フランス語5」91.1％（以上は英語系中等教育機関）であった（Ministère de l'Éducation du Québec, 2004, pp. 14-18）。

　次の教育段階であるセジェップにおいても、公用語であるフランス語教育の強化のため、「教授言語とその文学」が共通一般科目の必修となっている。この科目についての州統一試験も実施されており、1998年よりそれに合格することがセジェップ修了資格に相当するDEC取得の必須条件となった。2003年度には、84.3％が合格した（Ministère de l'Éducation du Québec, 2004, pp. 14-18）。

　教員資格についてであるが、教授言語についてはそれぞれ初等教員資格と中等教員資格に含まれる。しかし第二言語については、第二言語としてのフランス語教員資格か第二言語としての英語教員資格が必要である。大学により若干名称が異なるが、「教育学士（初等教育）」「教育学士（中等教育）」「教育学士（第二言語としてのフランス語）」「教育学士（第二言語としての英語）」がある。これらの学士号を取得する課程は、教員養成課程としての認定を受けている。さらに公用語を母語としない児童・生徒の公用語指導のための課程が、大学に設置されている。

　また英語系教育機関のフランス語教育として、フランス語を教授言語として使用する、フランス語イマージョンプログラムがある（詳細は第11章を参照のこと）。この方式は、1965年の実施以降、生徒にフランス語と英語を高いレベルで習得させることに貢献し、現在に至るまでその参加率は増加している。ケベック州でフランス語が公用語とされ、フランス語使用が推進されていること、また1969年にカナダ連邦政府が英語とフランス語を公用語と定め、カナダ国内におけるフランス語の地位が上がったことを受け、子どもをフランス語と英語のバイリンガルにしたいと望む保護者が多いことがイマージョンプログラムの人気を支えている。

　さらに、人数とともに比率が増加している移民の言語教育に対しても、

ケベック州は大きな力を注いでいる。ケベック州教育省は1998年に、「学校への融合と異文化間教育に関する政策：将来の学校（Politique d'intégration scolaire et d'éducation interculturelle: Une école d'avenir）」という文書を提出し、そのなかで、ケベック社会の民族・文化の多様性を踏まえた上で、移民のケベック社会での生活を支援するために、彼らのフランス語習得の支援を促進することを表明している。実際、ケベック州市民・移住省は、移住者に対するフランス語指導を制度化している。州は、大学、セジェップ、教育委員会、地域のNPO、企業などと連携をして、フランス語の指導を行う。集中的な指導としては、全日制の場合、週5日制で週25時間から30時間の授業を8週間継続で行い、半日制の場合、週5日制で週20時間の授業を8週間継続で行う。非集中的な指導としては、週日の場合、週2日から5日で11週間、夜間の場合、週に2日から3日で11週間、週末の場合、コースの一部のみを不定で実施する。参加者は経済的な援助を受けることができるが、審査を通らなければならない。

　移民の子どももまた、フランス語憲章のもと、公立の初等および中等教育機関に通う限り、フランス語による教育を受けなければならない。しかし多くの子どもはカナダ到着時にはフランス語を十分に習得していないため、フランス語で授業が行われる普通学級にすぐに編入することは難しい。そこでケベック州は、「母語がフランス語でなく、初めてフランス語による教育を受け、普通学級の授業に参加するにはフランス語能力が不十分である生徒」は「1年以上、フランス語の習得を支援するサービスを利用することができる」(Ministère de l'Éducation du Québec, 2000, 第7条) と明示し、彼らのために「受け入れ学級 (Classe d'accueil)」を運営する。受け入れ学級は、生徒にフランス語およびケベック州の社会・文化を学習させ、普通学級に溶け込ませることを目的としている (Ministère de l'Éducation du Québec, 2001b, pp. 109-115)。そのため、学習指導要領に定められた教科および各教科の時間数を必ずしも遵守しなくてもよい (Ministère de l'Éducation du Québec, 2000, 第22・23条)。在籍期間は生徒のフランス語能

力、またケベック州の学校への溶け込み具合により異なる。一般的に初等教育機関入学以前および初等教育機関に在籍中に移民した者の多くは、学年が遅れない、または1年遅れ程度で普通学級に編入していく。しかし、中等教育機関に在籍中に移民した者は、フランス語を十分に習得しない者も多く、半数は2年またはそれ以上学年が遅れ、三分の一は中退する。ただし、受け入れ学級は全般的に目的を達成しているという報告がされている (Mc Andrew, 2001, pp. 25-47)。なお、地域の実情に応じた科目を4単位まで設けることが認められており、これにより遺産言語の授業を正規に開講することも可能である (Ministère de l'Éducation du Québec, 2000, 第25条)。

　以上、ケベック州政府主導のフランス語化による、同州の言語教育および教育における言語の地位の変化を見てきた。州政府はフランス語憲章によりケベック州の英語化に歯止めをかけ、フランス語化を推進している。ただし、政府は英語の習得に異議を唱えるわけではないことに注意したい。英語が他の言語や文化をもつ人々と交流する機会を与えること、ケベック州はカナダに属しアメリカ合衆国の隣国に位置することから英語によるメディアや文化的産物が多いこと、また第二言語を学ぶことにより視野を広げ言語の豊かさを評価することが可能になると明示し (Ministère de l'Éducation du Québec, 2001b, pp. 98-100)、州政府は英語の習得を推進する方向性を示す。それは、フランス語系学校における第二言語としての英語教育の開始時期を、それまでの初等教育機関の第4学年から、2006年度より第1学年にすると改めたことにも見ることができよう。

　ケベック州政府が、同州のフランス語化に向けて大きな力を注いだことのひとつは、移民に対する言語教育であった。ケベック州のフランス語化をさらに徹底させるため、人数および人口に占める比率が上昇している移民を、英語ではなくフランス語に結びつけるためである。そこで次節では、移民やアロフォンに視点を置き、彼らに対する州政府の取り組みを概観しながら、移民やアロフォンが実際にどのようにフランス語を捉えているかを考察する。

Ⅳ　アロフォンや移民とフランス語・英語：教授言語選択の観点から

　ケベック州は、第二次世界大戦以降、多くの移民を受け入れてきた。ケベック州への移民はモントリオールに集中する。例えば2001年には、ケベック州に住む移民・アロフォンの88.1％はモントリオールに住んでいた。モントリオールには経済機会が多く、従来より移民が集中していた上に (Bourhis, 1994, pp. 322-360)、言語や文化を同一とする者と同じ地域に集中して住むことを快適に捉える傾向があるためである。そしてこの状況は、モントリオールを、多文化および多言語都市に発展させてきた。2001年のモントリオールの人口は、68.1％のフランコフォン、12.8％のアングロフォン、19.1％のアロフォンから構成されており、母語が多様化されている (Statistics Canada, 2002, Population by mother tongue)。ケベック州への移民は現在も増加している上、アロフォンの出生率は高いため (Termote, 2001)、アロフォンの比率は今後も上昇するであろう。つまり、モントリオールは今後ますます多文化・多言語社会になっていくと予測される。

　既述の通り、ケベック州はフランス語のみを公用語と定め、フランス語化を推進してきた。その一環として、移民・アロフォンは、英語ではなくフランス語に結びつけられてきた。例えばフランス語憲章は、移民の子どもたちが、フランス語を教授言語とする初等・中等教育機関に通うことを実質上義務づけており、近年では、8割程度のアロフォンはフランス語系の初等・中等教育機関に入学する (Maheu, 2001)。アロフォンが在籍することにより、フランス語系学校の民族的構成は大きく変化したが、アロフォンはフランス語を頻繁に使用しており全体的にフランス語系学校に融合している (Mc Andrew & al, 1999, pp. 117-121)。

　だがフランス語憲章は、その次の教育機関であるセジェップにおける教授言語には制限を設けていない。その結果1999年には、アロフォンの58.8％は英語系セジェップに、40.6％はフランス語系セジェップに入学

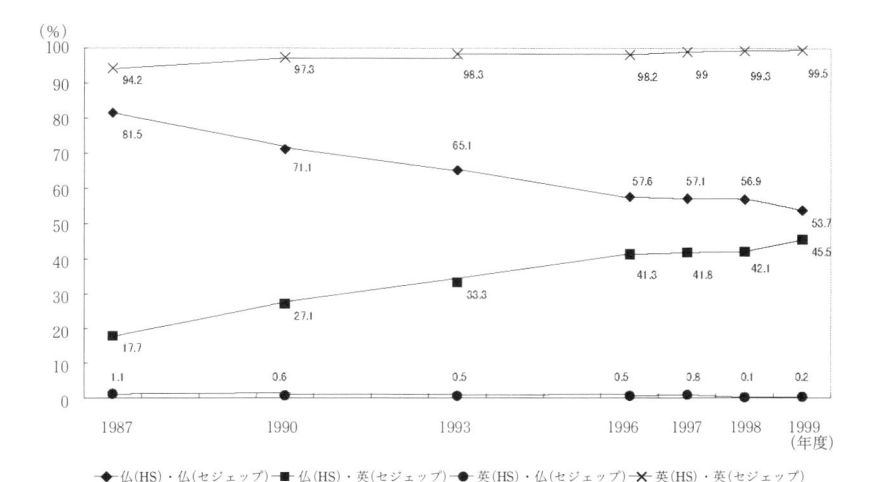

図表10-2　アロフォンの中等教育機関(HS)における教授言語とセジェップにおける教授言語の関係

Maheu (2001, tableau 8) により作成

している（Maheu, 2001, tableau8）。中等教育機関の教授言語別にセジェップにおける教授言語の選択を見ると（**図表10-2**を参照）、中等教育機関でフランス語が教授言語であった者のうち、セジェップでもフランス語を教授言語として選択する者の比率は、1987年の81.5％から1999年の53.7％へと大きく減少している。逆に英語を選択する者の比率は、1987年の17.7％から1999年の45.5％へと増加している。一方中等教育機関で英語を教授言語とした者のうち、セジェップに入学する際に教授言語をフランス語に変更する者はなく、ほとんどはそのまま英語を教授言語とする。つまり現在、フランス語系中等教育機関に通ったアロフォンの半数以上が、セジェップにおける教授言語をフランス語から英語に変えるが、英語系中等教育機関に通ったアロフォンはフランス語に教授言語を変更することはほとんどないのである。

　アロフォンの大多数はフランス語系中等教育機関に在籍しているが、現在そのほぼ半数はセジェップの教授言語をフランス語から英語に変更

している。それは、彼らが英語で授業を受けるほど十分なレベルの英語能力を身につけていることを意味すると同時に、彼らが何らかの意思をもって教授言語を英語にしたことを示唆する。そこで、英語系セジェップに通うアロフォンの若者がフランス語と英語をどのように捉えているかについて、Tokita (2004, pp. 118-127) は、アンケートおよびインタビューによる調査を行った。まずフランス語についてであるが、彼らはフランス語がケベック州の公用語であることを強く意識し、同州におけるフランス語の重要性を認識している。そしてケベック州で生活するために、また社会的および経済的に成功するために、フランス語を必要と考える。つまり彼らは、フランス語を道具として捉えるのである。しかし、ショッピングセンターの店員とのやりとりなど、「公共の場」を除く日常生活においてフランス語を頻繁に使用することは少なく[7]、また、今後の教育や将来の仕事においてフランス語を主に使用しようとは考えていない。さらにフランス語で文化的活動を行う者も少なく、つまりフランス語に対する統合性をほとんどもたない[8]。

　一方、アロフォンの若者たちは、英語に対して高い統合性をもつ。彼らは日常生活において、またテレビや映画、インターネット、読書などの文化的活動において、英語を頻繁に使用する[9]。さらに彼らは、英語を道具として認識している。英語をカナダやアメリカ合衆国および国際的

7　この調査では、「ショッピングセンターの店員と話す」および「病院の医師と話す」際にもっとも使用する言語という項目をアンケートで設けた。ショッピングセンターの店員とフランス語をもっとも使用すると答えたのは4割程度であり、英語と答えた者が5割以上いた。また、医師との会話においては、英語使用が多数を占めていたことにも注意しておきたい。

8　ただしEllis (1997) が強調するように、道具的方向づけは言語を習得する動機づけに大きく貢献する。実際に、この研究の被験者もフランス語に対する統合性はもたないが、フランス語をある程度のレベルで習得している。

9　これは、アメリカ文化の影響が大きい。メディアの発達により、世界中の若者はアメリカ文化に触れる傾向にあるが (ex. Locher, 1993, pp. 39−59)、アメリカ合衆国の隣国であり、また公用語のひとつを英語とするカナダにおいて、アメリカの文化的産物に触れる機会はひじょうに多い。Locher (1993, pp. 39−59) によると、アロフォンやアングロフォンだけではなく、フランス語系学校に通うフランコフォンの若者も、アメリカ文化に多く触れている。

な言語として捉え、英語の習得は将来のために不可欠であると考えるからである。この研究の被験者は10代後半の学生であるため、多くの者にとって、将来どこに住み、どのような職業につくかは未定である。また彼らはケベック州に根づいていないため、カナダ他州や他国に移住する可能性も高い。つまり希望する職業につくため、社会的地位を得るため、また国際的であるため、彼らは英語の習得を「将来への投資」と捉えるのである。その点において、セジェップにおける教授言語の選択は、個人の目的を成し遂げるための方向性と一致している。

　このように、アロフォンはフランス語をケベック州と強く結びつけ、英語をケベック州を含むカナダ、アメリカ合衆国、国際社会と結びつけている。その結果、英語系セジェップという英語環境に自らを置くことにより、英語能力を上達させようと試みるのである。さらにここに、フランス語憲章がケベック州のフランス語化に果たしてきた役割の大きさを見ることができる。アロフォンの初等・中等教育機関における教授言語をほぼフランス語に定めるフランス語憲章が施行される以前は、アロフォンの多くは英語系の初等・中等教育機関を選択していた。もしフランス語憲章が施行されず、自由に教授言語の選択をしていたならば、アロフォンは英語系学校を選択し続けていたであろう。そして学校および日常生活のためにフランス語を習得する必要性をもつことなく、多くの者はフランス語を高いレベルで習得しなかったであろう。つまりフランス語化が徹底されず、もっと英語化された社会になっていたと推測される。アロフォンにフランス語を習得させたという点において、ケベック州をフランス語化社会にするという政府の目論見は、成功しているのである。

V　フランス語を共通語とする多言語社会へ

　以上、ケベック州の言語状況を、言語政策・言語教育の観点、および移

民やアロフォンというマイノリティの立場より描いてきた。これより、地域や国家における政策や教育、さらには国家や国際社会における言語の地位が、人々の言語習得に大きな影響を与えることが明らかである。日本においても外国人の数が増え、日本社会は多言語社会になりつつあるが、国家としての言語政策をさらに考えていく必要があろう。

　カナダにおいては、連邦政府が公的バイリンガリズム政策を採用することから、英語およびフランス語の教育・習得は、従来より熱心に取り組まれてきた。英語圏におけるその最たる例は、フランス語イマージョンプログラムによるフランス語教育である。1965年の実施以来、生徒にフランス語と英語を高いレベルで習得させているため、カナダでは人気が高い。しかしフランス語イマージョンプログラムの参加者は、2000年にはカナダの生徒全体の7.9％を占めていたに過ぎず、ほとんどの英語圏においてその参加率は減少している（Canadian Parents for French, 2001, pp. 34-40）。それには、フランス語の導入により学業および学校生活に問題をもつ生徒がいることや、英語が国際的に高い地位を占める今日、フランス語を高く評価しない傾向があること（Milstone, 2001）などが影響している。すなわちカナダの英語圏に住む多くの人々にとって、フランス語は習得価値があるものの、生活のために必須ではなく、付加的な言語に過ぎないのである（時田, 2004, pp. 81-83）。

　しかし、フランス語圏であるケベック州の人々は、州の公用語でない英語を付加的な言語とは捉えていない。ケベック州がカナダに属し、さらに北米に位置するため、また英語は国際的な共通語として機能するため、英語の習得は必要不可欠である。そこで人々は、フランス語だけでなく、英語も習得する。その結果ケベック州において、フランス語と英語を話すことができる人の比率は、カナダ他州と比べて著しく高いのである。英語圏の人々がフランス語を付加的なものと捉えるのとは異なり、ケベック州の人々は、英語を必須なものと捉えている。

　このような、ケベック州の公的バイリンガリズム率の高さに貢献した

のは、フランス語憲章であった。フランス語憲章の施行により、フランス語がケベック州唯一の公用語と定められ、フランス語化が強化されたため、それまでフランス語の重要性を見出さなかったアングロフォンやアロフォンがフランス語を習得するようになったためである。このように言語政策は、人々の言語に対する意識や言語習得に影響を及ぼす。しかし彼らは常に高い動機をもち英語を習得し続けたため、ケベック州政府のねらいを超えて、フランス語と英語のバイリンガリズムが発展することになった。ケベック州、とりわけモントリオールにおける公的バイリンガリズムの発展は、社会レベルにおいても個人レベルにおいても、カナダの二言語公用語政策とケベック州のフランス語化政策がある限り、そしてフランス語教育が行われる限り、維持され続けると推測される。さらにフランス語や英語以外を母語とするアロフォンの移民が増加している今日、モントリオールでは、ますますマルチリンガリズムが展開されていくであろう。

　しかし、アングロフォンやアロフォンの若者はケベック州に根づいていない。そのため、将来はケベック州から他の地域に移住する可能性も高い。現在、州政府はフランス語圏や旧フランス植民地の出身者を移民として優遇して受け入れることにより、ケベック州のフランス語化を維持し、さらに発展させようとしている。しかし、たとえそのような人たちとフランス語を共有するにせよ、同じケベック文化を共有しているわけではない。つまり、ケベック州に根づくフランコフォンのためだけではなく、移民やアロフォンまたアングロフォンの多様性を認めるケベック社会が必要なのである。そのような社会に向けて様々な政策が展開されているが、フランス語を共通語とする多文化・多言語社会を創り上げるよう、ケベック州はさらなる挑戦を続けていかねばならない。

　　謝辞：本章を執筆するに当たり、清泉女子大学名誉教授の小林順子先生には、
　　　　資料を拝借し、また貴重なご意見を頂戴した。ここに深く感謝の意を表
　　　　する。

引用文献一覧

Bourhis, Richard. Y (1994). "Ethnic and language attitudes in Quebec." J.W. Berry & J.A. Laponce eds., *Ethnicity and culture in Canada: the research landscape*, Toronto: University of Toronto Press, pp. 322-360.

Canadian Parents for French (2001). *The state of French second language education in Canada 2001.* Canadian Parents for French.

Edwards, John (1994). *Multilingualism.* London: Routledge.

Ellis, Rod (1997). *Second language acquisition.* New York: Oxford University Press.

Jedwab, Jack (1999). *L'appartenance ethnique et les langues patrimoniales au Canada.* Montréal: Centre de langues patrimoniales de l'Université de Montréal.

Locher, Uli (1993). *Les jeunes et la langue: Usages et attitudes linguistiques des jeunes qui étudient en français.* Québec: Conseil de la langue française.

Maheu, Robert (2001). "La mobilité linguistique en milieu scolaire." Commission des États généraux sur la situation et l'avenir de la langue française au Québec. http://www.etatsgeneraux.gouv.qc.ca/jour_thema.asp 2001年12月20日採取.

Marmen, Louise., and Corbeil, Jean-Pierre (1999). *Les langues au Canada: Recensement de 1996.* Canada: Ministère des travaux publics et services gouvernementaux.

Mc Andrew, Marie (2001). *Immigration et diversité à l'école. Le débat québécois dans une perspective comparative.* Montréal: Presses de l'Université de Montréal.

Mc Andrew, Marie., Veltman, Calvin., Lemire, Francine., and Rossell, Josefina (1999). *Concentration ethnique et usages linguistiques en milieu scolaire.* Montréal: Immigration et métropoles.

Milstone, Carol (2001, Février 27). "The decline of immersion: With more dropouts and fewer proficient graduates, once-touched French immersion programs are losing favour". *National Post,* A13

Ministère de l'Éducation du Québec (1998). *Politique d'intégration scolaire et d'éducation interculturelle: Une école d'avenir.* Québec: Gouvernement du Québec.

Ministère de l'Éducation du Québec (2000). *Régime pédagogique de l'éducation préscolaire, et l'enseignement primaire et de l'enseignement secondaire.* Québec:

Gouvernement du Québec.

Ministère de l'Éducation du Québec (2001a). *Règlement sur le régime des études collégiales.* Québec: Gouvernement du Québec.

Ministère de l'Éducation du Québec (2001b). *Programme de formation de l'école québécoise–Version approuvée–Éducation préscolaire Enseignement primaire.* Québec: Gouvernement du Québec.

Ministère de l'Éducation du Québec (2004). *Statistiques de l'éducation, enseignement primaire, secondaire, collégial et universitaire, édition 2004.* Québec: Gouvernement du Québec.

Ministère de l'Éducation du Québec (2004). *Résultat aux épreuves uniques de juin 2003 et diplomation.* Québec: Gouvernement du Québec.

Obadia, A. Arman., and Thériault, C.M.L (1997). "Attrition in French immersion programs: possible solutions,". *La revue canadienne des langues vivantes,* 53, pp. 506-529.

Rebuffot, Jacques (1993). *Le point sur l'immersion au Canada.* Anjou: CEC.

Statistics Canada (2002). 2001 Census Data. Ottawa: Statistics Canada.

Termote, Marc (2001). Perspectives démolinguistiques pour Montréal et le Québec. Implications politiques. Commission des États généraux sur la situation et l'avenir de la langue française au Québec. http://www.etatsgeneraux.gouv.qc.ca/jour_thema.asp, 2001年12月20日採取.

Tokita, Tomoko (2004). *Les attitudes et la motivation au trilinguisme des étudiants allophones dans un cégep anglophone de Montréal.* Université de Montréal修士論文.

小林順子(1994).『ケベック州の教育』.東京:東信堂.

時田朋子(2004).「カナダにおけるフランス語イマージョンプログラムとマルチリンガリズム」.『ふらんぼー、30』.pp. 87-98.

第11章
第二公用語としてのフランス語教育

浪田　克之介

CPF（フランス語教育父母の会）が毎年発行するフランス語教育実態報告書の表紙

I　第二公用語教育

　英仏両言語を公用語とするカナダにおける第二言語教育のもつ意味は、極めて大きい。今日、カナダの10州のうち7州で第二言語としてのフランス語もしくは英語が義務教育課程において必修科目となっている。第二言語の学習開始学年と学習年限には州や教育委員会によって違いがあり、またブリティッシュ・コロンビア州では第二言語はフランス語に限定されてはいないがフランス語を選択する学習者が多く、実質上はフランス語が必修と考えることができる。英語またはフランス語の習得を義務づけてはいない他の州および準州を含めて、初等・中等学校の児童・生徒の50％強が第二公用語を学習していることになる (CPF, 2004)。

　ただし、ここで見落としてならないことは、両公用語のいずれかを母語としながらも少数派である少数派公用語話者への教育である。とりわけ、ケベック州外のフランス語話者への母語教育は、早期に解決を要する問題である。つまり英語圏に居住する限り、母語であるフランス語から英語への同化は時間の問題であるからである。カナダは確かに公用語政策として属地主義（地域本位制）ではなく、属人主義（個人本位制）を採用している。つまり、ベルギーやスイスのように地域によって公用語が固定しているのではなく、二つの公用語のどちらかで教育、司法、連邦政府のサービスを個人が受けられることが保障されているのが二言語併用主義を取り入れているカナダの基本精神である。とはいえ、現実には一定数がまとまらない限り、母語による教育は受けられない。

　この第二言語教育において、カナダのフランス語を母語とはしない主として英語系の児童・生徒へのイマージョン教育の実験が40年前に開始されて以来、カナダは第二言語教育の領域で常にリーダーシップをとり、他の国々はその発展に注目してきた。その成果が単にフランス語教育のみならず、広く第二言語教育また外国語教育に大きな影響を与えてきたからである。今日カナダの初等・中等学校の児童・生徒の半数は英語また

はフランス語を第二言語として学習しているが、そのうちほぼ30万人がイマージョン・クラスに入っている。連邦政府統計局が実施する国勢調査によれば、英仏両公用語のバイリンガルであるカナダ人は、1971年から2001年の30年間で、12％から18％に6ポイント伸びている。より細かに見ると、15歳から24歳の年代では、ケベック州外の英語系では7％から14％に、またケベック州の同世代では31％から42％に上昇した（*The Daily*, December 6, 2002）。第二公用語教育、とりわけ英語母語話者へのフランス語イマージョン・プログラムの成果をここに見ることができようか。

我が国では1992年から静岡県沼津市の一私立学校が英語のイマージョン教育を開始し、すでに12年間の中等教育課程までを終え、高い評価を得ている。加えて、教育特区の制度を活用した群馬県太田市など全国でいくつかの自治体がイマージョン・プログラムの採用に踏み切っている。

以下、カナダにおけるイマージョン・プログラムを初めとするフランス語教育の現状を取り上げ、その問題点と今後の展開を検討する。

II フランス語教育

1 イマージョン・プログラム

カナダにおいてイマージョン・プログラムが急速に展開した背景には、1960年代のカナダの政治状況、とりわけケベック州の分離独立運動があったことは、すでに他の章で触れられているので再説の必要はないが、第二言語習得理論の当時の水準を考慮すれば、イマージョンが1965年に開始されたことは特記しなければならない。その特徴を、以下に概観する。

 1 カナダにおける多数派の英語系カナダ人の子弟が、フランス語を単に一教科として学習するのではなく、母語ではないフランス語で学校教育を受ける。ただし、このことはフランス語を母語としない学習者がフランス語を母語とする者のなかに入って学習することで

はなく、例えば日本人の海外子女のように現地の学校に転校した場合とは違う。
2　学習者の母語ではないフランス語で他の教科を学習しながらも、その学力は母語の英語で学習している児童・生徒と同等である。
3　当然のことながら、学習者の母語である英語の学力が心配されるが、学年の進行にしたがい母語による指導を加え、学力検査の結果からも何ら不安はない。
4　つまり、バイリンガリズムの分類に見られる付加的バイリンガリズムであって、学習者はいったん教室を離れると、そこは英語の世界であり、家庭を含め英語に触れる機会は存分にある。つまり、イマージョン教育が成立するひとつの条件は、多数派の母語や文化を持つ学習者の場合である。
5　とはいえ、とりわけフランス語の学習を始める入門期では、学習者は教師の話を理解できないことが当然で、教師はバイリンガルであることが必要である。

このイマージョン・プログラムの実験が開始されたモントリオールには、フランス語の実践力を子どもたちに与える教育体制を目指した保護者とともにマギル大学に実験を推し進める優れた研究者が存在したことは幸運であった。

2　Core French

イマージョン・プログラムが優れた成果を上げるにせよ、連邦政府の第二公用語教育にかかる各州への補助金が削減された90年代の状況が示すように、その実施には大きな制約があることがわかる。現にイマージョン・プログラムを受けている児童・生徒は在学生全体の10％を超えてはいない。その一方でフランス語学習者数は50％に達しており、その多くはフランス語を一教科として設定する従来型の制度で学習している。カナダではこの学習形態をCore Frenchと呼んでいるが、イマージョンが

評価され始めてからは、その陰に隠れ重要視されることがなかった。しかし、現実に多くの学習者がこの形態でフランス語を履修していること、イマージョンほどに種々の実施条件を整えることが困難ではないことを考えれば、Core Frenchの改善は極めて重要な課題である。授業は１回20分から30分程度のフランス語の時間が毎日あることが一般的であるが、どの学年から学習を開始するかは教育委員会や学校により様々である。

　しかしながら、例えばオンタリオ州のイマージョン・プログラムが幼稚園課程から開始され、８年生まで継続された場合は、フランス語による授業の時間数は3,800時間ほどになり、その後さらに中等学校でフランス語による教科を10科目前後履修すれば、総時間数は5,000時間にも達するであろう。州や教育委員会によっては6,500時間から7,000時間をフランス語で履修できるプログラムを用意している場合もある。これでは、同じく８年生までに600時間程度のフランス語の時間が確保されるCore Frenchをいかに改善しても、ただちに実践力を身につけることは困難である。そこで、いくつかの工夫が試みられている。その代表的なものはExtended FrenchおよびIntensive Frenchである。

3　Extended French

　Extended Frenchはイマージョンの縮約版とでもいうべきもので、フランス語は教授言語であり、通常のフランス語の時間に加え、フランス語による時間が各学年に最低25％は用意されている。そしてフランス語による少なくとも１科目（例えば７年生あるいは８年生であれば歴史あるいは地理）を履修することが必要である。オンタリオ州では４年生から８年生の終了までに1,260時間、そして12年生の終了時までには2,030時間のフランス語による時間を確保する。したがって、Extended FrenchはCore Frenchよりはフランス語との接触が多いものの、イマージョンほどに徹底してはいない。８年生の終了時までに600時間のフランス語を学習するCore Frenchと比較すれば、Extended Frenchは3,800時間のイマージョ

ン・プログラムとの中間にあるというべきか。しかしながら、Extended FrenchはCore Frenchよりはイマージョンに近いとも言えよう。Core Frenchではフランス語の学習だけでよいものが、Extended Frenchとイマージョンではフランス語による教科を学習するのである。

　本学習法はすべての学校で開設されているわけではなく、またどの学年から開始されるかも教育委員会や学校により異なっている。Core Frenchとは違い、イマージョンと同じくExtended Frenchプログラムは選択である。

4　Intensive French

　今ひとつ取り上げるIntensive Frenchは、カナダで開発されたさらに新しいフランス語指導法である。その特色は次の二点である。第一点はフランス語の時間の増強と集中度である。この結果、フランス語の集中学習が実施されている期間は、他の教科の時間が削減される必要が出てくる。具体的には、フランス語の集中学習期間中は、50％から80％の時間がフランス語に当てられ、学習者にとっては、フランス語によるコミュニケーションの機会が通常のフランス語の時間の3倍ないし4倍に増大する。時間数でいえば90時間がおよそ300時間となる。当然、他の教科の時間が削減されるが、それらの教科の学力を保持することが求められる。

　第二は、Intensive French はフランス語教育の指導法としてCore Frenchおよびイマージョンと共通するところがあるが、以下の二点では明らかに違いが見られることである。すなわち、イマージョンと違って、Intensive Frenchでは他の教科がフランス語で指導されることはない。つまり、フランス語は教授言語ではないのである。他方、Coreとの対比では、Intensiveでは母語教育と同様に識字能力そのものが学習の対象とされる。

　本指導法は、ニューファンドランド州でCore Frenchによる学習者のコミュニケーション能力を高めるために実験が開始されたものであるが、

同州では今日、6年生のCore Frenchの代替指導法として容認されている。さらに、ノバスコシア、サスカチュワン、ニューブランズウィック、アルバータの諸州でも実験クラスが開設されている。加えて、ブリティッシュ・コロンビア、マニトバ、プリンス・エドワード島の3州では実験を計画中であることから、Intensive Frenchは今後ほとんどカナダ全土に展開するものと推測される (Nessen, J. and C. Germain, 2004)。

この実験から得られる成果は、Intensive Frenchは単にCore Frenchの強化版ではなく、同じ長さの学習時間数もそれを集中させることで、散発的な学習では期待できない言語能力、とりわけ流ちょうさと正確さとを伴ったコミュニケーション能力を養成できることが実証されたことである。

III 「公用語推進行動計画」

連邦政府は第二言語教育ひいては二言語併用政策への影響を懸念して、2003年3月に「公用語推進行動計画 (Action Plan for Official Languages)」を発表した。これは1969年の「公用語法」(1988年改正)、1982年の「権利と自由のカナダ憲章」(いわゆる新憲法) に続く、次の公用語に関する法令の基盤となることを目指したものである。事実、その表題は「来るべき法令：カナダの言語二元性への新たなはずみ」と付けられている。その提言の3本柱は、教育、少数派公用語社会への支援、そして連邦政府レベルでの二言語併用サービスである (Privy Council Office, 2003)。

ここでは、教育に限定してその施策を取り上げる。政府は5カ年の計画中、7億5,100万カナダドルの予算を増額するが、そのうち第二言語教育には1億3,700万ドルを充当するとしている。これは本行動計画前の予算に比して、計画が終了する2008年度までには90％の増額となることを意味する。このような投資の目標はどのようなものか。そのひとつは中等学校卒業生には、第二公用語の知識を有する者を10カ年計画で現在

の2倍にすることである。国勢調査では、15歳から19歳までの年代の24％が他の公用語を知っていることからすれば、2013年までにはこの比率を50％まで上げることとなる。

このような提言の裏づけは何か。その主たるものは世論であろう。例えば、2001年秋にカナダ研究情報センターがエンビロニクス社に実施させた世論調査では、86％（英語系に限れば82％）のカナダ人は子どもに第二言語を学ばせることが重要と考えていることが判明した。そして75％の英語系カナダ人は、その言語はフランス語とするのがよいとしている。また、子どもがバイリンガルであってほしいと願っているフランス語系カナダ人の90％は、英語を第二言語に選択するとしている。さらに他の世論調査（2003年3月にカナダ研究学会の公表）によれば、カナダ人の65％は初等・中等学校ではフランス語を必修とするのがよいと回答している。

IV PISA 2000とイマージョン・プログラム

これらの裏づけのなかで、最も強力なものはOECDが2000年に32カ国で15歳児を対象に調査した学習到達度調査(PISA)の結果であろう(CMEC, 2001)。この2000年調査では、読解力、数学、科学の3分野を調査しているが、ここでは読解力のみを取り上げる（なお、PISAでは読解力とはテキストを理解するという一般的な定義を超えて、「自らの目標を達成し、自らの知識と可能性を発達させ、効果的に社会に参加するために、書かれたテキストを理解し、利用し、熟考できる能力」である。）。約3万人の児童が参加したカナダは総合読解力ではフィンランドについて第2位と上位を占めている（ついでながら、日本は第8位）。

さて、このような結果のなかで、調査の対象となった15歳児のうち、イマージョン・プログラムを受講している児童と平常のクラスに在籍している児童とを比較検証したデータがカナダ統計局から発表された(2004年3月、**図表11-1**)。それによれば、両者の間にはマニトバ州を例外

図表11-1　カナダの15歳児の読解力（PISA 2000）

州	イマージョン	非イマージョン
ニューファンドランド	608	510
プリンス・エドワード島	558	509
ノバスコシア	567	517
ニューブランズウィック	550	495
ケベック	566	537
オンタリオ	570	533
マニトバ	533	533
サスカチュワン	570	529
アルバータ	601	548
ブリティッシュ・コロンビア	610	537

出典　*The Daily*, Monday, March 22, 2004（カナダ統計局）

として、統計的に有意差のある違いが出ている。このPISA調査では、OECD加盟国の平均得点が500点、標準偏差が100点に換算してある（http://www.cmec.ca/pisa/2000/indexe.stm）。

　すべてのイマージョン・プログラムが同一形態ではなく、早期イマージョン・プログラムは、幼稚園課程もしくは初等学校第1学年から開始され、中期イマージョンは、初等学校の中程から、さらに後期イマージョンはなお後の学年からである。したがって、上記の比較表においても、2000年において、例えば、ノバスコシア州で第4学年以前からイマージョン・クラスに入っていた生徒は21％であるのに対し、マニトバ、サスカチュワン、アルバータの諸州では80％以上もの生徒が早期イマージョン・プログラムを受けていたのである。

　なお、イマージョン・クラスの生徒たちも読解力のテストは英語で受験した。フランス語で受験した場合はわずかだったが、そのほとんどはマニトバ州で、約25％の生徒がフランス語で受験したという。

　15歳児でイマージョン・クラスに入っている比率は、州によって大きく事情が違っている。沿岸諸州では一般に比率が高く、ニューブランズウィック州では32％、ケベック州は22％、プリンス・エドワード島は20％であるのに対して、ブリティッシュ・コロンビア州は2％となっている。

ただし、ニューブランズウィック州は唯一英仏両言語を公用語として認めている州である。また、2004年11月1日付の『グローブ・アンド・メール』紙の報道によれば、ブリティッシュ・コロンビア州では、イマージョン教育への人気が高まり、本年の受講者数は35,468人で、これは1999年の18％増となっている。関係者は2010年までにはさらに15％増加するものと予想している。

　カナダのPISA調査では、フランス語イマージョン・プログラムの生徒の高得点が家庭環境と強い相関があるかどうかも分析した。イマージョン・クラスの生徒は一般に高い社会的・経済的階層の出身である。ほとんどの州で、イマージョン・クラスに入っている生徒の家庭の平均的な社会的・経済的地位は、他のクラスの生徒の場合より明らかに高い。またいくつかの州を除いて、親が高学歴であることも確かだ。

　しかしながら、家庭階層の違いだけで読解力の違いを説明することは困難である。確かに、ジェンダー、社会的・経済的階層、それに親の教育をそれぞれ考えてみても、なおイマージョンの生徒はそうではない生徒より成績がよいのである。例えば、高学歴の親を持つ生徒の中でも、ケベック州とマニトバ州を除いては、フランス語イマージョンの生徒は、他のクラスの生徒より明らかに高い読解力の点をとっているのである。つまり、他の要因がいくつか存在すると言わざるをえない。

　その一方で、成績のよくない生徒はイマージョン・クラスに入ることを進められないこともありうるであろう。

　このことから、イマージョンが開始された早い時期から、イマージョンはエリート教育だとの批判が聞かれた。イマージョン・クラスを受講する生徒が30万人にも達した今日では、もはやエリート教育との批判は当たらないとも言われているが、PISA調査の分析から必ずしも解決されてはいないことが判明した。

　イマージョンの問題点としては、同じく早くから教師および教材の不足が指摘されており、今日なお解決を見てはいない。また、中等教育卒

業後、さらに大学においてフランス語による教育を継続することができないとの不満もあるが、今日部分的にはいくつかの大学で実現している。しかしながら、あらゆる教育・研究の分野を網羅することは現状では困難である。

V　第二公用語教育の今後

　人口の80%がフランス語を母語とするケベック州を抱えたカナダは、これまで常に同州の分離独立という極めて危険な問題と直面してきた。歴代の連邦政府が掲げてきた二言語併用政策も、大きな誤解を受け、隣国アメリカでのEnglish Only運動の影響もあって、英語圏ではいくつもの自治体で英語のみを公用語とすることもあった。その一方でケベック州は1977年制定の「フランス語憲章」(いわゆる101号法案) で州の公用語はフランス語のみとし、学校教育においてもフランス語以外の言語による教育には極めて厳しい制限が設けられた。英語という大海に浮かぶフランス語の小島を保持するためには、とりわけ移民の子弟が英語系の学校を選択することは認められず、またフランス語系の子どもたちが英語系の公立の学校に通うこともできないのである。したがってフランス語系の学校での英語教育に不満をもつ保護者から英語イマージョン・プログラム開設の要請があっても聞き入れられないのは当然である。公用語コミッショナーが提出する『年次報告書』においても、ケベック州の公立学校では「英語イマージョン」などというものは存在しないと繰り返し書かれてきた (OCOL, 1996; 2005)。

　しかしながら、フランス語憲章が制定されて30年近く、ケベック州内でのフランス語の保持にいくぶん余裕ができ、また同憲章の違憲性が連邦最高裁判所で争われることがたび重なって、状況がやや変わってきている。

　学校における英語教育に対する不満に、関係者がまったく手をこまね

いていたわけではない。指導法の改善では、上述の英語圏におけるIntensive Frenchに対応するIntensive Englishが試みられており、専門家による両者の比較検討がされたりもしている (Germain, C. et al., 2004)。

また、州政府も公立学校における英語学習の開始学年を第4学年から第3学年に引き上げたが、2006年からは再度引き上げて小学校1年生からとしたことから、野党のケベック党からは計画の実施を遅らせよとの要求が出ている。

このような状況のなか、親たちの強い要望を受け入れ英語イマージョン・プログラムを実施している私立の学校が注目されている。1995年にケベック市に設立された1私立校はすでに州内に系列校15校を設置し(Vision School)、今後2年間になお10校の開設を計画している。同校は英語イマージョンにさらにスペイン語を加えており、同じく英語イマージョン・プログラムを採用している他の高等学校とも連携して教育成果を高めようとしている。なお、フランス語を教授言語としない私立校には州政府からの財政的補助がないうえ、幼稚園課程では1クラス8名以内、また小学校では25名以内の少人数教育のために、年間4,100ドルから7,200ドルに達する高額の負担が保護者にかかることになる。このため、子どもが英語で授業が展開されていた学校に通学していた場合は、英語系公立校に転校させることができることから、1年間だけ私立に子どもを通わせた保護者は2年目には英語系公立校に転校させるという法の抜け道を使うケースも出てきた。その子に兄弟姉妹がいれば、同じく公立校に通学が可能である。州政府は2002年にケベック憲章を修正する104号法案を提出して、現在ではそのような転校は禁止されている。しかし、私立の英語系学校への入学は年々増加し、昨年度はケベック州の全生徒数の12％に達し、また英語系公立校にはフランス語を母語とする児童・生徒が20％、2万名在籍しているとの報道がある (Black, 2003)。

連邦政府の公用語教育推進の意図とは裏腹に、英語系カナダ人が第二公用語としてのフランス語の習得を極めて実利的な目的から子どもたち

に奨励していることは、各教育委員会などが用意しているフランス語学習案内のパンフレットなどからもうかがえる。ケベック州を初めとして、フランス語母語話者が英語を習得しようとしている場合も同様である。ケベック州がフランス語のみを州の公用語として制定して、カナダのなかで常に「独自の地位」を要求してきたように、カナダ自体がフランス語圏を抱えていることにカナダの独自性を見出そうとしていることもまた事実なのである。

引用文献一覧

Black, Peter (2003). "A Vision of English Education." *Log Cabin Chronicles*, November 28, (http://www.tomiforbia.com/black/vision_schools.shtml)

Council of Ministers of Education, Canada (CMEC) (2001). *PISA 2000: Measuring Up: The performance of Canada's youth in reading, mathematics and science — First Results for Canadians aged 15,* (http://www.cmec.ca/pisa/2000/indexe.stm)

Germain, C. et al., (2004). "Intensive French and Intensive English: Similarities and Differences." *The Canadian Modern Language Review,* University of Toronto Press

Netten, C. and J. Germain (2004). "Theoretical and Research Foundations of Intensive French." *The Canadian Modern Language Review,* University of Toronto Press

Office of the Commissioner of Official Languages (OCOL) (1997). *Annual Report 1996.*

Office of the Commissioner of Official Languages (OCOL) (2005). *Annual Report 2004-2005.*

Privy Council Office (2003). *Action Plan for Official Languages.*

Statistics Canada (2002). *The Daily,* December 6.

Vision School, (http://www.vision-school.com)

# 第12章
地域社会における移民向け公用語教育

児玉　奈々

オタワ

I　公用語習得のニーズ

　現在の日本社会において、日本語を母語としない人々の数が急激に増加している。例えば、1989年の出入国管理および難民認定法の改正により、日本における活動に制限がない「定住者」の在留資格が日系三世等に認められた。このことを受けて、日系南米人の入国・定住者数が年々増加する傾向にある。これは、日本社会も移住者に対する日本語教育を恒常的な課題として真剣に考えていかなければならない状況にすでに直面していることを意味している。

　日本における海外からの移住者のための日本語学習支援制度としては、1970年代のインドシナ難民への日本語教育が公的な制度の最初のものとして確認できる。当時、日本政府が人道的な観点から受け入れたインドシナ難民への定住促進事業の関連施設で約4カ月間の日本語教育と社会生活適応指導が行われた。また、1972年の日中国交回復後の中国残留家族の訪日肉親探し、残留家族の日本への永住帰国の本格化に伴い、1984年以来、中国帰国者への適応支援事業の一環として日本語教育が実施されてきた。しかし、一時は全国に4カ所開設されていた難民定住促進センターが難民受入れのピークを超したとの理由で順次閉鎖されるなど、日本政府はこれらの事業を一時的なものと捉えている。必然的に、日本に定住することになった人々に対する日本語教育も一時的な対応として位置づけられてきたことになる。今や日本語を母語としない外国籍住民の中でも一大集団となった「定住者」に対しても、公的な日本語教育プログラムは存在せず、日本政府としての移住者に対する公用語教育プログラムの提供は未整備分野であると言えるだろう。

　一方、移民により国が形成されてきたカナダにおいては、公用語教育プログラムなど移住者への生活支援は国家の存亡にかかわる重要な事業となっている。現在、カナダに移民として新たに入国する人々の多くが、公用語である英語あるいはフランス語のいずれも話すことができない状

態で入国している。カナダ連邦政府作成の統計によれば、毎年の移民人口に占める英語あるいはフランス語の両語とも解さない人の割合は、2000年43.7％、2001年44.4％、2002年45.9％、2003年44.4％、2004年37.0％と報告され、カナダ入国後に公用語を習得することが必要となる移民は毎年多数にのぼる（CIC, 2005,Canada）。連邦政府は、1969年の公用語法制定によって英語とフランス語を公用語と定め、その後、1971年には多文化主義の宣言をきっかけに、公用語習得を社会の統合の要とする移民の定住支援方針を発表した。そして、今日では移民の公用語習得に体系的な支援を行っている。

　本章では、現在、カナダ国内で導入・実施されている外国人向けの公用語教育プログラムが成立するまでの経緯、そして、プログラム内容や実態についてまとめ、政府による移民受け入れ事業に対する地域からの支援協力という側面に焦点を当てて、そこに見られる課題を捉えることにする。

II　移民の定住支援策としてのLINC

　カナダにおいて、移民の受け入れは連邦政府の管轄事項であるため、移民の定住支援も連邦政府の計画に沿って行われることになる。しかし、連邦制をとるカナダでは、教育の管轄権については各州の自治に委ねられているため、連邦政府は、教育にかかわる事項についての主導権が取れない。

　連邦政府は、カナダの国籍に相当する市民権に関する規定を初めて定めた市民権法（Citizenship Act）が導入された1947年に、成人移民向け言語教育用教科書にかかる費用の補助事業を開始した。連邦政府はこのように間接的な形で教育にかかわる事項に接点をもっていたと言えるが、この助成金交付は各州政府からの要望によって実現したものであり、連邦政府としては移民の定住後の問題のひとつである公用語教育にはあまり

積極的な役割を担ってこなかった (Burnaby et al., 2000)。

　このような法制上の制限から、連邦政府による成人移民に対する公用語教育は、職業訓練の一環として行われた。1966年には、連邦政府が成人のための職業訓練法を成立させることにより移民向けの公用語訓練プログラムが始まった。このとき、公用語教育の責任部署が市民権局から新設の人材・移民省 (Manpower and Immigration Canada) に移されたことからも、言語教育と労働力問題との強い結びつきを読み取ることができる (Joshee, 1996, p. 120)。連邦政府は職業訓練のための費用を負担し、さらに受講者は訓練中の生活費も支給されていた。しかし労働市場向けの職業訓練政策という名目にあっては、受講者とともにカナダに入国した配偶者や家族 (その多くを占めるのが女性であった) は、訓練プログラムの対象外となった。この訓練政策は、女性を排除しているという点で後に批判を受けることとなった。

　その後、連邦政府は、1970年代に多数のインドシナ難民受け入れに際し、世論において高まった人道的支援拡大の要請を受けて、1979年に、移民定住・適応プログラム (Immigrant Settlement and Adaptation Program: ISAP) を導入した。ISAPは、住居探し、カウンセリング、通訳など移民の新生活にかかわるサービスを請け負う非政府組織などと連邦政府が契約を結び、連邦政府が助成金を交付するものであった (Burnaby et al., 2000)。

　ISAPが設置された当初、そのなかに公用語指導プログラムを組み込む意図は連邦政府になかった。しかし、ISAPの実質的な運営の大部分をコミュニティの力に頼っていたため、ISAPのサービスを受ける移民と直に接するコミュニティは、移民の要望を吸い上げる窓口となっていた。その結果、コミュニティがISAP内で公用語指導に力を注ぐことになった。その後、公用語教育の需要は増え続け、この状況に対応するため、第二言語としての英語 (English as a second language: ESL) の教員養成が急務とされ、各州の努力によって徐々にプログラム整備などが行われた。

　1980年代後半まで存続したこのプログラムにおいては、その期間中の

大部分の時間が、公用語指導に充てられ、移民の受講者からも高い支持を得た。しかし、連邦政府は助成金の交付にかかわるのみで、カリキュラム編成、教員、教材などのプログラムの実質的な運営は、各地域のコミュニティ・カレッジなどが担当していた。そのため、プログラムの内容や充実ぶりは州や地域ごとにばらつきがあり、公用語指導体制を体系的に発展させるために、プログラムを包括的に作っていくべきだという声が上がるようになった。1970年代には多文化主義政策宣言などの動きがあり、移民の公用語教育に対する支援も多文化主義政策の方策のひとつとして挙げられた。しかし実際は、公用語法施行に沿って、学校教育における英語あるいはフランス語プログラムの整備が優先され、移民向けの公用語指導支援には十分な対応がなされなかったという評価も下されている（Burnaby et al., 2000）。

その後、1986〜1987年度には、定住言語訓練プログラム（Settlement Language Training Program）と呼ばれる定住支援を目的とした実験的プログラムが連邦政府により導入され、新規来住者のうち女性や退職者にも公用語教育が行われることになった。こうした動きは、従来の言語プログラムに見られる不平等をマイノリティの立場から指摘した、ビジブル・マイノリティと移民女性全国連合会（National Coalition of Visible Minorities and Immigrant Women）などの団体による圧力を受けたものとされる（Burnaby et al., 2000）。

そして、連邦政府は、1992年より、成人の永住希望者向けに無料の公用語指導サービスを開始した。この新しい公用語指導プログラムは、カナダ新規来住者語学指導プログラム（Language Instruction for Newcomers to Canada Program: LINC）と呼ばれ、それまでの成人言語指導プログラムの内容を大幅に修正したものであった。当時の連邦政府は、1990年に1年間で25万人の移民受け入れを目標とする新たな移民計画を発表していた。1991年には、1991〜1995年の5カ年の移民計画には成人移民に対する言語訓練計画が含まれており、LINCの導入もその一環であった。LINCの

ようなより具体的できめ細かいサービスが要求されたこの時期、連邦政府は、カナダ国内の将来的な労働人口の減少を見据えており、連邦政府としても移民の計画的な受け入れ、そして、定住後の生活に対する積極的な支援表明を免れることはできなかった。

現在、LINCは、連邦政府の市民権・移民省（Citizenship and Immigration Canada: CIC）と公的な教育施設あるいは語学学校などの私的な教育施設の協力によりカナダ全土で運営されており、これが各地域における移民向け公用語教育の柱となっている。このプログラムは、成人移民が必要な公用語の能力を身につけることで、カナダ社会にできるだけ速く定着していくことを目指しており、基礎的な公用語の教育を行っている。LINCの目的は、公用語習得を通じた新規来住者の社会統合とされており、連邦政府に滞在を認められた市民権取得前の成人移民（政府受け入れ枠の難民を含む）のうち、職に就いているか、あるいは将来その可能性があるかどうかにかかわらず、高齢者や家業に専念する女性含むすべての成人を対象に、公用語学習の機会を最長で3年間提供している。

また、必要と認められた場合に託児サービスや交通費補助などの支援を受けることができ、様々な背景をもった新規来住者に対する便宜が図られている点は、1980年代までに主流であった職業訓練を目的とした移民の公用語教育と異なっており、LINCを通じた公用語教育は、政府と利用者の双方の利益をつなぐものとして機能することが期待されていると言えよう。

Ⅲ　LINCの現状と課題

1　LINCの概要

LINCの担当機関は連邦政府・CICであるが、実際の授業を行うのは、企業、非営利団体、コミュニティ団体、公立コミュニティ・カレッジ、地方教育委員会、州政府、個人などから選ばれた支援協力団体である。

支援協力団体になることを希望する団体は、プログラム計画書をCICに提出する。これをCICが審査し、1度につき12カ月までの助成金が交付される契約がCICと支援協力団体との間で結ばれる。そして、契約団体に対して、人件費、教材費、施設費などのプログラム運営のための助成金が交付される。LINC支援協力団体に提出義務のあるプログラム計画書は、予算、教員養成、カリキュラム、特別コースの設置案などプログラム運営の様々な要素についての方針を詳細に記入することが求められている。計画書に記入されるカリキュラム案については、受講者の定住後の生活に関連した内容を中心にした構成が望ましいとされる。

　また、契約終了時には、支援協力団体は、カリキュラム、活動中に起こった問題、時間割、プログラムに対する受講者からの感想、カウンセリングなどの特別な需要があったかどうか、財政など活動に関連する内容やプログラムの長所と短所などを記した活動報告をCICに提出することが求められる（CIC, 2002a, Program Overview）。CICの定住問題担当の職員は、プログラム運営を中心に各支援協力団体から情報提供を受けており、時には各団体から助成金の運用方法についての相談に応じることもある。

　LINCの開講形態は、開講施設や地域によって様々であるが、受講者の多い都市部などでは、終日、あるいは、パート・タイムなど受講者のライフ・スタイルに合わせた時間帯に開講されている。新しい受講者のLINCクラスへの受け入れは、随時行われるのが一般的で、それぞれプログラムの開始時期の異なる受講者が同じクラスで学ぶことになる。また、開講施設へ通学することが難しい受講者のための家庭学習プログラムや、難聴などの障害をもつ受講者向けのプログラムなどが準備されている地域もある。LINC受講者のために、未就学児を預けられる託児サービスも地域によっては準備されており、学習施設内託児を条件にCICが資金を拠出している。複数の子どもを一定時間数以上預かる託児事業は、各州の法規上で定められた条件を満たさなければならず、その運営に当たっ

て州政府からの認可が必要となるが、保護者と子どもが常時同じ場にいることが可能な学習施設内託児はその例外とされ、州政府から認可を受ける必要はない。

　LINCのカリキュラムは各実施機関が定めることになっているが、連邦政府によって指針が公表されている。公用語初級レベルに相当するLINC 1–3レベルに限定されていた当初のプログラムに沿って、まず、1993年にLINC 1–3レベル向けの指針について草案開発が行われた。1997年には、LINCが公用語中級のレベルに相当するレベル4–5へと拡大されたことを受けて、翌年、レベル4–5のカリキュラム指針も開発された(Hajer, Robinson, & Witol, 2002, p. 6)。

　なお、ケベック州 (Quebec) は、州政府が独自の移民政策を有するため、LINCの対象地域からは外れており、移民適応形成センター(Centre d'orientation et formation des immigrants: COFIs) の管理・運営によるケベック州独自のフランス語プログラムがある。

　また、他のいくつかの州でも、連邦政府との移民受け入れに関する合意を交わしており、州独自の定住支援プログラムを計画し、成人移民に対する公用語教育もその一環として実施・運営している。例えば、ブリティッシュ・コロンビア州では、コミュニティ・先住民・女性支援省 (Ministry of Community, Aboriginal and Women's Services) 内に置かれている定住・多文化主義部局 (Settlement and Multiculturalism Branch) が窓口となり、ブリティッシュ・コロンビア定住・適応プログラム (British Columbia Settlement and Adaptation Program) を企画・運営し、その一環として成人のための英語サービス (English Language Services for Adults: ESLA) という名称のプログラムが実施されている (Province of British Columbia, 2001, B.C. Settlement and Adaptation Program)。そこには州の独自性を打ち出そうという意識が見られるが、同州の管理するプログラムの名で授業を行う団体が受給している助成金は、連邦政府から拠出されているものであり、この点はLINCと同様である。現在、州内の60以上の学習施設で授業が開講され

ているESLAは、その対象者をLINCと同様、移民とし、対象となる年齢を、同州の義務教育修了年齢の17歳以上と定めている。同州は、移民支援に関する連邦政府との協定書（Agreement for Canada - B.C. Cooperation on Immigration）の規定内容に基づいて、ESLAへの助成金の使途報告を連邦政府に対して行っている。

　LINCを受講する資格があるのは、①成人移民（法に定められた学校卒業年齢以上）、②永住者、あるいは、カナダ滞在を許可され、CICが永住権を与えようとし、カナダ市民権を取得していない新規来住者のいずれかに該当する者と定められている。学習者は、LINCで学習を始めてから３年間は無料で受講することができる。この３年間という期間は、学習者が家庭、医療、雇用などを含む移住後の生活において無理なく学習が続けられるよう期間として適当ということから、設定されたものである。

　LINCの受講希望者は、連邦政府により認定を受けた各地区の測定センターでカナダ言語能力水準（Canadian Language Benchmarks: CLB）に基づいた、カナダ言語能力水準テスト（Canadian Language Benchmarks Assessment: CLBA）とカナダ言語能力水準リテラシーテスト（Canadian Language Benchmark Literacy Assessment: CLBLA）という２つの言語能力テストを受け、本人の語学レベルや状況に適した施設を紹介され、各居住地などに設置されたレベル別のクラスに入る（CIC, 2003a, Language Training）。

　公用語の言語能力水準であるCLBは、カナダ言語能力水準測定センター（Center for Canadian Language Benchmarks: CCLB）によって管理されており、連邦政府が新しい移民言語指導政策（Immigrant Language Training Policy）を導入した1992年に、学習者の語学力を評価する基準が必要との見解を示したことから開発が始まったものである。それまでのカナダ国内の成人向け英語指導は、プログラム運営者、学習者の出身地域、学習形態などが多種多様であったため、ESLの修了証書の有効性、各プログラム間の単位互換、学習者の語学力の明確な把握が困難なことなどが問題視されていた。これを受けてその翌年、語学力基準についてのワーキ

ング・グループがCIC、オンタリオ州政府、ブリティッシュ・コロンビア州政府、そして、アルバータ州政府の協力のもと結成された。ESL教員や学習者、教室運営者など約20人で構成されたワーキング・グループによって1995年に草案が完成し、全国で試験運用され、現在に至っている。CLBの特徴は、①12の言語能力水準レベルで個人の言語熟達度を測定して記録する、②4つの技術領域（聞く、話す、読む、書く）にわたっている、③現実の生活と関連した課題を使用する、などである（CCLB, 2004a, What are the Canadian）。

　LINC受講希望者が最初に訪ねる各地の測定センターには、CLB測定の専門的訓練を受けた評価担当者が配置されている。評価担当者は受講希望者の語学能力の測定だけでなく、受講希望者の要望や状況に合った学習施設を紹介することも職務として期待されているため、CLBテスト実施の技術だけでなく、各学習施設の授業内容や場所、設備などについての情報を把握しておくことが要求される（CIC, 2002a, LINC Components）。このように、評価担当者は各学習施設と受講希望者の仲介役として重要な役割を担っており、その職務に適した高い専門性が要求される。CLBの評価担当者となるための専門的な訓練を受けるには、6つの条件（①成人教育における第二言語習得指導経験、②成人教育分野における測定経験、③文化的な感覚が備わっていること、④インタビューの技術、⑤評価判断技術、⑥高い英語力）をすべて満たす必要がある。候補者がこれらの条件を充足するかどうかは、300時間以上のESL指導やカウンセリング業などへの就業経験、他の社会経験など候補者の履歴を加味して判断される（CCLB, 2004b, Criteria for Candidates for Assessor Training）。

　CLBそのものは、測定のための水準であり、LINCにかかわる語学テストやカリキュラム指針ではない。連邦政府は、実際の授業運営・実施機関に対して、CLBを参考にして、LINCで使用するテストや指導カリキュラムの開発などを各機関の裁量で進めるよう提案している（CIC, 1996, ESL for Adults and ESL for Literacy Learners）。LINCは多くの場合、LINC1、

LINC2、LINC3、LINC4、そして、LINC5の5段階の受講レベルに分けられ、もっとも基礎的な学習段階がLINC1、簡単な会話や文書のやり取りなど最低限のコミュニケーション能力を身につける学習段階がLINC3というレベル分けが一般的である。また、LINCが導入された当初は、受講希望者がCLBによって自分の語学能力の測定を受けた後にどのレベルのクラスに入るか、どのレベルまでを修了目標とするかについては、各支援協力団体でばらつきがあった。このため、CCLBは、転居などによって他の学習施設へ移る受講者の便宜を考えて、2002年にCLBの測定結果とLINCレベルとの相関を参考として提示した。

　LINC全体の共通の修了条件はなく、修了の目安は、各学習者の目標や個人の状況などに応じて設定され、その目安は各支援協力団体の裁量によって決められている。LINCを修了したすべての学習者には、修了証がCICから発行される（CIC, 2003a, p. xv）。

　ここまで見てきたように、LINCの全体像は、実際のクラス運営が各地域の支援協力団体に任されており、受講者一人一人のニーズや状況に合わせてレベルや修了目標が設定されるなど、ミクロ・レベルの言語指導体制であるとも言える。一方で、連邦政府がかかわった過去の公用語指導プログラムに欠けていた体系的なシステムづくりという開発方針も新たに考慮に入れて、現在のLINCが推進されるようになったことも確かである。

　連邦政府としては助成金支給のみでなく、測定センターの評価担当者にも幅広い役割と責務を与えることによって、支援協力団体と測定センターの関係づくりを奨励し、LINCの効率的な運営を目指している。

2　LINCの実態

　カナダ連邦政府の資料によれば、1998年度はケベック州を除くカナダ全体で372の団体がLINCによる公用語指導プログラムを開講した。LINCの運営は多種多様な支援協力団体へと開かれているが、実際はおもにコ

ミュニティ団体によって行われることが多い。オンタリオ州の実態調査で明らかにされたLINCを開講した機関数の内訳を見ると、地域住民が組織した団体、公立コミュニティ・カレッジ、地方教育委員会、民間の語学学校、その他と分類されたなかで、地域住民が組織した団体の数がもっとも多く、全体の81％を占めている (Power Analysis Inc., 2000, p. 12)。

　また、オンタリオ州内でLINCを開講していると回答したすべての支援協力団体が、LINCのカリキュラム指針を使用していた (Power Analysis Inc., 2000, p. 15)。

　すでに述べたようにLINCの実際の授業の計画や運営は、各地域の支援協力団体に任されてきたため、連邦政府がプログラム導入時に設定した目標に各団体の実際の授業が対応したものとなっているかなど、プログラムの実施効果を測る上で必要となる学習者や学習状況にかかわるデータなどは収集・整理されにくい状況にあった。

　しかし、LINCの導入から10年余りが経過し、プログラム受講修了生へのインタビュー調査、開講クラス数の増減など、LINCに関連する様々なまとまった規模の統計調査や追跡調査が質的、量的の両面から行われるようになってきている。

　1995年秋に、CICとオンタリオ地域LINC諮問委員会(Ontario Region LINC Advisory Committee)が、大学研究機関の協力のもとLINC修了者を対象として実施した大規模追跡調査の結果がある (Hart & Cumming, 1997)。調査対象者は、オンタリオ州のLINC受講者の属性分類で受講者数上位9つの言語集団のうち6つに入る言語集団 (アラブ語、広東語、ポーランド語、ソマリ語、スペイン語、タミル語) から選んだ合計900人のレベル3段階のLINCプログラムの修了者であった。この調査が実施された背景には、LINCが地域の支援協力団体ごとに運営されているため、プログラムの効果に一定の評価を得られにくいという状況があった。プログラムの効果に定まった見解が得られないため、各レベルの学習内容がそのレベルのクラスに在籍する学習者に合っていないのではないか、とも指摘されていた。

この調査では、プログラム修了後6〜16カ月のLINC3レベルの修了者から各言語集団約200人を基準に選び、質問票を用いて約10〜12分間の電話インタビューが行われた。続いて、その電話インタビューで次段階調査への協力に応じた各言語集団10人に詳細なインタビューが行われた。その結果、回答者のほとんどが、カナダでの新しい生活に適応していくためにLINCはとても役立つものだったという肯定的な感想をもっていた。しかし、その一方で、プログラムで学習する内容が基礎的な事項に限られているため、修了後もさらなる言語学習の機会を望む声や、職業訓練と関連した言語学習プログラムを要望する声も多かった。

　この追跡調査の結果にも見られるように、それまでのLINCでは十分に対応していないために、学習者からは職場で必要となる言語の指導や雇用に結びつくような言語の指導に対するニーズが現れた。こうした状況を受けて、現在、雇用ニーズのための言語(Language for Employment Related Needs: LERN)という新しいプログラムを試験的に運用した上でその効果を測る試みがCICオンタリオ地域局によって進められている。

　LERNは、教育委員会やコミュニティ・カレッジによって設置されている既存のESLプログラムのオプションという形で開講され、36件の開講が認められた。だが、受講希望者が定員に満たなかったためクラスが成立しなかったケースが各地で相次ぎ、実際には30件のクラスが開講された。そのうち、25件が教室でクラスを開講する形式をとり、州内の職場で受講者を一定数集めて開講する形式をとった例は5件だった。プログラムの平均時間数は、教室形式で280時間、職場形式で65時間だった。クラスで扱う学習内容や学習目標は各機関によって異なるが、概ね、総合的な英語スキルの向上、職業関連の語彙・求職や仕事の技能を含む知識を増やすこと、受講者の自信や自尊心の向上、支援への過剰な依存を避け、雇用市場に適した力量をつけること、などが各プログラムにおける達成目標とされていた。受講者を対象に行われたLERNの実験効果調査(回答者487人)によると、プログラムの評価に関する質問の回答として、

受講者(そのうち67％が女性。受講者の女性占有率が高い点は、ESLプログラムやLINCと同じ)はプログラムに概ね満足しており、「求職方法などの情報を得られた」「総合的な英語学習ができた」「就職に向けて自信がついた」とする回答が多かった。しかし、LERN受講者と受講しなかった者と比較したところ、それぞれの3カ月後の就職状況にほとんど差が見られず、CLBで測定した場合の総合的な英語力も差がなかった。このため、LERNの本格的導入に向けて、より効率的なプログラム編成や運営方法の開発などにもうしばらくの時間と慎重な姿勢が必要であるとの見解が、実験プログラムの報告書の提言として発表されている(Power Analysis Inc., 2000b)。

IV 州政府・地方自治体の独自の公用語教育プログラム

移民向けの言語指導プログラムは、連邦主導のLINCの他に、カナダ全土で多種多様なプログラムが展開されている。都市部を中心に、州政府、地方自治体の教育委員会などが独自に成人向けESLプログラム、通訳サービスなどを外国人向けに提供し、新生活への便宜を図っている。

カナダ国内でもっとも多くの移民を受け入れているオンタリオ州では、LINCの他に、コミュニティ・カレッジ、地方教育委員会、大学、非営利団体、民間の機関などによるESLあるいは第二言語としてのフランス語(French as a second language: FSL)のプログラムがある。こうしたプログラムを開講している団体の数は、オンタリオ州内だけで200を超える(Power Analysis Inc., 2000, p. 1)。

1998年に行われた調査では、CICオンタリオ地域局(Ontario Region of Citizenship and Immigration Canada)が、オンタリオ州教育省(Ontario Ministry of Education and Training)の協力のもと、オンタリオ州内のLINCと連邦政府からの支援を受けないコミュニティ・カレッジや民間の機関の成人移民向けESLプログラムに関してのデータが集計された。その概況が報告

書として編集・刊行されている (Power Analysis Inc., 2000)。

この調査によると（FSLのデータは省略）、オンタリオ州の言語プログラム開講施設(回答数151)の48.3％がLINCと併せて独自のESLのプログラムを開講しており、LINCのみを開講していると回答した学習機関は39.1％だった (Power Analysis Inc., 2000a, pp. 11-12)。

受講者の属性の構成を見ると、LINC受講者（1,948人）の85％が移民としての法的地位をもち、それ以外は、難民申請者が6％、カナダ市民権取得者が8％、その他は2％と移民が圧倒的に多い。一方で、ESLプログラムの受講者は、移民55％、難民申請者10％、その他6％、そして、カナダ市民権取得者が29％という構成であり (Power Analysis Inc., 2000a, pp. 80-81)、LINCの受講が移民に制限されていること（ちなみに、LINCは難民申請者に受講資格はなく、難民条約によってすでに難民の認定を受けた者だけが受講することができる）が特徴的である。

上にあるように、オンタリオ州の言語指導プログラム開講施設のうちLINCと各地域独自のESLプログラムの両方を設置する施設が約半数に及んでいること、そして、ESLプログラムは、主にLINCの受講資格をもつはずの移民、あるいはすでにLINCの受講経験があったり、受講中であるはずのカナダ市民権取得者からのニーズが高いプログラムとなっていることから、学習者のニーズのうちLINCでは補いきれない空白部分をESLプログラムが埋める役割を負っていることも推察される。

また、LINCの開講施設はその88％、ESLプログラムの開講施設はその59％、両方のプログラムの開講施設の76％がCLBを利用していると回答した (Power Analysis Inc., 2000a, p. 36)。ESLプログラムの開講施設と比べて、LINCの開講施設においてCLBが利用される傾向があり、LINCとCLBの連動が比較的進んでいると考えられる。

V　地域社会における公用語教育プログラムの発展に向けて

　移民の受け入れを成功に導くためには、受け入れる社会が言語教育や初期の職業訓練を含めた総合的な支援体制を整備していることが必須となってくる。

　カナダの連邦政府による移民向けの公用語教育支援は、あらゆる人々の多様なニーズに応じられるようなより細やかで広い視野が必要となる。LINCが導入される以前の連邦政府による移民向け語学教育支援は、雇用との結びつきばかりが強調されたことから、批判を受けた経験がある。公用語指導との結びつきを雇用に関連する領域に絞り過ぎた結果、関連しない人々を対象外としてしまった。こうした過去の反省を生かして、連邦政府には新たな方策を検討することが求められたのである。この点で、実際のプログラム運営は学習者のニーズをより身近に聞き取ることのできる地域社会に任せ、連邦政府からは助成金補助という間接的な支援を行うLINCという形をとったことには、高い評価ができるだろう。

　そして、LINCではプログラム実施機関の連携・連絡を円滑にしていくことを目的として、測定センターの設置、評価担当者の養成、CLBの開発・活用による全国共通の語学能力測定用の水準づくりが、少しずつ進んだ。

　ただし、学習者や修了者の追跡調査を初めとした調査が本格的には行われていないため、プログラムの効果は明らかにはされていない。LINCが開発されるきっかけとなった女性や高齢者を含めた多様な層からのニーズと雇用への橋渡しをもっと効率的に進めていくことは、引き続き課題とされるだろう。さらに、LINCのみでは、学習者は十分な公用語の力が習得できておらず、LINCの補完的な語学教育プログラムとして各地域独自の公用語プログラムへの需要が高いことも各種調査から推察される。このため、各地域の支援協力団体による学習者のニーズへのきめ細やかな対応を目指すLINCの理念に沿う形で、実際のプログラム運営や支

援サービスの提供がなされていくことが求められるだろう。

　また、現在のLINC受講者からの意見を見てもわかるように、やはり雇用と結びついた成人移民向けの言語教育のニーズは高い。この現実を踏まえると、LINCのさらなる発展が求められるのは当然であるが、今後はLINCとLERNがお互いの特質を打ち出しつつ発展していくことが求められていくのではないだろうか。

引用文献一覧

Burnaby, Barbara, James, Carl, and Regier, Sheri (2000). *The Role of Education in Integrating Diversity in the Greater Toronto Area from the 1960s to the 1990s': A Preliminary Report*. CERIS Working Paper No. 11.

Center for Canadian Language Benchmarks (2000). *Canadian Language Benchmarks 2000: English as a Second Language: for Adults*. Ottawa: Center for Canadian Language Benchmarks.

Center for Canadian Language Benchmarks, CCLB (2004a). Canadian Language Benchmarks An Introduction for Employers. http://www.language.ca/employers.html, 2004年1月19日採取.

Center for Canadian Language Benchmarks, CCLB (2004b). Assessment Policies. http://www.language.ca/assess/policies.html, 2004年2月11日採取.

Citizenship and Immigration Canada, CIC (1996). Canadian Language Benchmarks. http://www.cic.gc.ca/english/newcomer/esl-e.html, 2004年1月22日採取.

Citizenship and Immigration Canada, CIC (2002a). *National LINC (Language Instruction for Newcomers to Canada) Childminding Requirements September 2002*. Ottawa: Citizenship and Immigration Canada.

Citizenship and Immigration Canada, CIC (2002b). Language Instruction for Newcomers to Canada (LINC) Handbook for Service Provider Organizations. http://www.cic.gc.ca/english/newcomer/linc-1e.html, 2004年1月22日採取.

Citizenship and Immigration Canada, CIC (2003a). Welcome to Canada: What You Should Know. http://www.cic.gc.ca/english/newcomer/welcome/wel-22e.html, 2004年1月30日採取.

Citizenship and Immigration Canada, CIC (2003b). Understanding LINC: Language Instruction for Newcomers to Canada: A Manual and Resource Guide for

Service Providing Organizations. Ottawa: Citizenship and Immigration Canada.

Citizenship and Immigration Canada, CIC (2005). Facts and Figures 2004, Immigration Overview: Permanent Residents. http://www.cic.gc.ca/english/pub/facts2004/permanent/19a.html, 2005年9月15日採取.

Cleghorn, Laura (2000). *Valuing English: An Ethnography of a Federal Language Training Program for Adult Immigrants.* Master's thesis, Master of Arts, Department of Sociology and Equity Studies in Education, Ontario Institute for Studies in Education of the University of Toronto.

Hajer, Anne, Robinson, Jeffery, and Wito, Patl (2002). *LINC1-5 Curriculum Guidelines: a Computer Integrated Curriculum Based on Canadian Language Benchmarks 2000.* Toronto: Toronto Catholic District School Board.

Hart, Doug, & Cumming, Alister (1997). *A Follow-Up Study of People in Ontario Completing Level3 of the Language Instruction for Newcomers to Canada (LINC) Program: Report to the Ontario Region LINC Advisory Committee.*

Joshee, Reva (1996). "The Federal Government and Citizenship Education for Newcomers." *Canadian and International Education,* 25 (2). pp. 108-127.

Lior, Karen Charnow (1993). LINC to What?. http://www.nald.ca/canorg/cclow/newslet/1993/Wint_v10/20.htm, 2004年2月9日採取.

Nakamura, Alice, & Nakamura Emi (1995). Official Language Implications of Immigration, A paper presented at a colloquium *Official Languages and the Economy: New Canadian Perspectives.* http://www.pch.gc.ca/offlangoff/perspectives/english/econo/index.html, 2004年2月21日採取.

Power Analysis Inc. (2000a). *Study of ESL/FSL Services in Ontario: Final Report.* Komaka: Power Analysis Inc..

Power Analysis Inc. (2000b). *Evaluation of the Language for Employment Related Needs Pilot Projects: Final Report.* Komaka: Power Analysis Inc..

Province of British Columbia (2001). Settlement and Multiculturalism Branch. http://www.mcaws.gov.bc.ca/amip/sam/bcsap.htm, 2004年1月22日採取.

第13章
政府とNPOを中心とした成人識字教育の連携

成島　美弥

カナダ識字運動（MCL）の代表団、国会へ意見書提出（2005年）

I　カナダの識字率につのる危機感

　経済のグローバル化、情報技術化、産業形態の複雑化が進む近年、世界各国で識字教育の重要性への認識が新たに高まりつつある。UNESCOでは、2003年から2012年を「国連識字の10年」に定め、識字教育の強化を推奨している。現代社会において、洪水のようにあふれる情報を正しく読み解き使いこなせるだけの識字力、あるいは基礎的な読み書き計算能力としては、最低でも高校レベルが必要と言われる。最近、日本でも若者の読解力低下に危機感を感じた国立国語研究所が、日本人の読み書き能力の調査を約半世紀ぶりに実施する方針を固めたが、カナダではすでに10年前から識字力あるいは公用語力の低下への危機感をつのらせ、様々な取組みが始められている。もちろん、カナダの成人識字教育のシステムもまだ完成にはほど遠いが、この10年間、様々なパートナーを巻き込みながらその基盤づくりを着実に進めている。

　その火付け役となったのは、1994年に初めてカナダ統計局が中心となって、経済開発機構 (OECD) と協力して世界7カ国 (日本は参加していない) を対象に実施した「国際成人識字調査」(International Adult Literacy Survey) の結果である。ちなみにこの調査では、「識字 (literacy)」は「社会的に機能し、自己の目標を達成し、知識や潜在能力を開発するために、活字化された情報を使いこなせる能力」(Movement for Canadian Literacy, 2003, p.1) と定義されている。

　カナダ統計局がまとめた調査結果 (Statistics Canada, 1996) によると、16歳から69歳のカナダ人の22％が、説明書や新聞などの文章を理解するための散文識字能力のレベル1 (医薬品の説明書が正しく理解できず薬の分量を誤るほどで、その深刻さを本人も自覚している) に、また26％がレベル2 (単純な文章なら理解でき日常生活に支障はないが、少し複雑な技術を学ぶのには不十分で、本人に自覚がない) に属している。

　つまり、カナダの成人の半数近くが、知識と情報を基盤とする今日の

社会についていくのに必要なレベル3（高校卒業程度の能力）に満たない識字力であることが判明したのである。同調査の結果からはまた、識字の問題は仏語系カナダ人の間でより深刻であることや、レベル1と2に占める移民の割合はカナダ生まれの人々に比べ倍近く多いことなども明らかになった。先住民はこの調査対象に含まれていないが、教育レベルが高校1年(Grade 9)以下のインディアン登録者数が他のカナダ人に比べ倍近く多い事実からして（Canadian Labour and Business Centre Handbook, 2002）、先住民の識字問題はさらに深刻であると推測できる。

　低識字率がカナダ社会にもたらす影響は大きい。経済面では、労働者の低識字力が年間4百万ドルもの生産力喪失につながっているという見積もりが出ているし（National Literacy Secretariat, 1991）、低識字力と学業中退、失業、貧困、不健康、犯罪などの社会問題との関係も切り離せない。連邦政府もこうした問題を深刻に受けとめ、2001年と2002年の議会開院式での総督（governor general）演説でも、2年連続で識字教育を連邦政府の重要政策課題のひとつに取り上げた。

　このように、識字の視点からカナダの公用語教育を考えてみると、基礎的な公用語の習得は、移民や難民や外国人に限らず、カナダで生まれ育ちながらも十分な教育を受けられなかった人々や先住民にとっても重要な問題であることがわかる。また、それはカナダが健全な社会を維持し国際経済競争で生き残るための国家的な課題でもある。そこで本章では、行政とNPOを中心とした連携によって展開されているカナダの成人識字教育の構造とおもな組織の役割を紹介するとともに、このパートナーシップに近年見られる変化と課題について考察する。

II　成人識字教育の内容と連携構造

　カナダでは教育、職業訓練、福祉、医療などは州政府の管轄下にあるため、成人教育あるいは職業訓練の領域に属す成人識字教育は伝統的に、

各州が資金援助し、公的教育機関（教育委員会やコミュニティ・カレッジ）および地域の識字教育NPOや労働組合などがプログラム開発と実践に当たるパートナーシップによって展開されてきた。よって、識字教育の予算や内容は、各州の人口構成、産業構造、識字率、政策重点、経済状態などを反映したものとなっている。

例えば、毎年多くの移民が流入するオンタリオ州では、特に1999年から失業者対策の一環として識字とコンピュータの基礎技術を組み合わせたLBS（Literacy and Basic Skills）訓練を開始し、既存の識字プログラムの質の向上や調査の充実を積極的に支援している（Ministry of Education and Training, 1999）。かたや、人口の60％が先住民で英仏語の他に9つの先住民言語を公用語に認めるノースウェスト・テリトリーでは、英語と先住民言語の両方の習得を目指した識字教育を奨励するとともに、先住民の口承文化の伝統を尊重した視聴覚教材を多く取り入れた教材開発も行っている（Godin, 1996）。このように、ひとくちに識字教育と言っても、州によってその目的や内容や対象となる学習者もかなり異なるのである。

歴史的に州政府主体で進められてきたカナダの成人識字教育であるが、国際識字年を目前とした1988年に国立識字事務局（National Literacy Secretariat）が設立されてからは、連邦政府も識字教育の発展に重要な役割を果たしている。国立識字事務局の創設以後のカナダの成人識字教育の連携構造

連邦政府	全国規模の7つのNPO	各州政府
（国立識字事務局）	（フロンティアカレッジ）	（公的教育機関と地域のNPO）
	（ローボック識字カナダ）	
	（カナダ識字運動）	
	（全国成人識字データベース）	民間企業
	（ABCカナダ）	助成団体
	（カナダ仏語識字連合）	
	（全国先住民識字連合）	

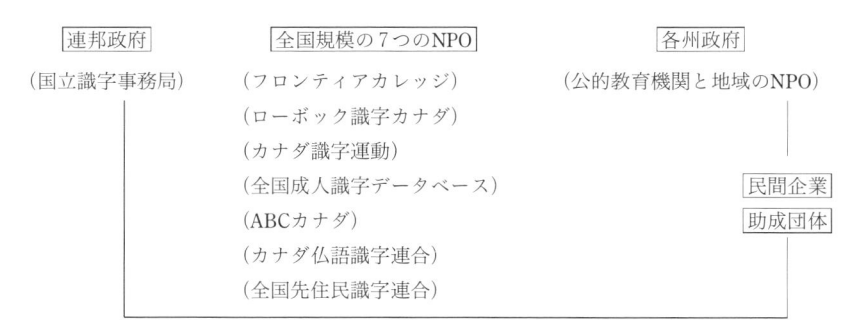

図表13-1　成人識字教育の連携構造

（筆者作成）

は、おおよそ**図表13-1**の通りである。

　この図が示すように、カナダの成人識字教育の連携プレーの構成要素は、連邦政府の国立識字事務局、7つの全国規模の識字NPO、そして各州政府とその傘下にある教育委員会やカレッジなどの公的教育機関と地域型識字NPOである。最近は、この行政とNPOを中心とする連携に、民間企業や助成団体、労働組合などが積極的に参加するようになっているが、これについては後で触れることにする。次節ではまず主要プレーヤーである行政とNPOの具体的な役割を紹介する。

III　連邦政府、全国型NPO、州政府と地域型NPOの役割分担

1　連邦政府の識字業務を総括する国立識字事務局（National Literacy Secretariat）

　国立識字事務局は、1988年にカナダ人材開発庁（HRDC）のなかの小さな課（職員15人程度、年間予算2,250万ドル）として発足した。しかし、連邦政府の赤字削減のためにあらゆる省庁への予算削減が断行された90年代後半にあって、国立識字事務局の予算だけは3,000万ドルに増額され（Shohet, 2001; Movement for Canadian Literacy, 2004）、現在では、専任職員は36人となり、2003年の人材開発庁の再編成後は人材資源・技術開発省（Department of Human Resources and Skills Development）に属している。

　国立識字事務局は、自身の役割を「官、民、NPOセクター間の連携を促進するカタリスト（触媒）」として、州差の大きいカナダの識字教育の水準を全国的に引き上げるために大切な役割を果たしている。しかし、前述のように識字教育はあくまでも州政府の管轄下のため、連邦政府が直接に識字プログラムの実践や指導者養成を行うことはできない。そこで、国立識字事務局ではパートナーシップ方式を取り入れ、州政府、識字NPO、民間企業、労働組合、連邦政府内の他省庁などと幅広く提携し、各組織が企画した事業に補助金を交付しながら、(1)全国の識字プロブレムのコーディネーションと情報交換の促進、(2)アウトリーチとアクセスの

強化、(3)教材と教授法の開発、(4)識字に関する調査の強化、(5)啓蒙活動という5領域で識字教育を推進している。また、国際的にも世界開発機構（OECD）やアメリカ、イギリス、フランスなどと連携し協同研究や情報交換を行っている（National Literacy Secretariat, 2003）。国立識字事務局は、設立以来15年間で全国1,400以上の組織や団体とパートナーシップを結び、5,000以上の識字関連の実験的事業を助成してきた（National Literacy Secretariat, 2003）。これらの事業内容を概観すると、事務局がいかにカナダの識字教育を、州を越えたひとつのシステムとして機能させるための基盤づくりに努力しているかがうかがえる。

　国立識字事務局が設立された時、すでに3つの識字NPO（フロンティアカレッジ、カナダローボック識字、カナダ識字運動）が、全国で識字教育の実践、啓蒙、権利擁護運動、情報交換の促進を草の根運動的に行っていた。既存の組織構造をもとに発展させることを目指した事務局は、この3つのNPOに「全国識字組織（National Literacy Organizations）」という特別な地位を与えてその活動をさらに促進した。90年代には全国成人識字データベース、ABCカナダ、カナダ仏語識字連盟、2002年には全国先住民識字連合という4つの全国組織も新たに発足させて、以来それらの事業も大幅に支援している（Shohet, 2001）。では次に、国立識字事務局とつながりが深いこの7つの全国型識字NPOの役割を見てみよう。

2　全国規模で識字教育をリードする7つのNPO

　カナダの識字教育NPOは、国立識字事務局から特別に資金援助を受けて全国規模で活動する全国型NPOと、おもに州政府からの援助で近隣の識字教育の実践に携わる地域型NPOの二種類に分けられる。前者は運営規模も大きく、識字NPOの代表として政府に提言する機会も多く、識字連携プレーのなかでは国立識字事務局と並んで全国的にリーダーシップを発揮している。現在全国型NPOは7つあり、そのうち2つはボランティア教師を起用しておもに実践に取り組んでおり、5つは識字関係者

の全国的ネットワークづくりや情報提供や技術援助などを行う中間支援システム的な役割を果たしている。

(1) フロンティア・カレッジ (Frontier College)

カナダでもっとも長い歴史をもつ識字NPOであるフロンティア・カレッジは、ある長老教会牧師の発案で1899年、遠隔地で鉄道工事や森林伐採をしている労働者に読み書きを教えるために大学生ボランティアを派遣したことに端を発する。時代のニーズに応じて事業内容も変化しているが（成島, 2003）、学習機会に恵まれない人々のために革新的なプログラムを開発しサービスを提供している点では、昔も今も変らない。現在は、大学生が夏休みに季節労働者とともに働きながら識字を教える労働者教師、囚人への獄中プログラム、ホームレスの若者への基礎技術訓練、親が子どもの勉強をみてあげられない家庭への宿題サークル、親子で児童書を読む読書サークル、移民のためのESLなどを実施している。

フロンティア・カレッジの特徴は、多くの大学生をボランティア教師として養成し、識字学習者の手助けすることによって、大学生側も識字問題の根源にある社会問題への理解を深めることを目指した相互教育プログラムの実践にある。公共図書館や福祉関係NPO（例えばシェルターなど）や民間企業や助成団体とも幅広く提携し、場所や学習者や物品（例えば児童書籍）などの提供とひきかえにボランティア教師を派遣する形式をとっている。2003年度には、約5,500人（うち3,000人は大学生）のボランティアが、全国300カ所で約5万6,000人の学習者を手助けしている（Frontier College, 2004）。

トロントに本拠を置くこのNPOは、理事24人、常勤職員25人と識字NPOとしてはかなりの大組織である。2002年度の歳入は約377万7,000ドル、その内訳は55％が政府（国立識字事務局、オンタリオ州地域福祉サービス省、オンタリオ州訓練、カレッジ、大学省等）、16％がフロンティア・カレッジ学習財団、13％が民間企業からの寄付、7％が資金集め事業、5％が助成財団、3％が個人寄付となっている（Frontier College, 2004）。

(2) カナダローボック識字 (Laubach Literacy of Canada)

「ローボック・メソッド」(1930年代にフランク・ローボック [Laubach, Frank] によって考案された発音中心の教授法)を採用して識字教育に携わっているこのNPOは、もともとアメリカのローボック識字のカナダ支部として1970年にノバスコシア州で活動を始め、1981年に独立した。今ではカナダ全国に根を広げ、多くのボランティア教師がおもに若者や成人に英語、算数、生活技術 (例えば育児や職探しなど) を個人指導している。

前述のフロンティアカレッジと同様、公共図書館や成人教育施設や民間の職場など地域の諸機関と提携し、学習障害者、労働者、女性、若者、移民などを対象に地域と個人のニーズに応じたプログラムを実施しているが、最近は特に家族識字と職場識字プログラムの開発に力を注いでいる。ボランティアの指導者養成ワークショップや関係者の全国大会も定期的に開催し、独自の教材開発も積極的に行っている。また、「教育と平等へのチーム」という学習者グループを組織して、プログラム修了者が識字学習を必要とする他の人々へアウトリーチしたり、各地域の識字NPOに学習者側のニーズを代弁できるようにと、学習者のリーダーシップ養成にも力を入れている。本拠地はオタワだが、各州の支部が地域のニーズに応じて独立した組織運営を行っている。現在、全国各地に149の支部(「ローボック読書カウンシル」)があり、総計7,100人のボランティア教師が約8,300人の学習者の識字教育に携わっている (Lauback Literacy of Canada, 2004)。詳しい組織規模や歳入などについては、本部に直接問い合わせてみたが残念ながら入手できなかった。

(3) カナダ識字運動 (The Movement for Canadian Literacy)

カナダ識字運動 (以後MCL) は、その名の通り識字教育を社会運動として発展させていくことを使命とした革新的NPOである。1978年にオタワに誕生して以来、全国の英語系識字NPOと学習者の声のまとめ役あるいは代弁者として、連邦政府への提言、一般大衆への情報提供や啓蒙活動、識字調査の開発などを積極的に繰り広げている。MCLが設立されるま

では、カナダの識字教育は同じ州内でも組織によってばらばらで、識字関係者の間に基本的理念の合意がない渾沌とした状況であった。しかし、MCLの主導により、1986年に、全国の識字関係NPOが識字教育に関して初めて共通理念を謳った歴史的な「シーダーグレン宣言（Cedar Glen Declaration）」がまとめられた。

　各州の動向や課題を把握するための情報交換の場であるMCLの理事会は、各州の識字連合の代表者13人と学習者の代表2人を含んだ17人で構成される。また、学習者側の声を実践や政策に反映させるために、各州の学習者の代表によって構成される「学習者助言ネットワーク（Learners Advisory Network）」も組織している。1996年の国際成人識字調査でカナダの深刻な識字問題が判明して以来、特に識字関係の様々な調査結果を刊行し、議会に意見書を次々に提出し、識字教育充実のための連邦政府のリーダーシップの強化、行政からNPOへの安定した補助金交付の必要性を政府に強く訴えている。MCLの常勤職員は4人で、2003年度の歳入は約55万6,800ドル、その内訳は98％が国立識字事務局から、2％が会員費と個人寄付となっており（Movement for Canadian Literacy, 2004a）、連邦政府からの援助が顕著である。

(4) 全国成人識字データベース（National Adult Literacy Database Inc.）

　国立成人識字データベース（以下NALD）は、全国のコミュニティ・カレッジの識字教育プログラムのデータベースをつくるために国立識字事務局が助成した事業に端を発し、1992年に4つ目の全国識字NPOとして創設された。国立識字事務局と本拠地フレデリクトンのあるニュー・ブランズウィック州政府からの資金援助によって事業内容を拡張し続け、今では識字教育に関する唯一の全国規模の総合データベースとして、識字関係者に不可欠なリソースとなっている。NALDの活動には、全国各地の識字プログラムに関する利用者からの質問に答える無料電話サービス、ニュースレターの発行、全国の識字関係団体のウェブページ作成への技術的援助などが含まれる。ちなみに、これまでに全国170以上の識

字関係団体のホームページをデザインしている。

　また、NALDの主要事業である「識字データベース」(http://www.nald.ca)からは、国立識字事務局、各州政府の識字担当省、全国の識字関係NPO、さらに国際的識字団体も含めた6,000近いホームページに英語と仏語の両方で誰でもアクセスできる (National Adult Literacy Database, 2003)。2002年に実施したインターネット利用者評価によると、識字データベースの利用者はオンタリオ州でもっとも多く（全体の21%）、逆にケベック州の利用者数がもっとも低い（全体の3%未満）。仏語圏でのデータベースの利用の促進と事業拡張のための資金源となる新たなパートナーシップを開拓することなどが、今後の課題となるであろう (Goss Gilroy Inc., 2002)。

　組織構成は比較的大きく、理事15人、常勤職員が21人から成る(National Adult Literacy Database, 2003)。2003年の歳入と内訳について問い合わせても入手できなかったが、設立以来その歳入の大部分は、国立識字事務局とニュー・ブランズウィック州政府からの補助金によるものと思われる。

(5) ABC カナダ (ABC CANADA Literacy Foundation)

　ビジネスの中心地トロントに本拠を置くABCカナダは、多くの民間企業と労働組合、教育機関、政府の連携によって1990年に創設されたNPOである。もともとビジネスの立場から労働者の識字問題に取り組むことを目的につくられたので、創設当時は職場識字関係の事業に力を注いでいた。1995年にABCカナダが設立した労働者向けの識字教育施設「職場教育センター (Workplace Education Centre)」は、民間セクターにおける職場識字への意識を高める火付け役となった。同センターは職場識字プログラムが多くの企業や組織によって実施されるようになった1998年には閉じられたが、ABCカナダは現在も、企業や労働者へ職場教育に関して電話による情報提供サービスを続けている。

　ABCカナダは最近、識字について一般大衆への啓蒙活動と民間企業を識字教育にかかわらせるという二点を使命に掲げ、多くの企業の協賛を得て様々な形で全国識字キャンペーンを繰り広げている。例えば、

「LEARN キャンペーン」では、イエローページ社と提携して全国のイエローページに各地の成人基礎教育と識字教育のプログラムを掲載したLEARNセクションを新設した。1999年以降は、1月27日を「家族識字の日」に設定し、毎年各地の読書イベントや報道機関や企業広告などを通じて、家庭での識字教育の大切さをキャンペーンしている。

　ABCカナダは、NPOと民間企業とのパートナーシップの成功例として注目に値する。ABCカナダは年に一度その年識字教育発展にもっとも寄与した企業を表彰するが、この優秀企業リストには、エアーカナダ、ホンダカナダ、コカコーラなど大手企業が名を連ねている。また、協賛企業リストには全国107の新聞社、46の雑誌社、13のラジオ局、14社のテレビ局、その他40社が掲載されており、これら協賛企業からの広告スペースなどの物質的援助は、過去13年間でおよそ400万ドルにも相当すると言われる。また、ABCカナダでは毎年様々な資金集め行事を催しており、毎年一度の全国各地で開催される恒例のゴルフトーナメントからだけでも、過去18年間760万ドルもの資金を集めている（ABC CANADA, 2003）。ABCカナダは、理事22人、常勤職員6人で運営されており、2003年度の歳入は、物質的な寄付も含めておよそ570万ドルで、その内訳は協賛企業から87％、国立識字事務局から9％、個人寄付が2％、その他2％であった（ABC CANADA, 2004）。

(6) カナダ仏語識字連盟(Federation canadienne pour l'alphabetisation en francais)

　カナダ仏語識字連盟は、全国の仏語系識字教育を推進するための全国型NPOとして、1991年に国立識字事務局、カナダ遺産省、カナダポストなどの協力でオタワに設立された。カナダ仏語識字連盟は、全国の仏語識字NPOや学習者のネットワークづくりや情報交換を促したり、連邦政府や英語系識字組織に向けて仏語識字関係者の意見を代弁する役割を果たしている。前述の国際成人識字調査の結果から、仏語話者の間の識字問題は深刻であり、特にケベック州外に在住する仏語話者の識字力が全般的に低いことが判明した。こうした問題に対してカナダ仏語識字連盟

は、仏語話者にとっては、まず母語の仏語での識字力を高めることが第二言語の英語での学習能力にもつながるとして、英語で識字学習をする以前に母語による識字教育を受ける必要性を提唱し、会員組織にこの方針を実践基本として徹底させている。また各州で仏語系識字教育のボランティア指導者養成を行ったり、2003年度からは運営資金調達のための自主事業の一環として、官民の様々な団体の公的文書をより簡単でわかりやすい仏語に書き直すという営利事業も始めている。

　カナダ仏語識字連盟は、各州の仏語系識字連合の代表者13人を理事に、常勤職員6人で運営されており、2003年度の歳入は約99万ドル、その内訳は約82％が政府（国立識字事務局、カナダ国際開発局、カナダ遺産省など）、11％が自主事業、2.7％が広告料、0.5％が会員費と会議などの登録費、0.2％が個人寄付となっている（Federation canadienne pour l'alphabetisation en francais, 2004）。

(7) 全国先住民識字連合（National Indigenous Literacy Association）

　全国先住民識字連合（以下NILA）は、「カナダにおける先住民識字教育の目、耳、声となること」(National Indigenous Literacy Association, 2003) を使命に、2002年に7番目の全国型識字NPOとして誕生した。NILAの前身である全国先住民デザイン委員会（National Aboriginal Design Committee）は、1997年に国立識字事務局が助成した先住民識字力調査事業に端を発している。

　このNPOの特徴は、一般の成人識字教育では見落とされがちな先住民の言語と文化と価値観を継承するためのホリスティックなアプローチを反映した、先住民による先住民のための識字教育を促進しようとしていることである。様々な組織と提携しながら、具体的には先住民識字教育関係組織やその他関係者のための全国的にネットワークづくりや擁護運動を行ったり、先住民識字教育の調査および開発を進めている。NILAは、対外的に政府関係者や一般カナダ人に先住民識字教育の必要性を訴えるだけでなく、先住民自身の間の識字教育に関する意識高揚という意味で

も存在意義が大きい。というのも、先住民の識字問題はかなり深刻であるにもかかわらず、先住民コミュニティーでは住居や失業問題、自殺やアルコール中毒といった他の切迫した問題が優先され、その根源にある識字教育の重要性への認識が低いからである。しかし、先住民コミュニティでは、都市部で一人親の家庭に育ち、学校も中退し先住民の文化や言語にもあまりさらされていない「インディアン・ベイビーブーマー」と呼ばれる青少年層が増加しており、こうした若者の就業問題やアイデンティティの問題に対処するためにも、識字教育は必須の課題である。

NILAはまだ設立初期段階にあり、2009年頃までに業務運営体系を整えていく予定である。現在はウィニペグに本拠を置き規模は理事8人、常勤職員3人程度。通常の理事以外に4人程度からなる長老委員会（Elders Committee）という諮問グループが設けられており、職員や理事に必要に応じて助言を与える一役を担っている。2003年度の歳入と内訳については残念ながら入手できなかったが、そのおもな資金源は国立識字事務局だと思われる。

3 地方のニーズを優先する州政府と地域の教育機関と地域NPO

さて、本節の最後にカナダの成人識字教育の連携システムのもう一本の、そしてもっとも重要な柱である州政府と、その傘下で識字教育の実践に携わっている地域の教育機関やNPOの役割について見てみよう。州レベルでは、州政府がニーズに応じて補助金を交付し、コミュニティ・カレッジや教育委員会などの公的教育機関、労働組合、公共図書館、地域型NPOなどの機関が実践に当たっている。カレッジや教育委員会主催の識字教育は、フォーマルな学校形式をとりクラス単位で実施されることが多く、一度に多くの学習者を指導できるというメリットがある。しかし、識字学習者のなかには、学校の堅苦しい雰囲気に適応できずにドロップアウトしたり、子育てや生活に追われて一定期間きちんと出席しなければならないフォーマルなプログラムには参加できない人も多いの

が現状である。

　もともと識字教育は、草の根運動として職場や自宅でボランティアの手によって支えられてきた伝統があり、現在もなお、地方型NPOとボランティア教師による学習者個々のニーズに合わせた柔軟な個人教授型プログラムの地域の識字教育に占める存在意義は大きい。地域型NPOは州により数に差があるものの、全国にかなり多く存在している。経営規模としては、常勤職員は多くて3人程度という小さな組織が多く、各州内の中間支援組織である識字連合に属したり近隣地域内でネットワークを作って、情報交換したり、ボランティア指導者の養成訓練を協同で行ったりしている。地域の公共教育機関や地域型NPOも、全国型NPOと同じように国立事務局へ事業への補助金を直接申請できる。しかし、連邦政府から地域型NPOの事業助成には限りがあり競争率も高いため、一般的には国立事務局は州政府へ一括して補助金を交付し、それを州政府が傘下の教育機関やNPOへの援助資金の一部にする形をとっている。

　州政府と地域の教育機関やNPOの連携プレーは、州ごとに状況が異なるため一般化するのは難しい。そこで、ここでは事例としてオンタリオ州を取り上げる。前述のように、オンタリオ州では訓練カレッジ大学省が中心となり、1999年から特に失業者の雇用促進と既存の識字プログラムの質の向上を目指したLBS（Literacy and Basic Skills）訓練が実施されている。州政府はこの事業に毎年約6,000万ドルの予算を投入している（Ministry of Training, Colleges and Universities, 2004）。

　LBSプログラムは英語話者、仏語話者、先住民、ろうあ者を対象とした4つの流れに分かれ、それぞれが連合をつくっている。2003年の統計によると、この4つの連合に属するNPO数と教育実施箇所数と学習者数は図表13-2の通りである。表が示すように、LBSプログラムは2002年度には合計212の識字組織によって実施されている。4つの連合のうちで最大の英語話者を対象とした識字組織の連合「オンタリオ識字連合」（149組織所属）は、さらに「教育委員会連合」「コミュニティ・カレッジ連合」「オ

図表13-2 オンタリオ州のLBS（Literacy and Basic Skill）訓練の状況（2002〜03年度）

対象者グループ	連合名	所属NPO数	教育実施箇所数	学習者数
英語話者	オンタリオ識字連合	149	217	40,900
仏語話者	オンタリオ仏語識字基礎教育連合	31	40	3,400
先住民	オンタリオ先住民識字連合	27	28	1,345
ろうあ者	GOALオンタリオろうあ者識字	5	14	415
合計		212	299	46,060

(Alpha Plus, LBS 2002-03 Aggregated Year end Date of Streamsにより作成)

ンタリオ・ローボック連合」「オンタリオ・コミュニティ識字連合」という4つの機関別セクターから成っている。この4つの機関別セクターのなかで一番大きい「オンタリオ・コミュニティ識字連合」には112の地域型NPOが所属しており（Community Literacy of Ontario, 2004）、この112のNPOのほとんどがLBSプログラムに参加している。ちなみにオンタリオ州のコミュニティ・カレッジの数は25足らずであることを考えると、オンタリオ州の英語系LBSプログラムがコミュニティ・カレッジよりはるかに多くの場所で、地域型NPOとボランティアによって支えられていることがわかる。

地域型NPOと州政府の連携の実情を知るため、筆者はトロント市と周辺の21の識字組織のネットワーキングをしている中間支援NPOであるメトロ・トロント識字運動（Metro Toronto Movement for Literacy、以下MTML）を訪ねインタビューした。このNPOは、1978年より活動しているトロントでは歴史ある識字NPOで、常勤職員3人、2003年度の歳入はおよそ22万ドル、その3分の2はオンタリオ州訓練カレッジ大学省からの補助金で、その他の3分の1は助成団体や民間企業や個人の寄付と会員費で補っている（Metro Toronto Movement for Literacy, 2004b）。

MTMLの代表者のアーウィング氏（G. Erwing）は、トロントの地域型NPOのほとんどが人手不足で、既存のサービスを維持していくだけで手一杯、新事業を企画して申請書を作成したり、新しいパートナー探しを

している暇はほとんどないと言う。それで、個人からの寄付や資金集めの催しからの収入以外は、必然的にその歳入の大部分をオンタリオ州政府からの事業援助資金に頼らざるをえない。詳しい数字は明らかではないが、MTMLに属する21のLBSプログラム実施機関の特色を概観すると、州政府からの資金援助がもっとも多いのがコミュニティ・カレッジで、学習者数がもっとも多いのは教育委員会、そして実施箇所がもっとも多く、地域の識字教育の動向にリーダーシップをとっているのは地域型NPOであるとのことである。アーウィング氏は、オンタリオ州の識字教育政策に基本的には肯定的であり、その特色として、LSB政策のおかげで識字教育機関が州政府から十分ではないにしてもある程度安定した補助金を受けられること、LBS導入後も行政側が統一カリキュラムを押し付けたりすることなく各実施機関の理念や方針を反映した柔軟なプログラムづくりを協力的に後押ししてくれること、またカレッジや教育委員会や地域型NPOが機関の壁を越えて地域のニーズに応じた識字教育の開発に協力していることなどを挙げている。

　しかし、同時にこの地域型NPOと州政府との強い結びつきからは、当然いくつか弊害も生まれる。アーウィング氏が最も強調していたのは、近年特に州政府が補助金とひきかえに各組織にアカウンタビリティを上げることを要求するようになっており、そのためすでに人手不足のためNPO職員一人当たりの書類作成業務が増大していることであった。また、政府側から補助金の使途にはある程度の規制があり、アカウンタビリティとして要求される項目（年間学習者数や実際に識字指導に充てられた時間数など）以外の活動（例えばボランティア指導者や学習者グループへのカウンセリングサービスなど数で測りにくい活動）へは補助金をまわすことができない。その結果、最近は識字教育の周辺部にあったこうした大切な支援プログラムが切り捨てられているそうである。また、1999年のプログラム施行以来、オンタリオ州の識字組織の大部分が政府の政策に沿ったプログラムへと実践内容の方向転換をしたが、そのLBSプログラムの主

眼は失業者の雇用促進に置かれていた。そのため、1997年から国立識字事務局が連邦識字政策として積極的に推進している職場識字や家族識字については、ニーズが高い領域であるにもかからず、オンタリオ州内でこれらを実践している地域NPOはほとんどないことなどもアーウィング氏は指摘した。

IV　パートナーシップに見られる変化と今後の課題

　以上のように、カナダの識字教育は連邦政府、全国型NPO、州政府と地域教育機関および地域型NPOによる複雑な連携プレーによって展開されており、それぞれのプレーヤーの個性や長所を最大限に生かしながら、どのように効果的な協働システムへと発展させていけるかが今後の大きな課題である。

　現状のカナダの識字教育の構造で特に興味深いのは、行政とNPOが相互に依存しながらも拮抗する微妙なバランス関係である。アメリカのNPOの研究者ヤング（Young, 1999）は、行政とNPOのかかわり方には、(1) NPOが行政の不備を補充する関係、(2) NPOと行政が相互に補助し合う関係、(3) NPOは行政に対して政策提言やロビー活動等を行う対立関係という3つがあり、実際にはこのうちのいくつかが同時に起こっている場合が多いと述べている。この3種類の関係をカナダの識字教育における行政とNPOの関係に当てはめると、連邦州政府共に識字問題に対する意識が低かった1980年代前半頃まではおもに1番目、80年代後半から現在に至るまでは2番目であるが、そのどちらの時期にも常に3番目が内包されていたと言えるであろう。というのも、地域で識字教育に当たっているNPOの多くが、もともと識字を貧困や社会的不平等などと絡み合った問題として捉え、識字教育を通して教育が受けられなかった人々のエンパワーメントと機会均等の実現を目指していくという立場から出発しているからである。実際には行政サービスの請負いになってしまっている

面も拭いきれないNPOではあるが、基本的には実践の最前線から政府への提言、批判、学習者の権利擁護運動を行う使命を保つことこそが、NPOがNPOであるゆえんである。

　ヤングの言う2番目の関係は、サラモン（Salamon, 1996, 2003）が提唱する「パートナーシップ」、つまり政府が公共サービスへの資金を提供しNPOがそのサービスに当たる関係でもある。理想的なパートナーシップは、相互利益的な関係である。行政側は直接的サービス供給にかかるコストを削減できるだけでなく、NPOの柔軟性と効率性を利用しながら公共のニーズに敏感に対応しながらも、ある程度全体的な方向性をコントロールできるという利点がある。一方、NPO側は行政からの資金援助によって、市場での生き残りのために利益収入を心配せずに自分たちの社会的使命に専念できるというものである（Smith, 1999）。しかし、このような理想的な相互関係は、行政側に十分な資金がありNPO側がその資金を当てにできる時、また行政側からNPOのサービス内容に関して細かいしめつけがない時に効果的に機能する。

　識字関係に限らず近年のカナダのボランティアセクター全体を眺めた時、90年代以降の公共の補助金削減により、行政とNPOの理想的パートナーシップの基盤はかなりぐらついてきている。カナダの様々な分野で活動する50のNPOを対象にしたスコット（Scott, 2003）の調査によると、1997年から2001年までの5年間で、増収と減収の差が毎年25％以上あり経営基盤が不安定であると答えたNPOが56％もある。そのおもな原因は、政府からの補助金額の減少もさることながら、資金援助の方法、パートナーシップの内容が変化していることにある。

　もちろん現在も、カナダのボランティアセクターへの最大の資金提供者は政府であり、平均的NPOの年間予算の60％は行政から提供されている。さらに、チャリティー収益の税金控除や連邦消費税の払い戻しなど、NPOへの税の優遇措置による間接的な支援も1年間で150万ドルにものぼると推定される（Treasury Board Secretariat, 2000）。しかし、以前は政府

がNPOに毎年一定額の補助金を交付し用途についてはNPO側に任されていたが、90年代後半からはアカウンタビリティを上げるために、短期間の事業ごとの資金援助モデルを採用したり、助成金を特定の事業以外の目的に回すことはできないという目的別アプローチをとる傾向が強まっている。また、NPOが政府に事業助成金を申請する際には、その事業の実行可能性を高めるために他の地域組織や民間企業や助成団体ともパートナーシップを結んでいることが望ましいという申請条件が課される場合が増えている（Scott, 2003）。

　こうした政府とNPOのパートナーシップの変化は、識字関係NPO側にも確実に見られる。例えば、前述したフロンティア・カレッジやABCカナダなど全国規模NPOの経営には、すでに政府だけではなく、多くの民間企業や民間助成団体が大幅に関与している。企業側は、資金の寄付だけでなく、例えば印刷業界なら書籍を、広告業や報道機関なら広告スペースを寄付したり、資金集めの行事に社員を参加させるなど間接的な形で支援する場合も増えている。民間企業側も、NPO支援という形で利益の一部を公共の福祉に還元することで企業イメージを高めたり、社員のモラル高揚にもつながるという利点があるので、連携参入には積極的である。フロンティア・カレッジやABCカナダの事例は、民間企業の資金とビジネス的な経営方法を導入することによって、公的資金不足のために鈍りがちな行政とNPOの従来の連携プレーをいかに活性化できるかの可能性を示唆するモデルとして学ぶべき点が多い。

　しかし、同時にこの新しい連携には、危険性も含まれる。トロントの地域型NPOの代表者が述べていたように、人手不足で無名な地域型NPOにとっては、新たな民間企業や助成団体を開拓してパートナーシップ拡大していくことは実際に至難の業である。もし今後、行政側がNPOと民間のパートナーシップ拡大をあてにして、識字事業への公的資金の据え置きあるいは削減の方向へと向かえば、競争力が乏しく財政基盤も不安定な小さな地域型NPOは、労働力やプログラムの開発やサービスの質な

ど点でますます窮地に追い込まれることになるであろう。また助成金を得るため資金提供者の要求に迎合するうちに、NPOの存在理由である社会運動としての使命が薄れてしまう危険性もある。

そもそも、社会参加や自己実現のために必須な成人識字教育は基本的人権のひとつであり公共サービスの一部であるべきである。それを景気次第でいつ手を引くかわからない民間企業からの資金を、識字教育の資源としてNPO側に開拓させようとする行政側の姿勢そのものが問い直される必要がある。しかし、こうした危険性については識字NPO側も認識しており、2002年に6つの全国識字NPOが協同提出した連邦政府への提言書のなかでは、国立識字事務局の予算の増額、政策的リーダーシップの強化、連邦政府と州政府と全国型および地域型NPO間の従来型の連携プレーの再生、全国の識字NPOへ安定した補助金交付の必要性が強く唱えられた（Six National Literacy Organizations, 2002）。

これにさらに追い討ちをかけるように、2005年、第二回国際成人識字と生活技術調査（International Adult Literacy and Life Skills Survey）が実施され、その結果によると、残念ながらカナダの成人識字率は10年前に比べてあまり向上していないことが明らかになった。これを受けて、2005年の夏から連邦政府と全国型NPOが中心となり、カナダ全国レベルでの連携プレーをさらに強化するための具体的な行動プランの立て直しなどに真剣に取り組んでいる（Movement for Canadian Literacy, 2005）。

しかし、現状では法的に、連邦政府が今まで以上に成人識字教育の実践やレベル向上のために直接的にリーダーシップを発揮することは難しい。前述のオンタリオ州のLBSプログラムの例に見られたように、いくら連邦政府が家族識字を強化しようとしても、もし州政府の政策重点が失業者対策向けの識字教育にあれば、連邦政府の識字政策は現場にはほとんど反映されないこともあるわけである。というのも、現在のカナダの識字教育実践の一番の鍵を握っている出資者は州政府だからである。連邦政府は国立識字事務局を通して、年間およそ1,000万ドルを各州政

府の識字開発事業に援助しているが、ほとんどの州がそれと同額かそれ以上（例えばオンタリオ州やアルバータ州、ブリティッシュ・コロンビア州などは4倍から6倍の額）を、独自の政策に基づいた識字基礎技術訓練に投資している（Godin, 1996）。

　こうした連邦政府と州政府の関係には、カナダの地方主義の長所と短所の両方を垣間見ることができる。確かに、教育も職業訓練も医療も福祉も州政府の管轄にあるからこそ、その地方のニーズに応じた個性ある柔軟な政策をとることができる。これは、カナダのように地理的に広大で、地方ごとに風土も産業も人種も文化も様々な国においてはとても大切なことであるが、同時に、だからこそ連邦政府が直接に政策的リーダーシップを発揮しにくいという弊害にもつながる。識字教育においては、国立識字事務局が中心となって国として総合的システムを確立し全国的水準を上げようとしても、各州の足並みがなかなか揃わないという感がぬぐえない。ちなみに、現在全国で800以上の識字プログラムが実施されているが、州ごとにアクセスに差があるため、実際にプログラムに参加できているのは、識字教育を必要とする人口のわずか10％以下に過ぎない（ABC Canada/ Literacy BC, 2001）。カナダの伝統である州自治を尊重しながらも、いかに連邦政府のリーダーシップを高めて、現状の連携プレーを全国的な総合システムへと発展させていけるかが、今後のカナダの成人識字教育にとっての大きな挑戦であろう。

V　日本への示唆

　以上本章では、カナダの公用語教育の一環としての成人識字教育を取り上げ、その基本的構造とおもな構成要素である連邦政府、全国型NPO、州政府と公教育機関および地域型NPOの具体的役割を紹介した。カナダの国を挙げての識字教育への取組みは、豊かな国には無縁であると思われがちな識字の問題を、グローバル経済競争や高度情報社会の到来、外

国人や移民や難民の流入、失業者や中途退学者の増大などに照らし合わせながら、新たな現代的課題として捉え直す必要があることを示している。また、公共予算削減の厳しいなかで、行政とNPO（およびボランティア）が中心となって拮抗しながらも協働して試行錯誤で識字教育を支えているカナダの連携モデルとそれが抱える諸課題が、今後日本でも増えていくであろう成人識字教育の実践や、教育関係NPOの運営や、行政や民間とのパートナーシップのあり方、ボランティアの活用法などへの参考となれば幸いである。

引用文献一覧

ABC Canada/Literacy BC (2001). *Who wants to learn? Patterns of Participation in Canadian Literacy and Upgrading Programs.* Toronto: ABC CANADA.

ABC CANADA (2003). ABC CANADA literacy Foundation Homepage. http://www.abc-canada.org/about-us/html. (2004年3月23日搾取).

ABC CANADA (2004). ABCカナダ会計担当のドン・スティーブン氏より入手。

AlphaPlus (2003). LBS 2002-2003 Aggregated Year end Date of Streams. Alpha Plus センターの司書フローラ・ドエラー氏より入手。

Canadian Labour and Business Centre Handbook (2002). *Skills and Skill Shortages: Trends in Demographics, Education and Training.* Ottawa: Canadian Labour and Business Centre.

Community Literacy of Ontario (2004). "Community Literacy of Ontario Homepage." http://www.nald.ca/PROVINCE/ONT/CLD/profile/profile.htm. (2004年3月25日搾取)

Federation canadienne pour l' alphabetisation en francais (2004). *Rapport annuel 2002-2003.* Ottawa: Federation canadienne pour l'alphabetisation en francais.

Frontier College (2004). *Annual Report 2003.* Toronto: Frontier College.

Godin, Joanne (Ed) (1996). *Working in Concert: Federal, Provincial, and Territorial Actions in Support of Literacy in Canada.* Ottawa: National Literacy Secretariat.

Goss Gilroy Inc. (2002). *Evaluation of the National Adult Literacy Database (NALD): Final Report (Executive Summary).* St. John's, NF: Goss Gilroy Inc.

Lauback Literacy of Canada (2004). "Laubach Literacy of Canada Home Page." http://www.laubach.ca/aboutus/aboutus.htm (2004年3月7日搾取).

Metro Toronto Movement for Literacy (2004). メトロ・トロント識字運動の代表者ガイ・アーウィング氏へのインタビューより。

Ministry of Education and Training (1999). *Literacy and Basic Skills (LBS) Program: Guidelines.* Toronto: Literacy and Basic Skills Section, Workplace Preparation Branch, Ministry of education and Training.

Ministry of Training, Colleges and Universities (2004). "Literacy in Ontario: The Rewards Are for Life." http://www.edu.gov.on.ca/eng/training/literacy/ontliteracy/ont＿lit.htm. (2004年3月23日搾取).

Movement for Canadian Literacy (2003). *Advancing literacy in Canada: An Urgent Call to Action, Recommendations for the House of Commons Standing Committee on Finance.* Ottawa: Movement for Canadian Literacy.

Movement for Canadian Literacy (2004a). *Annual Report 2002-03.* カナダ識字運動の代表者ウェンディ・デブリセイ氏から未出版の年報の原稿を入手。

Movement for Canadian Literacy (2004b). "Federal Literacy Facts." http://www.literacy.ca/public/litfacts/jan04/page1/htm. (2004年3月15日採取).

Movement for Canadian Literacy (2005). カナダ識字運動の職員フィオナ・マレー氏と筆者の電子メールでの2005年8月10日の通信より。

National Adult Literacy Database (2003). "National Adult Literacy Database Homepage." http://www.nald.ca/ABOUT/whatis.htm (2004年3月10日搾取).

National Indigenous Literacy Association (2003). "National Indigenous Literacy Association Business Plan." http://www.nald.ca/fulltext/business/08.htm. (2005年6月10日搾取).

National Literacy Secretariat (1991). "Literacy & Business: An Economic Challenge for the 90s." *Canadian Business Review. Vol. 18.* No.1, Spring. http://www.nald.ca/fulltext/report1/rep04-01.htm. (2004年3月5日搾取).

National Literacy Secretariat (2003). "The Government of Canada Role in Literacy Action: Raising Awareness." Fact Sheet about Literacy. http://nald.ca/nls/nlsild/fact2.htm. (2004年3月5日搾取).

Salamon, Lester M. (1996). *The Emerging Nonprofit Sector: An Overview.* Manchester, UK: Manchester University Press.

Salamon, Lester M.(2003). *The Resilient sector: The State of Nonprofit America.* Washington D.C.: Brookings Institution Press.

Scott, Katherine (2003). *Funding Matters: The Impact of Canada's New Funding*

Regime on Nonprofit and Voluntary Organizations, Summary Report. Ottawa: Canadian Council on Social Development.

Shohet, Linda (2001). "Adult Learning and Literacy in Canada." J. Comings, B. garner, C. Smith, eds. *The Annual Review of Adult Learning and Literacy. Vol. 2*. pp. 189-241. National Center for the Study of Adult Learning and Literacy. San Francisco: Jossey-Bass, A Wiley Company.

Six National Literacy Organizations (2002). "Building a Pan-Canadian Strategy on Literacy and Essential Skills: Recommendations for the Federal Government." http://www.literacy.ca/govrel/building/cover.htm. (2004年3月1日搾取).

Smith, Steven R. (1999). "Government Financing of Nonprofit Activity." E. T. Boris and C.E. Steuerle eds., *Nonprofits & Government: Collaboration and Conflict*. pp. 177-212. Washington D.C.: Urban Institute.

Statistics Canada (1996). *Reading the Future: a Portrait of Literacy in Canada*. Ottawa: Statistics Canada. カタログ No. 89-551-XPE.

Young, Dennis. R. (1999). "Complementary, Supplementary, or Adversarial?: A Theoretical and Historical Examination of Nonprofit-Government Relations in the United States." E.T. Boris and C.E. Steuerle eds., *Nonprofits & Government: Collaboration and Conflict*. pp. 31-70. Washington D.C.: Urban Institute.

成島 美弥 (2003).「カナダの生涯学習社会の展開」。小林順子他編著『21世紀にはばたくカナダの教育：カナダの教育2』. 東京：東信堂、pp. 148-156。

第14章
先住民に対する公用語教育

広瀬 健一郎・岸上 伸啓・下村 智子

ヌナブト準州クガールク村の小学校で、PCを使った授業風景(1994年9月)

I 先住民言語の継承状況

カナダの先住民に対する公用語[1]教育は、それが、植民地政策の一環を成すものとして展開されてきた点で、移民に対する公用語教育とは性格を異にする。先住民は伝統的な生活領域や生計手段を著しく制限されるとともに、公用語の習得を迫られ、一方、母語の継承が危機にさらされてきた。この過程は、我が国においては、アイヌ民族の辿った道筋でもある。我が国では、アイヌ語の継承に配慮した学校制度は現在に至るまで整備されたことはない。カナダにおいても、先住民言語の継承を脅かす施策が展開されてきたのであるが、1970年代半ばより、先住民言語を母語として継承しつつ、一方、公用語を第二言語として習得する制度の構築に向けた取組みが進められている。このような事例を検討することは、アイヌ語を継承する権利の具体的内容や保障のあり方を考える上で示唆に富む。ただ、このような考察を進めるためには、カナダ先住民に対する公用語教育がどのように展開してきたのか、現在、どのような方向を目指しつつあるのかについて認識しておく必要がある。そこで本章では、先住民に対する公用語教育の制度的枠組みや、先住民言語の継承と第二言語として公用語の習得をいかに両立させようとしてきたのかを明らかにし、カナダ先住民に対する公用語教育の特色を考察することとする。

2001年のカナダ統計局の調査によれば、カナダには97万6,305人の先住民が暮らしている。ここで先住民と言うのは、自らを「北米インディアン」や「メイティ（おもに毛皮交易時代に白人と混血した先住民の子孫）」、「イヌイット」の子孫であると認識している人々を指す。「北米インディアン」の言語には、アルゴンキン、アサパスカ、ハイダ、イロコイ、クー

---

[1] カナダではノースウエスト準州やヌナブト準州におけるイヌイット語のように、先住民言語は「公用語」としての法的地位を有している。しかしながら、公用語教育としての先住民言語教育の検討は、本書の課題ではないので、本章で言う「公用語」とは、英語およびフランス語を指すものとする。

テナイ、セイリッシュ、スー、トリンギット、ツィムシャン、ワカシャンの10の語族あり、これらの語族はさらに53から70の言語ないし方言に分類される（RCAP, 1996, p. 604）。「メイティ」はミチフ語（Michif）を創造・継承し（RCAP, 1996, p. 606）、イヌイットはイヌイット語を話している[2]。

2001年現在、先住民言語を母語とする者は19万8,595人（先住民総数の約20％）であるから、およそ8割の先住民は英語またはフランス語を母語として暮らしている。繁栄言語と呼ばれているクリー語（7万2,680人）やオジブワ語（2万890人）でも、1996年から2001年の間に、クリー語の母語者数で3,795人の減少を、オジブワ語の母語者数で1,735人の減少を見ており（Statistics Canada, 2003a, p.9）、先住民社会における公用語使用の広がりは、一方で、先住民の言語継承の衰退を伴っていることに留意しなければならない。

他方、近年になって、先住民言語を母語とする者が増加傾向を示す言語もある。モンタニェ–ナスカピ語、デネー語、ミクマック語、オジ–クリー語、アッティカメクゥ語、スー語を母語とする者は、1996年の調査時よりも最小で0.2％（スー語）、最大で18.6％（アッティカメクゥ語）の増加を見た（*Ibid.*）。これらのコミュニティでは、言語継承の断絶が危惧されるなかで、先住民言語の母語話者を増加させつつ、公用語が習得されている。このようなコミュニティでは、公用語教育はどのようなものとして捉えられ、いかなる教育実践が展開されているのだろうか。本章は、先住民社会における公用語使用の広がりを、公用語教育の政策・実践とのかかわりから考察しようとするものである。

---

[2] イヌイットは、ロシア連邦シベリア北東端部、アメリカ合衆国アラスカ州、カナダの極北地域、デンマーク領グリーンランドの4カ国をまたいで居住しており、方言によって、シベリア北東端部とアラスカ州南西部に住むユピック、アラスカ州北西部に住むイヌピアック、カナダの西部極北地域に住むイヌヴィアルイット、カナダの中部極北地域からグリーンランドにかけて住むイヌイットに大別される。

II　先住民に対する公用語教育政策史の概要

1　イングリッシュ・オンリー教育政策の導入と展開

　「1867年憲法」第91条第24項により、「インディアン及びインディアンのために保留した土地」に対するあらゆる立法権能は、連邦政府に属している。ここで言う「インディアン」には、憲法解釈の上では、メイティやイヌイットも含まれている。「インディアンのために保留された土地」とは、「リザーブ」と呼ばれる先住民居住区のことである。この規定に基づき、連邦政府が、先住民に対する公用語教育を展開してきた。

　先住民に対する学校教育は、連邦結成以前においては、キリスト教系宗教諸団体の教化事業の一環として行われていた。1879年、連邦政府は寄宿舎学校制度の導入を検討し、都市部やリザーブ内外に寄宿舎を設置し、宗教団体に先住民教育を委託した（Barman et. al., 1986, pp. 6-7）。先住民の子どもたちは、学校が通学圏内にあっても寄宿しなければならず、週末まで帰宅を許されなかった。また、年に数度しか帰宅が許されなかった例もある。キリスト教系宗教諸団体は、この他、リザーブに通学制の学校も設置した。

　連邦政府は、キリスト教系宗教諸団体に対し、一貫して、先住民学校における使用言語は英語のみにするべきことを要求した。寄宿舎学校のなかには、先住民言語を使用した教授法が効果的であると考えた学校もあったが、連邦政府の圧力が強まるにつれて、母語を話した生徒への体罰が広範囲に行われるようになった（Miller, 1996, pp.199-204）。

　1946年、連邦政府は、連邦議会において、寄宿舎学校制度の廃止を検討し、1951年、先住民生徒を先住民学校から一般の公立学校へと転入させる法制度を整備した。連邦政府は、白人の言語や価値観を身につけやすいとの理由を掲げていたが、キリスト教系宗教団体に委託した制度では経費がかさむこと、教育効果も見るべきものがないとの判断が働いていた。以後、連邦政府は、キリスト教系諸団体が運営した先住民学校を

すべて連邦政府の直轄学校とし、宣教師らを学校教育から排除していった。他方、リザーブ近郊に公立学校がある場合には、先住民生徒を公立学校へ転校させ、当該教育委員会等に、先住民教育を委託した(Milloy, 1999, pp. 191-195)。こうして、教員の先住民言語使用は完全に姿を消し、公用語を唯一の使用言語とするモノリンガル体制が成立した。

連邦政府は、まず、1952年、全国の先住民学校に対して、学校での使用言語を英語に限るよう指示した(Toohey, 1985, p. 286)。1962年には、公立学校へ転校させる準備教育として、1日30分の英会話の授業を行うよう命じた。連邦政府は『英語基礎口語 (*Basic Oral English*)』なる英語教材を全国の先住民学校に配布し、音声の訓練等に重きを置いた。しかし、TESL (Teaching English as a second Language) の訓練を受けた教員はほとんどいなかった(Milloy, 1999, p. 199; Government of Canada, 1965, p. 77)。公立学校では、公用語を解さない生徒に対して、特別教室を設置したところもあった(Hawthorn et. al., 1967, p. 8)。しかし、非先住民とともに公用語による授業を受けることは困難であり、とりわけ、文章読解、作文、算数の授業では、先住民生徒は同年齢の非先住民生徒より1学年から3学年下のクラスに入れられた(Hull, 1983, p. 16)。

1962年時、公用語を母語とする6歳児は、調査対象生徒(2,725人)の15%(414人)に過ぎず、「かなり流暢」と見なされる者(728人)を含めても、公用語に通じた者は全体の半数にも満たなかった(Government of Canada, 1965, p. 76)。1960年代を通じ、こうした生徒が「先住民英語」とも言うべき、標準英語からはほど遠い言葉を話していることが報告されている。この当時、先住民生徒のおよそ80%が小学校1年生を留年し、その多くが1年生を3度繰り返していた(Hawthorn et. al. 1967, pp. 129-132)。先住民生徒が、非先住民と伍するだけの公用語を習得することは、はなはだ困難であった。

2 連邦政府のバイリンガル（公用語－先住民言語）教育政策

1972年12月、リザーブに居住する先住民の全国組織・全国インディアン協会（National Indian Brotherhood）は、『インディアン教育はインディアンの手で（*Indian Control of Indian Education*）』なる政策案を連邦政府に提出し（National Indian Brotherhood, 1973）、公立学校への転入には当該先住民の同意を得ること、リザーブの学校は先住民の自治に委ね、先住民言語や文化を正規のカリキュラムに組み込むこと、先住民教員や先住民学校カウンセラーを養成すること等を要求した。公用語教育に関しては、母語をしっかりと身につけた後、公用語を第二言語として導入するべきだと主張し、教授言語を先住民言語とするべきことを提起した。1973年2月、連邦政府は『インディアン教育はインディアンの手で』を基本的に受け入れると表明し、連邦政府管下の先住民学校の運営権は徐々に先住民自治体へと委譲され、先住民言語や文化に関する授業が広く行われるようになった。公立学校に通学していた先住民生徒を引き上げさせ、リザーブに学校を設置した先住民自治体もある。

1976年、連邦政府のインディアン問題北方開発省（以下、DIAND）は、先住民言語と公用語による「二言語二文化教育プログラム」を発表し、両言語の口語に流暢になること、両言語のリテラシーを身につけること等を目標に掲げた。連邦政府は、従前の公用語教育体制では、「先住民英語」「先住民仏語」を生み出すことになると指摘した。その上で、幼稚園入園から小学校1年生に対してはおもに先住民言語によって教授し、全教授時間の10％程度を英語によって教授すること、そして徐々に英語による教授時間を増加させ、小学校6年生までに全教授時間の90～100％を英語で教授することを構想した。連邦政府の構想したバイリンガル教育とは、いかにスムースに教授言語を先住民言語から公用語へ移行するかというものであった（Department of Indian Affairs and Northern Development: DIAND, 1976, pp. 5-6）。

1979年から1981年にかけてオンタリオ州北部の先住民学校を調査した

トーヘイ (Keleen Toohey) によれば、先住民学校の教員は、そのほとんどが英語しか話せず、バイリンガルの補助教員が通訳していたという。しかも、補助教員を利用できるのは、幼稚園と小学校1年生までだった (Toohey, 1982, p. 278)。DIANDの「二言語二文化教育プログラム」は、構想通りに展開したわけではないこと、連邦政府は、構想を実現し得る予算措置を講じなかったことに留意する必要がある。

また、連邦政府は、先住民言語・文化に関する授業を行っていれば、バイリンガル教育を実施していると見なしていた (DIAND, 1976, p. 4)。バイリンガル教育の名のもとに、小学校で1日20、30分の先住民言語学習を行っていたところもある（例えば、More, 1992, p. 9）。バイリンガル教育と言っても、先住民教育の場合、必ずしも、両言語に流暢になるようなプログラムを意味しないことに留意しなければならない。

連邦政府は、公用語への段階的移行を構想する反面、先住民向けのTESLやTFSL (Teaching French as a Second Language) の教材研究や開発、TESL/TFSL教員の養成等、制度的条件の整備には消極的であった。1982年にDIANDが発表したリザーブの先住民学校の教育状況に関する報告書によれば、公用語教育には、最低限度の教材しかないと述べられている (DIAND, 1982, p.21)。筆者が知る限りでは、連邦政府は1985年のトロント大学オンタリオ教育研究所によるクリー語話者向けTESL教材の開発に、総額の半分を提供したに過ぎない (Burnaby, 1988, p. 41)。1995年のドラピュー (Lynn Drapeau) の王立先住民委員会 (Royal Comission on Aboriginal Peoples) への報告書によれば、先住民向けのTFSL教材はなかったと言う (Drapeau, 1995)。1992年の王立先住民委員会の公聴会 (1992年10月27日、アルバータ州スレーブ湖) で、ノースランド学区の教育委員は、ESLのための助成金としてフランス系カナダ人には一人当たり年間420ドル、ボリビアからの移民には640ドルの予算がつけられるのに、先住民には、このような助成金はないと証言した (Government of Canada, 1997)。

1992年5月7日にノバスコシア州エスカソニに開かれた王立先住民委

員会の公聴会で、エスカソニ教育委員会のバッティステ（Marie Battiste）は、4年生になるとミクマック語の使用が中止され、英語へと教授言語が移行することを批判し、バイリンガル教授の早期導入と、学校教育全期間にわたるESLの導入を主張した（Ibid）。バッティステは、低学年段階で英語学習に挫折する者が多いことや、リザーブの外の高等学校に進学しても、一般の高校生に要求される公用語スキルが身についていないことから、高校1年生段階でひじょうに多くの中途退学者を生み出していることを指摘した。このような証言は、連邦政府が「二言語二文化教育プログラム」を発表した後も、先住民言語を母語とする子どもたちは、適切なESL教育を受けておらず、公用語の習得が極めて困難な制度下に置かれてきたこと、その結果、母語の継承においても、進学・就職などにおいても、困難を極める状況に置かれていたことを示唆している。

3　先住民に対する公用語教育制度の課題

　これまでに、アッティカメクゥ語、イヌイット語、オジブワ語、クリー語、デネー語、ニスガ語、ミクマック語、モホーク語等のいくつかのコミュニティで、バイリンガル教育が導入されている（Assembly of First Nations, 1988, Brondin, 1989, Drapeau, 1995, More, 1992）。なかでもアッティカメクゥ、デネー、ミクマックのコミュニティでは、これらの言語を母語とする者が増加しており、注目に値する（本章261ページ）。モホーク語によるバイリンガル教育は、おもに公用語を母語とする先住民生徒に向けたプログラムであり（Assembly of First Nations, 1988, p. 16）、他のバイリンガル教育とは性格を異にしているが、連邦政府の助成金を受けて運営されている。これらのコミュニティの多くが、母語の継承・復活を目的に掲げる一方、公用語の習得を確かなものとすることもバイリンガル教育の目標として掲げた。先住民言語を教授言語としているところでは、公用語の習得や算数などの教科学習に積極的な効果が上がっているとの指摘もある（McAlpine and Herodier, 1994, p. 132, p. 134）。

だが、バイリンガル教育を導入している学校であっても、子どもたちの話す先住民言語のなかに公用語の単語が多数入り込んできており、言語継承の核となる語彙の習得に失敗しているとの指摘もある（Drapeau, 1995）。このことは、バイリンガル教育を導入しても、高等教育機関に進学するに足る公用語のリテラシーを身につけることは容易ではなく、しかも母語の継承そのものまでも脅かされる可能性があることを示唆している。このような矛盾をいかに克服していくのか、先住民との対話を深めながら、先住民言語を継承しつつ、公用語の習得を確かなものとする制度的条件をいかに整備していくのか、連邦政府の重要な課題である。

 公用語を母語として育つ先住民の子どもたちにとっても、公用語教育は重要な課題である。公用語を母語とすることと、公用語に堪能になり、主流社会で求められるリテラシーを身につけることとは同じことではない。ひとつには、先述したように、「インディアン英語」と呼ばれる言語を話す先住民の存在である。従来は、発音やイントネーション等、先住民英語を「矯正」する教育が行われてきたが、現在では、先住民英語を方言として積極的に捉え、「第二方言としての英語(English as a Second Dialect)」教育を行うべきだという意見が提案されている（Heit and Blair, 1993, pp. 115-121）。

 公用語のリテラシー教育もまた、先住民に対する公用語教育の重要な課題である。1990年にブリティッシュ・コロンビア州で行われた調査では、調査対象者56人（平均年齢は38歳6カ月）の平均最終学歴は小学校5年生であった（Rodriguez and Sawyer, 1991, p. 22）。2001年のカナダ統計局の調査でも、25歳から64歳までの先住民成人44万3,625名のうち、高校卒業に至らない者が17万1,702名（約39％）を数える（Statistics Canada, 2003b, p. 45）。カナダ市民のおよそ74％が高校卒業以上であることから（*Ibid*, pp. 50-51）、先住民と非先住民との平均的公用語リテラシー能力の格差は大きい。

（広瀬健一郎）

III　ケベック州先住民の公用語教育

1　ケベック州における先住民の現状

　ケベック州の総人口は約740万人である。そのうちの80％以上がフランス語を母語とするケベコワと呼ばれる人々であり、ケベック州の主流社会を形成している。このためカナダの公用語は英語とフランス語であるにもかかわらず、同州においてはフランス語に偏重した言語政策や教育政策が移民や先住民、英系カナダ人に対して、1960年代以降実施されてきた。ケベック州には、モンタニェ、クリー、モホーク、アルゴンキン、イヌイットら10以上の先住民グループ（イヌイット以外のインディアンやメイティは「ファースト・ネーションズ」と呼ばれる）が存在している。これらの人々は、55余りのコミュニティやモントリオールなどの都市部に居住している。ケベック州の先住民人口は、約6万4,000人のファースト・ネーションズと1万人弱のイヌイットから構成されている（Indian and Northern Affairs Canada Quebec Region, 2003, pp. 12-13.）。なお、この人口統計はカナダ政府が認定しているインディアンやイヌイットの人口数であるため、政府が認定していない先住民の血をひく人や部分的にせよ先住民のアイデンティティをもつ人の数は入っていない。本節では、ケベック州に住む先住民の公用語教育について、イヌイットを事例として歴史と現状、問題点について紹介する。なお、イヌイットとはかつてエスキモーと呼ばれた人々で、おもに寒冷ツンドラ地域に住んでいる（岸上, 1998, 2005）。

2　ケベック州極北地域における教育史

　ケベック州極北地域（ヌナヴィク）では、1811年から1956年にかけて、モラヴィア派、イギリス国教会派、カトリック派の宣教師がイヌイットのキリスト教化を目的とした活動を行っていた。その際に、彼らは時々、イヌイットに読み書き、算数、キリスト教を教えることがあった。
　最初のミッション・スクールはイギリス国教会派によって1932年にウ

ンガヴァ湾のクージュアックに創立された。その学校では算数やシラビックス（特別に開発された表音文字）による読み書きが教えられた。1956年には、カナダ連邦政府の援助のもと、ハドソン湾東岸のプヴィルニツックにカトリック派のミッション・スクールが開校された。ステインマン神父は英語の教科書をイヌイット語に翻訳し、子どもたちに教えた。しかしながら同地域のミッション・スクールは、財政難、人材難のために成功しなかった。

　第二次世界大戦が終結すると、カナダ連邦政府は極北地域の軍事戦略的な重要性と豊富な地下資源の存在のために、極北地域に注目した。そして1949年にはカナダ連邦政府は正規の教育制度（義務教育）をケベック州の極北地域に導入した。その目的は、イヌイットをカナダ人にするための同化教育であった。教室では英語のみが使用され、母語の使用は厳禁された。さらにカリキュラムはオンタリオ州のものが使用された。また、マニトバ州のチャーチルとケベック州のクジュアーピクには職業訓練校が設立された。

　当初、ケベック州政府はケベック州の極北地域には関心を示さなかったが、1960年代に入り、ケベック・ナショナリズムが高揚し、極北地域を州の一部に統合することを望み始めた。1963年にはケベック州政府は、州内における学校運営を教会から政府へと移行させ、カンギックスジュアックとクージュアックに学校を開設した。以降、他の村にも州立の学校を次々に開校した。このため1963年から1970年代半ばまで、イヌイットの村にはカナダ政府の学校と州立の学校が並存することになったが、大半の子どもはカナダ政府が運営する学校に通学していた。この状況は、1975年にカナダで最初の総合先住民諸権益請求問題（Comprehensive Land Claims）に関する協定が締結されると、大きく変わった。

3　「ジェームズ湾および北ケベック協定」とカティヴィク教育委員会

　1971年頃ケベック州政府はケベック州北西部ジェームズ湾地域におい

て水力発電用の大型ダムの建設に着工した。この事業に反対した同地域の先住民クリーとイヌイットは、カナダ政府とケベック州政府を相手に2年近い政治交渉を行った末、1975年に「ジェームズ湾および北ケベック協定」を締結した。

　このジェームズ湾協定によって、クリーやイヌイットは土地権や生業権、補償金などとともに、教育権を獲得した。イヌイットはカティヴィク教育委員会（Kativik School Board）を創出し、ケベック州極北地域のカリキュラム教育内容、教員の採用、研修に関して責任を負うようになった（Vick-Westgate, 2002）。1978年7月には、学生、教員、学校の施設などが正式にカナダ連邦政府とケベック州政府からカティヴィク教育委員会に委譲された。この教育委員会は、イヌイットだけでなく同州の北緯55度以北に住む子どもたちの高等学校までの教育および成人教育を管轄することになった（Kativik School Board, 2004）。

　現在、この教育委員会は、イヌイットがカナダ社会で生きていくために必要な公用語や知識、技術を習得することと、イヌイット語やイヌイットの文化伝統を学習することに力点を置いている。

4　ケベック州極北地域における公用語教育の現状

　ケベック州極北地域では住民の90％以上がイヌイットであるため、幼稚園の年長組から小学校第2学年までは、母語であるイヌイット語のみで教えられている。イヌイットの子どもはイヌイット語以外に、英語かフランス語かを第二言語として習得することが期待されており、小学校第3学年になると第二言語を選択することになる。この選択は子どもの両親によってなされることになっている。そして小学校の3年生以上になると算数や社会科、理科などもすべて第二言語である英語かフランス語で教えられる。しかし、イヌイットの文化やイヌイット語は高校3年生（セカンダリー5）まで教えられる以外に、体育やキリスト教の授業はイヌイット語で行われている。

ケベック州極北地域に住むイヌイットにとって、イヌイット語は彼らの日常生活で使用されている母語であり、彼らのアイデンティティの基礎を形成している。学校教育を利用してイヌイット語を教えることやそれを教授言語とすることは、少数民族にとって重要なことであると考えられる。現在、カティヴィク教育委員会は小学校3年生以上も母語によって算数や理科、社会科を学ぶことができるように、カリキュラムや教材の開発に取り組んでいる。

　ケベック州極北地域では1990年代以前には英語を選択する児童・生徒の数が、フランス語を選択する児童・生徒の数よりも多かったが、徐々に同数になり、最近では、逆転している。2004年現在、同地域全体では、フランス語を選択した児童・生徒が1,153人、英語を選択した児童・生徒が1,041人となっている。筆者の調査地であるアクリヴィク村の小中学校ではフランス語選択者が60人、英語選択者が42人である（Kativik School Board, 2004, ホームページの統計）。英語を選択するか、フランス語を選択するかは、村によっても違いが見られるが、州の第一公用語がフランス語であることや誰が学校で教えているかということが大きな決定要因となっている。

　アクリヴィク村の小学校3・4・5年生の合同クラス（英語を選択）の1週間の時間割は**図表14-1**の通りである。

　例えばこの事例のように、小学校3年生になると英語が教えられ始める。教員は英語をアルファベットから教え始めるとともに、算数や理科、社会科、美術などはすべて英語で授業を行っている。カティヴィク教育委員会は極北の生活の実情を考慮しつつ、フランス語や英語で書かれた算数や理科のワークブックや教科書を開発している。また、英語の物語を聞かせるためのCDや英単語を勉強するためのコンピューター・ソフトが教室で活用されている。イヌイット語による授業は、文化、キリスト教、体育、社会科の一部のみとなり、1週間あたり総計で2、3時間へと減少する。

図表14-1 英語を選択した3〜5年生合同クラスの時間割

時間	月曜日	火曜日	水曜日	木曜日	金曜日
8:57-9:00	入室	入室	入室	入室	入室
9:00-9:45	4・5年用英語	3・4年用英語	算数	英語	4・5年用英語
9:45-10:30	4・5年用算数	4・5年用英語	5年生用授業	算数	算数
10:30-10:45	休み時間	休み時間	休み時間	休み時間	休み時間
10:45-11:15	4・5年用英語	算数4・5	英語	算数	社会科
11:15-12:00	4・5年用算数	体育	文化	5年生用授業	文化
12:00-1:15	昼食	昼食	昼食	昼食	昼食
1:15-2:00	理科	社会科	4・5年用英語	自由	5年生用授業
2:00-2:45	3・4年用英語	5年生用授業	3・4年用英語	3・4年用英語	3・4年用英語
2:45-3:00	休み時間	休み時間	休み時間	休み時間	休み時間
3:00-3:45	5年生用授業	美術	体育	美術	美術

　イヌイットの小中学生は現在でも欠席率や遅刻率が高く、正規の年数で高校までの課程を終える者は数少ない。さらに中学校を中途退学する生徒が大半である。人口500人に満たないアクリヴィク村では高校レベルまで進む学生が少ないために、クラスを編成することができず、結局、生徒は高校レベルのクラスが開校されている大きな村の学校に行かざるをえなくなっている。

5　公用語教育の問題点

　現代のイヌイットにとって、独自の文化やアイデンティティをもち続けながらカナダ社会のなかで生きていくためには、母語と公用語の習得が必要不可欠である。英語やフランス語はイヌイットの日常生活において必ずしも必要であるとは言えないが、カナダのケベック州のなかで就職し、生活をする上ではいずれかの公用語の使用能力がある方が有利である。また、公用語の習得は、急激にグローバル化が進む社会状況のなかでイヌイットの生き方や職業、移動の選択肢の幅を広げることに貢献するだろう。

　筆者は、ケベック州の先住民イヌイットによる二言語習得教育の目的と実践を高く評価する一方で、現在のイヌイットの公用語教育には深刻

な問題が存在していると考える。その問題とは、公用語教育を実施しても、英語やフランス語を十分に使いこなすことのできる児童・生徒や卒業生が極めて少ないことである。この背景には、現時点では極北の村々では英語やフランス語を習得してもそれを活用できる仕事が少ないことや、学生の欠席率や中途退学率が高いこと、英語やフランス語が植民者の言語であることへの反発、日常生活ではおもにイヌイット語が使用されていることなどといった諸要因が存在している。この問題を抜本的に解決することはイヌイット社会全体のあり方の変革を伴うため、極めて困難であると言わざるをえない。改善策としては、カナダ社会における英語やフランス語の重要性をイヌイットの児童・生徒に自覚させ、真剣に勉強に取り組ませることや、授業への出席率を向上させること、公用語を教える教員の質と教授技能を向上させることなどが必要であろう。

（岸上伸啓）

IV　ヌナブト準州における公用語教育

1　ヌナブト準州におけるイヌイット語とその位置付け

　本節で注目するカナダ極北東部地域を占めるヌナブト準州では、約2万6,000人の居住者のうち、約85％をイヌイットが占めている。その方言は、おもなものとしてキーワティン（Keewatin）地方・バフィン（Baffin）地方のイヌクティトゥット（Inuktitut）とキティクミウト（Kitikumeot）地方のイヌイナックトゥクン（Inuinnaqtun）が挙げられる。本節では、これらを総称するものとして、「イヌイット語」と表すこととする。

　ヌナブト準州は、国土の約5の1を占める地域のイヌイットの諸権益を承認した「ヌナブト協定（Nunavut Land Claim Agreement: NCLA）」（1993年批准）の締結により、1999年に成立したカナダ第三の準州である。その公用語は、英語、フランス語、イヌイット語と規定されており（公用語法第4条）、先住民言語も公用語と同等の法的地位を得ているという点にお

いて特徴がある。

本節では、ヌナブト準州における公用語教育の歴史的展開と言語教育をめぐる現状について紹介し、公用語教育と先住民語教育との関係について考察する。

2　ヌナブト準州地域における公用語教育の歴史的展開

2001年にヌナブト準州議会によって「公用語法検討のための特別委員会（Special Committee to Review the Official Languages Act）」が設置され、それ以降、公用語としてのイヌイット語を促進するための検討がなされてきた（Legislative Assembly of Nunavut, 2003, p. 30）。このような背景には、1950年代以来の寄宿学校や平日学校での公用語による教育に伴う母語の喪失や伝統文化の継承等に関する問題の発生など、言語をめぐる諸問題がある。

極北地方には、1944年にローマ国教会の寄宿学校が3校、イギリス国教会とローマ国教会による平日学校が7校あったが、現在のヌナブト準州を占める地域では、イギリス国教会による平日学校がパングニルトゥング（Pangnirtung）に1校、キンミルト（Kimmirut）に季節的に開校する学校が1校あっただけであった（Quinn, 1998, p. 95）。1947年に極北地方における北部の教育行政が連邦政府の管轄となるまでの間、イヌイットの教育はおもに宣教師によって行われていたが、季節的移動を繰り返すイヌイットの生活様式から、組織的・継続的な教育は困難な状況にあった。

その後、1955年には、旧ソビエトからの侵入を早期に察知する遠距離早期警戒網（Distant Early Warning Line）の建設とともにイヌイットの雇用が促進されたことにより、雇用可能なイヌイットを育成するニーズが高まった。また、1960年代には行政的効率性を高めるために行われた連邦政府の定住化政策に伴い、季節によって移動するキャンプ生活からコミュニティでの定住が推進されるとともに、ほとんどのコミュニティには連邦政府によって学校が建設された。そこでは、英語が教授言語とし

て導入され、南部から教師を派遣し、南部のカリキュラムや教科書を使用した教育活動によって公用語の習得が促された。その一方で、学校での母語の使用が禁止されたり、異なるコミュニティにある学校に通うために家族と離れて生活したりすることにより、母語の維持が困難な状況や伝統文化の継承に危機的な状況がもたらされた。

　1970年以降は、ノースウエスト準州が教育に関する権限を持ち、教育政策策定過程におけるイヌイットの参加が増大し、イヌイットの伝統や言語に配慮した教育政策が展開されるようになった。それにより、例えば、教授言語としてイヌイット語が導入されたり、イヌイットの文化や価値を継承するためのカリキュラム等が開発されたりした（岸上，1994）。そして、1999年のヌナブト準州の成立によって準州の教育に関する権限はヌナブト準州が有することとなり、学校におけるイヌイット語や文化を取り入れた教育がより強く意識され、取り組まれるようになった。

　このように、ヌナブト準州地域における公用語教育は、近代化を促進するための手段として推進されてきた一方で、イヌイット語の習得には危機的状況を生じさせてきたものであった。それゆえに、伝統文化や言語の継承という観点から、イヌイット語の習得や文化を意識した教育が重視されるようになってきた。

3　ヌナブト準州におけるバイリンガル教育の推進

　ヌナブト準州における2020年までの諸政策のビジョンについて示した準州の「バサースト提言（Bathurst Mandate）」では、「完全なバイリンガル社会」の実現が目標の一つとして掲げられている。ここでの「バイリンガル」とは、英語とイヌイット語のことを指しており、フランス語については、その「ニーズと権利を尊重する」と述べるにとどまっている（Government of Nunavut, 1999, "Continuing Learning"）。このような社会の実現に向けて、これまでよりも教授言語としての母語の使用を強化し、より柔軟な教授言語の選択を可能にする「強固なバイリンガル教育」のための重要な役

割を担う学校教育に大きな期待が寄せられている（Martin, 2000a, p. ii）。

　ヌナブト準州における教授言語は、地方によって異なっている。西部のキティクミウト地方では、第一言語は英語、第二言語はイヌイット語であるため、その教授言語もおもに英語である。しかし、イヌイット語を教授できる教師がいれば第二言語として教授するという柔軟な体制がとられている。その一方、東部のバフィン地方やキーワティン地方ではイヌイット語が第一言語であり、第二言語はおもに英語である。そのため、幼稚園から第3学年までは母語であるイヌイット語が教授言語とされており、平均的に第4学年から第6年学年までの間に教授言語を段階的に英語へと移行し、その後、第12学年までは英語によって教授活動を行うというのが一般的とされている（Martin, 2000a, p. 4）。第二言語への移行に伴う言語の使用の割合については、各コミュニティや学校の状況によって様々で、明確な規定などは設けられていない。なお、イヌイット語以外の言語を母語とする児童・生徒に対しては、その他の言語によって教育を受けることも保障されており、その状況についても各コミュニティや学校によって異なっている。

　2000年には、準州教育省と文化・言語・長老および青年省（Department of Culture, Language, Elder and Youth）が行った「重要な問題の解明を望む人々」(*Nunatsiaq News,* April 4, 2003) を意味する「Aajiiqatigiingniq」という教授言語に関するプロジェクトによってヌナブト準州における言語をめぐる実態が明らかにされた。その報告書によると、母語はイヌイット語であるものの、これまでの学校教育での使用言語が英語であったこと、そのカリキュラムにイヌイット語・文化が考慮されてこなかった歴史的背景から、イヌイットの保護者・生徒間には言語喪失と文化継承に対する強い危機感があることが明らかにされている（Martin, 2000a, p. i）。

　また、第一言語が不完全である場合には、第二言語の習得についても同様であり、場合によってはどちらの言語も十分に発展しない場合があるという指摘に基づき、イヌイット語と第二言語教科の必修化、実践的

科目（non-academic subject）における教授言語の選択（英語かイヌイット語）を可能にすることなどが提案されており、小学校で基礎的なバイリンガル能力を身につけることを理想している（Martin, 2000a, pp. 49-51）。そして、これらを実現するために、イヌイットの教師教育が重要な課題とされている。教師には、イヌイット語やその文化に精通しているだけではなく、バイリンガルであることが求められており、ゆえに、そのような教師を養成する教師教育プログラムの開発が目指されている（Martin, 2000a, pp. 58-60）。一方、非先住民の教師に対しては、イヌイットの世界観や文化的視点を理解することが求められており、イヌイット語や文化に対する知識や第二言語を教授するためのスキルを身につけることが求められている（Early Childhood and School Services, 2001, "Philosophy of EL2 in a Bilingual Classroom Setting"）。

　このように、バイリンガル社会の構築のため、これまで十分に学校教育では行われてこなかったイヌイット語や伝統文化に関する学習機会の増大とイヌイット語の習得が強調されているが、このことは決して公用語教育の軽視につながるものではない。公用語の習得に関しては、教授活動を通した習得とともに、第二言語科目としても必修・選択科目が設置されており、現在、ヌナブト準州独自のカリキュラム開発が進められている。また、言語の維持と発展に対する危機感がある一方で、卒業後の進学や就職のためには公用語の習得が必要不可欠であるという意見も存在している（Martin, 2000b, pp. 36, 40-41など）。準州における経済的・社会的活動の促進や発展に鑑みた場合、公用語習得の重要性は決して無視できるものではない。そこで、「Aajiiqatigiingniq」報告書では、これまでの歴史を乗り越え、英語を「文化的植民地化を促進するもの」ではなく、コミュニケーションの機会を拡大させるスキルである「国際語」として、公用語に対する新たな視点が提示されている。そこでは、イヌイットが自ら世界にその情報を発信し、より広いコミュニケーションを可能にする媒体として積極的に身につけていくことも期待されている（Martin,

2000a, p. 97)。

　以上述べてきたように、ヌナブト準州では、これまでの公用語教育による母語の喪失や文化の継承に対する強い危機感がある。言語の喪失は、社会的・経済的問題全体につながる問題であり、言語の促進と活性化は、コミュニティ全体の発展にかかわるものであるとの指摘（Martin, 2000a, p. ii）にあるように、言語の獲得は、個人のアイデンティティ形成だけではなく、準州全体のあり方にも深くかかわる重要な要素の一つであると言える。その一方で、英語を「国際語」として認識し、経済的・社会的発展を可能にするスキルの一つとして捉え直すことによる公用語の確実な習得も期待されている。2020年までのバイリンガル社会構築の実現は、ヌナブト準州発展の鍵となる要素ともなると言えよう。　　　　（下村智子）

V　先住民に対する公用語教育の特色

　先住民に対する公用語教育の特色をまとめると、以下のようになる。
①先住民に対する公用語教育は、国家によって一方的に導入され、展開された。ほとんどの寄宿舎学校で、母語を使用した先住民生徒に対し体罰が行われた。1950年代以後、連邦政府は寄宿舎学校を徐々に廃止し、子どもたちをリザーブ内の学校か、リザーブ近隣の一般の公立学校に就学させる方針をとったが、公用語を唯一の教授言語とする体制は貫ぬかれた。英語をうまく話すことのできない先住民生徒の多くが、小学校段階で留年した。1980年代頃まで、先住民向けのTESL/TFSLはほとんど考慮されず、学校は、「先住民英語」や「先住民仏語」と呼ばれるような、「不完全」な公用語を身につける場となっていた。
②公用語を唯一の教授言語とする教育体制は、先住民言語の継承を危うくさせると同時に、公用語の習得も不完全なままで終わるという危惧を先住民にもたらした。このような危機意識の上に、先住民は、

先住民言語と公用語のバイリンガル教育を求めた。先住民にとってバイリンガル教育とは、単に先住民言語の継承・復活を目的とするだけでなく、公用語の習得を目指したものでもあった。バイリンガル教育のもっとも先端を行くと目されるカティヴィク教育委員会やヌナブト準州管内の学校では、「先住民言語を教授言語、公用語を第二言語」とする教育体制づくりが進められているが、教材開発や教員養成等、様々な課題を抱えたままである。

③一方、カナダ政府は、公用語を第二言語として習得させることに消極的である。連邦政府の構想したバイリンガル教育政策は、教授言語をいかにスムースに英語へと移行させるかというものであり、両言語に流暢になるような内実をもってはいなかった。また、先住民には、新移住者に対するようなTESL/TFSLを受ける機会も、保障されてこなかった。

④現在、先住民言語を母語とする者のほとんどがカナダ北部の遠隔地に居住している。このような地域には、先住民言語が日常生活で使用されていること、公用語を身につけても、それを生かす仕事が少ないこと、また、公用語は植民者の言語であるとの反発等から、公用語の習得を困難にする様々な社会・経済上の構造的な要因がある。中等教育段階での中途退学率も高く、したがって、公用語のリテラシー能力における非先住民との格差は極めて大きい。

ヌナブト準州が進めている「強固なバイリンガル教育」を目指した取組みは、こうした状況を打開する重要な試みであろう。公用語を強制的に学ばされるのではなく、「国際語」として積極的に身につけ、カナダ社会だけでなくグローバル社会を生き抜く武器にしようとの思想が生まれている。カナダの先住民が、先住民言語の継承を図りながら、公用語の習得を確かなものとしていくためにどのような教育実践を展開していくのか、一方、このような先住民の動きに連邦政府や州政府はどのように対

応していくのか、今後の動向に注目していきたい。　　　　　（広瀬健一郎）

引用文献一覧

Assembly of First Nations (AFN). (1988). *Tradition and Education: Towards A Vision of Our Future Volume Two.* Ottawa: AFN.

Barman, Jean, Hébert Yvonne and Don McCaskill (1986). *Indian Education in Canada,* vol.1: *The Legacy.* Vancouver: University of British Columbia Press.

Brondin, Georgina (1989). "The Development of the Zhahti Koe Slavey Language Program." *Canadian Journal of Native Education,* vol.16, no.2, pp.89-106.

Burnaby, Barbara (1988). "A Personal View of ESL Materials Development in Canada with Reference to the Circle Project." *TESL Talk,* vol.18, no.1. pp.35-49.

Crowe, Keith J. (1991). *A History of the Original People of Northern Canada, Revised Edition,* Montreal & Kingston: McGill-Queen's University Press.

Department of Indian Affairs and Northern Development (DIAND) (1976) . *Indian Education: Native Bilingual — Bicultural Education Programs.* Ottawa: Minister of Public Works and Government Services.

DIAND. (1982). *Indian Education Paper Phase 1.* Ottawa: DIAND.

Early Childhood and School of Services (2001). "Guidelines for Teaching in a Bilingual Setting." http://www.ecss.nu.ca/writers/El2/EL2.htm（2003年9月25日採取）.

Drapeau, Lynn. (1995). *Issues in Language and Education for Aboriginal Population in Quebec,* an unpublished report submitted to the Royal Commission on Aboriginal Peoples. in Government of Canada (1997). *For Seven Generations* (CD-ROM). Ottawa: Libraxus.

Government of Canada (1965). *Education of Indian Children in Canada: A Symposium Written by Members of Indian Affairs Education Division, with Comments by the Indian Peoples.* Toronto: Ryerson Press.

Government of Canada. (1997). *Public Hearings,* in *For Seven Generations* (CD-ROM). Ottawa: Libraxus.

Government of Nunavut. (1999). *The Bathurst Mandate.* http://www.gov.nu.ca/Nunavut/English/department/bathurst（2002年12月15日採取）.

Heit, Mary and Heather Blair (1993), "Language Needs and Characteristics of

Saskatchewan Indian and Metis Students: Implications for Educators." Sonia Morris eds. *Aboriginal Languages and Education: The Canadian Experience.* Oakville: Mosaic Press.

Hawthorn, H.B. eds (1967), *A Survey of the Contemporary Indians of Canada: Economic, Political, Educational Needs and Policies,* volume II. Ottawa: Information Canada.

Hull, Jeremy (1983). *Native in a Class Society.* Saskatoon: One Sky Publishers.

Indian and Nothern Affairs Canada Quebec Region (2003). *Quebec Indian and Inuit Communities Guide.* Ottawa: Indian and Northern Affairs Canada.

Kativik School Board. (2004). http://www.kativik.qc.ca 2004年3月3日採取

Legislative Assembly of Nunavut (2003). *Special Committee to Review the Official Language Act–Final Report,* http://www.assembly.nu.ca/english/committees/languages/final_eng.pdf (2003年2月15日採取).

Lynn, McAlpine and Daisy Herodier (1994). "Schooling as a Vehicle for Aboriginal Language Maintenance: Implementing Cree as the Language of Instruction in Northern Quebec." *Canadian Journal of Education,* vol.19, no.2, pp.128- 141.

Martin, Ian (2000a). *Aajiqatigiingniq,* http://www.gov.nu.ca/education/eng/pubdoc/ENG%20LOI%20Report.pdf (2003年10月2日採取)。

Martin, Ian (2000b). *Aajiqatigiingniq: Sources and Issues,* http://www.gov.nu.ca/education/eng/pubdoc/ENG%20LOI%20Report.pdf (2003年10月2日採取)。

Miller, J.R (1996). *Shingwauk's Vision: A History of Native Residential Schools.* Toronto: University of Toronto Press.

Milloy, John. S (1999)."*A National Crime*"*: The Canadian Government and the Residential School System・1879 to 1986.* Winnipeg: University of Manitoba Press.

More, Arthur J(1992). *Nisga'a Bilingual/Bicultural Programme Evaluation,* School District #92(Nisga'a).

National Indian Brotherhood (NIB). (1973). *Indian Control of Indian Education.* Ottawa: NIB.

Nunatsiaq News (2003). "IQ in Action." April 4, http://www.nunatsiaq.com/archives/030404/news/nunavut/30404_03.html (2003年12月10日採取).

Royal Commission on Aboriginal Peoples (RCAP). (1996). *Report of the Royal Commission on Aboriginal Peoples,* Vol.3. Gathering Strength. Ottawa: Canada

Communication Group.
Quinn, Duffy R. (1998). *The Road to Nunavut: The Progress of the Eastern Arctic Inuit Since the Second World War,* Kingston: McGill-Queen's University Press.
Rodriguez, Carmen and Don Sawyer. (1991). *Native Literacy Research Report.* Victoria: Province of British Columbia, Ministry of Advanced Education, Training and Technology.
Statistics Canada. (2003a). *2001 Census: Analysis Series, Aboriginal Peoples of Canada: A Demographic Profile.* Ottawa: Ministry of Industry.
Statistics Canada. (2003b). *2001 Census: Analysis Series, Education in Canada: Raising the Standard.* Ottawa: Ministry of Industry.
Toohey, Kelleen. (1985). "English as a Second Language for Native Canadians." *Canadian Journal of Education,* vol.10, no.3. pp.275-293.
Vick-Westgate, Ann (2002). *Nunavik: Inuit-Controlled Education in Arctic Quebec.* Calgary: University of Calgary Press.
岸上伸啓(1994).「カナダ極北地域における先住民教育についての文化人類学的研究:カナダ北西準州ペリー・ベイ村の学校教育の事例を中心に」.『僻地教育研究』no. 48. pp. 25-39.
岸上伸啓.(1998).『極北の民 カナダ・イヌイット』.東京:弘文堂.
岸上伸啓.(2005).『イヌイット「極北の狩猟民」の現在』.東京:中央公論新社.

第3部　国語教育を担う教員と理論

第15章
英語教員の養成と研修

栗原　和子

上：カルガリー大学構内
下：ゴードン教授授業風景

I　PISA世界第1位アルバータ州における教科を超えた英語教育

1　読み書きの能力の向上を目指す大学院での現職教員研修（インサービス・トレーニング）

　2000年に行われたOECDによるPISA (Programme for International Student Assessment 生徒の学習到達度調査) の読解力テストにおいて、カナダはフィンランドについで世界第2位であり、アルバータ州だけを取り上げれば、世界第1位であった (Alberta Learning, 2001)。

　世界のどの国を見ても、生徒の読み書きの能力の大半が学校教育によって養われることは論を待たない。つまり、カナダの、特にアルバータ州が読解力テストで輝かしい成績を示した背景には、必ずや他の国や地域が見習うべき教育法が存在するに違いないと考えられる。筆者は2003年の秋から、多数のアルバータ州の現職教員が研修を行う州立カルガリー大学教育学部大学院で学んだが、秋から冬の学期において、literacy（読み書きの能力）の伸長を図る教授法に関する講座を受講する機会を得た。他の国や地域の手本となるような教育方法の例として、そこでの授業の概要を報告する。

　この教育学部の大学院でカリキュラム・教科教授法・学習法を専攻するためには、TESL（第二外国語としての英語教育）専攻者など一部の例外を除き教職経験が必要である。上記の学期にこの講座を受講した18名中、博士課程の学生2名（そのうちの1名はイギリスからの留学生）と日本からの留学生である筆者1名を除き、残る15名がカルガリー市の現職の教員であった。また、講座を担当するゴードン教授 (Professor Christina J. Gordon) はアメリカでEnglish language artsに関する博士号を取得したカナダ育ちのカナダ人であり、年齢は60歳くらいの女性である。授業は、週1回、午後4時半から7時半まで、4カ月にわたって行われた。講座名と使用テキストは以下の通りである。

＜講座名＞
Teaching and Learning Across the Curriculum（教科を超えた指導法と学習法）

＜使用テキスト＞

Gordon, C.J., Sheridon, M.E., and Paul, W.J. (1998). *Content literacy for secondary teachers*（中等学校教員のための教科理解力）. Toronto: Harcourt Brace.

Buehl, D. (2002). *Classroom strategies for interactive learning*（相互学習をするための授業案）. Delaware: Reading Association.

Rasinski, T.V. et al. (2002). *Teaching comprehension and exploring multiple literacies*（理解力の教授と多面的読み書き能力の啓発）. Delaware: Reading Association.

その他、コピーされた関連文献を予習教材ないしは資料として使用。そのためコピー代として一人当り12ドルずつ徴収（参考：通常コピー1枚5セント）

2 教科を超えた英語教育の指導法

　18名の受講生のうち、前記のように16名（15名のカルガリー市教員と筆者）が現職の教員であったが、筆者を含めた4名が、中等学校（中学・高校）でそれぞれ生物・数学・スペイン語・英語を担当していた。残る12名は初等学校の教員で、うち1名は特殊学級の教師であり、残りの11名は担当学年がそれぞれ異なっていた。

　講座担当のゴードン教授は、特定の教科の枠を超えた、必ずしも活字にしばられない教材を用い、豊かな感動を伴う授業を通して、生徒の読解力を高めていく英語教育を目指している。博士が理論的な研究に基づいて推進している教育実践は、日本の英語教育にも十分応用でき、そのため学ぶべき点が多い。

　ゴードン教授の考え方で特に重要なのは、特定の教科の枠を超えた多教科にわたる教材を用い、そのことによって生徒の興味・関心を進展させ、単なる読み書き能力にとどまらず、批判力と分析力とを兼ね備えた

上で、内容を深く理解習得できる力を培うことにある。その意義と具体的な教材例は次のようなものである。

＜多教科にわたる教材を用いる意義＞

理解は知識とは異なり、蓄積された情報の域を超えて経験となる。多教科にわたる教材を用いれば、学習者は問題や概念を一つの角度ではなく、異なる様々なやり方で経験することができる。これは学習者がもつ知能が、読み書きを通して多面的に啓発されることを意味する(Sheridan, 1998, p. 101)。知能とは、アメリカの心理学者ガードナーのマルティプル・インテリジェンス理論（1983年）によれば、従来のアカデミックな能力に限定されず、言語知能、空間知能、身体知能、論理数理知能、音楽知能、対人知能、内面知能および自然知能という7つの独立した知能から構成されているものである（Gardner, 2003, pp. 100-112）。

学習者のこのような多面的な経験は、読解力の幅を広げたり深めたりすることになり、学習者はそれによって、現実の社会から隔離された専門家によってのみ扱われている分野でもその限界に異を唱えることができる。さらに、言語が共同社会の活動であり、視覚芸術、音楽、科学現象、映像、および身体動作のような表記体系もすべて言語活動の一部を構成するので、言語教材の対象となり得る（Sheridan, 1998, pp. 93-102）。

＜多教科にわたる教材例＞

(例1) 6教科にわたる教材＜カナダの科学作家によるStein River Valleyに関する記事から＞（Sheridan, 1998, p. 106）

この教材では、カナダのステイン峡谷について、そこが原始林で、分水嶺があり、原住民のリルーエット文化と歴史が満ちあふれている場所として説明されている。それゆえに、この記事からは、国語、生物、環境、地理、歴史および文化の6科目から授業を組み立てることができる。

(例2) 6教科にわたる教材＜ベトナム難民の生徒の体験記から＞（Gordon, 1998, p. 225）

この体験記では、230人を乗せた長さ18メートルの小船によるベトナ

ムからの脱出体験が語られているが、これは、社会、国語、保健、地理、文化および歴史の教材となる。

　以上の2例に限らず、このような授業のなかでは、生徒の理解を補強するために写真やビデオのような活字以外の教材の併用も奨励されている。

3 「教科を超えた指導法と学習法」の授業における指導法の研修課程

　筆者が受講したゴードン教授の「教科を超えた指導法と学習法」の授業は、それ自体が様々な学習法を駆使した極めて魅力ある内容のものであった。ここでは、その授業の多面的な内容を簡単に紹介しておきたい。

　＜授業中のグループ・ワークを通じての理論理解＞

　授業中に、指定された人数のグループ・ワークによって、ゴードン教授から出された実践理論と実践研究に関する課題について与えられた時間内で討議し、代表が発表する。教授の課題は常に、多種類の資料からその内容を統合した応用問題で、その場で内容を理解して討論に加わる必要がある。日本人留学生の筆者には、これが最も厳しい授業形態であった。

　＜課題に即した実践例の創作発表＞

　学生は、プリント資料を用意したり、OHPやパワーポイント等の機材を駆使して発表に臨む。代表者にどうしても偏りができてしまうので、後半の講座では個人作業によるものが多くあった。現役の教師が大半を占め、博士課程の学生も元教師であるので、発表、いわゆるプレゼンテーションはどれも手慣れたものであり、内容は別としても教え方に関してはみなプロであると思わざるをえなかった。日本人教師との違いは、必ず聞き手の表情を見ながら語りかけるように話し、理解されていないと判断すると表現を変えて説明し直し、理解されるまで時間をかけることである。途中ユーモアを交えることも忘れない。このような教え方からは、教える側の教えたいという意欲がしっかりと伝わってくる。教師

個人の資質によるものというよりは、カナダの教員養成のあり方に理由があると思わざるをえない。

＜現職教員によるすばらしい実践プラン＞

有給休暇を利用して大学院生となっている特殊学級を担当しているベテラン教師は、このクラスで一番独創性に富む実践プランを披露した。彼女が示してくれるものは、英語に興味がなくとも、英語の勉強に誘い込まれてしまうようなものばかりであった。単語を覚えるにしても、アルファベットの復習を兼ねた表を創作して、まるでゲームをするように授業が進んでいった。ある時には、ハチドリの卵から成鳥になるまでの過程を独自のパワーポイント編集で作成して、作文教育と理科教育が一体となった感動的な授業を示してくれた。

この教師は人間的にも大変魅力に富み、長年の教育活動に裏づけされた独創的な実践例の数々は、国籍を超えて共感し理解できるものであった。日々の苦労を乗り越えて、生徒のために興味のわく創造的な授業作りに励む姿勢に敬意を表したい。彼女の英語教育実践例は日本における英語教授法に即座に役立つものばかりであり、そのワークショップが日本で開かれるならば、日本の英語教師の研修として今最も有益なものになると思われる。

＜5課分のティーチングプランの作成＞

「教科を超えた指導法と学習法」の中間テストの課題は、グループによる共同作業によって、5課分のカリキュラムを作成することであった。そのカリキュラム作成の条件として、ゴードン博士から次のような7つの柱が与えられた。

1）知識を得るばかりでなく感銘を受けるような、
2）活字にとらわれない多種多様のテキストを用いて、
3）全知能を啓発し、
4）協同学習を必要としつつも、
5）生涯学習につながる自立した学習を促進する、

6) 教科を超えたカリキュラムを作成して、

7) 指導と評価とが別々ではなく，相互に関連したものであること。

　2003年10月15日にグループが決定し、11月26日の提出日に向けて共同作業が開始された。10月22日より週1回2時間半の定期会合を持つことにしたが、11月からはそれが3時間になり、11月後半には回数も週2回に増やし、最終回は朝9時から5時まで共同で作業を行った。授業中も少しではあるが、作業時間が割り当てられて、教授に質問をすることができた。

　筆者が属したグループは4人から成り、それぞれESL、特殊教育、スペイン語、英語（筆者）と担当の教科は異なり、教えている児童・生徒も小学生から高校生にまで及んでいた。4人の協議の結果、7年生（中学1年生）を対象とする異文化理解を目的とする授業計画を立てることにし、テーマを「日本文化の過去百年間の変容」に決定した。

II 初等および中等学校教員の養成

1　6-3-3-4年制を採用しているアルバータ州での教員養成方法

　カナダの教員の特色の一つとして、教員になった年齢もそれまでの職歴も多様であることが挙げられる。カナダでは、社会経験を積んでまた大学に戻ることが珍しくない。カルガリー大学の2年制の教員養成課程では、入学予定者は大学卒業見込みの現役の学生から社会経験を積んだ年配者まで、職歴も含めて多種多様である。学生の年齢構成も幅広く、一番年配の現役学生は60代の女性であり、50代の筆者が事務室を訪ねても入試要綱を取りに来たと間違われたくらいである。

　アルバータ州では、日本と同じく6-3-3-4年制の学制を採用している。しかしながら、日本では学部にかかわらず教員免許は大学4年の卒業時に卒業証書と同時に授与されているが、アルバータ州では、教職希望者は先ず教育学学士号（BEd）を取得し、アルバータ学習省に教員免許の申

請をし、それから免許の発行が行われている。したがって、他学部の修士号や博士号をすでに取得していても、2年間の教職課程に入学し教育学部の学位を取得していなければ教員にはなれない。

　教員免許申請資格であるBEd (教育学学士号) の取得方法は、アルバータ州にある3つの州立大学でも教員養成のあり方がそれぞれ異なるために多様である。カルガリー大学教育学部の場合、4年間の教員養成課程は設置されていない。他学部と合体している5年間の教員養成課程(複合学位課程、後述)者と大学既卒者のために、MTプログラム (Master of Teaching Program) と呼ばれる2年間の教員養成課程が学部課程にあるのみで、この点が他大学の教育学部と大きく異なっている。

2　州立カルガリー大学における教員養成課程とその理念
＜プロ意識をもった教員の養成＞

　この大学で教員資格を得るためには、大学を卒業した後で時間と費用 (学費は2年間で約1万カナダドル) と労力とをかける必要があるので、「教員にでもなるか」ではなく、「必ず教員になりたい」という強い意志がなければ目的を果たせない。日本の教員養成制度が大学在学中の3週間の教育実習で教員免許取得を可能とし、そのため学生の間にさしたる目的もなくとりあえず免許だけは取得しておこうとする風潮を生んでいるのとは大きく異なる。この大学を卒業した教員は、教え方の実地訓練も2年間にわたって十分に積んできており、教員となったその日から十分な自覚をもっている。教職に対するこのような各教員の自負こそが、アルバータ州の教育の質の高さを支える一因となっていると言えよう。前述したように、大学院で学ぶ現職教員のプレゼンテーションが実に巧みで熱心であったのは、個人の資質に起因するというよりも、この大学の2年間の教員養成システムによって培われた教員の一般的姿勢と思われる。このような教員制度のあり方こそが、アルバータ州の教員の資質や教育の質を考える上で極めて重要な要素となっている。

＜5年制の養成課程（combined degree program 複合学位課程）＞

　この課程の場合、最初の3年間はカルガリー大学のそれぞれの学部で専門科目を学び、その後の2年間を後述するMT programで学ぶ。修了者には、教育学部の学位（BEd）が授与されるが、特に、次の場合には専門分野の学位と合わせて二つの学位が授与される。

　　BA（Bachelor of Arts 人文学学士）とBEd：カナダ学あるいは一般数学専攻者に対して

　　BSc（Bachelor of Science 科学学士）とBEd：一般数学あるいは自然科学専攻者に対して

　　BKin（Bachelor of Kinesiology 体育学学士）とBEd：体育専攻者に対して

　　BFA（Bachelor of Fine Arts 美術学学士）とBEd：発達芸術あるいは中等学校演劇専攻者に対して　　　　（Faculty of Education, 2003a, p. 8）

＜2年間の教員養成課程・MTプログラム（Master of Teaching program 教職課程）＞

　この教員養成課程は1994年に改編されたものである。この養成課程は、教職が社会にとって最も重要な職業であるという認識のもとに、学識をもち、思慮深く、教職固有の責任を果たすことのできる教員を養成することを目的として設置された。教員の責任とは、学習者を理解し、適切な学習環境を確立し、カリキュラムを作成実行し、学習者を評価し、学習者・保護者・同僚と効果的なコミュニケーションを図ることである（Faculty of Education, 2003b, pp. 1-2）。

　またこの教員養成課程（MTプログラム）を支えるのは、次の二つの理念である。

①教員養成理念
　・教科指導をする際には、学識と教養が必要である。
　・経験と知識を得る場所は様々であり、大学の授業もまた教科指導と学習の経験を積む大切な場である。
　・探求心をもち、教師となる過程の経験を反省することは大切である。
　・理論と実践とを結びつけるのに不可欠な経験を通して、大学での勉

強と教育実習との生産的な関連性を認識する。
・実践に基づいた判断の場を経験することを奨励する。
・教職への興味と探求心の礎を提供する(Faculty of Education, 2003c, p. 2)。
②教職理念
・教職能力は教育実践に基づいた判断力である。
・教職には、クラスの信頼と信用とを作り上げる能力が必要である。
・教職には、教員としての自覚と、教科および学習指導のために社会的、文化的、および政治的状況理解が必要である。
・教職には、多種多様な知識と技術および生徒の世界を理解できる能力を含む、教員としての適性が必要である。
(Faculty of Education, 2003d, p. 2)

3　カルガリー大学MTプログラムの詳細

＜MTプログラムのためのグループづくりと専攻コースの種類＞

　カルガリー大学教育学部のMTプログラム（2年間の教員養成課程）には、初等学校教員コースと中等学校教員コースの二つのコースがあり、定員は一学年各200名である。入学後は、指導教官1名と15〜20名の学生が1グループを構成して研究や実習を行う。この人数構成は、調査研究を主体とする学習や生産的な共同作業を行うのにふさわしい規模であり、また学生団と指導教官との緊密な関係を進展させるのにも適切なものであると言える（Faculty of Education, 2003e, p. 3）。

　MTプログラムの二つのコースはさらに次のような専門コースに分かれている。それぞれの専門には、入学の条件として、学部での専攻や取得した学位の種類などに関する規定が設けられている。

①初等学校教員コース

　人文科学、社会科学、自然科学、美術、文化研究、コミュニケーションの各分野を含むuniversityの学位が入学の際必要である。国語、算数、社会、理科、体育、美術を教えることができ、さらに次のような専門をもつ。

小学校全科　　１年から６年までの全科目。
幼児教育　　　幼稚園から３年まで。
小学校仏語　　幼稚園から６年までの仏語による授業担当。応募者は
　　　　　　　インタビューで仏語能力を証明する必要がある。

②中等学校教員コース

次のなかから一つを専門科目とすることができる。

美術教育　　入学に際して美術の学位が必要。

演劇教育　　演劇の学位が必要。

仏語　　　　仏語の学位取得者または仏文化、仏系カナダ文学、仏文学、仏言語学、仏青少年文学、および仏児童文学を学部で専攻した者。

国語　　　　英語の学位取得者または言語、読み書き、読み書き理論、文学、作文を学部で専攻した者。

数学　　　　数学の学位取得者または微積分、整数学、整数論、線形代数、幾何、統計・確率、応用数学、不連続数学、数学史を学部で専攻した者。

音楽　　　　音楽の学位が必要。加えて楽器に堪能であり、楽理と音楽史の知識が必要。合唱と楽器の指揮ならびに技術、レパートリーと曲についての知識、ブラスバンドと合唱の初心者指導が要求される。

社会　　　　多教科にわたる科目なので、社会科学と人文科学のどの学位でもよい。

　歴史　　　　カナダ史、ヨーロッパ史、世界史および他の歴史を大学で専攻した者。

　地理　　　　自然地理学、人文地理学または人間と、自然および文化環境との相互作用を学部で専攻した者。

　社会科学　　政治学、社会学、経済学、考古学等を学部で専攻した者。

	上記の専攻者に加えて一般教養、文化研究、女性学、原住民研究、宗教学、カナダ研究、グローバリゼーション、国際関係、哲学、心理学を専攻した者も社会科学の教師となる資格がある。
理科	生物、物理、化学の学位のある者。加えて地球科学、科学史、科学哲学、社会における科学と技術の役割や生物を専攻するならば物理を、物理もしくは化学を専攻するならば生物を習得していることが要求される。
生物	生物の学位取得者以外では、生化学、植物学、細胞分子微生物学、環境学、進化論、遺伝学、人体解剖生理学、動物学、生物保護、遺伝工学、免疫学を学部で専攻した者。
化学	無機化学、有機化学、物理分析化学、量子力学、熱力学を学部で専攻した者。
物理	原子核物理学、古典力学、電子磁気学、幾何物質光学、量子力学、相対性理論、熱力学を学部で専攻した者。

(Faculty of Education, 2003f, pp. 9-12)

＜MTプログラムの2003－2004年度年間予定表＞

①1年目

9月8日	授業開始
9月15日－19日	学校体験週間、終日各実習校で過ごす
9月22日－10月23日	1週につき2日の教育実習
11月3日－12月4日	(5週は学校で、他の5週は地域の教育関係機関で行う)
12月5日	5週間のどちらかの実習に関して、実習校の教員あるいは実習場所のアドバイザーからの評価を大学に提出
1月12日	授業開始、1週につき2日の教育実習開始
1月21日	教職博覧会に参加

2月23日―3月4日	1週につき2日の教育実習
3月8日―12日	学校体験週間、終日各実習学校で過ごす
3月15日―4月1日	1週につき2日の教育実習、今年度の教育実習すべて終了
4月1日	実習校の教員からの評価を大学に提出
4月5日―16日	1週につき4日の大学での授業

②2年目
9月8日	授業開始、この週は実習なし
9月15日―11月6日	1週につき4日の教育実習（月曜日から木曜日まで）
10月20日―24日	実習校の教員もしくは実習場所のアドバイザーからの評価を大学に提出
11月10日―28日	1週につき5日の教育実習
11月28日	実習校の教員からの最終評価を大学に提出

（Faculty of Education, 2003g, pp. 24-25）

＜MTプログラムの入学選考方法と入学基準＞
①選考方法

　このMTプログラムの入学（9月）には、筆記試験はなく、入学の際には大学卒業資格（4年間とは限らず、州や専攻によってはごくわずかではあるが3年間でも取得可能）が必要である。入学を希望する者は3月1日までに必要書類を提出して教育学部の審査を受けなければならない。大学での履修内容とGPA（Graduate Point Average 学業平均値）が合格基準を満たしていれば、専攻ごとに高得点者順で合格する。前述のように2年間のこの教職課程修了後には修士号ではなく教育学部の学士号（BEd）が授与される。特定の科目を専攻した学生に関しては、前述のようにその学部と教育学部の両学位を取得することが可能ではあるが、カルガリー大学では通常は教員となるためにuniversityにおける4年間とこの教職課程の2年間との合計6年間の課程を経ることが必要である。

②入学基準

図表15-1　2003年秋入学者用最終決定GPA値
(Final Round of Guaranteed GPA's for Fall 2003 Admission)

(BEd. Master of Teaching Degree Program, *Final Round of Guaranteed GPA's for Fall 2003 Admission,* Sep.5, 2003)

ROUTE/MAJOR（専攻）		ADMIT（入学基準）
ELEMELEMENTARY（初等）	General（全科目）	3.35以上
	Early Childhood（幼児）	3.35以上
	French（仏語）	2.50以上
SECONDARY（中等）Fine Arts（美術）		3.36以上
SECONDARY（中等）Math（数学）		3.20以上
SECONDARY（中等）French（仏語）		2.50以上
SECONDARY（中等）Science（理科）		2.50以上
SECONDARY（中等）Social Studies（社会）		3.38以上
SECONDARY（中等）Language Arts（国語）		3.29以上
SECONDARY（中等）Physical Education（体育）		3.40以上

注）on the University of Calgary's 4 point grade scale（カルガリー大学4段階評価に基づく）
　　GPAとは、学業平均値のことで、全科目とも1から4までの数値に換算して算出したもの

　募集人員は、前述のように初等教育約200名、中等教育約200名であり、したがって選考基準に達している場合でも志願者多数の場合は不合格となる。選考基準は**図表15-1**のようになっている。

③一般的応募傾向

　初等学校課程は教師の求人枠が大きいためと、小学生児童の扱い易さから女性の応募者が多く、そのため倍率も入学基準も高くなっている。中等学校課程に関しては、仏語科は教師の需要は多いものの、カルガリー市が主として英語を使用して教育を行っている地域であるため仏語を自由に話せる学生が少なく、そのため入学希望者も少なく、結果として入学基準も低くなっている。しかしながら他の州で仏語科の希望者が少ないとは限らない。理科と数学科の入学基準が低いのは、民間企業に人材がいってしまう結果である。一方、社会科の入学基準が高いのは、大学時の専攻の多くのものが社会科の応募基準に当てはまるので、応募者が様々な学部と専攻から集まり、結果的に倍率が高くなったことによる（2003年12月22日、教員養成課程学生課ウェブ事務官より聴取）。

III 教員資格と英語教育の担当者

1 公立学校の教員資格

カナダの教育制度は州ごとに異なり、各州が教育に対してそれぞれ責任を負い、学校や教員およびカリキュラムに関しても州独自の制度を採用している。州を超えた共通の問題を討議するためには、1967年に設置されたCMEC(the Council of Ministers of Education, Canada、カナダ教育大臣協議会)がある。

カナダ教職員連盟『カナダでの教職』によれば、カナダの公立学校（公立の幼稚園・小・中・高等学校）の教員になるためには、大学（UniversityとCollege）は学部や専攻によっては3年で卒業することも可能であるが、これに加えてUniversityのみに設置されている1年間ないしは2年間の教職課程を修了する必要がある。あるいは初めからUniversityの4年制の教育学部に入り、そこを卒業する必要がある。公立学校の教員には、このような資格に加えて、公用語である英語または仏語に堪能であることが、面接の際に試験されている。

2 アルバータ州における教員免許状

アルバータ州は、カナダの他州に先駆けて1990年代に教育改革を行ったが、この州の教員資格は厳しく、初等教育（幼稚園から小学校6年まで）および中等教育（中学校・高等学校3年ずつ）に従事するには、collegeではなくてuniversityの教育学部で学んで教育学士号（BEd）を取得していなければならない(Certification of Teachers Regulation, 1998, Act 7)。取得方法としては、既述のとおり、修業年限4年の教育学部で学んだり、他学部と教育学部合わせて5年間の課程を修了したり、大学卒業後さらに教育学部で2年間の課程を経て教育学士号を取得したりする場合などがある。この教育学士号があれば、初等・中等どちらの課程でも教えることができる。

＜暫定免許と永久免許＞

アルバータ州の教員免許は州の学習省（the Department of Learning）が認可している。教員免許には、①暫定免許（3年間有効）と、②永久免許の2種類がある。永久免許に書き換えるためには、アルバータ州で2年間実際の教職経験を積まなければならない。したがって暫定免許のみ取得している者は、3年間の有効期限が過ぎた場合、免許の更新をする必要がある（Certification of Teachers Regulation, 1998, Act 8）。

＜他州出身の教員と外国人教員の可能性＞

アルバータ州で初等および中等教員免許を取得するためには、カナダ国籍またはカナダの永住権をもたなければならない。したがって筆者のような留学生はBEd（Bachelor of Education 教育学学士）の学位を取得しても教員にはなれない。他の州で教員をしていた場合には、アルバータ学習省に免許を申請し、教職課程に不足があれば研修を受けた後に認可される。この州で教員をするために、universityで学んでいる元教師も多い。高学歴の移民の多いこの州では、外国で教職に就いていた者も多い。彼らも、アルバータ州のuniversityの教育学部に再入学して、BEdまたはMEd（Master of Education 教育学修士）の学位を取得した後に学習省に教員免許を申請し、面接を経て教育委員会で採用されれば、ここで再び教職に就くことができる。

カルガリー大学の大学院で、筆者は、これから教員になろうとしているインドやルーマニアから来た学生と同級生になった。次に示すものは、そうした大学院生に対するインタビューから得られた情報である。

①インドからの移民で教員志望者の大学院生より2003年12月2日聴取

インドでは経済修士号を取得し教員をしていた。カルガリーでも教員をしたいので、資格を得るために勉強している。インドでは中学校時代から英語による教育を受けていたので、英語には不自由していない。娘もカルガリー大学の学生である。

②ルーマニアからの移民で現在小学校の教師である大学院生から2003年11月19日聴取

ルーマニア語と英語とでは語順も文法もかなり違う。ルーマニアでは教科教授法もカナダとは異なって、暗記することに教育の重点が置かれていた。カナダの児童は総じて元気がよいという印象を受けている。

＜上級免許状取得とそのメリット＞

教職経験を有する者を対象として、アルバータ大学やカルガリー大学、レスブリッジ大学には、1年間の専修免許状取得課程（one year after-degree diploma program）がある。日本では修士号・博士号を含めた上級免許状取得者が給与面で優遇されることはない。しかしアルバータ州の各教育委員会が定める給与表を見ると、大学で受けた教育の長さ（4・5・6年）に応じた給与体系となっている。大学で学んだ教育歴が長いほど給与が高いことは言うまでもない。例えば10年間教職経験を積んだ4年教育歴者と6年教育歴者を比較すると、年間約5,000カナダドルの給与差がある（The Alberta Teachers' Association, 2001b）。

3 英語教育担当者

＜初等学校＞

アルバータ学習省の発行している『初等教員』によれば、アルバータ州で初等教育に携わる教員は、第二外国語、音楽、体育を除く全科目を教える。つまり、自国語としての英語は全教員が担当する。これに対して、英語を母語としない児童に対する英語教育（いわゆるESL教育）は、大学でESL（English as a Second Language）教授資格を取得した教員によって行われることが望まれているが、有資格者の絶対数が不足している。

＜中等学校（中学・高校）＞

アルバータ州の中等教育の場合、アルバータ学習省『中等教員』によれば、都市部の学校に勤務する教員は、教育学部に在籍中に少なくとも二つの専門分野を履修していることが要求され、学校では1科目ないしは2科目を担当する。したがって、自国語としての英語は全教員が教えるのではなく、特定の教員が専門科目として教えている。一方、周辺部の

中等学校の教員は、多科目を多学年にわたって教えているので、英語も当然のことながらそのなかの一つとして教えている。

英語を母語としない生徒に対する英語教育（ESL教育）は中等学校でも行われているが、ここでのESL教員の役割は、外国人移住者の子どもの英語力を高めて、彼らを通常の授業に参加できるようにさせることである。

4　教員の有給研修制度の充実

＜国内研修＞

ゴードン教授の「教科を超えた指導法と学習法」の授業には、上述のように現職教員が16名いたが、このうち3名が1年間の有給研修制度を利用していた。また、筆者が受講していた別の講座の学生2人もこの制度を利用しており、いずれも優秀な学生であった。そこで、この研修制度について尋ねてみると、研修予算にはかなりの制約があるため各教育委員会が行う厳しい倍率の選考試験を経てこの研修機会を得ていることがわかった。研修期間中はパブリック教育委員会（カルガリー市はアルバータ州のpublic school district No. 19）に属する教員は給与の70％が支給されるが、無税であるため実質的には100％の保障に近い（2003年11月7日、サウンダース教諭より聴取）。州内で5つある教育委員会（パブリック、セパレイト、フランコフォン、チャータ、プライベート）の一つであるセパレイト（カソリック系学校）に属している教員も70％を受け取っている（2003年12月26日、ヒギンズ教諭より聴取）。プライベートを除く4教育委員会は、いずれも税金によって運営されており、教員は全員ATA（the Alberta Teachers' Association、アルバータ教員組合）の組合員であり、組合費を毎月支払っている。教員の研修制度は、このATAと各教育委員会との交渉によって保障されている。大学院の修士号を目指す全講座をこの1年間の有給休暇中に修了することはできないので、その後の夏休みや夜間コースを利用して取得を完了させるという（2003年12月3日、ハンター教諭より聴取）。教

員の給与は、経験年数と教員の教育歴とによって決められているので、このような有給休暇を利用して上級の資格を取得することは、給与の増加に直接につながっている。

　＜国外研修の保障＞

　アルバータ州の現職教員には、国際経験を積むために、二つの国外研修の機会が提供されている。一つはCTF（Canadian Teachers' Federation、カナダ教員連合）の援助を受けてアフリカ、アジア、カリブ海諸国、南太平洋地域の発展途上国で教育支援計画に参加することであり（The Alberta Teachers' Association, 2001a）、もう一つは、有給の教育者交換プログラムによって、イギリス、合衆国、ドイツ、オーストリア、あるいはカナダの他州に派遣されることである（Alberta Learning, 2002）。

IV　全教科で取り組む英語教育

　以下に、全教科で取り組む英語（公用語）教育に関して、筆者が見聞した内容を報告したい。

1　公立 Strathmore High School（高校）におけるカリキュラムのなかの読書時間

　公立ストゥラスモア高校は、カルガリー市の40キロ東に位置し、カナダ横断高速道路が通るストゥラスモアという町のなかにある。この町は80年の歴史をもち、もともと農業地帯であったが、地の利に加えて、1エーカー（約4千平方メートル）当り7万カナダドル（約6百万円）という廉価な工業地価を売り物にして、工業化に乗り出している。

　この学校では、アルバータ州教育改善主導計画（AISI）の承認と補助金を得て、読み書きの技能、特に読書技能の向上を目指して、カリキュラムのなかに、1回25分間の読書時間を週4日設けている。また、各教科では、その教科に適した読書法を生徒に教えている。これに加えて、一般的な読書技能を向上させることを目的とした読書クラスもあり、これは希望する全生徒が参加できるものとなっている。

この学校にカウンセラーとして勤める教諭は、次のように述べている。

＜ストゥラスモア高校カウンセラー教諭より2003年12月25日聴取＞

毎日10時55分より、11時20分まで生徒の読書時間がある。この時間には日本の漫画本（人気があり、英語版が発売され、現地のテレビでも放映されている）を含めてどのような種類の本を読んでもよいことになっている。この読書時間の設定は生徒の学力向上と出席率の向上に貢献している。個人的にはこの女性教諭はルーマニア人の小学校1年生を養女としており、この子どもに英語力を付けさせるために、勤務校と同じように毎日読書をさせて効果を上げている。しかし英語は書くことが一番難しく、習得には時間がかかるとのことである。

2　gifted education（英才教育）のなかの英語教育

2003年11月8日に州都エドモントンで第14回SAGE年次大会が開催され、筆者は参加者約250名のうちの一人として、分科会「6年生のための創造的読み方」にも参加する機会を得た。SAGEとはthe Society for the Advancement of Gifted Educationの略称であり、アルバータ州のgifted education（英才教育）促進協会のことである。傘下にはアルバータ教員組合英才教育協議会（GTEC）やカルガリー大学英才教育センターが含まれる。カルガリー大学のgifted education担当教授がこのセンターの所長であり、当時教授の講座を受講していた現職教員が次期GTEC会長となる予定である。

90年代の教育改革に一応の成功を収めたアルバータ州では、才能のある生徒の学力をいかにして伸ばすかが、次の課題として関心の的となっている。この州は日本の約1.7倍の面積を有し、石油と天然ガスと森林に恵まれている一方、人口はわずか約300万人であり、広大な大地に点在する学校から優秀な生徒たちを一箇所に集めて教育することは極めて困難である。したがって、いかにして優秀な生徒たちの能力を伸ばしていくかという問題は各学校に委ねられている。この年次大会ではこの問題に

関して様々な分科会でいろいろな方法が紹介されていた。美術教育がテーマであった年にもかかわらず、27分会中9分会が読み書き能力の向上に関するものであった。ここで取り上げる「6年生のための創造的読み方」もその一つであった。

「6年生のための創造的読み方」の育成法は、要約すると次のようになる。
1. テキストは、難易度や内容および生徒の勉強方法を考慮して慎重に選ぶ。
2. 質問することを恐れないように生徒を励ます。
3. 理解に至るまでの多様な方法を尊重し、できれば生徒にそれを選ばせる。
4. 理解を深めるためには時間をかける。教科を超えた授業、関連図書、長期計画、そして生徒との対話や共有できる体験を組み入れる。
5. 教室内の思索を促すために評価を行う。評価と評定は生徒の高度な思索を重んじるように配慮する。

3　生徒の英語力に関する教員インタビューから

生徒の読解力の増進のための努力が、日々様々な教員によっていろいろな角度から試みられているが、ここでは、二つの事例を紹介する。

＜教育学部博士課程に在学し、時間講師として小学4年生に国語を教えているカナダ人より2003年12月19日聴取＞

このカナダ人男性教員は、児童がよく勉強していると語っていた。正しいスペルの習得に関しては、たくさんのドリルをさせており、スペルを正しく書けない児童は何度も呼び出して、正しく書けるよう指導していると言う。しばらく前には、コソボから来た難民生徒をたくさん教えていたが、2年くらい経つと彼らの会話力は完璧なものとなった。しかしながら書くことはそうはいかず、話すことと書くこととは英語においては別物であると認識している。

＜小学校1・2年生を教えているベテラン教師より2003年12月25日聴取＞
　この女性教員はクラスで日本文化について教えたことがあり、日本の文化については関心と知識がある。筆者が日本人であることがわかると、クリスマスということもあって、早速「仏間」や「神棚」について尋ね始めた。異文化理解を通して生徒の興味・関心を高め、国語力を増進することに努めている。

4　全教科で取り組む英語教育

　初等教育に従事する教員は、前述のように、その養成課程の入学基準の高さから概して優秀であると判断できよう。幼稚園児や小学生児童に対して英語教育の第一歩が、質の高い教員によってなされることは、英語教育にとっては喜ばしいことである。

　中等教育における英語教育は、4年間のuniversity 在学中に英語に関して専門教育を受けた国語（English language arts）の教員によってなされる。カリキュラムのなかの教科名は英語(English)はなく、国語(English language arts)である。この国語（カナダでは公用語と呼ばれている）を教える教員は、英語の学位取得者か、言語、読み書き、読み書き理論、文学、あるいは作文を学部で専攻した、いずれも英語に関する専門教育を十分に受けた公用語の教員である。

　これらの公用語に関する教育状況に加えて、小・中・高校を通じて、児童・生徒は国語の時間以外にも読み書き能力の育成に関心をもつ教員たちから、教科の枠を超えた指導を受け、分析力と批判力とを同時に身につけつけている。

　カルガリー大学で「教科を超えた指導法と学習法」を担当しているのが先に紹介したゴードン博士であるが、その講座は学部でも大学院でも受講希望者が多く、4講座続けて受講している学生もいた。彼女の教科を超えた英語教育の考え方は、学生のなかに着実に浸透しており、小・中・高校の校種や教科を問わず、児童・生徒の英語力の増進に向けて、

カルガリー大学を卒業した教員たちの取り組みは確実に進んでいる。

引用文献一覧

Alberta Learning. (2001). News Releases. *Alberta Students Achieve Top Marks on International Testing.* http://www.learning.gov.ab.ca/news/2001/December /nr-International Testing asp, 2003年12月18日採取。

Alberta Learning. (2002). *Educator exchanger programs.* http://ednet.edc.gov.ab.ca/k_12/teaching, 2002年7月16日採取。

B.Ed. Master of Teaching Degree Program. (2003). *Final Round of Guaranteed GPA's for Fall 2003 Admission, Sep.5, 2003.* Calgary: University of Calgary.

Certification of Teachers Regulation. Approved: December 31, 1998.

Faculty of Education. (2003a). "Combined degrees." *Become a teacher.* Calgary: University of Calgary.

Faculty of Education. (2003b). "Purpose." *Become a teacher.* Calgary: University of Calgary.

Faculty of Education. (2003c). "Principles on teacher education." *Become a teacher.* Calgary: University of Calgary.

Faculty of Education. (2003d). "Principles on teaching." *Become a teacher.* Calgary: University of Calgary.

Faculty of Education. (2003e). "Program organization." *Become a teacher.,* Calgary: University of Calgary.

Faculty of Education. (2003f). "Criteria for admission." *Become a teacher.* Calgary: University of Calgary.

Faculty of Education. (2003g). "Important dates." *Field experiences.* Calgary: University of Calgary.

Gardner, H. (2003). "Multiple intelligences: a perspective on giftedness." Colangelo, N. and Davis, G. Eds., *Gifted education.* Boston: Pearson Education. pp. 100-112.

Gordon, C. J. (1998). "Enhanceing content comprehension and metacomprehension." Gordon, C.J., Sheridon, M.E., and Paul, W.J., *Content literacy for secondary teachers.* Toronto: Harcourt Brace. pp. 209-237.

Sheridan, M.E. (1998). "Crossing the boundaries between content areas." Gordon, C.J., Sheridon, M.E., and Paul, W.J., *Content literacy for secondary teachers.*

Toronto: Harcourt Brace. pp. 93-122.

The Alberta Teachers' Association. (2001a). "Career information." *Project overseas.* http://www.teachers.ab.ca/career/ProjectOverseas.html, 2002年7月23日採取。

The Alberta Teachers' Association. (2001b). "Collective agreements." *Elk island public schools regional division no.14.* http://atanotea1.teachers.ab.ca/COLL agree.nsf, 2002年8月2日採取。

第16章
外国人に対し「国語」教育を行う
教員の役割と養成

栗原　和子

ESL授業風景

I カナダ経済とESL教育

1 語学産業としてのESL教育

　カナダの二つの公用語の一つが英語であるが、ESL (English as a Second Language 第二言語としての英語)教育は、この英語をアボリジニーや移民が習得するために不可欠な教育である。言語教育を奨励しているカナダ政府のもとで、英語をカナダで学ぼうとする海外からの留学生の数は増加の傾向をたどり、このことがカナダ経済にとってプラスとなる副産物をもたらしている。加えてカナダの移民政策が、英語を話すことのできない移民にも無償のESL教育を保障することによって、多くの外国人を惹きつけているということは否定できない事実であろう。

　また、語学産業面から見てもカナダの語学教育は将来性に富んだものである (Official languages support programs branch, 2000a)。例えば、FSL (French as a second language 第二言語としての仏語)教育も含めれば、語学教育機関の40％が外国の教育機関と、16％が外国企業と、10％が外国政府と業務提携をしている (Official languages support programs branch, 2000b)。学校の設備投資費用、授業料、学生の宿泊施設や宿泊費用なども考慮に入れると、ESL教育はカナダの国内総生産の増加に多大な影響を及ぼしており、カナダ経済の将来を考える上でも重要な役割を果たしている (Official languages support programs branch, 2000c)。

2 天然資源に恵まれた移民州アルバータにおけるESL教育の必要性

　カナダの総人口の17％は移民である (CBC, 2002)。したがって英語を母語としない移民に対して、公用語の英語を教育するESL教育は、カナダにとって不可欠の重要な問題である。2001年の移民者数25万346人のうち、20％に当たるおよそ5万人が15歳以下の子どもであり (CBC, 2002)、これらの児童・生徒は義務教育のなかでESL教育を必要としている。アルバータ州は日本と同じ6-3-3-4制度を採用しているが、そのなかでの

ESL教育状況は次のようなものである。

　アルバータ州は、カナダで第4位の移民受け入れ州であり（Alberta Learning, 2003a）、移民が多い理由として、クウェートを初めとするOPEC諸国と同量の石油を輸出し、天然ガスは世界第2位の輸出量を誇り、工業化も進んでおり、年間経済成長率が4.4％であることが挙げられる（アルバータ州対外省、2002）。この州では、物品を購入する際も州税はなく、7％の連邦政府税だけを支払えばよい。

　カナダ移民全般に比べて、アルバータ州では高い教育を受けた移民が多い。45％が大学の学位をもち、残りの15％も日本の短大に相当する機関で得た免許や資格を所有しており、このことが子弟の教育に対する関心を高めている。5歳から19歳までの移民子弟数は2001年の統計では3,786人であり、アルバータ州全移民数1万6,386人の約23％を占めている。この子弟数の約61％に当たる2,313人（Alberta Learning, 2003b）がまったく英語の知識をもたず、19歳に達した者を除いては、幼稚園・初等・中等教育においてESL教育の対象者となる児童・生徒たちである。

3　カナダ第6の大都市カルガリー（1991年度統計による）のESL教育事情

　新興のカルガリー市は、2001年度ではアルバータ州第一の移民受け入れ市で、州全体の約62％、1万90人（Alberta Learning, 2003c）の移民を受け入れている。ESL教育の対象児童・生徒は、統計では、この市だけでも、毎年約1,400人ずつ増加している。これはカルガリー市教育委員会にとっても頭の痛い問題である。新興都市カルガリーの状況はといえば、毎年、少なくとも1万人の人口増加に伴い、郊外に向けて住宅地が次々と開発されている。ここから州都エドモントン（州内第2位の移民受け入れ市で、27％を受け入れている）（Alberta Learning, 2003c）に向かう途中には、建築されてから日も浅い住宅群が、大平原のなかに次々と出現してくる。

　このような背景のもと、カルガリー市の郊外（市電で中心部より約20分）に位置するカルガリー大学では、異文化圏で英語を教えることに対して

学部を問わず学生の関心が高い。この大学には日本のJETプログラム（Japan Exchange and Teaching Program）や語学学校を通じて日本で英語を教えた経験をもつ学生や、韓国や中国での教師経験をもつ学生も少なからずいる。特に日本のJETプログラムは他のアジア諸国で教えるよりも高給が得られることも手伝って学生の間で特に人気があり、競争率も高い。筆者が日本人とわかると、3カ月間で10名の学生が日本や東京についての質問をしてきた。ダウンタウンの映画館では、東京でカルチャーショックに会った2人のアメリカ人を主人公とする映画（Lost in Translation）が上映され、カルガリーに住む人々の日本に対する興味と関心を増した。

　カナダへ移民して来た人々の状況をつかむことはESL教育の実情を知る上で不可欠の前提となる。次に示すものは、カナダ移民の人々に対して筆者がインタビューして得た内容である。

＜8月にカナダに来たルーマニア移民女性より2003年10月12日聴取＞
　ルーマニアで夫婦そろってエンジニアをしていたこの女性は、カナダでは婦人洋品店の店員となり、夫はペンキ店で働いている。移民の生活は移民の国カナダといえども厳しさが伴う。本国では知的な職業に就いていても、カナダでは肉体労働者となることも珍しくはないのである。市電の運転手には、母国で博士号を取得している者もいる。良い職に就くためには、カナダでの学位が必要なので、この女性はお金を貯めて大学に入り直し、もっと良い職に就きたいと願っている。英語に関しては、毎日自宅で勉強しており、話すことには苦労していないが、読み書きには不自由している。子どもを本国に残してきているので、生活を安定させて一日も早く引き取りたいと願っている。当然のことながら、カナダでの子どもの将来と教育にひじょうに関心を寄せており、筆者が教育学部の学生とわかると学校についていろいろと質問した。

＜アイルランド移民で現職教員より2003年10月26日聴取＞
　この女性はアイルランド出身で、両親を亡くしてからカナダに来た。アイルランドで教師をしていたがアルバータでの教員資格に適合してい

なければ、たとえ英語を母語としていても教職には就けず、金持ちの子ども相手の子守のような職しか見つからず大変苦労した。資金を貯めてuniversityの教育学部に入学しBEdの学位を得、カソリック教徒であることが要求されるセパレート・スクール（Roman Catholic Separate School、公立学校に属する）の教師となり現在に至る。深い異文化理解能力をもつ、知的で落ち着いた雰囲気の極めて優秀な教師である。

＜工学部の元コソボ難民の学生より2003年10月23日と11月13日聴取＞

カナダは、ジュネーブ条約に基づいてコソボからの難民を受け入れている。この男子学生は母語のスロヴェニア語以外にも英語と仏語は自由に使える。カナダに来る前にはドイツにいたので、ドイツ語の会話と読みにも不自由はしていない。ずっと働き続けており、2003年の現在大学4年生の25歳である。幼児より空手を習っていたため日本への興味が増大し、厳しい倍率のJETで有利となるように民間のTEFL（Teaching English as a Foreign Language 外国語としての英語教育）教授資格を取得した。日本語を習得する意思があるので、英語が話せる者が少ない地方勤務を希望し、2004年の秋より福岡郊外の学校に赴任する。筆者が偶然出会った母親は上品な女性で、英語は話すのは苦手であるが読むのは得意であり、戦火をともに潜り抜けてきた息子が日本で生活することを心配していた。ユーゴスラビアにいた時には、彼らは夏にはイギリスや地中海で過ごすなど裕福に暮らしていたようであるが、カナダでの生活はなかなか厳しそうであった。

II　ESL教育の目的と公立学校のESL教師の役割

1　ESL教育の目的

ESL教育は、移民や留学生が英語圏の環境に効果的に参加できるようになるまで、第二言語の技量を伸ばすことを目的とする。このために、ESL教育は、次のような技能を向上させることを意図している。日本の

大学受験を目的とする英語教育とは明らかに異なり、したがって重要とする能力の順位も以下のようになっており、日本とは異なる。

　①リスニング能力　②読む能力　③発音　④話す能力　⑤書く能力
　⑥文法と語彙

　初級のESLクラスは、地域社会に参加することを手助けする内容から始まる。成人のESL教育のためには、次のようなトピックが選ばれている。

　○家を借りる　○乗り物に乗る　○買い物をする　○銀行に行く
　○電話で会話をする　○仕事を探す　○仕事に就く　○病院に行く

（Alberta Human Resources and Employment, 2002a）

2　公立学校のESL教師の役割とその教育

＜ESL生徒の英語習得方法＞

　5歳までに、母語の文法は習得されると言われている。したがって、幼稚園のESL生徒であっても、英語による新しい言語体系は彼らの母語を土台として試行錯誤の末に習得される。第二言語は母語を通して得た知識と経験の上に築き上げられるのである。生徒の目的意識が高く、地域や家族の支援がしっかりしていれば、この第二言語を習得する際の学習効果はそれだけ高まることになる。

　第二言語学習に影響を与える要素としては、学習を始めた年齢や時期、語学の才能、母語との共通性などが挙げられる。日常会話とは異なり、アカデミックな英語の習得には5年から7年を要する。ESL対象生徒がこのレベルに達するまでに、学校からの支援や周囲からの助けなしにただ教室にいればよいというわけではない（Alberta Learning, 1996）。

＜アルバータ学習省ハイスクール学習指導要領によるESL教育の基準＞

　ESL対象生徒は、興味や将来のキャリアアップのために英語を学んでいるのではない。英語を母語とする生徒が外国語を学ぶのとは異なり、彼らは母語と英語との間で言語的にも文化的にも葛藤を経験しながら、差し迫った必要性から英語を学んでいる。過去においては中学2年生程

度の学力をつければ職に就けたが、現在では、初歩的な仕事もハイスクール卒業資格が必要である。英語の読み書き能力は、就職の際にも社会生活を送る際にも必要不可欠な技能となっている。

アルバータ学習省では、ハイスクールのESL教育の基準について次のように定めている。

① ESL対象生徒は、ESLの授業でレベル2・3・4に合格すれば、5単位を修得できる。ただし初歩のレベル1と最上級のレベル5は単位修得の対象外としている。
② ESL生徒のための授業には、a) 全科目をESLクラスとする、b) ESLクラスを取り出して行う、c) 正規の授業プラス同じ内容のESL授業を行う、という3つの形態がある (Alberta Learning, 2002b)。
③ アルバータ学習省には認定教科書、補助教材および教員の指導書がある。

アルバータ学習省の発行している教科書、補助教材、指導書には、例えば次のようなものがある (Alberta Learning, 2004)。

【レベル1、2、3、4対象】

1996年発刊、256ページのハードカバー本、タイトル *Voices in Literature Gold Level.*(「文学の声・金レベル」)、ワークブック、テープ、テスト、指導書付き。

内容：世界の様々な文学の紹介。

【レベル4、5対象】

2003年発刊、282ページのペーパーブック本、タイトル *Developing Composition Skills: Rhetoric and Grammar. (2nd Ed.)*(「作文技術の磨き方—作文と文法 第2版」)、ドリル、ビデオ、指導書付き。

内容：パラグラフと小論文の組み立て方と特徴、ディスカッションの題材、文法、および語彙。

＜初等および中等学校のESL教師の役割＞

アルバータ学習省発行の『初等教員』によれば、初等教育でも「英語を

母語としない児童に対する英語教育（いわゆるESL教育）」は、通常はuniversityでESL教育を専攻した教員によって行われることが望ましいとされている。従来のESLの授業は、授業のすべてを取り出すか、あるいは一部を取り出して行われていた。しかし難民の子弟を例にとってもわかるように、ESLの対象児童は、背景となっている文化もこれまでに受けてきた教育の内容や期間もそれぞれ異なっており、彼らだけの集団を作って取り出し授業を行っても十分に教育の成果を上げることができない。このため現在では、当初から英語を母語とする同級生の授業のなかにできるだけ参加させて、ESL対象者があらゆる科目の知識をできるだけ速く吸収できるように配慮している。小学校では、特にホームルーム担任の理解と協力が重要な役割を果たしている（Alberta Learning, 1996）。

同じくアルバータ学習省発行『中等教員』によれば、「英語を母語としない生徒に対する英語教育（ESL教育）」は中等学校でも行われているが、ここでのESL教師の役割は、外国人移住者の子どもの英語力を高めて、彼らを通常の授業に参加できるようにさせることである。ESLの授業では、まず英語の基礎的な必修語彙を習得させ、さらにスピーキングやリスニング技術を向上させて彼らがカナダ社会に適応するための手助けをしている。小学校1年から高校3年までいずれの児童・生徒も3年間のESL授業によって正規のクラスに在籍できる英語力を身につけることが期待されている（Alberta Learning, 2002）。

次に掲げるインタビューの内容は、初等教育におけるESL教育の実情を知る上で参考になろう。

＜小学校のESL担当者より2003年12月16日聴取＞
ESL教育を担当するこの教諭によれば、小学校段階では児童に英語という言語に慣れ親しんでもらうことを第一の目的としている。したがって書くことよりも、聞くこと、話すこと、読むことに力を入れている。具体的にこの教諭が実行していることの一つは、絵や写真を常時用いることである。この工夫によって、言葉がわからなくても、ある程度その内

容の理解ができるようになる。さらに構内めぐりをしてESL児童が学校施設を抵抗なく使用できるように配慮もしている。授業に関しては、他の授業に児童とともに参加した後で、その内容について児童に質問をし、彼らの理解度を確認し、場合によっては補足説明を加えたりもしている。

　余談ではあるが、カナダに着いたばかりの筆者の英語を誰よりもよく理解し、誰よりもわかりやすい英語で状況説明をしてくれたのはこの教諭であり、ESLを担当した経験があると知ってその理由が納得できた。彼女から、日本語を母語とする筆者が英語を話したり書いたりする場合、まず日本語で考えてから英語に翻訳しているのかと尋ねられたことがあった。英語は英語で考えていると答えると、大変驚いていた。

Ⅲ　ESL教師の資格とその免許の種類

1　ESL教師になるための資格の取得

　英語を母語としない成人や留学生を対象とする語学学校で英語を教えるには、最低TEFL (Teaching English as a Foreign Language 外国語としての英語教育) の免許状が必要とされている。しかし実際には、大部分の語学学校では、CELTA (Certificate of English Language Teaching to Adults 成人に対する英語教授資格)、TESL (Teaching English as a Second Language 第二言語としての英語教育)、TEFL、TESOL (Teaching English to Speaker of Other Language 英語以外の言語話者に対する英語教育・アメリカ系機関) のいずれかの免許と大学卒業資格 (学士号) の両方を要求している。

　一方、カナダの公立学校 (公立の幼稚園・小・中・高等学校) でESL教師として就職するためには、universityの教育学部の学位 (BEd) を取得し、民間の語学学校ではなくてuniversityでTESLを専攻する必要がある。ESLの授業を担当するためには、この両方の資格が要求されているからである。ただし私立学校では学校により異なり、統一基準はない。

　さらに、collegeやuniversityで、英語を母語としない人たちに英語を教

えるには学士号では不十分で、通常TESL関係の修士号が必要である。カナダ全体では 8 大学ほどがこれに関連した修士号を授与している。修士号の学位名としては、TESOL 教育学修士（MEd in TESOL）、応用言語学人文学修士(MA in applied linguistics)、応用言語学修士(MS in applied linguistics)、TESL 英語学修士(MA in English with an emphasis in TESL)、ESL 教育修士(MA in teaching in ESL)などがある。これらのどの修士号でもcollege やuniversityでESL 教育を担当することができる。

　大学（university）でESL 教育を担当している指導員の例として、筆者がインタビューすることのできた一人の女性教員を紹介したい。

　　＜カルガリー大学ライティングセンター指導員より2003年12月4日聴取＞
　　取得学位：応用言語学人文学修士
　　仕事内容：①語学留学生の英語全般にわたる指導
　　　　　　②学部生のライティング指導
　　　　　　③大学院生に相応しいライティングの助言
　　　　　　④有料のライティングコースの講師
　　　　　　⑤無料のライティングセミナーの講師

　この女性教師は大変優秀な指導員で、英語を教えるプロである。留学生に英語を教えるESL 教師としても、英語を母語とするカナダ人学生に英語を教える国語教師としても、優れた指導力を発揮している。大学院で言語の特性を学び、世界各地から集まった異言語の留学生と英語を母語とするカナダ人学生の両者に英語を教えることにより、彼女の英語のセンスは高度に磨かれており、いかなる英語の質問にも極めて論理的で明快な解答を返している。しかしながら、指導員たちの力量にはどうしても個人差が出てしまい、人気のある彼女の1回30分の指導予約は2カ月前にはすぐに埋まってしまうという。

2　ESL教員の養成機関

　カナダには、ESL関係の教員養成機関として国や州が統括するものは

ない。養成機関としては大学（UniversityおよびCollege）に設置された養成課程、語学学校、および非営利教育機関などがあるが、それぞれの機関は独自の研修に基づいて英語教授資格を発行している。その資格には、例えばTEFLやTESLおよびTESOL、CELTA等の免許状がある。

　TESLを行う教師の養成に関しても、国や州が定めた統一的な養成基準はない。Collegeには6週間の海外用免許課程が置かれている。UniversityでTESLの免許状を取得するには、大学院の専修免許課程（1年間）か修士課程（2年間）で平均8コースを受講しなくてはならない（Alberta Human Resources and Employment, 2002b）。一方、私的な教育機関の場合、通常の研修は4週間程度の集中方式であることが多い。しかし、極端な場合には5日間だけの短期養成コースを謳い文句にしているところもあり、逆に10週間にわたる長期研修を売り物にしている場合もある。ところが、長期研修の場合も研修総時間は120時間であり、4週間研修コースの場合と内容的にも時間的にも変わりはない。このように、TESLを担当する教師の養成に関しては、それぞれの機関が独自の研修を実施して修了者に独自の教授資格を発行しているのがカナダの実情である。そのため、研修内容や教授資格取得をめぐる受講者からの金銭的なトラブルが後を絶たない（ESL in Canada Directory, 2003）。

　次に示すインタビューの内容は、民間の語学学校の様子を物語るものである。

＜語学学校のESL教師養成コース担当教員より2003年12月13日聴取＞

　この女性教員によれば、語学学校の同僚教員の卒業学部はまちまちであるという。彼女のようにESL教師養成コースで教える教員となるには、この語学学校のMaster of Teaching Programを受講していなくてはならない。彼女自身JETプログラムに合格し、2年間ESL教師として北海道の中学生に英語を教えた経験があり、その後韓国でも英語の教師として働いたことがあった。しかし韓国で強盗に入られたため8カ月間でカナダに戻り、現在の仕事に就いている。本職は作家であり、本も出版している

が、日本で働く強い希望があり、そのために現在も日本語の勉強を続けている。この語学学校で彼女が受けもっている生徒は、TESL教授資格取得を目指す学位既取得者か大学卒業見込みの学生であり、内訳は、韓国人60％、日本人30％である。この学校は確かな教育を施している機関だそうだが、実際のところ、いい加減な教育を行っている語学学校も多数あるとのことである。

3　民間組織 TESL CanadaによるESL教員研修の全国基準と認定免許の種類
＜研修内容の全国基準＞

　上記に述べたように国や州が定めた統一的なESL教員養成基準はないが、「TESL Canada連盟」という第二外国語としての英語教育に関する民間組織（教職員、学習者および推進者から成る組織）は、全国基準の審査に基づいてTESL免許を発行している。例えば、アルバータ州立カルガリー大学の大学案内には、教育学部大学院課程で取得するTESLの資格は、TESL Canada の審査基準に適合するものであると明記されている。

　このTESL Canadaが認可するTESL免許取得のための研修は総計120時間の課程であり、そのうちの100時間は一般の講義で、残りの20時間が実習となっている。その詳細は次のとおりである（TESL Canada, 2003b）。

【TESL Canadaが認可するTESL免許取得のための研修課程】
1. 最低100時間の言語学、教授法、および方法論の授業受講
　　○第二言語習得理論　○統語論・音韻論・語形論などの言語学
　　○教授法　○社会言語学
　　○リスニング・スピーキング・リーデイング・ライティング・文法・語彙・発音および異文化認識とコミュニケーションに関する方法論と教授技術
　　○評価、評定とテスト　○カリキュラムの進め方
　　○レッスンと単元の授業計画　○資料分析と開発　○学習課題の準備

2. 最低20時間の教育実習

＜全国統一基準に基づくTESL免許＞

上に述べたように、TESLを行う教師の養成に関しては、国や州の統一的な養成基準はなく、それぞれの機関が独自の研修を実施して修了者に独自の免許を発行している。したがって、TESLの資格をもつ教師であっても、その教授能力には差がある。つまり、TESLの資格は教師としての有能さを保証するものではない。大事なことはTESLの資格を得るためにどの程度の研修を経てきたかであり、TESLの優れた研修を修了した教師は、概ねESL教授に関する高度な知識や技能を有していると言える。

前述のTESL Canadaは、全国統一基準に基づいてTESL免許を発行している。そのTESL免許は永久免許であり、実務経験を経て上級の免許への更新が可能となる（TESL Canada, 2003, Teacher training program standards「教員養成プログラム基準」）。この団体で認可しているTESL永久免許は1から4までの4段階に分けられており、各段階のTESL教師の免許は、その教師の教育歴・教師経験・および実績評価を総合的に審査して認定されている。認定を希望する者は、**図表16-1**に基づいてTESL Canadaに免許の申請を行うことになる。

図表16-1　TESL Canada 教授資格全国基準表

（TESL Canada Federation, 2003a, *Professional Certification Standards*）

TESL Canada 基準表	レベル1	レベル2	レベル3	レベル4
教育歴	大学学部学位（学士号）と認可された機関でのTESL免許			大学学部学位（学士号）TESL免許および大学院のESL/EFL学位（修士号）
TESL研修	TESL Canadaが認可した研修内容			
教職経験	0	2年以上で1600時間	5年以上で4000時間 または、2年以上の1600時間と残余は管理職経験	8年以上で6400時間 または、2年以上の1600時間と残余は管理職経験
実績証明書	0	2通	2通	2通

＜全国統一基準に基づくTESL免許の需要＞

　TESL Canadaの全国統一基準に基づくTESL免許は、TESLに携わるカナダの教師の需要に応えるものとなっている。なぜなら、各機関が独自に発行する免許では就職の際不備を生じたり、海外で教える際に不利を被ったりするからである。英語圏諸国のうちイギリスやオーストラリアなどには国家が保証する教授免許が存在するが、カナダでは公的なものとしてはブリティッシュ・コロンビア州の教育省が発行する州免許があるのみで、TESLに関する各州の基準すらまちまちである。そこで、海外や他の州に出て働こうとするTESL教師にとっては、TESL Canada全国統一基準に基づく免許が重要な意味をもつことになる。

IV　TESL Canadaと連邦政府の公用語教育支援政策

1　TESL Canadaのアルバータ州支部 ATESL（アルバータ州ESL教師組合）

　TESL Canada連盟は、仏語圏であるケベック州とノースウェスト準州およびヌナブト準州を除いて、残りの9州とそれに加えてユーコン準州に支部を設けており、各支部はそれぞれ別の名称をもっている。

ブリテシュ・コロンビア州	B.C.TEAL
アルバータ州	ATESL
マニトバ州	TESL Manitoba
サスカチュワン州	SCENES
オンタリオ州	TESL Ontario
ニュー・ブランズウィック州	TESL New Brunswick
ノバ・スコシア州	TESL Nova Scotia
ニューファンドランド州	TESL Newfoundland/Labrador
プリンス・エドワード・アイランド島州	TESL PEI
ユーコン準州	TESL Yukon

2　アルバータ州におけるATESL認定免許

　アルバータ州ではTESL Canada連盟支部のATESL（Alberta Teachers of English as a Second Language アルバータ州ESL教師組合）が認定するTESL免許が公的な価値をもっている。ATESL認定免許は、アルバータ州では州立アルバータ大学と州立カルガリー大学のTESL養成課程を終了した者だけに限って認められている(Alberta Human Resources and Employment, 2002b)。カレッジや民間のTESL課程の修了者には、この免許は与えられていない。アルバータ州の民間の語学学校でも、教員採用の際には学士号とこのATESL認定免許を求めるところが増えてきている。

　州立アルバータ大学では、大学院のTESL専修免許課程（1年間）とTESL修士課程（2年間）とが、TESL Canada連盟の免許認定研修基準に適合している。州立カルガリー大学の課程でもまったく同様である。大学での課程を修了した者がTESL Canada連盟アルバータ支部ATESLの認定免許を取得するためには、80カナダドルを添えてATESLに申請し認定を受けなければならない（TESL Canada, 2004）。

3　連邦政府の公用語教育支援政策とアルバータ州の提言

＜公用語教育への財政支援＞

　1988年には、カナダ文化遺産省(the Department of Canadian Heritage)の提言よる「新公用語法」(the New Official Languages Act)に基づき、カナダ教育大臣協議会(略称CMEC)が、公用語教育に関して、連邦政府と各州・各準州間の同意書（Federal-Provincial/Territorial Agreements)に調印した。この「新公用語法」に基づいて、カナダ政府は、マイノリティの公用語教育と第二言語教育について、50％ずつの出資分担による財政支援を行うことになった。その支援のなかには教員養成や教員研修の部門も含まれている。しかし、この支援政策はフランス語教育に重点が置かれており、例えばアルバータ州の場合には、第二言語としての英語教育には財政支援は認められていない(Alberta Learning, 2003d)。

このような財政支援が決定された背景には、1977年制定の「市民権法（the Citizenship Act）」の規定がある。同法には、新たにカナダ市民となるための条件として、カナダで誕生した子どもを除いて、カナダに関する知識と二つの公用語のいずれかに関する知識とをそれぞれ十分にもっていることが必要である、と記されている。

＜アルバータ学習省諮問委員会の提言とカルガリー市の対応＞

2003年10月、アルバータ学習省諮問委員会は、学級規模について、一学級当り幼稚園から小学校3年生までは17人、4年生から6年生までは23人、中学生は25人、高校生は27人が望ましいと提言した。州法で可決されれば、州内のカルガリー市の小学校だけでも約1,000人の教員が不足することとなる。カルガリー市教育委員会からは、6校の新校舎建設がすでに始まっていることが発表されたが、郊外に向かって発展を続けているカルガリー市では、次々と建設されるコミュニティ（居住地）に移住して来る新住民たちは、地元に学校が建設されることを強く望んでいる。

多くの移民子弟を受け入れて膨張を続けるカルガリー市としては、教育予算の財源確保は重要な課題であり、カルガリー市長からは、固定資産税はこれ以上引き上げることは不可能なので、所得税を引き上げることによって、教育予算の増収を図りたいという提案がなされている。しかし、このようにして集められたカルガリー市の市税の半分以上が州都エドモントンにもっていかれ、州政府の教育予算のなかに組み込まれてしまうと言う。市長は、カルガリー市の市税が、結果的には他の地域を潤すために再配分されてしまう現状に不満を漏らしている（2003年10月9日付け*Calgary Herald*紙より）。

引用文献一覧

Alberta Human Resources and Employment. (2002a). "English as a second language teacher." *Duties* http://www.alis.gov.ab.ca/occinfo/Content/ Request

Action asp、2003年12月9日採取。
Alberta Human Resources and Employment. (2002b). "English as a second language teacher. *Educational requirements* http://www.alis.gov.ab.ca/occinfo/Content/RequestAction asp、2003年12月9日採取。
Alberta Learning. (1996). *ESL elementary guide to implementation.* Alberta: Learning and Teaching Branch.
Alberta Learning. (2002). *Guide to implementation senior high ESL.* Alberta: Learning and Teaching Branch.
Alberta Learning. (2003a). *Newcomers to Canada by top five provinces of destination, 2001-2002* http://www.learning. gov.ab.ca/other/immigration.asp、2003年12月11日採取。
Alberta Learning. (2003b). *Newcomers to Alberta by age and knowledge of English, 2001-2002.* http://www.learning. gov.ab.ca/other/immigration.asp、2003年12月11日採取。
Alberta Learning. (2003c). *Newcomers to Alberta by intended destination, 2001-2002.* http://www.learning. gov.ab.ca/other/immigration.asp、2003年12月11日採取。
Alberta Learning. (2003d). *Second language learning in Alberta.* http://www.learning.gov.ab.ca/secondlanguage/Alberta.asp、2003年10月2日採取。
Alberta Learning. (2004). Authorized resources. http://www.learnig.gov.ab.ca/lrdb/detail.asp、2004年1月8日採取。
CBC. (2002). "Becoming Canadian." *Immigration Overview.* p. 2 http://www.cbc.ca/news/becomingcanadian/overview.html、2003年12月11日採取。
ESL in Canada Directory. (2003). "TESL teacher training." *ESL teacher training in Canada.* http://www.eslincanda.com/tesl.html、2003年1月13日採取。
Official languages support programs branch. (2000a). "Demand for language training." *Industry overview.* http://www.pch.gc.ca/progs/lo-ol/perspectives/english/profile/page_01a.html、2003年12月31日採取。
Official languages support programs branch. (2000b). "Services offered by ESL/FSL industry and marketing practices used." *Partnerships in marketing.* http://www.pch.gc.ca/progs/lo-ol/perspectives/english/profile/page_02k.html、2003年12月31日採取。
Official languages support programs branch. (2000c). "Services offered by ESL/FSL industry and marketing practices used." *Second language training is a*

services industry. http://www.pch.gc.ca/progs/lo-ol/perspectives/english/profile/page_ 01a.html、2003年12月31日採取。
TESL Canada. (2003). *Professional Certification Standards*. http://www.tesl.ca/natstandards.html、2003年1月24日採取。
TESL Canada. (2003). *Teacher training program standards*. http://www.tesl.ca/natstandards.html、2003年1月24日採取。
TESL Canada. (2004). *TESL Canada Federation professional certificate application form*. Burbaby: TESL Canada Federation.
アルバータ州対外省(2002).「世界の中のアルバータ州)」. Edmonton: アルバータ州対外省.

第17章
カナダの生んだ言語教育の理論

坂本　光代

J. Cummins の本

I 応用言語学研究が示唆する日本の言語教育

　日本語の「国語」に相当するのは、カナダでは「公用語」(official languages)と呼ばれている英語とフランス語であり、また多民族で成り立っている国家ゆえ、応用言語学、特に第二言語およびバイリンガル教育の研究においては、カナダは特出した研究者を生み出してきた。この章では、カナダを代表する応用言語学者ジム・カミンズ（Jim Cummins）やメリル・スウェイン（Merrill Swain）らの言語習得理論および研究成果をまとめてみた。

　国際化が進み、日本でも多文化・多民族化が顕著になりつつあるなか、第二言語としての英語ならびに日本語教育は今後一層、日本国内で需要が出るであろう。言語習得理論に長けた教育者や研究者の育成が、これからの日本においてより求められる時代が来つつあるのではないだろうか。カナダの応用言語学研究成果が、日本での言語教育において指標となれば幸いである。

II ジム・カミンズの言語習得論

1 二言語相互依存説

　ジム・カミンズのバイリンガリズム理論のなかで、もっとも有名なのは、二言語相互依存説（language interdependence hypothesis）ではないだろうか。二言語相互依存説は、第一言語（母語）とその他の言語は表面的に見て相違があるものの、根底には共通した概念（両有面）があり、片方を強化すると必然的に共有面が強化され、もう片方も強化されるというものだ（**図表17-1**参照）。

　理論モデルの図の形が氷山に似ているため、この説は「氷山説」とも呼ばれている。相互言語依存説をカミンズは下記のように説明している。

　　言語Xの習得を促すような言語Xで指導を行うに当たり、学校や環

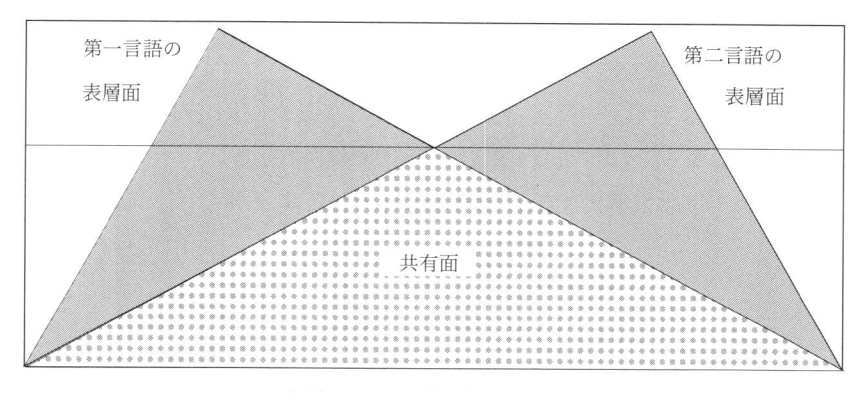

図表17-1　二言語相互依存説

(Cummins, 1996, p. 111)

境において言語Yに触れる機会が十分であれば、言語Xの熟達が言語Yに転移する。(Cummins, 1996, p. 111)

これによると、例えばカナダにおいてフランス語で授業をした場合、フランス語で習得した読み書きの技能はフランス語のみではなく、同時に英語での読み書きも強化される。これは二言語共有面が必然的に強化され、認知面および学力面、リテラシー面の技能がフランス語から英語に転移すると考えられるからである。なお、主要言語は学校外での接触が十分にあり、また社会的に主要言語を学ぶ必然性もあるため、言語転移はマイノリティ言語から主要言語への転移の方が顕著だという。この相互言語依存説は、数多くあるフランス語のイマージョン・プログラム(French immersion programme)の研究や、アメリカおよびヨーロッパ等でのバイリンガル教育研究結果でも支持されている。

ただし、第一言語を常時使っていたとしても、必ずしも言語能力が第二言語に転移するわけではない。しきい仮説 (threshold hypothesis)によるとある一定のレベルに到達した言語能力がなければ、言語能力や、知能面での発達および転移は期待できないとされている。日本語を日常的に使用しているといっても、ある程度の四技能の熟練がなければ、第二言

語への転移どころか、除去的（subtractive）バイリンガルとなり、中途半端な言語習得で終わる危険性もあるのである。

2 コミュニケーションにおける認知力必要度と場面依存度

　学習者が言葉を習得するにあたり、カミンズは会話等で日常的に使う生活言語能力（basic interpersonal communicative skills＝BICS）と認知・学力面に必要な学習言語能力（cognitive academic language proficiency＝CALP）の両面を促す2種類の言語能力の必要性があると唱えた。カミンズは、また、言語学習者の学習場面を認知力必要度（cognitively demanding/undemanding skills）と場面依存度（context-embedded/context-reduced language skills）で表した。認知力必要度とは、抽象的な事柄等を理解できる高レベルの思考力の必要度であり、場面依存度とは、取り巻く環境から得られる様々なヒントへの依存の度合いを指す。言葉はわからなくとも周囲から得られる情報が多ければ、それだけ依存度も高くなる。

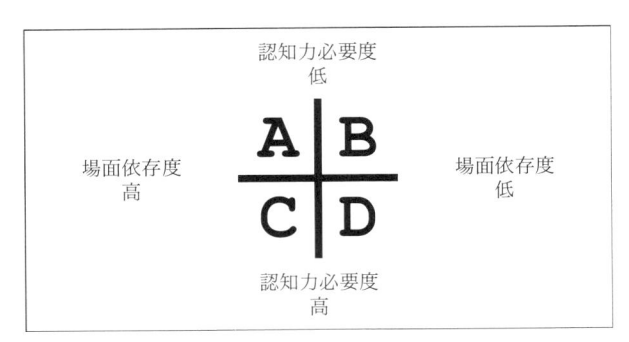

```
            認知力必要度
               低
              A │ B
  場面依存度  ──┼──  場面依存度
    高        C │ D      低
            認知力必要度
               高
```

図表17-2　コミュニケーションにおける認知力必要度と場面依存度のパターン

（Cummins, 1996, p. 57）

　これによると学習場面には次の4通りがある。①認知力必要度および場面依存度が高い場合、②認知力必要度は高く、場面依存度が低い場合、③逆に認知力必要度が低く、場面依存度が高い場合、④認知力必要度お

よび場面依存度がともに低い場合だ。カミンズが言語習得に有益だと提唱したパターンは③の認知力必要度が高く、また場面依存度も高い学習場面（C）である。第二言語学習者は、赤ん坊のような第一言語学習者とは違い、認知力は比較的高い。そこで、認知力必要度を低く設定することなく場面依存度を高くし、言語習得のプロセスを助長しようというのだ。

　それでは、認知力必要度も場面依存度も高い言語学習とは具体的にどのようなものなのか。カミンズは学年に沿った学習内容で、視覚教材を多用したり、学習者が教師やクラスメートと意味の交渉（negotiation of meaning）を頻繁に行ったりできる環境において成し得ると述べている。また、彼は第一言語を習得済みの学習者に、第一言語を通して第二言語を教えるバイリンガル教育も提唱している。

　カミンズによると、日常英会話能力は一般的に3年以内に習得されるものの、その学年に適した学習に必要な英語能力を身につけるのには、一般的に5年から7年ほどかかると述べている（**図表17-3**）。なぜなら、会

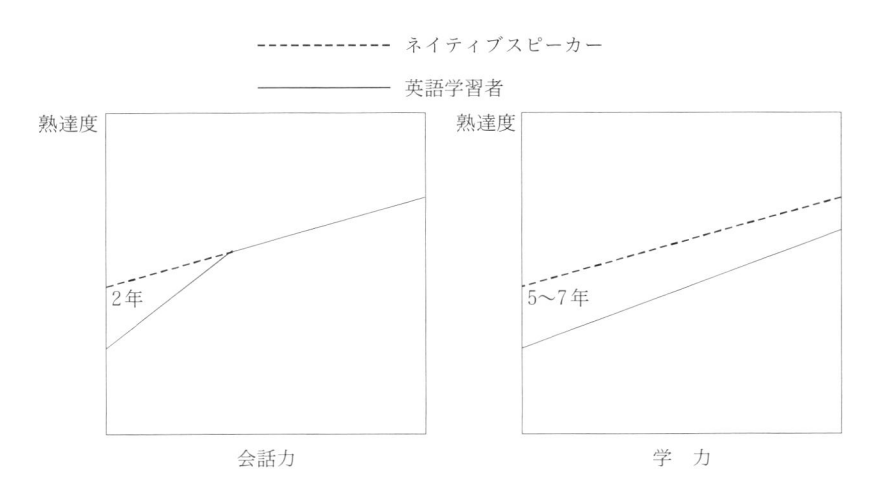

図表17-3　学年に適した会話能力および学習言語能力の必要期間

（Cummins, 1996, p. 62）

話場面においては、比較的周囲からの情報が多く、意味の交渉も頻繁に遂行されるから習得が速いのである。そこで、カミンズは会話能力と学習言語能力を離して考える必要性を唱えてきた。

これによると、第二言語で行われる認知力測定では、第二言語学習者の実際の認知力を正確に測ることが困難であるため、第二言語学習者の為の独自の測定法の開発が望まれる。すなわち、英語を母国語としない学習者に対して英語による認知測定試験を行うと、言葉の壁が邪魔となり、必ずしも認知力を測ることにはならないというのだ。また、会話能力がネイティブスピーカーと同等であると見なされても、学習言語能力では遅れをとっている可能性があるので、会話能力習得後も引き続き第二言語学習者のための学習言語能力に焦点を当てた指導を施すのが望ましい。英会話能力が堪能だからといって、読み書き能力も同様に伸びていっていると考えることは必ずしもできないからである。

3　社会のなかでの第二言語学教育

マクロおよびマイクロ相互作用にみられる抑圧的対協力的力関係

マクロおよびマイクロ相互作用に見られる抑圧された
コミュニティと主要グループ間の抑圧的および協力的相互力関係

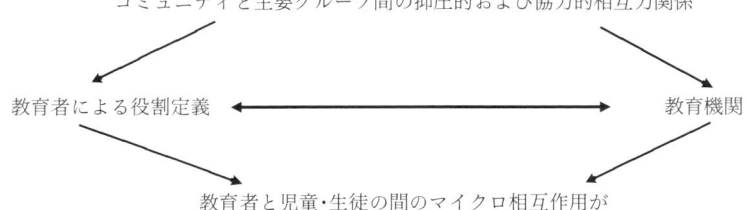

教育者による役割定義　　　　　　　　教育機関

教育者と児童・生徒の間のマイクロ相互作用が
人と人との間の空間を作り
そのなかで知識が作られ
アイデンティティが確立され
抑圧的力関係が強化されるか
もしくは
協力的力関係を促される

図表17-4　「抑圧的 vs 協力的」言語教育

(Cummins, 1996, p. 19)

第二言語学教育を言語学的側面からだけでなく、社会学的に捉えたのもカミンズである。言語とは、社会のなかで成り立っている。社会的サポートがなければ、廃れていくのは当然であり、公用語以外の言葉の継続性は社会によって左右されるのである。そこでカミンズは競争や抑圧を促す言語教育ではなく、協力的に共存する言語教育を提唱している(図表17-4参照)。教師、教育機関等の協力のもとに築き上げた言語教育こそが、多言語教育を切り開き、繁栄させるものだと述べている。

　カナダにおけるイマージョン教育や現存の外国語教育は、学習者の母語を推奨するものではなく、あくまでも英語を母語とする者のための言語教育が主である。カミンズは少数民族の言語が公用語にとって代わられるなかで、母語を保持し、継承していく重要性を訴えている。いったん消滅してしまった言語を復活させることは至難の業であるからである。彼はまた、言語能力を個人、そして国の資源と考えており、せっかくの資源をみすみす失なってしまうことに対する危惧および遺憾を記している (Cummins and Danesi, 1990)。

III　メリル・スウェインとコミュニケーション理論

　カナダは英語と仏語、二つの公用語がある国ゆえに、バイリンガル教育の他にイマージョン教育の研究も盛んに行われてきた。その草分け的存在がメリル・スウェインである。

1　メリル・スウェインのアウトプット仮説とコミュニケーション論

　スティーブン・クラッシェン (Stephen Krashen) の五つの仮説から成るモニター・モデル (monitor model) は有名であるが (Krashen, 1982)、そのうちの一つ、「理解可能インプット (comprehensible input) 仮説」(Krashen, 1985) によると、言語学習者が解するインプットを i とすると、学習者が言語を習得するに当たってもっとも有益なのは、i よりも若干難解な i

＋1レベルのインプットである。それに対し、スウェインは、言語を習得する過程でインプットだけでは不十分であり、言語学習者がアウトプットを発する必要性を訴えた。これが「アウトプット仮説」（output hypothesis）である。

スウェインは長年、イマージョン教育に関わる研究を重ねてきた。フランス語のイマージョン・プログラムの有効性を測るため、指導法、カリキュラム、教材等あらゆる側面からイマージョン教育を検証している（Swain, 1996）。もちろん、「アウトプット仮説」に基づく研究も遂行されてきた。以下代表的なものを、紹介したい。

2　イマージョン教育における指導法

イマージョン教育は、70年代から推奨されているコミュニカティブ指導法を軸として提供されてきた。すなわち、英語を媒介語としてフランス語を教えるコア・フレンチではなく、教室内では徹底してフランス語のみを使う言語教育法である。カナダの現イマージョン・プログラム実施は、60年代にモントリオールで実験的に行われたのをその初めとし（Lambert and Tucker, 1972）、マイケル・カナーリ（Michael Canale）とメリル・スウェインの発表した「コミュニケーション理論」が基盤となっている（Canale and Swain, 1980）。

「コミュニケーション理論」は、従来の文法指導に基づいた語学教育の不十分さを指摘し、実践で役立つ語学教育の必要性を唱えた。そこでは、文法（grammar）はもちろん、会話場面での適切さを図る、社会文化的能力と談話能力から成る社会言語的（sociolinguistic）能力、そして会話に窮した場合などで用いる言語的および非言語的伝達能力（方略的（discourse）能力）が必要だと述べている。実際に会話をしている時に、様々な予期せぬ場面に遭遇した場合でも、会話を続けられるほどの言語能力が必要であり、これこそが外国語教育の目指す最終地点だと唱えた。また、こうした能力を促進するには、できる限り自然な環境を整える必要性も訴えた。

この「コミュニケーション理論」に基づき、カナダのフランス語教育のひとつとして発展したのがイマージョン・プログラムであるが、実際学生のフランス語能力の促進にどのような影響を及ぼしているのかを分析する必要があった。

　研究の結果、イマージョン・プログラム修了者は、おもに英語で授業を受け、週に何時間かフランス語の授業を受けるコア・フレンチ修了者と比べ、あらゆる面で顕著に違いがあることが認められた。例えば、リスニングおよびスピーキング面は強いものの、文法能力等ではコア・プログラム修了者に勝るという結果は得られなかった。

　イマージョン・プログラムの特徴を分析し、学習者がなぜ会話力には長けているものの、リテラシー面においてはそれほどの好結果が得られなかったのか解明する必要があった。そこでスウェインは、教材や「教師－学習者」および学習者同士の相互作用の研究に向かったのである。

　スウェインは様々なフランス語イマージョンの教室でデータ収集をしている。教師と学習者のやり取りや、学習者同士の言語使用等について注意を払ってきた。これまで一般的にタブー視されていた第一言語の使用も、スウェインの研究によって、第二言語の習得に有益であることが公表された（Swain and Lapkin, 2000）。これは、スウェインがフランス語イマージョンの教室に行き、学習者をペアにしてディクトグロス（dictogloss）を使ったタスクをさせて得たデータに基づいた研究結果である。ディクトグロスとは、スウェインが好んで多用したタスクである。まず、学習者に絵を見せ、それに基づいた物語を聞かせる。聞いている間、学習者はメモを取ってもよいことになっている。物語が終わると、今度は二人一組になり、取ったメモや記憶を頼りに、聞いた文を再度構築する（ディクトグロスの詳細はKowal and Swain, 1997 参照）。最終的に構築された文はもちろんであるが、スウェインはそれと同様に、再構築の過程での学習者間のやり取りに関心を示し、それを録音し、分析に努めた。それによると、第一言語である英語が多用されていることがわかったが、あくまで

もフランス語能力を促すタスクに基づく、補助的存在であることがわかった (Swain and Lapkin, 2000)。

また、この研究は、昨今応用言語学で重要視されている「相互作用仮説」(interaction hypothesis)（Allwright, 1984)を支持する結果となった。相互作用仮説によると、教師と学習者および学習者間のやり取りは、豊富な i＋1やアウトプット作成の必要性などにより、言語習得を促すとされている。

イマージョン・プログラムの研究結果を総括すると、コミュニカティブ指導法だけでは、意味の交渉などを中心とした意味重視の言語教育にとどまり、文法等の言語形式に関する指導が不十分であるとの結果が出た。スウェインは内容・意味重視の言語指導は必ずしも言語習得において有益とは限らないと断定している (Swain, 1988, p. 68)。

3　言語形式　対　意味重視

イマージョン・プログラムの、コミュニカティブ指導法中心の授業に疑問をもったスウェインの元同僚であり、トロント大学オンタリオ教育研究所名誉教授のバーギット・ハーリー (Birgit Harley)は、小学6年生のフランス語イマージョン・プログラムの2グループに対して、英語話者にとって特に難解とされている複合過去形と半過去形の指導法に基づいた実験を行った。片方は完全に意味中心の従来のイマージョン・プログラムの指導法を用い、もう一方のグループは、基本的には意味中心の授業であったが、複合過去形と半過去形に関しては文法指導を行った。その審査の結果、文法指導を受けたグループの方が優れていたが、3か月後に再テストしたところ、2グループ間に差異は見られなかった (Harley, 1989)。

英語を第二言語として勉強するフランス語話者の研究もある。コミュニカティブ・プログラムに属する小学生に対して、言語形式を重視した言語指導および矯正フィードバックを2週間ほど提供したところ、語順

等の正確さが増し、従来のコミュニカティブ指導法のみ施された生徒と比べるとテストで高得点をとったとされる(White, Spada, Lightbown and Ranta, 1991)。

上記のようなイマージョン・プログラムにおける研究から得られた結果をもとに、最近スウェインが取り組んでいるのが、意識化についての研究である。

1997年に、フランス語イマージョンの教室内での、教師の口頭によるフィードバックに関する研究が発表された (Lyster and Ranta, 1997)。それによると、教師から学習者に関するフィードバックは6種類あるという。

①反復 (repetition)：学生の発話内容を教師が誤りも含めそのまま繰り返す。
②誘導 (elicitation)：学生を正しい発話に誘導する。
③明瞭な訂正 (explicit correction)：はっきりと間違いを指摘する。
④明解化の要求 (clarification request)：学習者の発話内容が理解困難だったことを示唆し、再度正しい文法を用いた発話を試みさせる。
⑤メタ言語フィードバック (metalinguistic feedback)：文法的説明等を駆使し、間違いに気づかせる。
⑥リキャスト (recast)：教師が学生の間違った発話を正し、発話する。ただし、学習者に間違いはこの際指摘しない。

分析の結果、教師が一番多用したのがリキャストであった。意味を重視するイマージョン・プログラムならではの、納得できる結果である。学生が間違った発話をするたびに授業を中断すれば、意味よりも文法を重視した従来の言語教育指導になってしまう。ただ、同時にリキャストは、学生側が自分が間違った発話をしたことに気づく可能性が他のフィードバックに比べて極めて低いことも明らかになった。そこで、スウェインはどのような場合に間違いが認識化されるのかを究明することに乗り出した。同様にトロント大学オンタリオ教育研究所のニナ・スパ

ダやコンコーディア大学のパッツィ・ライトボウン (Spada and Lightbown, 1999) など、他のカナダの応用言語学者もフォーカス・オン・フォーム (言語形式重視) 対フォーカス・オン・ミーニング (意味重視) について盛んに研究を行っている。

IV　フレッド・ジェネシーとイマージョン・プログラム研究

　スウェインが言語学および教育面からイマージョンプログラムを検証するのに対し、認知学面からイマージョン・プログラムの研究に携わっているカナダ人研究者を代表する一人がマギル大学心理学科のフレッド・ジェネシー(Fred Genesee)である。今でこそ、イマージョンおよびバイリンガル教育の有益性については一般的に認証されているものの、以前は生物学的および認知学的観点から、脳というものはある一定の期間を経てしまうと新しい技能を習得する能力が著しく退化するという考えが主流であった (Lenneberg, 1967; Penfield and Roberts, 1959)。ジェネシーは、第二言語習得というものが中途半端で、第一言語の発達にも支障をきたすとされる学説に疑問をもち、個の認知面と言語習得の関連の解明に努めた(Genesee, 1987)。

　ジェネシーは、知能と言語習得の関連性を調べるべく、イマージョン・プログラム在学の児童・生徒とコア・フレンチの児童・生徒の言語習得と知能テストの関連性を分析した (Genesee, 1976)。その結果、イマージョンとコア・フレンチのどちらの児童・生徒にも、知能レベルは読解力ならびに言語使用に関するテストとの関連性があるという傾向が見られたが、聴解力および会話能力には、関連性は見られなかった。

　ジェネシーは様々なイマージョン・プログラムの比較研究にも余念がなかった。早期 (early) イマージョン、中期 (delayed) イマージョン、後期 (late) イマージョン、ダブル・イマージョン (注：母語以外の二言語のイマージョン)、部分 (partial) および全面 (total) イマージョン等、多岐にわたって

研究している。それも、仏語習得に関してだけでなく、英語能力の習得、他科目の習得におよぶ成果までも発表している。例えば、ジェネシーは早期イマージョンの児童・生徒の数学問題の正解率を、英語話者およびフランス語話者と比べてもいる。その結果、イマージョンの児童・生徒の解答は、英語およびフランス語話者と同等もしくは優れた正解率であった (Genesee, 1977)。

ジェネシーは、仏語のネイティブスピーカーとは若干差異があるものの、イマージョンの児童・生徒はコア・フレンチの児童・生徒に比べ、フランス語の機能面において、はるかに優れているという結論に達した。特に、早期全面イマージョンが全般的にもっとも効果的であると結んでいる (Genesee, 1983)。

V ロバート・ガードナーと言語習得における社会・教育的モデル

同様に、学習者の言語習得における学習動機と言語習得能力の関連性に目を向けたのが、元ウェスタンオンタリオ大学心理学科のロバート・ガードナー (Robert Gardner) とマギル大学のウォラス・ランバート (Wallace Lambert) である。ガードナーとランバートは、動機 (motivation) にはおもに２種類あると発表した。統合的 (integrative) と道具的 (instrumental) 動機づけである。統合的動機づけは学習者が学んでいる外国語を母語とする人々のコミュニティに対する評価等で、相手のコミュニティーに対する好感度の有無などにかかわるものである。その反面、道具的動機づけは、学習中の外国語が自分の目標に達する上で有益に働くと判断される場面で働く熱意である。英語の授業で好成績をとる、外交官になるために英語を勉強する等がよい例である。

言語習得における「熱意度」を測るため、ガードナーとランバートはアンケートを導入した。項目が細かく分かれており、学習者の異文化およ

び外国語話者に対する姿勢や、現状の満足度、外国語習得に対する興味、アイデンティティ、真面目さ、成績の重要度、外国語能力の自己評価、家庭環境、友好関係までも測るもので、「もっとも当てはまる」を1とすると、「まったく当てはまらない」を7とし、スケールで該当度を測ったり、回答を選択制にした。フランス語を第二言語として学習中の英語話者に対してこのアンケートを実施し、フランス語習得の動機・熱意度とフランス語の習得度の相関性を調べた結果、統合的動機づけが高い学習者は一般的にフランス語の熟達度が高かった（Gardner and Lambert, 1972）。また、学習者の異文化に対する姿勢は、家庭でのフランス文化・フランス人に対する姿勢を反映していると発表した。

　ガードナーとランバートが開発したアンケートは、その後態度／動機テストバッテリー（Attitude/Motivation Test Battery（AMTB））に改良され、同分野の他の研究者にも広く使われるようになった。

　80年代に入り、ガードナーは言語習得は道具的対統合的動機づけといった概念だけでは不十分とし、さらに細分化した社会・教育的モデル（socioeducational model）を発表した（Gardner, 1985）。社会・教育的モデルでは、言語習得において、動機（motivation）、態度（attitude）、指向（orientation）の3つの要素が柱となっていると考える。そのうち、指向を道具的指向（instrumental orientation）と統合的指向（integrative orientation）に分けている。道具的指向とは、言語を学ぶに当たって実用的な理由であり、統合的指向はコミュニティとの交流を目的とした理由である。このうち、統合的指向の方が道具的指向よりも言語習得においてより有益であると述べているのは、初期の研究結果と一見変わりないように見える。しかし、ガードナーは、以前、統合的動機づけを漠然と一つの要因と見なしていたのをさらに細分化し、統合度（integrativeness）、態度、動機の3つの要素から成り立っていると発展させている（Gardner, 2000）。統合度には、統合的指向はもちろん、外国語に対する興味や外国語話者に対する印象も含まれる。また、動機、態度、指向の3つの要因のうち、態度と指向は動機の引き金

になるものとし、最終的に言語習得度を決定するのは動機であると述べている（Masgoret and Gardner, 2003）。この場合、動機とは、「ゴールに向けた行動」としている。言語習得をゴールとする学習者は目標に向かって努力し、粘り強く、タスクに注意を集中し、目的意識や向上心があり、それら要素が必然的に言語習得に結びつくという考えだ。

　ガードナーの社会・教育的モデルに対して、異論を唱える研究者がいることは事実だが、モチベーションという、研究が困難なテーマをあえて追求してきたガードナーは、この分野に大きく貢献し、同分野で研究を重ねる学者を導いてきた先駆者と言える。

VI　言語教育に対するカナダの大きな貢献

　カミンズ、スウェイン、ジェネシー、ガードナー。こうして見ると、カナダから生まれた言語習得理論や研究は応用言語学に大きな貢献をしてきた。カナダは二言語を公用語とする多民族国家であるゆえに、バイリンガル教育、イマージョン・プログラム、外国語教育といった分野で成果を重ねてきた。

　しかし先端を行くカナダの言語教育現場でさえ、まだ問題が山積みとされる。推移する移民政策、それに伴う言語学習者のニーズの変化。加速化する遺産言語の消滅。イマージョン・プログラムに見られる問題点。それらに対応したカリキュラムの開発、改良、導入、教員育成の必然性……。しかし、だからこそ応用言語学という分野がカナダで積極的に開拓されてきたとも言える。

　すでに次世代のカナダ人研究者が、先代の意志を引き継ぎ、国際レベルで活動している昨今、カナダにおける言語習得研究は注目されるべきものであり、カナダ人研究者の今後のさらなる活躍が期待できると言えよう。

　今までは単一民族・単一文化として知られてきた日本人社会であるが、

国際化に伴い、海外からの子女受け入れの増加ならびに第二言語である英語教育のより一層の充実を図る上で、カナダの言語研究の軌跡を辿ることが、今後の日本における応用言語学研究の発展につながればと願っている。

引用文献一覧

Allwright, D. (1984). "Why don't learners learn what teachers teach? The interaction hypothesis." D. M. Singleton and D. G. Little eds., *Language Learning in Formal and Informal Contexts.* Dublin: IRAAL, pp. 3-18.

Canale, M. and M. Swain (1980). "Theoretical bases of communicative approaches to second language teaching and testing." *Applied Linguistics,* 1: pp. 1-47.

Cummins, J. (1996). *Negotiating Identities: Education for Empowerment in a Diverse Society.* Ontario, CA: California Association for Bilingual Education.

Cummins, J. and M. Danesi (1990). *Heritage Languages: The Development and Denial of Canada's Linguistic Resources.* Toronto: Our Schools Ourselves/Garamond.

Gardner, R. C. (1985). *Social Psychology and Second Language Learning: The Role of Attitudes and Motivation.* London, UK: Edward Arnold.

Gardner, R. C. (2000). "Correlation, causation, motivation, and second language acquisition." *Canadian Psychology,* 41: pp. 10-24.

Gardner, R. C. and W. E. Lambert (1972). *Attitudes and Motivation in Second Language Learning.* Rowley, MA: Newbury House.

Genesee, F. (1976). "The role of intelligence in second language learning." *Language Learning,* 26 (2): pp. 267-80.

Genesee, F. (1977). *Departmental leaving examination results: June 1977.* Report submitted to the Protestant School Board of Greater Montreal, Quebec. In Genesee, F. (1983). "Bilingual education of majority language children: the immersion experiments in review." *Applied Psycholinguistics,* 4: pp. 1-46.

Genesee, F. (1983). "Bilingual education of majority-language children: The immersion experiments in review." *Applied Psycholinguistics,* 4: pp. 1-46.

Genesee, F. (1987). *Learning Through Two Languages: Studies of Immersion and Bilingual Education.* Cambridge, MA: Newbury House.

Harley, B. (1989). "Functional grammar in French immersion: A classroom experiment." *Applied Linguistics,* 10 (3): pp. 331-59.

Kowal, M. and M. Swain (1997). "From semantic to syntactic processing: How can we promote it in the immersion classroom?" R. K. Johnson and M. Swain eds., *Immersion Education: International Perspectives.* Cambridge, UK: Cambridge University Press.

Krashen, S. (1982). *Principles and Practice in Second Language Acquisition.* New York. NY: Pergamon Press.

Krashen, S. (1985). *The Input Hypothesis: Issues and Implications.* London, UK: Longman.

Lambert, W. and R. Tucker (1972). *Bilingual Education of Children: The St. Lambert Experiment.* Rowley, MA: Newbury House.

Lenneberg, E. (1967). *Biological Foundations of Language.* New York, NY: John Wiley.

Lyster, R. and L. Ranta (1997). "Corrective feedback and learner uptake: Negotiation of form in communicative classrooms." *Studies in Second Language Acquisition,* 19 (1): pp. 37-61.

Masgoret, A.M. and R.C. Gardner (2003). "Attitudes, motivation, and second language learning: A meta-analysis of studies conducted by Gardner and associates." *Language Learning,* 53 (1): pp. 123-163.

Penfield, W. and L. Roberts (1959). *Speech and Brain Mechanisms.* New York, NY: Atheneum.

Spada, N. and P. M. Lightbown (1999). "Instruction, first language influence and developmental readiness in second language acquisition." *Modern Language Journal,* 83 (1): pp. 1-22.

Swain, M. (1985). "Communicative competence: Some roles of comprehensible input and comprehensible output in its development." S. Gass and C. Madden eds., *Input in Second Language Acquisition.* Rowley, MA: Newbury House, pp. 235-253.

Swain, M. (1988). "Manipulating and complementing content teaching to maximize second language learning." *TESL Canada Journal,* 6 (1): pp. 68-83.

Swain, M. (1996). "Integrating language and content in immersion classrooms: Research perspectives." *Canadian Modern Language Review,* 52: pp. 529-

548.

Swain, M. and Lapkin, S. (2000). "Task-Based Second Language Learning: The Uses of the First Language." *Language Teaching Research,* 4,3: pp. 251-274.

White, L., N. Spada, P.M. Lightbown, and L. Ranta (1991). "Input enhancement and syntactic accuracy in L2 acquisition." *Applied Linguistics,* 12 (4): pp. 416-32.

第18章
カナダの言語政策が公用語および非公用語の保持と喪失に及ぼした影響
：カナダ人による40年の総括

ジョーゼフ・F・ケス
（浪田克之介訳）

「権利と自由のカナダ憲章」(1982年憲法) の公布5周年記念切手

I　言語計画とカナダの二言語主義の起源

　近代国家ではしばしば言語を「独立国家」の概念を表現するために使用すべきだと強調され、特定の一言語（あるいは複数の言語）を奨励しようとさえしたのだった(Cooper, 1989; Fishman, 1973; Guxman, 1968; Tollefson, 1981; Wiley, 2001)。しかしながら、このような解決方法が必ずしも恒久的であって議論を呼ばないとは言えないのである。国家の大小は国家が直面する言語計画の問題とはまったく無関係である。したがって、13億人もの中国人が一つの公用語をもっている一方、二つの公用語をもつノルウェーやベルギーのようなごく小さな国が存在するのである。人口3,100万人のカナダは公用語政策を掲げ、二つの公用語をもっているが、他方アメリカはカナダの10倍近い人口をもち、独自の言語法規をもつ州も多いとはいえ、国家としての言語政策を有してはいない（Ricento and Burnaby, 1998）。

　多言語国家は世界中に存在し、例外というよりはむしろ標準であろう(Edwards, 1994: Fishman, 1994)。しかしながら、一般的に言って一つのグループの言語が学校、政府、経済、そして社会全般においてさえ有利な立場を占めているため、そのグループが他のグループより有利な立場にあることもしばしばである。二言語併用の方向、つまり極めて単純に、どの言語グループの話し手が他のどの言語でバイリンガルになるかに注目すれば、両者の支配・従属の関係はたちどころに判断できることが多いのだ(Baetens Beardsmore, 1982; DeWaele, Housen and Li, 2003; Zentella, 1997)。

　われわれが知っているカナダは公的二言語主義国家である、しかし現実にはカナダは国内に100以上の言語、つまり、ヨーロッパ人の植民地建設に先立つ先住民の言語、過去および現在の移住がもたらした民族言語が存在する多言語国家である（Macmillan, 1998参照）。国勢調査によれば、人口は3,110万人である、そして、そのうち23％がフランス語話者、59％は英語話者で、18％はその他の言語の話者である。1982年憲法はカナダ

を二言語主義の国と定めているが、カナダは連邦国家であり、（今日のケベック州にいた）フランス人をイギリス人が1759年に征服したことにその起源をもつ。この征服に続いて、カナダは徐々に国土を拡張し、北アメリカの他の英国領土を併合し、合衆国の北に広がる大草原を埋めていったのである。

　1867年当時、カナダのフランス系は国の他の地域全体に彼らの言語と文化を広める機会を得られると確信していたようだ。ケベック州内の英国系の権利は1867年の英領北アメリカ法で保護されており（Lieberson, 1970）、ケベック州外のフランス系の権利にも強力な保護手段が与えられた。だが、二言語主義を採用した新しいマニトバ州にまもなくフランス系が見たように、フランス系の権利は保護されず、意図的に廃止されたのだった。カナダのフランス系はケベック、すなわちそれ自体がモントリオールのイギリス系の支配下に置かれている州にますます閉じ込められていった。カナダは2つの民族からなる国家、あるいはヒュー・マクレナン（Hugh Maclennan）の1945年の小説の表現を借りるなら『2つの孤独（*Two Solitudes*）』として発展していったのである（Castonguay, 1998参照）。それで、カナダの3,110万人の人々のうち、2001年ではフランス語話者である23%はカナダ人全体の4分の1弱を占め、典型的なフランス系民族である。そしてこれらフランス語話者のおよそ80%はケベック州に住んでいる。

　1960年代の様々の事件で、カナダ政府は状況調査のため1963年に二言語二文化主義王立委員会を設置し、その報告書をもとに1969年の公用語法が成立した。この法律には公用語コミッショナーつまりオンブズマンに関する条項があり、コミッショナーは新しい政策実施の進捗状況を毎年連邦政府に報告する義務を有している（例えば、『年次報告書』1999-2000;『年次報告書』2000-2001;『年次報告書』2001-2002;『年次報告書』2002-2003;引用文献一覧 *Annual Report*）。

　一世紀前の英領北アメリカ法に基づいて築かれたこの20世紀の新法は、

カナダが二言語主義国家であることを確約するために、国のどこでも一定の言語権をフランス系に保障したものである。この見解は1988年の新公用語法で再確認された。若干の点で、1988年の新公用語法はケベック州で制定された1977年のフランス語憲章の意義を認知したもので、明らかに同州の法案22号と101号の基礎となっていたフランス語話者の自信喪失を埋め合わせようとした。しかしカナダは公式に多文化国家であると宣言する一方、実際にはその言語資産の活用よりはむしろ伝統的な二言語主義国家体制の維持を選択して、多言語国家の宣言をしてはいない（Cummins and Danesi 1990; Mackey 1968; Meisel 1978; Stewart 1968参照）。例えば、アルバータ、マニトバおよびサスカチェワンの諸州では、何ら公的位置づけをもたない数々の言語の話者と比べれば、フランス語話者ははるかに少数である。そして同じ状況は、フランス系住民がかなり大きな集団を形成しているにもかかわらず、オンタリオ州の広い地域に、とりわけ今や住民の半数の母語が英語あるいはフランス語以外であるトロントに当てはまるのである。

　カナダ連邦政府がカナダ全土でフランス語の権利を保証していた同じ時期に、ケベック州政府は州内における英語の使用を最小限にして、フランス語単一言語主義を復活させる処置をとっていた（Barbaud, 1998; Hamers and Hummel, 1998参照）。ケベック州政府の政策立案者は、ケベック州外ではカナダのフランス系が英語を選んでフランス語を失っていることを知っていた。世代が交替するにつれてフランス語話者は、フランス語の単一言語話者からフランス語と英語のバイリンガルへ、そして最終的に英語の単一言語話者へと変わっていった……。そしてケベック州自体でもこの事態が起きている証拠が増大していったのである（Castonguay, 1988参照）。驚くまでもなく、ケベックで英語の使用を限定する処置は、1982年憲法で詳説された権利を侵害するものとして批判を受けた。そして同年、ケベックの英語話者は州内における英語権擁護団体であるケベック同盟を設立した。その後1984年に、カナダ最高裁判所は、ケベッ

ク州の英語話者の特定の権利を制限した1977年の101号法案の該当部分を無効としたのだった。……この言語問題の綱引きは、いまだ決着を見ていない。

　この言語立法の結末は、その一部は連邦政府対地方政府間の不和であったように思われるが、最終的には何であったのか（Macmillan, 1998参照）。もっとも、フランス系はカナダでは今日なお少数派で、そのこと自体は驚くことではない。すなわち民族的な出自、母語の使用、あるいは家庭言語などどのような統計値が使われようと、総人口に占めるフランス系の割合は下落し続けている。その下落は1971年と1981年の国勢調査で1%強、そしてその後もほぼ同程度である。例えば、1991年の国勢調査では、60.4%が英語を母語と回答しているが、68.3%は英語が家庭言語と報告している。同年わずか24.3%がフランス語を母語、そして23.3%が家庭言語と回答している。対照的に10年後の2001年の国勢調査では、22.9%がフランス語を母語として、またさらに悪いことには、22%のみが家庭言語と回答している。これまで同様、ケベック州外でフランス語の使用の下落は著しいが、ケベック州ではフランス語は人口の80%強が最初に身につけた言語であり、この数十年で初めてフランス語は上昇している。

　ケベック州のフランス系は上述のように分離主義をもてあそび、カナダ全土で彼らの言語の未来を保証できないとしても、せめて彼ら自らの州では保証したいと考えているのである。1982年憲法改正に関するミーチ湖協定が1990年に全国的な合意に達せず、またシャーロットタウン協定が国民投票で否決された1992年に憲法和解工作が何ら成功しなかった時、分離独立の願望は劇的に高まった。しかしながら、カナダからの分離に関する1995年のケベック州民投票も、わずか0.5%ほどの差で同じく否決されたのは奇異なことである！　当時の州首相ジャック・パリゾーは、この原因を都市部移民の浮動票に帰している。

　ほとんどの人が忘れていることであるが、1974年に22号法案でフラン

ス語をケベックの公用語にしたのはブーラッサ首相のもとで自由党支配のケベック国民議会であり、ケベック党ではなかったのである。そしてこのことは単にケベック自由党の態度を象徴するだけではなかった。ケベック党はその後1976年に選出され、この新ケベック国民議会が1977年の101号法案（「フランス語憲章」）でフランス語をケベック州の公用語としていっそう推進していった。この公用語制定はケベック州内のフランス語事情の独自調査、すなわち1972年に上程されていたジャンドロン委員会の調査結果によるものである。そのおもな条項のひとつ、ケベック州の法律はフランス語版のみが公式であると規定した条項は、1979年にカナダの最高裁判所によって違憲であると判断された。それにもかかわらず、フランス語は議会、法廷、教育、広告と看板、職場と公共サービスに至るまで使われる言語となっている。そして1961年に設置されたフランス語局は1977年に権限が拡大され、単なる研究と奨励を超えて、フランス語が州で現実に使用されている言語であることを確証し、新しい言語法の違反状況を調査するまでになっている。ケベック党政府は小学校および中学校段階ではすべての子どもたちをフランス語が教授言語である学校に行かせる政策を立法化した。子どもたち、あるいは親の一人がカナダで主として英語を話す公立学校で教育されていなかったなら、英語話者の子どもたちでさえ小学校および中学校段階ではフランス語の学校に行かなければならないのだ。先住民の子どもたちは自分たちの母語で教育を受けることができるが、そうでなければ、教授言語はフランス語でなければならないのだ。そしてケベック州へのすべての移民は、今日ではフランス語の公立学校に通学することが義務づけられている。

　ところが、この言語ナショナリズムにもかかわらず、ケベック党は1980年に最初の分離州民投票で敗北し、その後1981年には1976年よりさらにより大きな得票差で再選されたことを思い起こしてもらいたい。ケベック党はその後1995年に、2度目の州民投票におよそ0.5％の僅差で敗北している。そして3度目の州民投票がケベック市で前首相のランド

リーによって約束されていたが、自由党が新首相ジャン・シャレーのもとで州政権を取り戻した今となっては、実現の可能性は高くない。ケベック・ナショナリズムのひとつの要因は英語を支配者グループの言語と見なしたことだ、しかし州の英語を話すエリートは社会的に、そして政治的に重要なグループとしては事実上姿を消したか、フランス語が勢力をふるう新しい現実にすっかり順応してしまっている。ケベック州における英語の脅威は極めて非個人化され、グローバルな文化と英語本位のネットベースの情報交換に対する憤りとなっているが、これは世界中ほとんどすべての非英語系文化が直面する脅威である。英語の圧迫に対する憤慨感は今日では薄れ、ケベック州における言語的支配・従属関係に対する不満には、1960年代と同じ感情が伴ってはいない。

II 2001年のカナダの国勢調査と言語使用の変化

　カナダの言語事情は、カナダが移民国家でもあることでいっそう複雑さを増している（Rogers and Scardatello, 1996; Magocsi, 1999参照）。カナダの出産率は2001年に1.5に低下した、これは人口を維持するのに必要な2.1をはるかに下回っているが、高齢化が進む日本や疾病率が高いロシアよりは確かによい。しかし、カナダはなお移住によって人口数を補填させる必要がある。これまでの大きな移民グループは、中国人、イタリア人、ドイツ人、ウクライナ人、ポルトガル人、パンジャブ人で、さらに少数グループが多数あった。しかしこれらのグループは母語の喪失（DeVries, 1977; Driedger, 1977; Coons, Taylor, and Trembay, 1977）に直面しており、そこで一部の移住者言語の話し手は、フランス語が自分たちの言語には与えられていない特権を、特にケベック州外でもつべきではないと考えるのだ。このような意見は、とりわけ西部カナダの数多くの地域で強い。この主張は、フランス系あるいは英語系以外の民族的出自のカナダ人が今日ではほとんどフランス系カナダ人とカナダの人口でほぼ同じ割合を占

めていることを知るなら、理解が容易になろう。そしてもし現在の傾向がもちこたえられるなら、2015年までに英語でもフランス語でもない母語をもったカナダ人の数がカナダでフランス語話者に勝るであろう。例えば、2001年ではカナダ人のうち6人に1人、あるいは530万人の人々の母語はフランス語でも英語のいずれでもないのだ。これは1996年の国勢調査の12.5％増であり、人口の増加率全体の3倍強である。それで今では英語話者は1,750万人、フランス語話者は680万人で、移民言語の話者は530万人である。予測では、2015年までにはこれらの最後の2つの数字は相対的な順位が逆転するであろう。

　スイスとベルギーのように、カナダの公用語は（Castonguay, 1998参照）属地主義になろうとしていて、フランス語話者はおもにケベック州、北オンタリオ、そしてスー・サン・マリーとニューブランズウィック州のモンクトンを結ぶ帯域にある程度在住している（ニューブランズウィックは、ついでながら、二言語併用であるはずの国全体のなかで唯一公式に二言語主義を採用している州である。）。憲法は、もちろん、このような属地主義を認めておらず、少なくとも1冊の最近の公用語コミッショナーからの『年次報告書』（1999-2000）が、この事態を受け入れがたいものとして注意を喚起し、カナダの優先事項として言語の二元性を復活させるための大変革を要求している（Breton, 1998）。

1961年の状況

　今日の状況はその多くが実際は過去から予測できるのが現実で、1961年の国勢調査の統計値は単にカナダ史における最初の一世紀間の英仏両言語の関係を物語っているばかりか、かなり的確に未来の関係を予知してくれる（Lieberson, 1970）。英仏両言語の話者の数は、1867年から1961年までの一世紀を通じて相対的な地位関係を維持していた。ケベック州の外ではフランス語が英語に道を譲っても州内でフランス語が強力に保持されて、バランスが取れていたのである。このことは、1763年以降長年

にわたって新たに合併された植民地でフランス系が多数派であったことを思い出す時、それほど驚くべきことではない。同じく思い出してほしいことは、1867年の英領北アメリカ法以前に、1840年の連合法ではフランス系の議会を廃止し、新しい共同議会では総人口では当時少数派であったイギリス系に過半数の議席を与えた「連合」議会を創設したことだ。1867年の英領北アメリカ法が制定された頃までには、ついにイギリス系が過半数となり、1870年代に人口が350万に達した時、フランス系の100万に対しイギリス系は200万であった……（その当時でさえ、ドイツ系の移民は単独で25万人であった）。

　250年間フランスから大きな移住はなく、1931年から1961年の間はフランス語を母語とする移民は3％のみであった。そしてその数字が2002年に5％に増大したものの、それは英語を話す移民の48％と比較すれば影が薄い。現公用語コミッショナーのダイアン・アダム（Dyane Adam）は、オタワの連邦政府はカナダへ、つまりケベックだけではなく他の州にもフランス語話者の移民の数を引き上げるよう要請している。ケベック州外のフランス語話者はカナダの全人口の4.5％になるが、移住者の1％を受け入れているのみである。彼女の物議をかもした勧告は、フランス語話者の移民をケベック州外のフランス語圏に定着させ、政府が責任をもって移住者がその地に融合することを支援するというものであった。本計画は、マニトバやサスカチェワンのような州で消滅しようとしているフランス語コミュニティを強化することである。ただし、経済的機会のためにすでにケベックからのフランス語話者の移住者がいるアルバータとブリティッシュ・コロンビアのような州は、援助を必要としないかもしれない。この批判（すなわち、移民で強化されてきたのはフランス語話者の少数派コミュニティではなく、ケベック州外の英語話者の多数派である）の影響がすでに出ていることは明らかである。2003年11月に移民担当大臣デニス・コデール（Denis Coderre）がケベック州外に定着するフランス語話者の移民の数を引き上げ、フランス語話者の少数派に移民を融け込ませ

る力を強化させようと提起したことが一例である。まず手始めに、オンタリオ州との正式交渉ではフランス語話者の移住についての取り引きが目標であり、すべては2003年に上程された連邦政府の公用語行動計画と結びついている。しかし、オンタリオはカナダへの全移住者の60％を受け入れているだけに、問題はいっそう大きなものとなる。例えば、2002年に来た22万9,000人の移民のうちオンタリオは13万3,641人を受け入れているのである。

　ケベックはすでに同州への移住に関する管理権を強化し、州独自の移民目標を設定し、難民を別とすれば、ケベックに定住を望む移民の選択権をもっている。したがって、ケベック州は、フランス、モロッコ、アルジェリアのようなフランス語を使う国からの移民や、フランス語を学習する意志をもつルーマニア、ポーランド、チェコ共和国などの国からの移民を対象として広告を出し、応募手当その他の報酬を出している。結果として、ケベックへの移民のフランス語の知識が1971年の50％から1996年の73％に上昇した。しかし、英語を話す申請者が英語でテストされるように、フランス語を話す申請者はフランス語で受験できるよう言語テストを平易にするだけで、この数字はもっとよくなると、公用語コミッショナーは提案している。2003年においてさえ、フランス語を話す申請者は受験のため他の国に行かなければならなかったことがある。そしてそこでのカナダ政府による申請者の語学力の測定は第三者が実施したテストを活用している。例えば、エジプト在住者はエジプトで英語テストを受験できたが、フランス語のテストセンターがないためにフランス語テストの受験のためにレバノンへ行かなければならないといった具合である。しかし、この状態は改善され、今日では移民局はコミッショナーの先の批判となった30カ国ではなく55カ国でフランス語のテストを実施している。ところで、ケベック州でさえ、もし移民が英語を話すなら、フランス語に対する15ポイント、雇用先の保証で15ポイント、必要な技能で12ポイント、学歴の11ポイントに6ポイントのボーナスが加算

される。

　1961年の国勢調査統計値によれば、ウクライナ人、ドイツ人、オランダ人その他の移民は圧倒的に英語を好んだ。彼らの言語選択には50％の英語を学習する可能性があったが、フランス語を学習する者は20人に1人という惨憺たるものだった（Lieberson, 1970参照）。同じことがその後のイタリア人、ポルトガル人、クロアチア人や中国人の移民についてもほぼ当てはまる。彼らは自分たちで言語の選択ができれば、ケベック州においてさえフランス語より英語を好んだようだ。移民がどちらの言語を選択するかは、カナダの都市生活と大都市の形状にかなり大きい影響を与えることになる。例えば、1991年には、トロントの住民の66％、モントリオールの27％、ウィニペグの48％とバンクーバーの46％が外国生まれだった……そしてこれらの都市で選択された共通語が、ほとんどの場合英語であったことを思い出してほしい。

　1961年に戻れば、すべてのフランス語話者の97％はまたフランス系出自でもあった、そして過去半世紀有余の移民について、この事態は重要な懸案事項であった（Lieberson, 1970 参照）。ケベック州外では、フランス系出自の人たちのフランス語を母語とする数値は急速に下落している。マニトバ州を一見すればそれは明らかだ。なぜならマニトバは、1870年に連邦に加入したとき、州議会でも教育においても二言語主義を採用した州であった。それがフランス系出自の人たちのなかでフランス語の下落が深刻になる一方、過去一世紀にわたるマニトバ州への移民が、同州の言語史を英語使用の未来へと書き換えたのだった。

　ケベック州自体でも、フランス語話者の高い出生率は過去のことで、かつて信頼できた「揺りかごの復讐」[1]（Lieberson, 1970）に頼って、住民数を安定させることはもうできないのである。カトリック教会がケベック

1　英国系に支配されたフランス系が、特にケベック州において人口的には優位に立とうと多産が奨励されたことを言う。ただし、実際にはケベック州だけが子どもの数が多かったわけではなく、オンタリオ州の出生率の方が高かったとの統計がある。

に君臨していることを「静かな革命」[2]が問題としたころ、出生率が落ち始め、1990年代までには出生率は劇的に1.3にまで減少した。それで英系ではなくフランス系に多産系の移民を引き入れる言語法を制定する理由が、なおのことできたのだ。

　歴史的には、ケベック州を除くすべての州は自由に言語政策を策定することができた。その結果、フランス語を英語と対等に扱う州は存在しなかった。その一方でケベック州は、1960年代までは英仏両言語の平等を厳しく保持した。住民の3分の1がフランス語を話すというニューブランズウィック州は、最近になってようやくフランス語と英語を州の公用語に制定した。市民が、いずれかの言語で政府のサービスを受けることができるようになったのだ。前述のように、マニトバは当初英仏両語を公用語とし、本来のマニトバ議会の2分の1はフランス語話者であった。1871年では、マニトバには英語系とフランス語系の2つの教育委員会まであったが、1890年には廃止された。最近の勝訴により、州の法令全書に100年間にわたり収録されていた法律の一部が、フランス語話者の権利を否定するものとして今日では無効になっている。その趣旨は新しい法律はフランス語と英語で制定されること、そして既存の法律も英語からフランス語に翻訳されることである。同様の訴訟が、サスカチェワン州でも進行中である。

　1961年当時も、2001年と同じく、産業界、商業界また財界は、とりわけ階層を昇ればいっそう英語が支配していた（Lieberson, 1970）。英語はたいていの科学技術とマーケティングの言語であったが、今ではインターネットとIT革命の言語である（Breton, 1998参照）。1961年では、モントリオールのフランス語母語話者は、英語母語話者より収入が低かった。もしバイリンガルであれば、フランス語話者は英語が話せない同僚より収入はよかった。しかし英語だけの話し手とバイリンガルの話し手の間に、

---

[2] 1960年にルサージュ（Jean Lesage）の率いるケベック自由党が州の政権を執り、大胆な改革を行ったが、それが非暴力的に進められたため、この名がある。

1961年では差がなかった（Lieberson, 1070）。ケベックのいわゆる静かな革命となるジャン・ルサージュの自由党内閣時代(1960-1966)に使われたかけ声「我が家の主人」は、痛切さそのものである。このスローガンは、後に1972年のケベック党大会によってケベック党の政策綱領で推敲されて「われわれがわれわれ自身の家で本当に主人である時(Quand nous serons vraiment chez nous)」となった。この感覚は、1960年代のカナダの人口の10％、ケベック州民の40％、そして同時に、その当時のカナダのバイリンガル人口の3分の1を占める大都市モントリオールにとりわけ当てはまるのではないか。

　当時も今日同様、教育の達成度と二言語併用能力との間には相関があり、フランス語話者にとっては、高等教育経験は常に両言語使用能力の高い可能性を意味するものだった（Lieberson, 1970 参照）。連邦政府の官庁がこの状況を改善するひとつの試みは、その職の4分の1、計8万1,940のポストをバイリンガルと指定することだった。さらに2002年には、財務委員会委員長ルシエン・ロビヤール（Lucienne Robillard)は二言語併用を公務員の職務規程とすることを提案し、特に首都圏のバイリンガル地帯、ニューブランズウィック、オンタリオ州北部および東部の一部、イースタンタウンシップスの一部、モントリオール、ガスペと西ケベックに集中している5万8,600の連邦政府のポストに二言語併用能力を義務づけることを提案した。2003年11月、ルシエン・ロビヤールは、流暢な二言語使用能力を連邦政府の3つのうち1つのポストを志願するための必要条件とする方針を提起して、先の提案を全うした。2005年の時点で、二言語併用能力は管理職の必要条件となり、管理職以下のすべてのポストの雇用においては要望条件とした。 これは単一言語使用のカナダ人をバイリンガルのポストに雇用し、国費による2年間の研修期間でもう一つの言語を習得することを認めていた従来の基準からは、大きな変更である。政府は幹部職員を登用レベルのレベル1からレベル5の次官補までの5段階とし、この新しい方針ではレベル3以上の幹部職員には

2005年までに、そしてレベル2の幹部職員には2007年までに流暢な二言語併用能力が要求される。驚くまでのこともなく、この措置には外務省職員組合およびカナダ公務員連合の双方から若干の批判が出ている。双方とも二言語併用には賛成していると伝えられているが、このような政策が単一言語使用のカナダ人を政府から締め出し、多くの官僚のキャリアを閉ざし、その実施に当たっては地理的な不均衡を引き起こすことを懸念している。言うまでもなく、政治、外交、司法、法律とメディアにおける最高位のポストは多くが両言語に熟達している必要がある。これは今日英語話者にとっては大変なことであるが、しかしそれはフランス語話者には以前から常に大きな影響を与えてきたことなのだ（Breton, 1978, 1998）。もし英語話者の子どもが、首相あるいは主要政党の党首にでもなりたいと思うなら、今日にもフランス語を磨き直すことだ。しかし、平均的なフランス語話者の子どもが高レベルの教育そして次の機会へと進むなら、英語はただちに出世のための必要条件となるであろう。そしてこれが、カナダ人の言語生活の実態なのである。

III　カナダにおける多文化主義政策の歴史

　カナダにおける多文化主義対二言語併用主義の問題については、財源と公式の承認がフランス語と英語への対応以上には及ばなかったという点で、カナダは一度も多言語主義への公式の対処をしてこなかったことに注意を払っていただきたい（Cenoz and Genesee, 1998）。カナダに公用語コミッショナー室があることは確かだが、少数派言語コミッショナーはいないのである。二言語二文化王立委員会が1963年に連邦政府によって設置されて、実際カナダにおけるフランス・英国両系の関係を取り扱うことが意図された。委員会の報告書の第1巻は1967年、第2巻は1968年に、さらに何巻かが1971年に委員会が解散するまでに刊行された。その最初の明白な効果のひとつを1969年の公用語法の採択に見ることができ

第18章　言語政策が公用語および非公用語の保持と喪失に及ぼした影響　359

る、そしてそれらの見解は1982年の「権利と自由のカナダ憲章」の第23条に反映されている。本条は、「少数派」に授けられた教育権を確認し、該当する子どもたちが公費による少数派言語教育を正当化するに十分な数にのぼる場合は、カナダ国民の親が自己の子弟に少数派公用語で教育を受けさせる権利を有することを述べている。しかし今日のカナダでは、少なくとも100の異なった言語が日常使われていると考えられる、そしてこれらの多くが少数派言語であると考えられており、若干数、例えば、いくつかの先住民言語、ウクライナ語、中国語、ヘブライ語、そして日本語さえが、少数派言語教育で使用されている。少数派公用語教育実施の理由は、われわれが上に論じてきたカナダの公用語環境のなかで分極化を阻止するためで、実際には、この環境のもとでは、「他の」少数派言語教育のための余地はほとんどないと言ってよい(Hobart, 1977; Macmillan, 1998参照；同じくPendakur and Pendakur, 1998 参照)。

　二言語の枠組みのなかでの多文化主義と銘打たれた多文化主義のカナダにおける最初の政策は、1971年にトルドー首相によって発表された、そして、二言語二文化王立委員会が全国を巡回し、カナダ社会の各種利害関係者から意見を聴取したのは、少数民族の懸念を配慮した巧妙な政策であった（Esses Gardner, 1996; Berry, 1998 参照)。これらの他の民族グループは自分たちが2級国民に落ち、カナダ人の自己認識において重要視されないのではないかと恐れていると表明している。これらの他の民族グループからの圧力は二文化主義中心から新たに多文化主義中心への移行につながった。しかし、結果としては、カナダ社会を規定する特徴としての二言語主義の概念には何ら変更はなく、また二言語主義から多言語主義への移行が提唱されることはなかったことも明らかである(Breton, 1986; Reitz, 1994)。1971年の多文化主義政策で表明された目的は、カナダのすべての民族グループのメンバーに他のカナダ人と自分たちの言語と文化遺産を維持共有するよう奨励し、言語と文化遺産の分離できない関係を認識させることであった。これらの政策成立を時間を追って考えてみたい。

1969年に公用語法がカナダの2つの建国民族の地位を認め、1971年には多文化主義政策は他の民族グループの重要性を受け入れている(Berdichewsky, 1994; Bibby, 1990)。1967年の移民法を頂点とする1960年代の緩和移住政策を加えれば、さらに多数の様々な民族言語的背景をもつ移住者に国境を開くことになり (Hiebert, 1994; Kelly and Trebilcock, 1998 参照)、その3段階に及んだ立法は、過去と明らかに民族的多様性を不可避とする現在を満足させてきた。これは今日特に必要である、なぜならカナダの移民史上3つの顕著な時期、すなわち、1880年から1920年の間の大量の移住、第二次世界大戦後の時期、そして1960年代の移住政策の自由化後のなかで、3番目の時期がもっとも広範囲にわたる多様性を促進している。ついでながら、移民、民族性および文化的貢献の評価においては、時期が異なるが、3つの時期がすべて言語に対する支援を欠いている点で共通していることは指摘しておく価値がある(例えば、Abu-Laben, 1999; Boyd and Vickers, 2000; Driedger, 1987; Hou and Balakrishnan, 1996; Humand Simpson, 2002 参照)。

　世論調査の傾向を常に意識して、政府は1970年代に非公用語の研究を委託していた。その結果、エスニック社会では公立学校制度のなかで遺産言語に対する大きな支持があることが判明した。しかしながら、平行して実施された少数民族に対する態度 (Berry, Kalin, and Taylor, 1977)に関する研究では、英系および仏系カナダ人の間の多文化主義政策に対する支持はほどほどで、遺産言語教育の支援に公金の使用には大きな反対があるのだった。多文化主義に対する近年の好意的な態度にもかかわらず、教育制度のなかで「誰か他人の」少数派言語教育の経費に税金を使用することには、教育者、政策当局そして一般大衆の間にまだかなりの反対があるのである (Berry and Kalin, 1995, Kalin and Berry, 1994参照; Bourhis, 1994; Montreuil and Bourhis, 2001参照)。

　「カナダにおける多文化主義の維持と向上のための法令」と題された最近の法案C-53は1988年に通過し、その後構成上の小さな改正はあるものの有効である (Esses and Gardner, 1996; 同じくBerry, 1998)。その述べられ

た目的は、以下の(1)から(10)である。しかし、(9)には注意を喚起したい。すなわち、「カナダの公用語の地位と使用を強化する一方、英語とフランス語以外の言語の使用を維持し、向上させること」。この言語に関する目的は印刷面でもまた実施上からも優先順位リストの極めて下に位置しており、このリストにおいてでさえ、(10)で緩和条項を必要としているように思われる、すなわち、「カナダの公用語への国家的な対応に調和する方向で多文化主義をカナダ全土で推進しなくてはならない。」としているのである。(Multiculturalism and Citizenship Canada, 1991)

カナダの多文化主義の維持と向上のための法令

(1) 多文化主義がカナダ社会の文化的および人種的多様性を反映し、カナダ社会のすべての成員の文化的遺産を維持し、向上させ、そして共有する自由を承認するという了解を認識し、促進する。

(2) 多文化主義がカナダ人の遺産とアイデンティティの基本的特徴であり、カナダの未来を形成する際の貴重な資源を提供することを認識し、その理解を促進する。

(3) 出自を問わずあらゆる個人や集団が、カナダ社会のすべての局面の持続的発展と形成に際し、完全かつ平等な参加を促進し、その参加を阻むいかなる障壁をも除去するよう支援する。

(4) 共通の出自を分かち合う集団の存在とそのカナダ社会への歴史的貢献を認識し、その発展を促進する。

(5) あらゆる個人の多様性を尊敬し、高く評価する一方、法の下で平等の処遇と平等の保護を受けることを保証する。

(6) カナダの社会的、文化的、経済的、そして政治的諸機関が、カナダの多文化的特徴を尊重し反映するよう奨励し支援する。

(7) 異なる出自の個人および集団間の関与から生ずる理解と創造性を促進する。

(8) カナダ社会の多様な文化の認知と理解を促進し、それらの文化の反

映と表出の進展を促進する。
(9)カナダの公用語の地位と使用を強化する一方、英語およびフランス語以外の言語の使用を維持し向上させる。
(10)カナダの公用語の国家的な取組みに合わせ、カナダ全土で多文化主義を推進する（Multiculturalism and Citizenship Canada, 1990）。

　多文化主義政策が初めて導入されたころは、おもにヨーロッパからカナダへ来た移民とその子孫の要求に応えることが念頭に置かれていた。したがって政策は、文化を継承するための様々なプログラムや活動および民族の言語や伝統の教育を支援する形で実践された(Esses and Gardner, 1996)。しかし、より多様な民族がカナダに移民してくるにしたがって(Berry, 2001)、新たな懸念がもちあがった。その結果、現在の多文化主義政策には、偏見や差別を取り除くための対策や、少数民族が経済・文化・政治の本流など社会のあらゆる側面に十分でかつ対等な立場で参加できるよう促進することが含まれるようになった（Esses and Gardner, 1996）。したがって今日のカナダにおける多文化主義の理想とは、次の二つの成果を目標とすることを意味するようになった（Reitz and Breton, 1994; Taylor and Lambert, 1996）。一つは民族とその文化のサバイバル、もう一つは多様性への寛容性や少数民族への偏見がないこと、そして人種差別の撤廃を実現することである（Esses and Garder, 1996; Driedger and Halli, 2000）。多様性に対して寛容であることは明らかに大切なことであり、私はこの点に関してはその目標を支持するということ以外に述べることはない。しかし、この章において本質的な問題として注目したいのは、民族言語を維持していく上でのより実際的な問題である。民族言語に関しては、それぞれの文化集団に任されている部分が大きいからである。初期のころは、連邦政府によって1977年につくられた文化拡充計画によって学校外（たいていの場合は放課後もしくは土曜の午前中に授業が行われていた）における遺産言語教育にかかる費用の約10％がカバーされていた。しかし1990年の

連邦政府による予算削減を機に、これらの補助金はほとんどカットされ、以降各州政府による創意と温情に任されることとなった。多くの場合、州政府がそのようなプログラムに資金援助を行うことは難しく、遺産言語の認識に変化が現れるようになった。例えばオンタリオ州では、1977年以来遺産言語という用語が用いられていたのだが、1994年に独断的に国際言語という言葉に置き換えられてしまった。遺産という言葉からは過去の伝統を学ぶという意味合いが強調されるため、現代の国際的な世界において子どもたちが教育的・個人的に成長するのに重要な意味をもたらす実践的な言語スキルを身につけるという概念が見えにくいというのがその理由であった (Cummins, 1998)。その結果、日本語であれば以前の定義でも現在の定義でも当てはまるかもしれないが、チェコ語などの民族言語は新しい定義にはほとんど当てはまらないことになった。オンタリオ州では現在でも多数の言語が教えられているが、そのほとんどはひとつの言語につき最低でも25人の児童・生徒が集まり資金を提供できる地域共同体のあるゴールデン・ホースシューにおいて行われているものである (Cummins, 1998)。しかし、民族言語の授業は平日の放課後や週末など普通教育の外で行われわれている。このような言語教育を通常カリキュラムに組み込むために学校の時間を延長しようとすることは、たいてい地域において論争を巻き起こす結果となるからである (Cummins and Danesi, 1990)。われわれのブリティッシュ・コロンビア州においてでさえ状況は同じである。例えば、以前は様々な日本語学校が申請することによって、州からそれぞれ年間1,000ドルの補助金を受けられた。しかしその援助さえ、昨年の教育省による予算削減と再編成により打ち切られた。その上さらに残念なことには、日本の国際協力機構 (JICA)が毎年各学校に提供していた資金1,500ドルもカットされたため、これらの非営利学校は独自の経営を迫られることとなった。

　このようにカナダでは、様々な民族言語教育が先に述べたような方法で広く全土で行われているが (Macmillan, 1998)、カナダ各地で行われてい

る数多くのフランス語イマージョンプログラムと比較すると、遺産言語あるいは国際言語を含む完全なバイリンガルプログラムというのはほとんど存在しない。われわれのブリティッシュ・コロンビア州を再び例にあげると（Beynon and Toohey, 1991）、教育省は中国語、日本語、パンジャブ語、ドイツ語、スペイン語、イタリア語、ペルシャ語に関しては統一教材パッケージ（Integral Resource Package, IRP）として知られている認定言語カリキュラムをひとつまたは複数使用することを許可している。とはいえ、これはほんの限られた学校において授業が展開しているだけだ（例えば、アボッツフォード市におけるパンジャブ語の授業）。これらの言語のうち最初の5つは教育省によって始められたが、ペルシャ語とイタリア語は地域のイニシアチブによって実現したものである。教育省の財源不足を考えると、これ以外の言語カリキュラムは地元のコミュニティによって作られるほかはなく、もちろんその費用も地域が負うこととなる。大学における状況もさほどかわりはない。例えば、オンタリオ州のハミルトン市にあるマクマスター大学とマニトバ州のウィニペグ大学においてポーランド系カナダ人研究およびドイツ系カナダ人研究のプログラムが設けられているのは、それぞれ地元のポーランド系およびドイツ系コミュニティが補助金を支払っているからという単純な理由なのである。

　連邦政府、州政府ともに、このような継続的かつ財政的に困難な責任を背負うことにためらいを示し、ついには各コミュニティにその負担がおりるほどに資金負担を下へと押しつけている理由は十分に理解できる。もちろん各民族のコミュニティの立場からすれば、言語とはアイデンティティ、生活上の価値観、そして文化を世代から世代へと継承するための生きた媒体でなければならない（例えばCho, 2000）。政府の立場からすれば、民族言語とは長い目で見ればむしろはかない非永久的な存在であり、そのことが政府に資金援助をためらわせるのである。ほとんどの二世、三世、四世のカナダ人は世代を重ねるにしたがって民族言語を喪失しており、その言語はもはや子どもたちが社会に適応するための機能

を果たしていない（Fishman, 1985, 1991; Wong Fillmore, 1991, 2000）。ゆえにこの問題は、言語によって認識される各民族の歴史的価値観や特徴的なアイデンティティを象徴するという遺産言語が果たす役目に関するものとなる（Byram, 1998; Baylay and Schecter, 2003; Jedweb, 2000）。だがそのような象徴性は決して楽には手に入らない。遺産言語プログラムが効果を発揮するには、単なるネイティブスピーカーの集団以上のものが必要なのだ（Garcia, 2003）。その効果を高めるには、カリキュラムや教材の開発、相応しい教師の育成と選抜、図書館や視聴覚教材などのリソース、経営と管理を行う人材、そして適切な教育施設などが必要とされる。さらに理想的なのは、目的もなく単位も与えられないような単なる科目としてではなく、何らかのプログラムのなかに教授言語として組み込まれることである(Baker, 2001; Baker and Jones, 1998; Cenoz and Genesee, 1998)。これらの財政上の問題が、現在カナダにおいて使われている100以上もの民族言語が軽視されているゆえんであると思われる。

　2001年にカナダにおいて実施された国勢調査における言語使用の変化を詳しく見る前に、多文化主義をとっているかどうかに関わらず、社会において言語が果たす役割を明らかにするいくつかの要素を考察することが有益であろう。初めに、言語の習得とは単に教育問題ではなく社会問題であるということだ。言語は個人、政治、経済などすべての分野における力（power）である（Cummins, 2000; Fairclough, 1989）。言語は社会的・文化的グループを団結させる結束力をもたらす役目を果たすので、言語と文化は切り離すことのできない関係にあると言える（Phinney et al., 2001; Edwards, 1989）。いったんその結束力が失われてしまうと、その民族の生活様式は新しい生活様式に取って代わられるか、もしくは融合され、伝統的な生活様式は永遠に失われてしまうのだ。この点からすれば、多文化主義とは単一言語制による同化政策への道のりの中間駅でしかないのかもしれない。これはケベック州が二言語主義政策を事実上単一言語制へと進む一過程であると見なしているのと似ている。興味深いことに、

カナダへの移民とフランス語の置かれている状況は類似している。カナダとアメリカ合衆国はともに、英語が事実上権力をもつ言語として急激に広まるのを目の当たりにしてきた。どちらの社会も、文化的多元性、すなわち少数民族の社会的・地理的移動を可能とする社会的同化原理を誇示し、それぞれの文化の重要な側面を維持しているが、言語はそうとは言えないようだ(Hamel, 1997)。このように述べるのは、言語接触が言語の入れ替わりへと発展していく典型的な例、つまり一つのコミュニティが自らの言語を放棄して他の言語を選択するのをわれわれは目の当たりにしているからだ（Thompson, 2001)。カナダにおける100有余の言語集団からすると、言語接触は現に展開中の社会現象であって、言語現象ではないのだ（Macmillan, 1998)。言語の入れ替わりは、各言語コミュニティが新たに接触するようになった言語の人口統計、政治的・経済的重要性との関連で、自らの位置をどのように捉えるのかに対応する。新しい言語が、以前は自らの言語が占めていた領域に及ぶようになり、やがては母国が機能を果たす範囲はごく限られたものとなる。英語やフランス語の方がより便利になった時、母語は部分的にまたは完全に喪失するのだ。言語の入れ替わりは計画したり管理したりする必要がなく、たいていの場合ごく自然に起こる。そのような場合、反対運動を計画したり正当化したため生ずるというわけでもないだろう（Fishman, 1991)。言語学的観点からすると、多数派の文化について話す必要さえないのだ。なぜなら社会的に成功するのに必要な共通語——多数派の言語——こそがその他の言語を衰退させ、同化を引き起こす力であるからだ（Mouw and Xie, 1999)。

IV　40年後の2004年における我々の位置

1　2001年のカナダ国勢調査から見る言語使用の変化

　これまではカナダにおける言語帰属の歴史とともに言語の入れ替わりの普遍的な要素を取り上げてきた。これを踏まえ、40年経過した2004年

現在、われわれが置かれている状況を見ていくことにする。2001年の国勢調査における言語使用の変化を見てみると、90%近くのカナダ人が家庭において英語もしくはフランス語をもっとも頻繁に使用している。また10%以上のカナダ人は、家庭において他の言語を使用する非公用語話者であると自己申告している。しかしより詳しく見ていくと、フランス語を家庭でもっとも頻繁に使用すると答えた人は22%で、フランス語が母語であると答えた22.9%よりも1%低いことがわかる。それに対して、英語を家庭でもっとも頻繁に使用すると答えた人は67.5%に及び、英語が母語であると答えた59.1%よりはるかに高い。移民とその後継世代が数値を上げていることは明らかである。520万人がバイリンガルであると答えている事実は喜んでいいだろう。これは1996年の480万人に比べて8.1%の増加である。だが、いったい誰がバイリンガルなのであろうか。二言語使用のほとんどはケベック州におけるものである。2001年の国勢調査でバイリンガルであると回答したのはカナダ全体においては520万人であったが、バイリンガルであると答えたフランス語話者は43.4%、英語話者においてはほんの9%に過ぎない。さらに国勢調査における回答者の過小・過大報告の問題を考慮する必要もある。前ケベック政府でフランス語問題担当大臣であったケベック党のディアン・ルミュー (Diane Lemieux) は、このような数字はカナダが本当の意味でバイリンガルでないことを示し、二言語使用は人口からすれば地理的に偏っているように思われると答えたのは、いかにも彼女らしい。

　カナダ統計局によると、フランス語・英語の二言語話者は就学児童と生徒の英語話者にもっとも多いことが2001年の国勢調査から明らかになった。これはフランス語イマージョンのプログラムを卒業した学生が社会人になった折に、実際にフランス語を使う機会がほとんどないためフランス語を忘れてしまうことに起因していると思われる。これはフランス語話者の場合とは正反対で、フランス語話者は学校を卒業し社会で働くようになるにしたがって英語を使う機会が増えるため、よりバイリ

ンガルに近づく。実際、フランス語話者は年齢を重ねるにしたがってよりバイリンガルになり、ほとんどの英語話者とは正反対の状況であることがわかっている (Brenton, 1998; Jackson, 1977; Pendakur and Pendakur, 1998 を参照)。

2　ケベック州への移民による言語使用の変化

　ケベックの非公用語話者の若い世代は、カナダにおける他の地域の同世代と比べてフランス語を習得する率が高いので、少なくともケベック州ではフランス語が優勢になっていると言えよう。しかし、ケベック州の非公用語話者とフランス語話者を比べると、非公用語話者の方が英語の習得率が高いことに注目する必要がある。例えば2001年の国勢調査において、ケベック州に入った移民のうち家庭でフランス語を使うものは20％であり、英語を使うとした22％の数値に確実に近づいている。これは過去の傾向と比べて大きな変化である。

　この新しい言語的忠誠は重要な意味をもつ。なぜなら、ケベック州における統計数値の低下傾向は、カナダ全体の二言語主義政策に重要な影響を与えかねないからだ。1996年から2001年までの間に、ケベック州の人口はわずか1.4％しか伸びてないことに注目する必要がある。これは国の平均人口伸び率の3分の1に過ぎない。現在のケベック州の人口は720万人であり、カナダの24％を占める。1901年においては30％であった。人口維持に必要な出生率を余裕で上回ることができ、血統によってフランス語を維持することができるとされていた昔からの言い伝えがもはや現実に当てはまらないとするならば、そしてケベック州の人口を維持するのに頼みの綱となるのが二言語政策であるならば、これらの傾向はケベック州におけるフランス語の維持のみならず、カナダのアイデンティティにおいて不可欠の特徴を形成する二言語政策を維持する上でも大変重要である。

　これらの言語に関する質問と関連しているのが、2001年から2002年の間におけるケベック州への移民の増加である。これは州政府がとりわけ

フランス語系の移民を積極的に募集したことに起因する。カナダへの移民は活気があり、就職口がある地域に入る傾向があり、強い経済力が効果的募集戦略と相まって、1991年のオタワ政府とケベック州の合意以来、ケベック州は移民先として人気を集めてきた。実際、これらの要因がモントリオールをトロントに次いで二番目に（バンクーバーさえもしのいで）移民が多く移り住む都市へと発展させたと考えられる。

3 カナダへの移住と英語またはフランス語の習得——2001年の国勢調査にみるカナダの多言語主義と民族言語

ここでは2001年の国勢調査をもとに、カナダへの移住とそれに伴う英語またはフランス語の習得、そしてカナダにおける多言語主義と民族言語に関する諸問題について考察することにする。この国勢調査からは言語帰属、言語の入れ替わり、移民の選択のすべてに影響のある三つの重要な点が明らかになった。第一に、人口増加率が緩やかになってきていることである。2001年における増加率はわずか0.8%であった。第二に、移民を受け入れなければ人口が減っていくため、移民が人口維持に一役かっていることである。実際、カナダはその人口比からすると他の国よりも多くの合法移民を受け入れている。多くの移民をひきつけるアメリカやオーストラリアと比べても、人口比で換算した場合2倍もの移民を受け入れている。しかし、2003年におけるカナダの移民受入数は減っており、これは3年連続しての低下である。2001年には25万人、2002年は22万9,000人であり2003年はさらに低下したものと見られる。これは自由党が年間移民受入数の目標としている人口の1%に当たる30万人をはるかに下回る。しかし、今後50年の間に地球の人口が46%増加して90億人になるという予測が現実のものとなれば、カナダは、インドや中国などの人口大国やその他多数の発展途上国の人々にとって人気のある移民先であることに変わりはないであろう（Berry, 2001; Castles and Miller, 1998; Cohen, 1995 を参照。）。

第三に、カナダは年々都市化しており、言うまでもなく移民はトロント、モントリオール、バンクーバーなどの大都市に行くことを望む。例えば、2001年にカナダに移民した25万人のうちサスカチュワンへはわずか1,709人、ニューブランズウィックへは800人が行ったが、これは驚くまでもないことであろう。

　カナダを全体として、またケベックを特別な州としてこの新しい数値を見た場合、カナダの大部分は英語圏であるが、全体としては多民族的であることがわかる。カナダのなかでもケベック州は、その言語政策にもかかわらず比較的バイリンガルで、年々多民族的になってきている。その結果ケベック州はいっそう多言語社会になっており、先に見たようなカナダの全体像のなかに埋め込まれる形となっている（Jedwab, 2000 を参照。）。今やカナダには、母語が英語またはフランス語でない人々が500万人以上いる。2001年の調査において母語が英語またはフランス語ではないと答えた人の数は533万5,000人であり、これは人口の6分の1に値する。1996年と比べて12.5％の伸び率であるばかりか、全人口の伸び率4％の3倍に当たる数値である。国勢調査ではドイツ語、イタリア語、ウクライナ語、オランダ語、ポーランド語など古くからの移民の言語を含め、100以上の言語が報告された。しかし1996年から2001年までの間にもっとも伸び率が高かったのは、アジアと中東の言語である。例えばパンジャブ語とアラビア語はともに1996年の調査時と比べてさらに3分の1の伸びを示した。カナダで3番目に人口が多い母語は中国語である（実際には中国語には様々な言語が存在するのだが、中国人もわれわれもそれらの言語を「方言」として扱っている）。2001年に中国語が母語であるとした人口は合計87万2,400人であり、1996年と比べて18％増加した。これは2001年のカナダの全人口の2.9％を占める。1996年時点では人口の2.6％であった。ところで、これらの数字は中国語を話す人口であって、民族的に中国系である人口はさらに多い。カナダ統計局によると、2001年におけるカナダの人口のうち、中国系は110万人であった。調査時の20年前におい

てでさえ中国系カナダ人の人口はそれ以前と比べ2倍に増加していたが、その後もカナダに移民する中国系の数は増え続けている。2002年のみでも、新しくカナダに入った移民のうち14.5％は中国系である。

　移民の言語ランキングに戻ることにしよう。イタリア語とドイツ語は現在それぞれ4位と5位であり、この2つの言語は近年の国勢調査においてはもはや第3位を争う位置にはない。パンジャブ語とスペイン語が6位、7位と続く。1951年において35万2,300人を数えたウクライナ語は、当時非公用語のなかで第3位を占めていたが、現在ではカナダの言語のトップ7に入ることはない。この数値にはおそらくほとんどのカナダ人が驚きを示すであろう（Macmillan, 1998 を参照）。

　移民が都会と地方の乖離に与える影響は大きく、また都会の構造にも影響を及ぼしていることは明らかである（McIssac, 2003 を参照）。2001年においては51％（1,530万人）のカナダ人がトロントと「黄金の馬蹄形」と呼ばれるオンタリオ州の南部、モントリオール、カルガリー・エドモントン地域、そしてバンクーバーと近接のロワーメインランドの4つの都市地域に住んでいることが明らかになった。わずか30年前の1971年時において都会で暮らす人口は全体の41％だったのである。

　移民とその言語の分布に注目すると、2001年の調査からはほとんどの非公用語話者がオンタリオ、ブリティッシュ・コロンビア、アルバータ、ケベックの4州で暮らしていることがわかる。例えばトロントとその近郊では、40％以上の人々が英語以外の母語を話し、その言語数は60にも及ぶ。その人口は189万8,000人であり、1996年から17.8％も増えたことになる。トロントでは依然として英語がもっとも多く使われる言語であり、486万人のうち394万人が家庭では英語を話すと答えている。しかし、トロントはアジアと中東の言語を話す移民が大量に流入してきており、とりわけ中国語、パンジャブ語、ウルドゥー語、タガログ語、タミル語を話す人口が増えている。カナダ全体で見れば、移民の言語のなかで一番多いのは中国語であり、トロントのみでも35万5,270人の人口を抱える。

イタリア語、ポルトガル語、パンジャブ語、タガログ語が次に続く。トロントはまた、移民言語が最も集中している都市でもある。例えば、中国語を母語とするカナダ人のうち41％、タミル語の79％、グジャラート語の60％、ウルドゥー語の66％、ロシア語の50％がトロントで暮らしている。イタリア語、スロバキア語、オランダ語、ドイツ語、チェコ語、スロベニア語、フィンランド語、リトアニア語などはこれらの国からのカナダへの移民数が減ったため、その言語も減少傾向にある。

　バンクーバーも同じような状況であり、英語を母語とする人口と非公用語話者の人口がほぼ半々である。2001年の調査においてバンクーバーでは50.3％が英語が母語であると答え、1996年の52.8％よりも低い結果となった。非公用語話者は75万4,800人であった。ここでもまた中国語が非公用語のうち最大で、バンクーバー市民のうち26％が広東語または北京語を母語であると答えている。1990年代、とりわけ香港の中国への返還前に移民してきた多くの企業家やビジネスマンが主流であったが、中国本土からの移民が徐々に増加し、近年では香港からの移民を上回るようになった。その結果、広東語と北京語の分布も変化してきている。ロワーメインランドの地域では、15歳以上の人口のうち半数近くがカナダ以外の国で生まれた移民であり、これはカナダ全体での平均の2倍以上、トロントの53％に次ぐ率の高さである。ブリティッシュ・コロンビア州全体では、全人口300万人のうち3分の1はカナダ以外の国で生まれており、4分の1が二世、5分の2が三世のカナダ人である。

　ブリティッシュ・コロンビア州の他の地域における非公用語話者の移民コミュニティーの比率や密集率は、バンクーバーと異なる。例えばリッチモンド市とバーナビー市においては、英語が母語であると答えた人は半数を割る。ブリティッシュ・コロンビア州のなかでもロワーメインランドと呼ばれる地域ではパンジャブ語が代表的な言語に挙げられる。アボツフォード市では人口の12.8％、実に8人に1人のアボツフォード市民がパンジャブ語を話す。人口が多いながらも、あまり目立

たない民族や言語もある。その例として、フィリピン系移民はバンクーバーのなかで3番目に多い民族であるが、バンクーバー市民のほとんどはその事実を知らない。

　落ち着きのある首都オタワでさえ、移民の流入により変化が現れている。2003年10月11日付けの『オタワ・シチズン』紙によると、オタワには18万5,000人の移民が暮らしており、そのうち7万人はここ10年の間に移住してきた人々である。つまり、5人に1人のオタワ市民はカナダ国外で生まれで、かつヴィジブル・マイノリティ(visible minority)かあるいはそのどちらかである。その数は今後20年で倍増すると予想されている。他の大都市と同様、オタワにおいても中国系、インド系、中東系がその数の多くを占める。オタワにおける多言語状況もカナダ全域の結果と一致し、非公用語話者の話す言語は100を超え、英語・フランス語についで最も話者の多い言語は中国語である。

　このような言語・民族の集中はカナダの大都市に様々な他の言語上の課題をもたらすが、紙幅の都合上本論考では扱わないこととする。(McIssac, 2003 を参照)。『カナダにおける移民家庭の資産状況』(Zhang, 2003)というカナダ統計局の報告書によれば、第二次世界大戦後1976年以前までにカナダに入植したヨーロッパからの移民は、カナダ生まれのカナダ人よりも裕福であることが多かった。しかし1980年代中ごろ以降に入ってきた移民の多くは、逆にカナダ生まれのカナダ人よりも貧しいことが明らかになった。1999年に行われた1万5,000以上の家庭における家屋、車、年収、貯蓄などの資産に関する調査によると、1976年以前の移民家庭の資産の中央値はカナダ生まれの家庭よりも8万7,000ドル高かったのだが、1986年以降の移民家庭においては4万6,000ドル低くなっている。2003年9月13日付けの『グローブ・アンド・メール』紙では、ヴィジブル・マイノリティが生活する地域では失業率や低所得率が高い傾向にあるという、また別の問題が取り上げられている。これは、大学教育を受けた率の比較的高い中国系が多く暮らす地域においても同様である。技

術をもった移民であっても、カナダ人の平均所得に届くまでには長期間かかることが明らかになっている。例えば2001年では、移民して1年目の移民はカナダ全体の平均に比べて失業率が23ポイント高く、移民後5年が経過しても平均より5ポイント高いままである。それだけではなく、1980年から2000年の間に、新しく来たばかりの移民男性とカナダ生まれの男性の所得格差がさらに広がったこともわかった。近年の移民の方が以前に比べてより高い資格などをもっているにもかかわらず、格差がさらに広まったのである。1980年では、移民男性はカナダ生まれの男性よりも17％所得が低かったが、2000年の調査では移民男性の所得は40％も少ないことがわかった。さらに問題なのが、2000年の統計においてカナダに移住して5年以内の移民の貧困率が35.8％になったことである。1980年の時点ではわずか24％であった。そして忘れてはならないのが、この期間に移民の数は倍増したため、現在の数値はより多くの移民数を示していることである。カナダの国外で得た学位や経験をわれわれが尊重しないことも原因のひとつであり（McIssac, 2003を参照）、スキル重視の移民政策から家族呼び寄せの移民政策へと転換したことも原因の一部であるが、このような数値の結果となったのは移民に主要言語を使う能力がないためだとする声もある。

　この問題の補足説明として述べておきたいことは、2003年10月の連邦政府市民権・移民担当大臣デニス・コデールの発言である。すなわちカナダは熟練労働者不足に悩まされており、また企業も移民を労働力として組み込む重要性を認識し始めたことから、オタワ政府は各州と協力して外国生まれの専門職従事者をカナダでも公式に認定する計画を考案するというものだ。さらにこれらの問題と関連して触れておきたいことは、市民権・移民省が移民の言語能力を自己申告に頼らずにいかに評価するかという問題に取り組み始めたことである。これまでの自己申告制度では、たいていの場合実際の能力よりも上乗せされて報告されることが多かったからである。移民は自分の英語またはフランス語の能力を実際よ

りも高いと信じ、多くの場合は公的資料にもそのように報告しているのだが、それが職探しや職を維持する上で問題になっている可能性もあるということが言える。

　学校制度も、この言語訓練に関する問題に対して必ずしもその役割を担うことができないできた。例えばブリティッシュ・コロンビア州のある調査によると、バンクーバーでは同じ外国語を話す子どもたちが大勢学校にいるため、英語を勉強するのに支障が出ている地域があることがわかった。また2003年9月26日付けの『トロント・スター』紙は、「教育擁護者の会（People for Education）」を名乗る親の会によるレポートを掲載した。それによると、オンタリオ州の都市部にある学校ではESLプログラムのための財源がまったくないというのだ。トロント郊外のヨーク市では、母語が英語以外である生徒2万5,000人に対して、ESL教師はわずか97名しかいない。オンタリオ州では過去数年間で、初等教育のESLプログラムは23％、中等教育では21％も減少した。それどころか、オンタリオ州では4つに1つの町にやっと1人のESL教師がいるだけなのである。ここで注目しておきたいことは、財政的に逼迫している教育制度がこのように急を要するESL教育さえ実施できない状況では、まして民族言語の教育を行うことは無理だということである。

V　多言語主義を伴わない多文化主義と二文化主義を伴わない二言語主義

　結論として言えることは、多言語主義への対策が含まれていない政府の多文化主義政策には矛盾が内在しているのではないかということだ。この政策は、それぞれの民族集団が独自性を維持しカナダ社会において特有の存在であり続けることを積極的に奨励することにより、同化を避けようとしていることは明らかである。しかし同時に、例えば雇用を例に考えて見ればよくわかることであるが、様々な民族・言語グループが

より広い社会において積極的な参加を試みるには、共通言語の習得なしにはその実現は不可能である。その上、多文化主義政策は二言語政策の枠組みのなかで行われているので、この政策は公用語を学ぶことを明確に推進しているのである。カナダは多文化主義国家であることを宣言しているが、言語が文化規範の本質的な構成要素であることを考えると、果たして多言語主義を含まない多文化主義というものが成り立つのであろうか。しかし、われわれカナダ人はこれを欠点であるとは考えていないのではないか。国勢調査においてどの民族に属するかという質問に対し、ほとんどの若い世代は回答の選択肢に示されている民族ではなく単にカナダ人と答えているのである。2003年9月30日付けの『グローブ・アンド・メール』紙は2003年にカナダ統計局から発表された『民族の多様性調査－多文化社会の素描』という調査の概要を記事にまとめている。一世の移民のうち40％が個々のアイデンティティとしてカナダ人であることを認識していると答えたのに対し、57％はそれぞれの民族への帰属が強いと回答した。しかしカナダで生まれた人々の回答を見ると、二世では78％が自分はカナダ人であると認識しており、47％のみがそれぞれの民族集団への帰属を感じると答えた。三世のカナダ人においては、80％がカナダ人であると回答し、祖先の民族が重要であるとしたのは44％のみであった（ただしJedwab, 2000 を参照）。これは何と呼ぼうと、昔ながらの同化にほかならない。これをPorter (1964) の垂直的モザイクと対照的に文化的モザイクと呼ぼうと、同化であることには変わりなく、これは元来の民族意識が新しいアイデンティティ（この場合はカナダ人意識）に埋もれることである。カナダの国家アイデンティティの観点からすればこれは賞賛に値するが、多文化主義の高尚ながらもときに抽象的な原理とは必ずしも一致しない（Baubock, 2002; Parekh, 2000 を参照）。移民の後継世代が祖先の言語を使っているのであれば、カナダはそれだけ多文化国家であると言えよう。言語とは諸々の文化を結びつけその民族性を、言葉と行動とで維持するセメントの働きをしているのだから。しか

しこのことは事実ではなく、移民とカナダの言語政策との間の相互作用が、二言語主義の維持と多文化主義の実現に極めて大きな影響をもたらしたこともまた明らかなのである。

引用文献一覧

Abu-Laban, Y. (1999). Welcome/STAY OUT: The Contradiction of Canadian Integration and Immigration Policies at the Milennium. *Canadian Ethnic Studies,* 30, 190-211.

Annual Report 1999-2000. Office of the Commissioner of Official Languages. Ottawa: Minister of Public Works and Government Services, 2000.

Annual Report 2000-2001. Office of the Commissioner of Official Languages. Ottawa: Minister of Public Works and Government Services, 2001.

Annual Report 2001-2002. Office of the Commissioner of Official Languages. Ottawa: Minister of Public Works and Government Services, 2002.

Annual Report 2002-2003. Office of the Commissioner of Official Languages. Ottawa: Minister of Public Works and Government Services, 2003. http://www.ocol-clo.ca/publications//

Baetens Beardsmore, H. (1982). *Bilingualism: Basic principles.* Clevedon, UK: Tieto.

Baker, C. (2001). *Foundations of bilingual education and bilingualism* (3rd ed.). Clevedon, UK: Multilingual Matters.

Baker, C., and Jones, S. P. (1998). *Encyclopaedia of bilingualism and bilingual education.* Clevedon, UK: Multilingual Matters.

Barbaud, P. (1998). French in Quebec. In J. Edwards (Ed.), *Language in Canada,* pp. 177-202. Cambridge: Cambridge University Press.

Baubock, R. (2002). Farewell to Multiculturalism? Sharing Values and Identities in Societies of Immigration. *Journal of International Migration and Integration,* 3, 1, 1-16.

Bayley, R. , and Schecter, S. R. (Eds.). (2003). *Language Socialization in Bilingual and Multilingual Societies.* Clevedon, UK: Multilingual Matters.

Berdichewsky, B. (1994). *Racism, Ethnicity and Multiculturalism.* Vancouver: Future Publications.

Berry, J. W. (2001). A psychology of immigration. *Journal of Social Issues,* 57, 615-631.

Berry, J. W. (1998). Official Multiculturalism. In J. Edwards (Ed.), *Language in Canada,* pp. 84-102. Cambridge: Cambridge University Press.

Berry. J. W., and Kalin, R. (1995). Multicultural and Ethnic Attitudes in Canada: An Overview of the 1991 National Survey. *Canadian Journal of Behavioural Science,* 27, 301-320.

Berry. J. W., Kalin, R., and Taylor, D. M. (1977). *Multiculturalism and Ethnic Attitudes in Canada.* Ottawa: Minister of Supply and Services Canada.

Beynon, J., and Toohey, K. (1991). Heritage Language Education in British Columbia. *Canadian Modern Language Review,* 47, 4, 606-616.

Bibby, R. W. (1990). *Mosaic Madness: The Poverty and Potential of Life in Canada.* Toronto: Stoddart.

Bourhis, R. Y. (1994). Ethnic and Language Attitudes in Quebec. In J. W. Berry and J. A. Laponce (Eds.), *Ethnicity and Culture in Canada,* pp. 322-360. Toronto: University of Toronto Press.

Boyd, M., and Vickers, M. (2000). 100 Years of Immigration in Canada. *Canadian Social Trends,* 58, 2-12.

Breton, A. (1978). *Bilingualism: An Economic Approach.* Montreal: C. D. Howe Research Institute.

Breton, A. (Ed.). (1998). *New Canadian perspectives: Economic approaches to language and to bilingualism.* Ottawa: Canadian Heritage.

Breton, R. (1986). Multiculturalism and Canadian Nation-building. In A. Cairns and C. Williams (Eds.), *The Politics of Gender, Ethnicity and Language in Canada,* pp. 27-66. Toronto: University of Toronto Press.

Byram, M. (1998). Cultural identities in multilingual classrooms. In J. Cenoz and F. Genesee (Eds.), *Beyond bilingualism: Multilingualism and multilingual education,* pp. 96-116. Clevedon, UK: Multilingual Matters.

Castles, S., and Miller, M. J. (1998). *The age of migration: International population movements in the modern world.* (2nd ed.). New York: The Guilford Press.

Castonguay, C. (1998). The Fading Canadian Duality. In J. Edwards (Ed.), *Language in Canada,* pp. 36-61. Cambridge: Cambridge University Press.

Cenoz, J. and F. Genesee (Eds.). (1998). *Beyond bilingualism: Multilingualism and multilingual education.* Clevedon, UK: Multilingual Matters.

Cho, G. (2000). The role of heritage language in social interactions and relationships:

Reflections from a language minority group. *Bilingual Research Journal,* 24, 333-348.

Cohen, R. (Ed.). (1995). *The Cambridge Survey of World Migration.* Cambridge: Cambridge University Press.

Cooper, R. L. (1989). *Language planning and social change.* Cambridge: Cambridge University Press.

Coons, W. H., Taylor, D. M., and Tremblay M-A. (Eds.). (1977). *Individual, Language, and Society in Canada.* Ottawa: Apex Press.

Cummins, J. (1992). Heritage Language Teaching in Canadian Schools. *Journal of Curriculum Studies,* 24, 3, 281-286.

Cummins, J. (1998). The Teaching of International Languages. In J. Edwards (Ed.), *Language in Canada,* pp. 293-305. Cambridge: Cambridge University Press.

Cummins, J. (2000). *Language, power and pedagogy: Bilingual children in the crossfire.* Clevedon, UK: Multilingual Matters.

Cummins, J., and Danesi, M. (1990). *Heritage Languages: The Development and Denial of Canada's Linguistic Resources.* Toronto: Garamond.

Coons, W. H., Taylor, D. M., and Tremblay M-A. (Eds.). (1977). *Individual, Language, and Society in Canada.* Ottawa: Apex Press.

Dewaele, J-M., House, A., and Wei, L. (Eds.). (2003). *Bilingualism: Beyond Basic Principles. Festschrift in Honour of Hugo Baetens Beardsmore.* Clevedon, UK: Multilingual Matters.

DeVries, J. (1977). Languages in Canada. In W. H. Coons, D. M. Taylor, and M-A. Tremblay (Eds.), *Individual, Language, and Society in Canada,* pp. 11-51. Ottawa: Apex Press.

Dreidger, L. (1977). Social and Individual Factors in Language Maintenance in Canada. In W. H. Coons, D. M. Taylor, and M-A. Tremblay (Eds.), *Individual, Language, and Society in Canada,* pp. 213-248. Ottawa: Apex Press.

Dreidger, L. (Ed.). (1987). *Ethnic Canada: Identities and Inequalities.* Toronto: Copp Clark Pitman.

Dreidger, L., and Halli, S. S. (Eds.). (2000). *Race and Racism: Canada's Challenge.* Montreal and Kingston: McGill-Queen's University Press.

Edwards, J. (1985). *Language, Society, and Identity.* Malden, MA: Blackwell.

Edwards, J. (1994). *Multilingualism.* London: Routledge.

Edwards, J. (Ed). (1998). *Language in Canada.* Cambridge: Cambridge University Press.
Ethnic Diversity Survey: Portrait of a Multicultural Society. Ottawa: Statistics Canada, 2003.
Esses, V. M., and Gardner, R. C. (1996). Multiculturalism in Canada: Context and Current Status. *Canadian Journal of Behavioural Science,* 28, 3, 1-10.
Fairclough, N. (1989). *Language and Power.* London: Longman.
Fishman, J. A. (1973). *Language and Nationalism.* Rowley, MA: Newbury House.
Fishman, J. A. (1985). *The Rise and Fall of the Ethnic Revival: Perspectives on Language and Ethnicity.* The Hague: Mouton.
Fishman, J. A. (1991). *Reversing language shift: Theoretical and empirical foundations of assistance to threatened languages.* Clevedon, UK: Multilingual Matters.
Fishman, J. A. (1994). Critiques of Language Planning: A Minority Languages Perspective. *Journal of Multilingual and Multicultural Development,* 15, 91-99.
Garcia, M. E. (2003). Recent Research on Language Maintenance. *Annual Review of Applied Linguistics,* 23, 22-43.
Guxman, M. M. Some General Regularities in the Formation and Development of National Languages. In J. A. Fishman (Ed.), *Readings in the Sociology of Language,* pp. 766-785. The Hague: Mouton.
Hamel, R. E. (1997). Introduction: Linguistic human rights in a sociolinguistic perspective. *International Journal of the Sociology of Language,* 127, 1-24.
Hamers, J. F., and Hummel, K. M. (1998). Language in Quebec. In J. Edwards (Ed.), *Language in Canada,* pp. 385-400. Cambridge: Cambridge University Press.
Hiebert, D. (1994). Canadian Immigration: Policy, Politics, Geography. *The Canadian Geographer,* 38, 254-258.
Hobart, C. W. (1977). Language Planning in Canada: Politics and Practices. In W. H. Coons, D. M. Taylor, and M-A. Tremblay (Eds.), *Individual, Language, and Society in Canada,* pp. 364-403. Ottawa: Apex Press.
Hou, F., and Balakishnan, T. R. (1996). The Integration of Visible Minorities in Contemporary Canadian Society. *Canadian Journal of Sociology,* 21, 307-326.
Hum, D., and Simpson, W. (2002). Selectivity and Immigration in Canada. *Journal of International Migration and Integration,* 3, 1, 107-127.
Jedwab, Jack. (2000). *Ethnic Identification and Heritage Languages in Canada.*

Montreal: University of Montreal Centre for Heritage Languages.

Jackson, John D. (1977). The Functions of Language in Canada: On the Political Economy of Language. In W. H. Coons, D. M. Taylor, and M-A. Tremblay (Eds.), *Individual, Language, and Society in Canada*, pp. 57-60. Ottawa: Apex Press.

Kalin, R., and Berry, J. W. (1994). Ethnic and Multicultural Attitudes. In J. W. Berry and J. A. Laponce (Eds.), *Ethnicity and Culture in Canada*, pp. 293-321. Toronto: University of Toronto Press.

Kelly, N., and Trebilcock, M. (1998). *The Making of the Mosaic: A History of Canadian Immigration Policy*. Toronto: University of Toronto Press.

Lieberson, Stanley. *Language and Ethnic Relations in Canada*. New York: Wiley, 1970.

Mackey, W. F. (1968). The Description of Multilingualism. In J. A. Fishman (Ed.), *Readings in the Sociology of Language*, pp. 554-584. The Hague: Mouton.

MacLennan, Hugh. *Two Solitudes*. Toronto: Collins, 1945.

Macmillan, C. M. (1998). *The Practice of Language Rights in Canada*. Toronto: University of Toronto Press.

Magocsi, P. R. (Ed.). (1999). *Encylopedia of Canada's Peoples*. Toronto: University of Toronto Press.

McIsaac, E. (2003). Immigrants in Canadian Cities: Census 2001—What Do the Data Tell Us? *Policy Options*, 24, 5, 58-64.

Meisel, J. (1978). Values, Language and Politics in Canada. In J. A. Fishman (Ed.), *Advances in the Study of Societal Multilingualism*, pp. 665-718. The Hague: Mouton.

Multiculturalism and Citizenship Canada. (1991). *The Canadian Multiculturalism Act: A Guide for Canadians*. Ottawa: Minister of Supply and Services.

Montreuil, A., and Bourhis, R. Y. (2001). Majority acculturation orientations toward "valued" and "devalued" immigrants. *Journal of Cross-Cultural Psychology*, 32, 698-719.

Parekh, B. (2000). *Rethinking Multiculturalism: Cultural Diversity and Political Theory*. London: MacMillan.

Pendakur, K., and Pendakur, R. (1998). Speak and ye shall receive: Language knowledgeas human capital. In A. Breton (Ed.), *New Canadian perspectives: Economic approaches to language and to bilingualism*, pp. 89-121. Ottawa:

Canadian Heritage.

Phinney, J. S., Horenczyk, G., Liebkind, K., and Vedder, P. (2001). Ethnic identity, immigration, and well-being: An interactional perspective *Journal of Social Issues*, 57, 493-510.

Porter, J. (1964). *The Vertical Mosaic: An Analysis of Social Class and Power in Canada.* Toronto: University of Toronto Press.

Ricento, T., and Burnaby, B. (1998). *Language and Politics in the United States and Canada: Myths and Realities.* Mahwah, NJ: Lawrence Earlbaum.

Reitz, J. G., and Breton, R. (1994). *The Illusion of Difference: Realities of Ethnicity in Canada and the United States.* Toronto: C. D. Howe Institute.

Rogers, R., and Scardellato, G. (1996). *A Bibliography of Canada's Peoples: 1980-1989.* Toronto: University of Toronto Press.

Stewart, W. A. (1968). A Sociolinguistic Typology for Describing National Multilingualism. In J. A. Fishman (Ed.), *Readings in the Sociology of Language,* pp. 531-545. The Hague: Mouton.

Taylor, D. M., and Lambert, W. E. (1996). The meaning of multiculturalism in a culturally diverse urban American area. *The Journal of Social Psychology,* 136, 727-740.

Tollefson, J. W. (1991). *Planning language, planning inequality: Language policy in the community.* London: Longman.

Thompson, S. G. (2001). *Language Contact.* Washington. DC: Georgetown University Press.

Wiley, T. G. (2000). Language Planning and Policy. In S. L. McKay and N. H. Hornberger (Eds.), *Sociolinguistics and Language Teaching,* pp. 103-147. Cambridge: Cambroidge University Press.

Wong Fillmore, L. (1991). When learning a second language means losing the first. *Early Childhood Research Quarterly,* 6, 323-346.

Wong Fillmore, L. (2000). Loss of family languages: Should educators be concerned?. *Theory into Practice,* 39, 4, 203-210.

Zentella, A.C. (1997). *Growing Up Bilingual.* Malden, MA: Blackwell.

Zhang, Xuelin. *The Wealth Position of Immigrant Families in Canada.* Analytical Studies Branch Research Paper Series, No. 197. Ottawa: Statistics Canada, 2003.

英 文 要 約

Official Languages Education in Diverse Canada:
Implications for Japan from Experiences of an Advanced "Internationalized" Country

PART 1 FACTORS BUILDING A DIVERSE SOCIETY

Chapter 1 Immigration Policy of Canada

Mika Shinada

I   Immigration Policy and Official Languages in Multilingual Society
II Historical Overview of the Federal Immigration Policy
III "Immigration and Refugee Protection Act" and the Current Immigration Policy
IV Cooperation between the Federal Government and Provincial Governments
V   Principles for the Future

Before discussing the language policy and education in Canada, it is necessary to describe the social factors which led the federal government to turn its attention toward the issue. After World War II, from the 1960s, the population characteristics of Canada changed remarkably. The percentage of people other than British and French origin increased, which was mainly caused by the increase of immigration from outside of North America and Britain. It is because the immigration policy, originally aiming only to strengthen the labor force of the country, added new objective in the 1960s toward a higher international reputation of Canada by officially eliminating racial discrimination.

The change in immigration policy, which contributed to diversification of race, religion and languages of Canada's population, urged the federal government to cope with new demands in the country. With its affluent experience, Canada is a true pioneer in the field of language policy and language education.

Chapter 2   The Arrivals of "Foreigners" Based on Statistics

Yoriko Kyogoku

I   Japanese Residents in Canada
II The Origin of New Immigrants
III Permanent Resident Status and Citizenship
IV Refugees, Employed Workers and Students from Foreign Countries
V   Changes over the Past Fifty Years

　　This chapter describes the trend of the newcomers to Canada statistically, using mainly the national census which is conducted every five years. Statistics show the change in the number of new immigrants and the countries of their origin, permanent residence status holders, refugees, foreign workers and foreign students.

　　Immigrants to Canada were traditionally from France and England, the countries from which the two founding peoples of the nation originated. It was only after World War Two that those from other European countries increased, and after 1980, immigrants from Asian countries, such as China/Hong Kong and India, have surpassed these. With the number of new immigrants fixed at 200,000-250,000 persons per year, the permanent residence or citizenship holders who have stayed for less than 10 years now constitute approximately 15 % of the total population. It is pointed out that the number and the status of the newcomers are influenced by the political and economic situation of the world.

Chapter 3   Educating Citizenship for Newcomers to Canada

Nana Kodama

I   Reconsidering Citizenship
II   The Legal Status of "Foreign Citizens" in Canada
III   Transition of the Notion of Canadian Citizenship
IV   Educating Citizenship for Newcomers
V   Citizenship Test
VI   Future Directions for Citizenship Education

Influenced by the recently activated demographic mobility, definitions of a citizen in a country and the notion of citizenship have become vague. In this chapter, after examining the facts and challenges of citizenship education for immigrants that have been practiced in educational institutions across Canada, the transforming concept of citizenship education in general is examined.

The notion of citizenship is different from country to country. It is enacted in Canadian legislation that a person born in Canada is eligible to Canadian citizenship regardless of the citizenship that their parents may have. This idea is different from the Japanese policy in that Japanese citizenship is principally granted to those who have parents with Japanese citizenship. Japanese citizenship is tied with kin, while, in Canada, citizenship is determined legally and institutionally so that more immigrants can easily apply for Canadian citizenship. Therefore, in Canada, the meaning of citizenship for immigrants has often been discussed and various types of citizenship education programs have been planned.

In the 1950s when the Canadian federal government stated "now that Canadian came to possess their own citizenship legislation independent from the British law, we have to consider how Canadian citizens should be", it strongly supported citizenship education programs provided by local governments or communities. But after that, the citizenship education program had not been expanded. Currently, some local governments provide citizenship education programs to newcomers in the form of preparation for taking the citizenship test. For Canadian society in the 21st century, Canada is increasingly required to set up the opportunities for immigrants to think positively of their own citizenship.

Chapter 4　The Life of Immigrants: Based on Interviews

Yoriko Kyogoku

I　Data Collection Methods
II　New Immigrants' Motives and Application Procedure/Process before Obtaining Immigration Permit
III　Immigrants' Employments and Their Language Competency
IV　The Interviewees, since Then

  This chapter describes the immigration procedures and settlement process after the immigrants arrive in Canada. The data are based on recorded interviews with persons who moved to Canada recently as immigrants.
  The applications for immigration must be submitted in the country other than Canada. After the documental screening, if newcomers get the immigration permission, they have to leave Canada even though they are already there, and reenter. The immigration examination takes place at an airport, after which they receive a guidebook. It is written in easy English and includes various pieces of information necessary to live in Canada from then on.
  The focus of this chapter is placed also on the description of language study and the type of employment which immigrants will take up as well as on the description of the various policies designed to make them live in comfort in their new environment.

Chapter 5 Statistical Analysis of the Language Situation

Norie Yazu

I   Language Situation in Contrast: Japan and Canada
II Ethnic Origin
III "Mother Tongue" Population and "Home Language" Population
IV Population by "Knowledge of Official Languages"
V   Diversification of the Society and the Case of Japan

Chapter 5 gives a brief overview of the language situation in Canada by analyzing four sets of data from Statistics Canada (2001).

The first analysis focuses on the "ethnic origin." It is shown here that the Canadian population is not only made up by the two founding peoples of the nation, namely the British and the French, but also by numerous other ethnic groups, which have increased rapidly over the past three decades.

Secondly, by comparing the "mother tongue" population and the "home language" population, it becomes evident that the ratio of the speakers of English, which is overwhelmingly the dominant language of the nation, remains stable, while that of the speakers of French, concentrated in the province of Quebec and its neighbouring regions, is gradually on the decline. Assimilation of the new immigrants, whose mother tongue is neither English nor French, into the English-speaking community is conspicuous.

Finally, the analysis of the population by "knowledge of official languages" provides us with the following major findings; more than two thirds of the Canadians can speak only English, only 17.7% of the Canadians are bilingual in English and French, and that these bilinguals are mostly French-speaking Canadians.

PART 2   ASPECTS OF LANGUAGE EDUCATION

Chapter 6   The Background and Present State of the Official Languages Policy

Norie Yazu

I   "National Language" and "Official Language"
II   Historical and Legal Account of the Official Languages Policy
III The "Official Languages Act" of 1988 and its Present Regulations
IV   The Language Environment of the Canadians
V   Multilingual Society and Language Policy

Chapter 6 gives an account of the background and the present state of the Official Languages Policy of Canada. After providing a brief overview of how the first national language legislation, the "Official Languages Act," came into effect in 1969, I describe the political debate that followed and how the proposed amendments were enshrined in the newly established Constitution in 1982.

The main focus of this chapter is on the regulations of the "Official Languages Act," a totally renewed language legislation enacted in 1988, which provides the basis for the enforcement of the present Official Languages Policy of Canada. The Canadian government's policy on official language education is founded on Part VII of this Act, entitled "Advancement of English and French," in which it is stipulated that the government may take measures to "encourage and assist provincial governments to provide opportunities for everyone in Canada to learn both English and French."

This chapter also describes how the Official Languages Policy affects the Canadians in their daily lives and concludes with some references to the actual state of language policy in Japan.

Chapter 7   Policy for Language Education

Mika Shinada

I   Language Education in Canadian Context
II   Language Education for Official Language Speakers
III Official Language Education/ Training for Non-Official Language Speakers
IV   The Teaching of Non-Official Languages for the Maintenance of Mother Tongues of Immigrants and their Children
V   Principles for the Future

In this chapter, discussion will extend to the actual planning of language policy, especially in the field of language education in Canada. The main interest is to investigate how the laws and regulations are applied to various language education programs. In other words, there is a need to examine how these education programs reflect government policy, and whether on a practical level they meet provisions made in the Constitution and other federal Acts.

Not only a tool for communication, language also represents a speaker's identity. As such, achieving consensus on issues of language requires constant effort in a linguistically diverse society. Language education in Canada reflects an ongoing endeavor to achieve consensus amongst a population comprised of many different ethnic backgrounds. This precedent is of great value in our contemporary world, especially in Japan, where the number of foreigners, including school-age youngsters, has significantly increased.

Chapter 8   Official Language Education in Schools

Reiko Sekiguchi

I   Official Language Education as Means of National Integration
II   Jurisdiction of Education and Heavy Weight of English in the Curricula
III   Contents of English Education and English Learning Route by Absolute Evaluation Method
IV   Systematic Reception of Newcomers into Schools
V   The Canadian Concept of Official Languages Learning: Heavy Weight and Its Implications

The official language education through the official school system is a factor that constitutes the key to the national integration. This chapter describes how English, one of the official languages, is taught in school systems in Anglophone provinces and what factor forms a contrast to the case in Japan. Although this chapter gives an overall description of the official language education from elementary school to university, it will be evident that the Canadian characteristics are the most salient in the secondary education when compared with Japan: High rate of English literacy in the curriculum and the idea of objective goal setting.

The goals of its courses, which are described as "curriculum expectations," are prescribed separately by grades and by types of courses. In order to get credits and reach the secondary school diploma, students have to clear the goal of each course step by step. This goal is unanimously standardized for both born-in-Canada mainstream Canadian students and newcomers. Newcomers are, however, systematically trained, course by course, before they can begin regular courses.

The great gravity of English in the curriculum and different goal settings by type of courses decide the future positions of the students in the society and thus create the stabilized stratum in the society. The school system, the central part of which is the official language, functions as a contributing factor to maintaining integration and peace of such culturally and linguistically diverse society as Canada.

Chapter 9 Agony of Foreign-bred Students:
From Interviews of High School Female Students

Reiko Sekiguchi

I   Vertical Mosaic and Subtractive Bilingualism
II Outline of the Interviewees and Their Acceptance into Schools
III English Instruction Policy and Advancement Routes
IV Students' Expectation and Schools' Expectation
V   Explanation from the Labeling Theory and Hidden Curriculum

This chapter is based on interviews with six female high school students who were grown up in other countries, absorbed the culture there, and came to Canada as immigrants or as Canadians.

When they came to Canada, they were placed in the ESL class, where they spent half of the school hours in the first semester and one fourth in the second. At first they were happy and were thankful for such systematic reception. However, from the third semester their struggle and agony began because they noticed they would not be able to pursue their educational route as they had expected. The energy to the struggle with school was squeezed out by the culture they had obtained in the country they grew up and by the comparison with their social status they could have attained if they had stayed there. However, they would accept their status as immigrants which people of the mainstream expect of them. Some of them would develop an antisocial or non-social attitude, which leads to forming a ghetto.

This mechanism can be explained by the "labeling theory" and the "hidden curriculum" phenomena.

Chapter 10 Language Situation in French Quebec :
From an Educational Perspective

Tomoko Tokita

I   Historical and Current Language Situation
II Language Policy towards "la Francisation" and the Development of Official Bilingualism
III Language Education at School
IV Allophone and immigrants' Attitudes towards French and English
V   Towards a Multilingual Society with French as the Common Language

This chapter examines the language situation in Quebec, where French is the only official language, focusing on its language policy and its language education.

Although French, the language of instruction, is acquired by most Quebecers, their incentive to learn English is constantly strong. This contributes to the increase in the number of Quebecers who can speak both English and French, the two official languages of Canada. Moreover, immigrants whose mother tongue is a non-official language, often termed "allophones," tend to acquire both English and French and also maintain their mother tongue, thus becoming trilingual. Quebec has thus developed its multiculturalism. As the number of immigrants is increasing today, Quebec is required to strive for the promotion of French as the official language and for the development of multiculturalism as its distinctiveness.

Chapter 11　French Education as the Second Official Language

Katsunosuke Namita

I　Second Official Languages Education
II　French as a Second Official Language Education
III　"Action Plan for Official Languages"
IV　Results of PISA 2000: Reading Achievement of Students in French Immersion Programs
V　The Future of Second Official Languages Education

　　Canadian researchers and educators have played a leadership role in the domain of new research in French as a second language (FSL). Especially since the advent of immersion program some forty years ago, other countries have looked to Canada for pace-setting development in FSL pedagogy and research. It is high time that the Japanese counterparts learned from them since their findings are of much use not only to FSL but ESL and EFL as well.

　　This chapter looks at the state of French-second-language instruction in Canada including immersion, extended and intensive French programs. The chapter also describes the federal government's Action Plan for Official Languages which challenged French as a second language education stakeholders to double the number of functionally bilingual high school graduates by 2013, and PISA 2000 which offers some insights into how well students in French immersion programs in Canada outperformed their counterparts in non-immersion programs in reading performance. Finally it deals with the future of English and French as second official languages instruction

Chapter 12 Official Language Training for Newcomers to Canada
—Practicing LINC Program in Communities—

Nana Kodama

I   The Significance of Official Language Learning for Newcomers to Canada
II Supporting Official Language Learning of Newcomers
III Key Issues in LINC Program Management
IV Official Language Training Programs by Local Organizations
V   Towards Expansion of Official Language Training Programs

In the globalization era, migration has become a usual phenomenon worldwide. In this situation, the number of people learning foreign languages is increasing. Some start learning a foreign language for business purposes. Others are required to have the official language skills as a prerequisite to immigrate to a country.

Japan, which has always been regarded as a monocultural and monolingual nation, is experiencing the structural change influenced by the globalization. There is a growing need for forming an official language instruction program for numerous non-Japanese speakers, which enables them to live their daily lives. Canada, which has opened the gate to newcomers to maintain their national growth in economy or demography, has been seeking a more appropriate way to accept migrants from overseas and provide settlement service to the migrants for a long time. Among the services, official language instruction has been a focal matter in newcomer resettlement projects that the federal government has taken control. Language Instruction for Newcomers to Canada Program (LINC) is the nation-wide enterprise designed to provide basic official language skills to newcomers.

This chapter overviews the history of language instruction programs to immigrants and discusses the characteristics of and issues on present programs, mainly LINC, provided by the federal government and local governments. Furthermore, the role of local governments and communities in language instruction programs for newcomers is described.

Chapter 13 The Adult Literacy Education in Canada: Collaborative Interactions between Governments and Non-profit Literacy Organizations

Miya Narushima

I   Low Literacy Rate and Sense of Crisis in Canada
II   Comprehensive System of Adult Literacy Education
III Collaboration between Government and Non-profit Organizations
IV   Inevitable Evolution of Partnerships
V   Some Implications for Japan

　　This chapter looks at the comprehensive system of adult literacy education in Canada, introducing the operational partnership and the roles of its major stakeholders. Since the rather disappointing results of the International Adult Literacy Survey in 1994, Canada has been making renewed efforts to elevate national literacy level by establishing an effective nation-wide infrastructure through a collaboration between government and non-profit literacy organizations. The major stakeholders in the partnership include the National Literacy Secretariat of the federal government, seven national literacy organizations, provincial governments and public educational institutions, and numerous small community-based literacy agencies supported by thousands of volunteers.

　　In tandem with the tightening public funding, governments have been encouraging literacy organizations since the 1990s to expand their partnership by getting private sector more involved in their programs. The risks involved in the shift, however, should be considered cautiously, given that adult literacy education is a fundamental human right, necessary for full social participation and the self-realization of every Canadian. Despite some challenges confronting the adult literacy education system in Canada, the effective ongoing collaboration between governments and the non-profit and private sectors can serve as a model for Japan, where the national government has only recently started paying attention to the importance of literacy.

Chapter 14 Official Language Education for Indigenous Peoples

Kenichiro Hirose, Nobuhiro Kishigami, Tomoko Shimomura

I   Current Situation of Succession to Indigenous Languages
II Historical Outline of the Official Language Education for Indigenous Peoples
III Official Language Education for Indigenous People in the Province of Quebec
IV Official Language Training in the Nunavut Territory
V   Characteristics of the Official Language Education for Indigenous Peoples

　　The Government of Canada and Aboriginal peoples have been struggling to establish systems for the continued survival of Aboriginal languages as a mother tongue as well as for learning English/French as a second language since the 1970s. The Federal Government announced the Native Bilingual-Bicultural Education Programs in 1976. However, the aim of the Canadian Government was to transfer the language of instruction smoothly from the Aboriginal language to English or French. On the other hand, the Government of Canada has been reluctant to develop English/French as a second language program for Aboriginal peoples compared to newcomers.

　　The Kativik School Board in Quebec and the Nunavut Territorial Government have systems that use Inuit language as the language of instruction for primary grade children. They also develop educational materials for learning English/French. However, there are many factors which make it difficult for students whose mother tongue is Aboriginal to learn English/French. They do not use English/French as a home language, English skills are not important for jobs in their communities, and there are ill feelings towards English/French as the colonizers' languages. As their high school completion rate is much lower, the Aboriginal peoples have much lower literacy skills than the average Canadian does. Under those conditions, recently, the Nunavut government has just begun to introduce a bilingual education system that does not force the learning of English/French, but to make children learn it as an international language in order to adapt to the global society.

PART 3 OFFICIAL LANGUAGE EDUCATION: TEACHERS, THEORIES AND OUTCOMES

Chapter 15 Training of English Teachers: In-Service and Pre-Service

Kazuko Kurihara

I   Cross-Curricular English Education in Alberta: PISA Results as No.1 in the World
II Pre-Service Training for Elementary and Secondary Teachers
III Teachers in Charge of English Education and the Requirements for Teaching
IV English Education across Subject Areas

According to the 2000 OECD PISA (Program for International Student Assessment) results, Alberta's fifteen-year-old students scored the highest marks in reading and were among the top three in science and mathematics, scoring equally high in 2003. As an English teacher from Tokyo having studied with Canadian teachers, I seek an authentic way of enhancing English literacy in Japan.

According to my findings, Alberta owes its educational success to the excellence of its training for teachers, both pre-service and in-service professional development. Delivered by well-trained teachers, Alberta's English literacy education across the curriculum sharpens the students' critical and analytical thinking. With strong pedagogical relationship between teachers and students, teachers are able to inspire and nurture excellent young students.

Consequently, excellent teaching deepens and augments their literacy as shown in the PISA results. Investment in education is essential as it is believed that the quality of education determines the future of both the youth and the nation.

Chapter 16　The Role and Training of ESL Teachers

Kazuko Kurihara

I   Canada's Economy and ESL Education
II The Aims of ESL Education and the Role of ESL Teachers in Public Schools
III The Certification for ESL Teachers and the Various Certificates
IV TESL Canada and the Financial Support of the Federal Government for Official Language Education

　　In Canada, ESL (English as a second language) education is crucial to the young immigrants through the public education. Its aim is to give them not only basic English knowledge of life in Canada but also essential high school level English skills necessary for obtaining a job.

　　Many private institutes offer different kinds of certificates for ESL teachers, depending on their own training programs. In order to resolve this confusing situation, TESL Canada Federation was organized to establish its national standards of training and authorized certificates.

　　In Alberta, the TESL courses at the University of Calgary and the University of Alberta are deemed as the suitable standard set by the Alberta organization of TESL Canada Federation under the Federal support of official language education.

Chapter 17　Applied Linguistics Theory From Canada

Mitsuyo Sakamoto

I　Implications of Canadian Applied Linguistics Studies for Japanese Language Education
II　Jim Cummins' Language Education Theories
III　Merrill Swain and Communicative Theory
IV　Fred Genesee and Research on French Immersion
V　Robert Gardner and Socio-educational Model in Language Acquisition
VI　Canadian Contributions in Language Education

　　Given its multilingual, multicultural makeup, Canada has been progressive in terms of conducting quality research in the area of applied linguistics. In this chapter, a brief overview of the applied linguistics theories derived from Canadian contexts is provided, highlighting in particular the works by prominent scholars such as Jim Cummins, Merrill Swain, Fred Genesee, and Robert Gardner.

　　The discussion begins with Cummins' "interdependence hypothesis" followed by Swain's "output hypothesis". The chapter then shifts to a more comparative discussion between French immersion and non-immersion students' language development by tracing previous studies conducted by Genesee.

　　The chapter concludes by exploring the links between language development and motivation based on the works by Gardner.

Chapter 18 The Effects of Canadian Language Policies on the Retention and Loss of Official and Unofficial Languages:
Reflection of Forty Years by a Canadian

Joseph Kess

I   Language Planning and the Sources of Canadian Bilingualism
II   2001 Canadian Census and Changes in Language Use
III History of the Multiculturalism Policy in Canada
IV   Where Are We Forty Years Later, in 2004?
V   Multiculturalism without Multilingualism? Bilingualism without Biculturalism?

　　Canada is known for its twin policies of official bilingualism and official multiculturalism. The question this chapter examines is how these legislative concepts actually translate into action in a framework which pursues a policy of multiculturalism without multilingualism in tandem with a policy of bilingualism without biculturalism. What have been the effects of Canadian language policies on the retention and loss of both the official languages (French and English) and the unofficial languages of ethnic minority groups? The chapter examines both the past and present for these two linguistic polities and speculates about future directions.

執筆者紹介

品田実花（Mika SHINADA）　第1章・第7章担当
　北海道大学大学院国際広報メディア研究科博士後期課程在学。2002年北海道大学大学院国際広報メディア研究科博士前期課程修了。修士(国際広報メディア)。
　「言語政策の観点から見る言語教育：非公用語とその話者を中心に」(2002)、『カナダ教育研究1』；「言語教育の特徴」(共著) (2003)、小林順子他編『21世紀にはばたくカナダの教育』東京：東信堂；「カナダにおけるナショナル・アイデンティティの過去と現在：多様性と一体性の間で」(2004)、『カナダ研究年報 第24号』。

京極依子（Yoriko KYOGOKU）　第2章・第4章担当
　現在、カナダ国エドモントン市日本語補習校講師。1997年東北大学教育学部社会教育学研究科博士課程前期修了。修士(社会教育学)。アルバータ州立大学図書館にて図書館学実習。アジア開発銀行研究所図書館司書、大妻女子大学図書館司書養成課程非常勤講師を歴任。
　「カナダにおける図書館の経営：アルバータ大学の事例から」(2001)、『情報社会試論Vol.6』；「海外の図書館における日本語資料の目録化」(2001)、『情報社会試論Vol.7』；「カナダの大学図書館におけるレファレンス職員の専門性：アルバータ大学を例として」(2004)、『情報社会試論Vol.9』。

児玉奈々（Nana KODAMA）　第3章・第12章担当
　現在、鹿児島純心女子大学国際人間学部専任講師。2003年に早稲田大学大学院教育学研究科博士後期課程修了。博士(教育学)。日本学術振興会特別研究員。
　"Possibilities for a Multicultural Society in Japan: A Case Study on Perceptions of Cultural Diversity in Educational Policies of Tokyo (2003)," *Japanese Society Vol.6*；「多文化問題と教育」(共著) (2003)、小林順子他編『21世紀にはばたくカナダの教育』東京：東信堂；「カナダの外国人学校と国際学校：オンタリオ州を中心に」、福田誠治・末藤美津子編『世界の外国人学校』東京：東信堂。

矢頭典枝 (Norie YAZU)　第5・6章担当
　現在、東京外国語大学、神田外語大学非常勤講師。東京外国語大学大学院地域文化研究科博士後期課程修了。博士 (学術)。外務省専門調査員、青山学院大学、関西学院大学非常勤講師、オタワ大学言語学科客員研究員などを歴任。
「ケベック問題」(2003)、綾部恒雄・飯野正子編『カナダを知るための60章』東京: 明石書店;「"Hello, bonjour.":カナダにおける両公用語による国民への行政サービス」(2004)、『多言語社会研究会年報2号』;「カナダにおけるバイリンガル連邦公務員の言語選択:アンケート調査の単純集計より」(2004)、『言語・地域文化研究10号』など。

関口礼子 (Reiko SEKIGUCHI)　第8・9章担当
　現在、大妻女子大学社会情報学部教授。東京大学大学院、ドイツ国ミュンスター大学修了。Dr. Phil.。図書館情報大学教授、京都大学教育学研究科非常勤講師、カナダウィンザー大学、カルガリー大学非常勤講師、アルバータ大学日本語日本文化教育センター所長代理等歴任。
『カナダ多文化主義教育に関する学際的研究』(編著) (1988)、東京: 東洋館出版社;『カナダハイスクール事情』(1997)、東京: 学文社;『学校図書館が教育を変える:カナダの実践に学ぶもの』(1999)、東京: 全国学校図書館協議会; 小林順子・関口礼子・浪田克之介他 (共編) (2003)、『21世紀にはばたくカナダの教育』東京: 東信堂、他多数。

時田朋子 (Tomoko TOKITA)　第10章担当
　現在、東京外国語大学大学院博士後期課程在学、日本学術振興会特別研究員。2003年東京外国語大学大学院地域文化研究科博士前期課程修了。2004年にモントリオール大学大学院教育学部修士課程修了。修士 (学術・教育学)。
「多文化問題と教育」(共著) (2003)、小林順子他編『21世紀にはばたくカナダの教育』東京: 東信堂;「モントリオールに住むアロフォンのマルチリンガリズム:英語系CEGEPに通う若者の言語に対する態度に関する一考察」(2004)、『カナダ教育研究 3』。

浪田克之介（Katsunosuke NAMITA）　第11章担当、第18章翻訳
　現在、北海道情報大学経営情報学部教授、北海道大学名誉教授、日本カナダ学会理事。1960年北海道大学文学部卒業、北海道大学大学院文学研究科博士課程単位取得退学、北海道大学言語文化部教授等を歴任。
「二言語主義」(1990)、日本カナダ学会編『カナダ研究入門』;「『多言語主義』のコスト」(1998)『言語第27巻第8号』;「カナダの教育と多文化主義」(2003)、綾部恒雄、飯野正子編『カナダを知るための60章』東京：明石書店; 小林順子・関口礼子・浪田克之介他（共編）(2003)、『21世紀にはばたくカナダの教育』東京：東信堂

成島美弥（Miya NARUSHIMA）　第13章担当
　現在、カナダのブロック大学応用保健科学部地域保健学科助教授。2001年トロント大学オンタリオ教育研究所博士課程修了。Ph.D.（成人教育学）。トロント大学ムンク国際学センターアジア研究所研究員を歴任。
A Gaggle of Raging Grannies: Empowerment of Older Canadian Women in Social Activism (2004), *International Journal of Lifelong Education, 23, 1*;『質的調査法入門：教育における調査法とケーススタディ』(共訳) (2004)、京都：ミネルヴァ書房; Payback Time: Community Volunteering among Older Adults as a Transformative Mechanism (2005), *Ageing & Society, 25.4.*

広瀬健一郎（Ken'ichiro HIROSE）　第14章担当
　現在、文化女子大学室蘭短期大学専任講師。2002年に北海道大学大学院教育学研究科博士後期課程単位取得退学。修士（教育学）。カルガリー大学教育学部客員研究員を歴任。
「カナダにおける先住民教育権の保障に関する研究」(2003)、『文化女子大学室蘭短期大学研究紀要』第26号;「『力を結集して―カナダ先住民行動計画』下の教育政策」(2002)、『カナダ教育研究』第1号、カナダ教育研究会;「連邦政府の先住民教育制度」(2003) (共著)、小林順子他編『21世紀にはばたくカナダの教育』東京：東信堂。

岸上伸啓（Nobuhiro KISHIGAMI）　第14章担当
　現在、国立民族学博物館教授。1989年McGill大学人類学部博士課程満期退

学。博士（文学）。早稲田大学文学部助手、北海道教育大学専任講師、北海道教育大学助教授を歴任。

『極北の民 カナダ・イヌイット』(1998)、東京：弘文堂；*Indigenous Use and Management of Marine Resources* (2005), Senri Ethnological Studies No.67; 『極北：世界の食事⑳』(編著) (2005)、東京：農文協、『イヌイット「極北の狩猟民」の現在』(2005)、東京：中央公論新社、他多数。

下村智子 (Tomoko SHIMOMURA)　第14章担当

現在、日本学術振興会特別研究員。2004年広島大学大学院教育学研究科博士課程後期単位取得退学。

「多文化社会におけるシティズンシップ：カナダ先住民イヌイットを事例として」(2002)、『比較教育学研究第28巻』；「カナダケベック州：社会の結束力を高める市民を育成する学校」(2000)、『21世紀の社会と学校：世界24か国の教育政策から』、東京：協同出版；「連邦政府の先住民教育制度」（共著) (2003)、小林順子他編『21世紀にはばたくカナダの教育』東京：東信堂。

栗原和子 (Kazuko　KURIHARA)　第15・16章担当

現在、都立北多摩高等学校教諭。1973年津田塾大学国際関係学科卒業。以来、都立高等学校教諭。2003年9月より2005年8月までカナダ政府奨学生としてカルガリー大学大学院教育学部にて修士課程修了。教育学修士 (M.Ed.)。

小林順子他編『21世紀にはばたくカナダの教育』(2003) 東京：東信堂；「カナダにおける外国人受入れ思索及び外国人に対する原語教育施策」（共著) (2003)、文化庁文化部国語課編『諸外国における外国人受入れ施策及び外国人に対する言語教育施策に関する調査研究報告書』。

坂本光代 (Mitsuyo SAKAMOTO)　第17章担当

現在、上智大学外国語学部英語学科助教授。2000年にトロント大学大学院教育学博士課程修了。博士(教育学)。カナダ国ウェスタンオンタリオ大学文学部現代語学文学科助教授を歴任。

Exploring Societal Support for Language Learning and L1 Maintenance: A Socio-cultural Perspective (2001), *Australian Review of Applied Linguistics,*

24(2);「教員資格と教員採用」(2003) (共著)、小林順子他編『21世紀にはばたくカナダの教育』東京: 東信堂;「オンタリオ州における教育改革の現状:自由党の課題」(2005)、『カナダ教育研究第3号』。

Joseph F. Kess (ジョーゼフ・F. ケス)　第18章担当

カナダ・ビクトリア大学言語学部教授・同大学アジア太平洋研究センター日本研究科長。B.Sc.(ジョージタウン大学)、M.A.及び Ph.D.(ハワイ大学)。カナダ学士院会員。専門領域は社会言語学および心理言語学。

Kess, J. F., Ayukawa, M., Noro, H., and Lansdowne, H., eds. *Changing Japanese Identities in Multicultural Canada,* University of Victoria Press, 2004 をはじめ単著、共編著多数、また論文は200編を数える。

事項索引

〔ア行〕

アイデンティティ　　　110, 159, 176
アイヌ語　　　260
アイヌ民族　　　260
アウトプット仮説（output hypothesis）
　　　334
アカウンタビリティ　　　250
「アカデミック」　　　140
アカデミックな英語の習得　　　314
新しい言語体系　　　314
アッティカメクゥ　　　266
アッティカメクゥ語　　　261, 266
アルバータでの教員資格　　　312
アロフォン　　　76, 187-189,
　　　193-195, 197-199
アングロフォン　　　76, 99, 102,
　　　184, 187, 189, 199
遺産言語　　　126, 363, 365
　——教育　　　360
　——プログラム　　　365
遺失利益　　　180
逸脱　　　176
イヌイット　　　261, 268-274,
　　　276, 277
イヌイット語　　　261, 266, 268-271,
　　　273-277
異文化理解　　　306
イマージョン　　　208
　——教育　　　204, 334
　——・プログラム　　　205-207,
　　　210-212, 329, 335-338

意味の交渉（negotiation of meaning）　　　331
移民　　　22, 24, 28, 54, 63, 65, 67, 68, 158,
　　　185, 187, 189, 191, 193, 194, 197, 199
　——受入政策　　　7
　——審査　　　54, 61, 63, 67
　——政策　　　7
　——定住・適応プログラム（Immigrant Settlement and Adaptation Program: ISAP）　　　220
　——の生活　　　312
　——・難民保護法（Immigration and Refugee Protection Act）　　　15, 38
　——ビザ　　　55, 60-63
移民法　　　7
　1910年——　　　10
　1919年——　　　12
　1952年——　　　12
　1976年制定（1978年施行）——　　　14, 15
イングリッシュ・オンリー　　　262
インサービス・トレーニング　　　286
インターナショナル・バカロレア
　　　167, 169
インディアン英語　　　267
『インディアン教育はインディアン
　の手で（Indian Control of Indian
　Education）』　　　264
インディアン・ベイビーブーマー　　　247
インディアン問題北方開発省→DIAND
インテンシブサポート　　　149
英語　　　138, 139, 162, 165,
　　　167, 168, 172, 271
英語イマージョン・プログラム　　　213, 214

英語教育	133	家族の再統合	14
——担当者	301	価値観	173, 178
英語公用語論	106	学級規模	324
英語術	144	活字以外の教材	289
英語力	169	カティヴィク教育委員会（Kativik	
永住権	27-29, 37, 39, 47, 55, 67	School Board)	269-271, 279
英領北アメリカ法	92	家庭言語	72
エクステンションのコース	152	カナダ・アイデンティティ	13
エドモントン	58-60, 62, 68	カナダ議会	67
エンパワーメント	251	カナダ教育大臣協議会	133
「応用」	140	カナダ言語能力水準（Canadian	
王立先住民委員会（Royal Comission		Language Benchmarks: CLB)	225
on Aboriginal Peoples)	265	→CLB	
オジ-クリー語	261	カナダ識字運動（MCL)	242
オジブワ語	261, 266	カナダ市民権法（Citizenship Act)	37
「オープン」	140	「カナダ市民の誓い（The Oath of	
オンタリオ・コミュニティ識字連合	249	Citizenship)」	47
オンタリオ識字連合	248	カナダ新規来住者語学指導プログラ	
オンタリオ・ローボック連合	248	ム（Language Instruction for New-	
		comers to Canada Program: LINC)	
〔カ行〕		→LINC	
階層	170	カナダ多文化主義法	124
階層構造	170	カナダ統計局	22
階層性	154, 169	カナダ難民審議会	28, 30
ガイドブック	54, 61, 63, 67	カナダの地方主義	255
ガイドライン	135	カナダ仏語識字連盟	245
カウンセラー	178	カナダ文化遺産省	99
学習言語能力（cognitive academic		カナダローボック識字（Laubach	
language proficiency＝CALP)	330	Literacy of Canada)	242
学習者助言ネットワーク（Learners		カナディアン	73
Advisory Network)	243	カリキュラムのなかの読書時間	303
学習省	133	カルガリー大学	292, 294, 311
学習成果	142	カレッジ進学用	140
学生の年齢構成	291	環境労働安全衛生法	67
家族移民	13, 54-56, 63	観光ビザ	60
家族識字	242	機会均等	251

事項索引　409

寄宿舎学校制度	262	——計画	91
期待	136, 141, 143, 170	——権	114
期待水準	138, 150	——シフト	78
基本的人権	254	——相互依存説	121
教育委員会	135, 151, 247	憲法（1982年）	95, 114, 346, 349
教育委員会連合	248	権利及び自由に関するカナダ憲章	95, 114, 154, 209, 359
教育訓練省	133	コア・フレンチ	334, 335, 338
教育省	66, 133	公教育	154
教育予算の財源確保	324	公共サービス	252, 254
教員の加配	147	公共図書館	247
教員の有給研修制度	302	公的教育機関	239
教員免許状	299	高等教育機関	146
教員養成	291	高等教育省	133
——理念	293	行動様式	175
教科の枠を超えた指導	306	公用語	90, 185–188, 191, 194, 196, 198, 199
教科を超えた英語教育	287	——学習	154
教科を超えたカリキュラム	291	——教育	6, 133, 153, 270, 272, 273
強固なバイリンガル教育	275	——コミッショナー	94
教授言語	189–191, 194, 195, 197	——社会	154
教職理念	294	——少数派	94
近代国家	132	——推進行動計画	209
草の根運動	248	——政策	110
国の統合	132	——の訓練	111
クリー	270	——の習得	180
クリー語	261, 266	——の知識別人口	80
グレード	135, 138, 147, 153, 159, 173	公用語法	6, 91, 93, 111, 113, 209, 347, 358
訓練・カレッジ・大学省	133	公立学校の教員資格	299
ケース・プロセシング・センター	28, 57	国外研修の保障	303
経済移民	15	国語教育	132
ケベック憲章	214	語学産業	310
ケベック州	78, 268	国際学力テスト	134
ケベック問題	92	国際言語	363
健康診断	55, 59, 62	国際語	126, 277, 279
言語	139		
——教育	110, 153		
——教材	288		

「国際成人識字調査」(International
　Adult Literacy Survey)　236
国際免許証　62
国勢調査　72-75, 78, 79, 85,
　185, 210, 367-371, 376
国内研修　302
国民国家　132
国立識字事務局 (National Literacy
　Secretariat)　238, 239
国立成人識字データベース (NALD)　243
個人移民　54, 63
個人と集団のアイデンティティ　110
戸籍謄本　58
コソボからの難民　313
国(家)語　90
コミュニカティブ指導法　334, 336
コミュニケーション教育　153
コミュニケーション言語　167
コミュニケーション理論　334
コミュニティ・カレッジ　247, 250
コミュニティ・カレッジ連合　248
雇用ニーズのための言語 (Language
　for Employment Related Needs:
　LERN)　229
　→LERN

〔サ行〕

在フィリピンカナダ大使館　59-62
暫定免許と永久免許　299
シーダーグレン宣言 (Cedar Glen
　Declaration)　243
ジェームズ湾および北ケベック協定
　269
しきい仮説 (threshold hypothesis)　329
識字教育　236
「識字データベース」　244
識字力　236
自己実現　254
仕事言語　98
静かな革命　356
失業率　32, 64
シティズンシップ (citizenship) 36, 38,
　44-46, 50, 51
指導者養成　242
シニアハイスクール　170, 172
市民権　27, 28, 36, 37, 39, 40,
　44-47, 50, 54, 55, 57, 219
市民権・移民省 (Citizenship and
　Immigration Canada: CIC)　13, 25,
　26-28, 31-33, 40, 54,
　56, 57, 59, 63, 68, 222
　→CIC
市民権テスト (citizenship test)　28, 37,
　44, 46, 47, 49-51, 117
市民権法 (Citizenship Act)　40, 44, 45,
　47, 219, 324
社会　165, 167, 168
社会運動　254
社会・教育的モデル (socioeducational
　model)　340
社会言語的 (sociolinguistic) 能力　334
社会参加　254
修士課程 (2年間)　319
習熟度別　140
就職用　140
州税　311
授業　137
熟練労働者　17
出身国の文化　175
出生証明書　69
出生地主義　37, 41, 43
出生届　69

ジュニアハイスクール	170	絶対評価	143, 152
上級免許状	301	全教科で取り組む英語教育	303, 306
少数派言語集団	115	選挙権	27, 55
少数派公用語	114	選考基準	298
少数民族	132	全国識字キャンペーン	244
消費者のためのパッケージ・ラベル法	104	全国識字組織（National Literacy Organizations）	240
情報・コミュニケーション技術	140	全国先住民識字連合（NILA）	246
除去的バイリンガル	158, 330	全国先住民デザイン委員会（National Aboriginal Design Committee）	246
職業観・人生観	175	センサス	22, 27, 29
職業訓練	117	先住民	79, 260, 268
職場教育	244	先住民英語	263, 278
職場教育センター（Workplace Education Centre）	244	専門職	65, 66
職場識字	242	相互作用仮説（interaction hypothesis）	336
初等学校教員コース	294	相互利益的な関係	252
初等教育	134, 135, 147, 153	創造的な読み方	305
新移民法	55	相対評価	141
新規移民	22-24, 26, 33	属人主義	204
人権委員会	66	属地主義	204, 352
人権憲章（権利及び自由に関するカナダ憲章）	95	卒業	172
新公用語法	96, 115, 323, 348	卒業までの期間	172

〔タ行〕

人材開発庁	64-66	第一言語	335
垂直的モザイク	158	第一次世界大戦	27
スー語	261	大学・カレッジ進学用	140
スポンサー	54-62	大学進学用	140
生活言語能力（basic interpersonal communicative skills＝BICS）	330	ダイグロシア	84
正規のクラスに在籍できる英語力	316	態度／動機テストバッテリー（Attitude/Motivation Test Battery（AMTB））	340
成人識字教育	237		
成績	163, 171		
成績評価	141	第二回国際成人識字と生活技術調査（International Adult Literacy and Life Skills Survey）	254
政府支援難民	29		
誓約書	56, 62		
セジェップ	189-191, 194, 195, 197		

第二言語	189-191, 193
——教育	204
——としての英語教育	120
——としての英語 (English as a second language: ESL) →ESL	
——プログラム	177
——としての仏語教育	205-209
第二公用語教育	113, 205
第二次世界大戦	27, 33
第二方言としての英語	267
タイプ	153
多言語主義	358, 359, 369, 375, 376
多文化主義	358-360, 362, 375, 376
多文化主義政策	110
単位	137, 151, 178
単位取得	168
単位制	136
地域の教育機関	247
知的・論理的な思考	166
地方自治制	66
中間支援システム的な役割	241
中等教育	134, 135, 146, 148
中等学校教員コース	295
中等学校修了証	137, 146, 151
→ディプロマ	
チュウトリアルなサポート	149
通常の授業に参加	316
ティーチングプラン	290
ディクトグロス (dictogloss)	335
ディプロマ	144
低識字率	237
定住支援	14
デネー	266
デネー語	261, 266
統一テスト	138
同化	9, 176, 377
動機 (motivation)	339, 341
道具的 (instrumental) 動機づけ	339
統合	118, 154
統合的 (integrative) 動機づけ	339, 340
闘争	170
到達目標	143
独創性に富む実践プラン	290
ドロップアウト	172

(ナ行)

難民	13, 22, 29, 30, 33, 62
難民受け入れ	15
難民保護法	38
二言語主義の枠内における多文化主義政策	123
二言語相互依存説 (language interdependence hypothesis)	328
二言語二文化教育プログラム	264-266
二言語二文化主義	111, 123
二言語二文化主義王立委員会	93, 111
二言語二文化主義王立委員会報告書	111
二公用語政策	6
二重国籍	38, 55, 69
ニスガ語	266
日系人	80
日本国総領事館	58, 60, 69
日本語教育	132
ニューカマー	147
——の受け入れ	148
ニュー・ブランズウィック州	78
認知力必要度 (cognitively demanding/undemanding skills)	330
ヌナブト準州	273-276, 278-280
年間経済成長率	311

〔ハ行〕

パートナーシップ	252
——方式	239
ハイスクール	180
バイリンガリズム	185, 186, 189, 198
バイリンガル	185, 189, 191
——教育	264-267, 275, 279, 331
——指定部局	98
——人口	81
——地区	94
——・ベルト	83
バサースト提言	275
場面依存度（context-embedded/ context-reduced language skills）	330
バンクーバー国際空港	61
非公用語	126
ビジネス移民	17, 54, 63
ビジブル・マイノリティ	42, 75
必修	137
必修選択	137
ヒドン・カリキュラム	176, 180
評価基準	142
評価と評定	305
氷山説	328
標準テスト	139
フィードバック	337
フォーカス・オン・フォーム（言語形式重視）	338
フォーカス・オン・ミーニング（意味重視）	338
付加的バイリンガリズム	206
複合学位課程	293
部分的サポート	149
フランコフォン	76, 99, 102, 184, 187, 189, 199
フランス語	271
フランス語イマージョンプログラム	170, 191, 198, 205
フランス語憲章	95, 102, 187, 192-194, 197, 199, 213, 350
フランス語サービス法	103
プレゼンテーション	289
プロ意識をもった教員	292
フロンティア・カレッジ（Frontier College）	241
文化的差異	174
文化的適応	166
分析力と批判力	306
ホームルーム担任の理解と協力	316
ポイント制	13, 42, 54
方言	132
方略的（discourse）能力	334
北米インディアン	260
母語	72, 110, 112, 333
母語維持	111
母語維持教育	127
母語と英語との間	314
ボランティア	248
ボランティア教師	240, 241
ボランティアセクター	252

〔マ行〕

マルチリンガリズム	186, 189, 199
マルチリンガル	185
マルティプル・インテリジェンス理論	288
ミクマック	266
ミクマック語	261, 266
ミチフ語	261
ミッション・スクール	268, 269

民間企業	253
民間助成団体	253
民間支援難民等	29
民族的出自	72-75
無犯罪証明書	59, 60
メイティ	260
メトロ・トロント識字運動	249
免許の種類	317
目的別アプローチ	253
モホーク語	266
モンタニェ-ナスカピ語	261

〔ヤ行〕

予算行政管理局	97

〔ラ行〕

ライティング・センター	318
ラベリング理論	176
ラベル付け	177, 179, 180
リーダーシップ養成	242
理解可能インプット（comprehensible input）仮説	333
リキャスト	337
リザーブ	262, 263, 278
留学生	22, 29, 32, 33
リンク→LINC	
レジデント	148
連携構造	237
連携プレー	248
連邦政府税	311
ローボック・メソッド	242
労働組合	247
労働者	22, 29-31, 33
労働者教師	241
労働法	67

〔欧字・数字〕

101号法案（フランス語憲章）	349, 350
1867年憲法第91条第24項	262
6-3-3-4制度	310
Aajiiqatigiingniq	276
ABCカナダ	244
ATESL（アルバータ州ESL教師組合）	322
ATESL認定免許	323
CCR	29
CELTA	317
CIC	49, 223, 226-228
→市民権・移民省	
CMEC	323
Core French	206-208
CLB	226, 227, 230-232
→カナダ言語能力水準	
DIAND (Department of Indian Affairs and Northern Development)	264, 265
ELD	149
ESL（第二言語としての英語）	68, 119, 149, 159-161, 225, 226, 230, 231, 315
――関係の教員養成機関	318
――教育の目的	313
――教員研修の全国基準	320
――教師の資格	317
ハイスクールの――教育の基準	315
初級の――クラス	314
――生徒の英語習得方法	314
無償の――教育	310
Extended French	207, 208
GDP	31, 32, 63
gifted education	304
GPA	297

GTEC	304	地域型識字——	239
HIV検査	60	中間支援——	249
Intensive French	208, 209	——と民間企業とのパートナーシップ	245
JETプログラム	312		
LBS(Literacy and Basic Skills)	238, 248	PISA(学習到達度調査)	210, 286
LERN	230	Provincial Nominee Program	18
→雇用ニーズのための言語		SAGE	304
——キャンペーン	245	Teaching and Learning Across the Curriculum	287
LINC	48, 67, 68, 118, 221, 223–232	TEFL	317
→カナダ新規来住者語学指導プログラム		TESL	317
		全国統一基準に基づく——免許の需要	322
literacy	286	——の免許状	319
LMLT	118	——養成課程	323
MTプログラム	292	TESL Canada	320
——の入学選考方法と入学基準	297	TESOL	317
——の年間予定表	296	TOEFL	152
NPO	239	"unity in diversity"(多様性のなかの統一)	123
全国型——	240		
全国規模の識字——	239		
地域型——	240, 247		

人名索引

アーウィング, ガイ (G. Erwing)　249
オリバー, フランク (Frank Oliver)　10
ガードナー, ハワード (Howard Gardner)　288
ガードナー, ロバート (Robert Gardner)　339, 340
カナーリ, マイケル (Michael Canale)　334
カミンズ, ジム (Jim Cummins)　121, 158, 328
キング, マッケンジー (Mackenzie King)　12
クラッシェン, スティーブン (Stephen Krashen)　333
ゴードン, C. J. (C. J. Gordon)　287
サラモン, レスター M. (Lester M. Salamon)　252
ジェネシー, フレッド (Fred Genesee)　338, 339
シフトン, クリフォード (Clifford Sifton)　8
スウェイン, メリル (M. Swain)　333, 335-337
スコット, キャサリン (Katherine Scott)　252
スパダ, ニナ (N. Spada)　337
トルドー, ピエール E. (Pierre Elliott Trudeau)　93, 94, 123
ハーリー, バーギット (Birgit Harley)　336
ポーター, ジョン (John Porter)　158
マクドナルド, ジョン A. (John A. Macdonald)　7
マクレナン, ヒュー (Hugh Maclennan)　347
ヤング, デニス R. (Dennis R. Young)　251
ライトボウン, パッツィ M. (P. M. Lightbown)　338
ランバート, ウォラス (Wallace Lambert)　339, 340

編著者

　関口　礼子（執筆者紹介参照）
　浪田克之介（執筆者紹介参照）

Official Languages Education in Diverse Canada:
Implications for Japan from Experiences of an Advanced "Internationalized" Country

多様社会カナダの「国語」教育：高度国際化社会の経験から日本への示唆

2006年8月31日　　初　版第 1 刷発行　　　　　　　　　　〔検印省略〕
　　　　　　　　　　　　　　　　　　　　＊定価はカバーに表示してあります

編著者 ⓒ関口礼子・浪田克之介／発行者 下田勝司　　　　印刷/製本 中央精版印刷

東京都文京区向丘 1-20-6　　郵便振替 00110-6-37828　　　　発　行　所
〒 113-0023　TEL (03) 3818-5521　FAX (03) 3818-5514　　株式会社 東 信 堂
　　　　　　Published by TOSHINDO PUBLISHING CO., LTD.
　　　　　　1-20-6, Mukougaoka, Bunkyo-ku, Tokyo, Japan 113-0023
　　　　　　E-mail : tk203444@fsinet.or.jp　http://www.toshindo-pub.com

ISBN4-88713-685-4　C3037　2006ⓒR.SEKIGUCHI　K.NAMITA

東信堂

書名	著者	価格
日本の教育経験―途上国の教育開発を考える	国際協力機構編著	二八〇〇円
アメリカの才能教育―多様なニーズに応える特別支援	松村暢隆	二五〇〇円
アメリカのバイリンガル教育―新しい社会の構築をめざして	末藤美津子	三三〇〇円
アメリカ進歩主義教授理論の形成過程―教育における個性尊重は何を意味してきたか	宮本健市郎	七〇〇〇円
教育の経済的生産性と公共性―ホレース・マンとアメリカ公教育思想	久保義三	三八〇〇円
21世紀にはばたくカナダの教育(カナダの教育2)	小林・関口・浪田他編著	二八〇〇円
多様社会カナダの「国語」教育(カナダの教育3)	関口礼子	二八〇〇円
イギリス教育課程改革―その軌跡と課題	浪田克之介編著	三八〇〇円
現代英国の宗教教育と人格教育(PSE)	木村浩	二八〇〇円
ドイツの教育のすべて	新井浅浩編著	五二〇〇円
ドイツの教育	天沼晶子編著	一〇〇〇〇円
現代ドイツ政治・社会学習論―「事実教授」の展開の分析	別府昭郎編著 マックス・プランク教育研究所・木戸・長島監訳 天野正治結城忠	四六〇〇円
21世紀を展望するフランス教育改革―一九八九年教育基本法の論理と展開	大友秀明	五二〇〇円
マレーシアにおける国際教育関係―教育へのグローバル・インパクト	小林順子編	八六四〇円
フィリピンの公教育と宗教―成立と展開過程	杉本均	五七〇〇円
「改革・開放」下中国教育の動態	市川誠	五六〇〇円
社会主義中国における少数民族教育―民族平等理念の展開	阿部洋編著	五四〇〇円
中国の職業教育拡大政策―背景・実現過程・帰結	小川佳万	四六〇〇円
中国の後期中等教育の拡大と経済発展パターン―江蘇省と広東省の比較	劉文君	五〇八〇円
東南アジア諸国の国民統合と教育―多民族社会における葛藤	呉琦来	三八二七円
オーストラリア・ニュージーランドの教育	村田翼夫編著	四四〇〇円
	笹森健編著	二八〇〇円
	石附稔	

〒113-0023 東京都文京区向丘1-20-6　TEL 03-3818-5521　FAX 03-3818-5514　振替 00110-6-37828
Email tk203444@fsinet.or.jp　URL: http://www.toshindo-pub.com/

※定価：表示価格(本体)＋税